国家出版基金項目
NATIONAL PUBLICATION FOUNDATION

陝西出版資金資助項目

「十二五」國家重點圖書出版規劃項目

關學文庫·關學文獻整理系列

總主編 劉學智 方光華

王建常集

[清]王建常 著 李明 點校整理

西北大學出版社

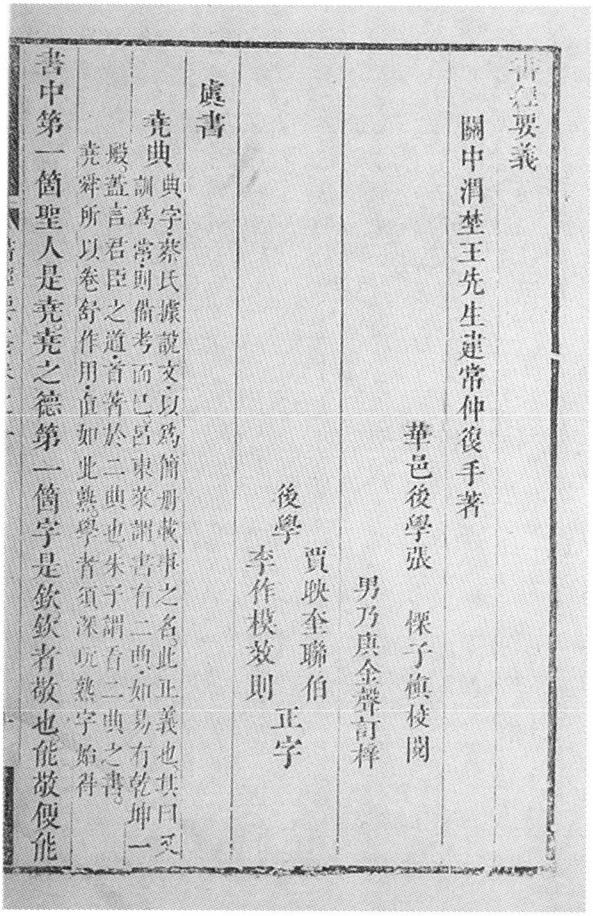
書經要義
關中渭埜王先生建常仲復手著
華邑後學張　棵子楨校閱
男乃庚金聲訂梓
後學　賈耿奎聯伯
李作棋教則　正字
虞書
堯典　典字，蔡氏據說文，以爲簡冊載事之名，此正義也。其曰又訓爲常則，備考而已。呂東萊謂書有二典，如易有乾坤一般，蓋言君臣之道，首著於二典也。朱子謂看二典之書，堯舜所以卷舒作用，直如此熟。學者須深玩熟字始得。
書中第一箇聖人是堯，堯之德第一箇字是欽。欽者敬也，能敬便能

清同治十二年刻本《書經要義》書影

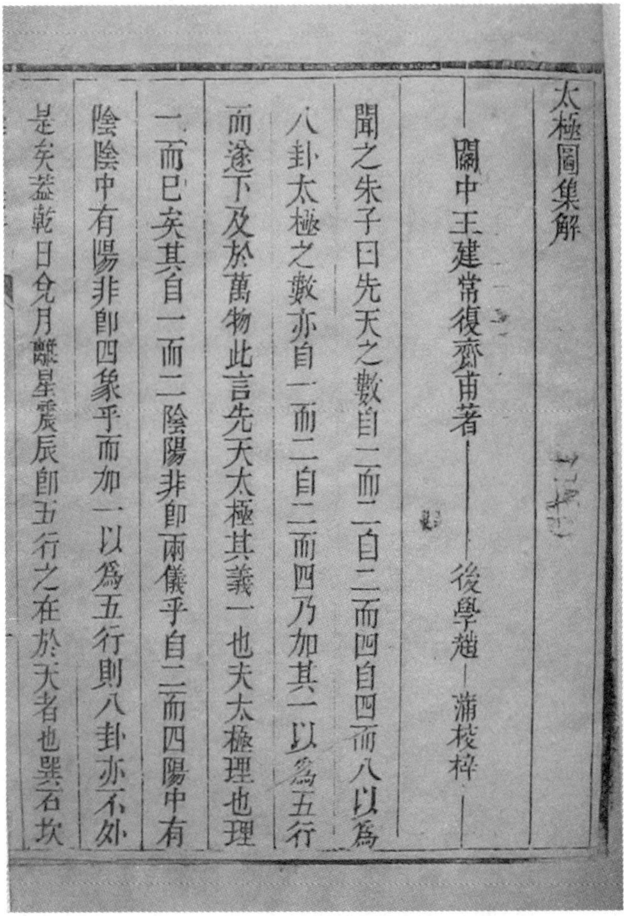
太極圖集解

關中王建常復齋甫著　後學趙　蒲校梓

聞之朱子曰先天之數自一而二自二而四自四而八以爲八卦太極之數亦自一而二自二而四乃加其一以爲五行而遂下及於萬物此言先天太極其義一也夫太極理也理一而已矣其自一而二陰陽非即兩儀乎自二而四陽中有陰陰中有陽非即四象乎而加一以爲五行則八卦亦不外是矣蓋乾日兌月離星震辰即五行之在於天者也巽石坎

清同治十二年刻本《太极圖集解》書影

總序

張載（一〇二〇—一〇七七），字子厚，宋鳳翔府郿縣（今陝西眉縣）人，祖籍大梁，宋仁宗嘉祐二年（一〇五七）進士。張載出身於官宦之家。祖父張復在宋真宗時官至給事中、集賢院學士，死後贈司空。父親張迪在宋仁宗時官至殿中丞、知涪州事，贈尚書都官郎中。張迪死後，張載與全家遂僑居於鳳翔府郿縣横渠鎮之南。因他曾在此聚徒講學，世稱「横渠先生」。他的學術思想在學術史上被稱爲「横渠之學」，他所代表的學派被後人稱爲「關學」。張載與程顥、程頤同爲北宋理學的創始人。可以說，關學是由張載創立并於宋元明清以至民國初年，一直在關中地區傳衍的地域性理學學派，亦稱「關中理學」。

關學基本文獻整理與相關研究不僅是中國思想學術史的重要課題，也是體現中國思想文化傳承與創新的重要舉措。關學文庫關學文獻整理系列以繼承、弘揚和創新中華文化爲宗旨，以文獻整理的系統性、全面性爲特點，是我國第一部對上起於北宋、下迄於清末民初，綿延八百餘年的關中理學的基本文獻資料進行整理的大型叢書。這項重點文化工程的完成，對於完整呈現關學的歷史面貌、發展脈絡和鮮明特色，彰顯關學精神，推動傳統文化創造性轉化、創新性發展無疑具有重要意義。因爲文庫關學文獻整理系列的各部分均有整理者具體的前言介紹和點校說明，我這裏僅就關學、關學與程朱理學的關係、關學的思想特質、關學文庫關學文獻整理系列的整體構成與學術價值等談幾點意見，以供讀者參考。

一、作爲理學重要構成部分的關學

衆所周知，宋明理學是中國儒學發展的新形態與新階段，一般被稱爲新儒學。但在新儒學中，構成較爲複雜。比較典型的則是程朱理學與陸王心學。南宋學者呂本中較早提到「關學」這一概念。南宋朱熹、呂祖謙編選的近思録較早地梳理了北宋理學發展的統緒，關學是作爲理學的重要一支來作介紹的。朱熹在伊洛淵源録中，將張載的「關學」與周敦頤的「濂學」、二程（程顥、程頤）的「洛學」并列加以考察。明初宋濂、王禕等人纂修元史，將宋代理學概括爲「濂洛關閩」四大派別，其中雖有地域文化的特色，但它們的思想内涵及其影響并不限於某個地域，而成爲中國思想文化史上重要的一頁，即宋代理學。

根據洛學代表人物程顥、程頤以及閩學代表人物朱熹對張載關學思想的理解、評價和吸收，張載創始的關學本質上當是理學，而且是影響全國的思想文化學派。過去，我們在編寫中國思想通史第四卷、宋明理學史上册的時候，在關學學術旨歸和歷史作用上曾作過探討，但是也不能不顧及古代學術史考鏡源流的基本看法。

需要注意的是，張載後學，如藍田吕氏等，在張載去世後多歸二程門下，如果拘泥門户之見，似乎張載關學發展有所中斷，但學術思想的傳承往往較學者的理解和判斷複雜得多。關學，如同其他學術形態一樣，也是一個源遠流長、不斷推陳出新的形態。關學沒有中斷過，它不斷與程朱理學、陸王心學融合。明清時期以至民初，關學的學術基本是朱子學、陽明學的傳入及與張載關學的融會過程。因此，由宋至清末民初的關學，實際是中國理學的重要組成部分，它是一個動態的且具有包容性和創新性的概念，它開啓了清初王船山學術的先河。

關學文庫關學文獻整理系列所遴選的作品，結合學術史已有研究成果，如宋元學案、明儒學案、關學編及關學續編、關學宗傳等，均是關中理學的典型代表，上起北宋張載，下至晚清的劉光蕡、民國初期的牛兆濂，能够反映關中理學的發展源流及其學術内容的豐富性、深刻性。與歷史上的關中叢書相比，這套文庫文獻整理更加豐富醇純，是對前賢整理文獻思想與實踐的進一步繼承與發展，其學術意義不言而喻。

二、張載關學與程朱理學的關係

佛教傳入中土後，有所謂「三教合一」説，主張儒、道、釋融合滲透，或稱三教「會通」。唐朝初期可以看到三教并舉的文化現象。當歷史演進到北宋時期，由於書院建立，學術思想有了更多自由交流的場所，從而促進了學人的獨立思考，使他們對儒家經學箋注主義提出了懷疑，呼喚新思想的出現，於是理學應時而生。理學主體是儒學，兼采佛、道思想，研究如何將它們融合爲一個整體，這是一個重要的課題。從理學產生時起，不同時代有不同的理學學派。譬如，在「三教融合」過程中，如何理解「氣」與「理」(「理」的問題是迴避不開的，華嚴宗的「理事說」早在唐代就有很大影響)的關係？理學如何捍衛儒學早期關於人性善惡的基本觀點，又不致只在「善」與「惡」的對立中打圈子？如何理解宇宙？宇宙與社會及個人有何關係？君子、士大夫怎麼做才能維護自身的價值和尊嚴，又能堅持修齊治平的準則？這些都是中國思想史中宇宙觀與人生觀的大問題。對這些問題的研究和認識，不可能一開始就有一個統一的看法，需要在思想文化演進的歷史進程中逐步加以解決。宋代理學的產生及不同學派的存在，就是上述思想文化發展歷史的寫照，因而理學在實質上是中國思想文化的傳承創新，具有重要的歷史意義。

張載關學、二程洛學、南宋時朱熹閩學各有自己的特色。作爲理學的創建者之一，張載胸懷「爲天地立心，爲生民立命，爲往聖繼絕學，爲萬世開太平」的學術抱負，在對儒學學說進行傳承發展中做出了重要的理論貢獻。北宋時期，學者們重視對易的研究。易富於哲理性，張載通過對易的解說，闡述對宇宙和人生的見解，積極發揮禮記、論語、孟子等書中的義理，并融合佛、道，將儒家的思想提升到一個新的高度。

張載與洛學的代表人物程顥、程頤等人曾有過密切的學術交往，彼此或多或少在學術思想上相互產生過一定的影響。宋仁宗嘉祐元年(一〇五六)，張載來到京師汴京，講授易學，曾與程顥一起終日切磋學術，探討學問(參見二程集河南程氏遺書卷二上)。張載是二程之父程珦的表弟，爲二程表叔，二程對張載的人品和學術非常敬重。通過與二程的切磋與交流，張載對自成一家之言的學術思想充滿自信：「吾道自足，何事旁求！」(呂大臨橫渠先生行狀)

因爲張載與程顥、程頤之間爲親屬關係，在學術上有密切的交往，關學後傳不拘門戶，如呂氏三兄弟呂大忠、呂大鈞、呂大臨，蘇昞、范育、薛昌朝以及种師道、游師雄、潘拯、李復、田腴、邵彥明、張舜民等，在張載去世後一些人投到二程門下，繼續研究學術，也因此關學的學術地位在學術史上常常有意無意地受到貶低甚至質疑（包括程門弟子的貶低和質疑）。事實上，在理學發展史上，張載以其關學卓然成家，具有鮮明的特點和理論建樹，這是不能否定的。反過來，張載的一些觀點和思想也影響了二程的思想體系，對後來的程朱學說及閩學的形成也有重要的啓迪意義，這也是客觀的事實。

張載依據易建立自己的思想體系，但是，在基本點上和易的原有內容并不完全相同。他提出「太虛即氣」的觀點，認爲沒有超越「氣」之上的「太極」或「理」世界，換言之，「氣」不是被人創造出的產物。又由此推論出天下萬物由「氣」聚而成；物毀氣散，復歸於虛空（或「太虛」）。在氣聚、氣散即物成物毀的運行過程中，纔顯示出事物的條理性。張載說：「太虛不能無氣，氣不能不聚而爲萬物，萬物不能不散而爲太虛，循是出入，是皆不得已而然也。」（正蒙卷一）他用這個觀點去看萬物的成毀。這些觀點極大地影響了清初大思想家王船山。

張載在西銘中說：「乾稱父，坤稱母。予茲藐焉，乃混然中處。故天地之塞，吾其體；天地之帥，吾其性。民，吾同胞；物，吾與也。」天地是萬物和人的父母，人是天地間藐小的一物。天、地、人三者共處於宇宙之中。由於三者都是氣聚之物，天地之性就是人之性，所以人類是我的同胞，萬物是我的朋友，歸根到底，萬物與人類的本性是一致的。進而認爲，人們「尊高年，所以長其長；慈孤弱，所以幼其幼。聖，其合德；賢，其秀也。凡天下疲癃殘疾、煢獨鰥寡，皆吾兄弟之顛連而無告者也」。這裏所表述的是一種高尚的人道主義精神境界。

二程思想與張載有別，他們通過對張載氣本論的取捨和改造，又吸收佛教的有關思想，建構了「萬理歸於一理」的理論體系。在人性論方面，二程在張載人性論的基礎上進一步深化了孟子的性善論。二程贊同張載將人性分爲「天地之性」和「氣質之性」。但二程認爲「天地之性」是天理在人性中的體現，未受任何損害和扭曲，因而是至善無瑕的；「氣質之性」是氣化而生的，也叫「才」，它由氣稟決定，稟清氣則爲善，稟濁氣則爲惡，正因爲氣質之性不可避免地受到了「氣」的侵蝕而出現「氣之偏」，因而具有惡的因素。在二程看來，善與惡的對立，實際上是「天理」與「人欲」的對立。

朱熹將張載氣本論進行改造，把有關「氣」的學說納入他的天理論體系中。朱熹接受「氣」生萬物的思想，但與張載的安貧，幸不辱吾身」（復齋録卷六）。

王建常以明末遺民自居。一生僻居渭野一隅，隱逸遯跡以守節，希賢希聖以尚志。其記述「王景略願無以晉爲事，許魯齋不對伐宋之謀，其心一也」（復齋録卷五），可尋其抵觸清廷而忠於明朝之心跡。「陳希夷，五代隱君子也。或以方外目之，謬甚。邵康節隆冬盛暑，閉門不出，曰：『非退者之宜也。』金仁山、許東陽，師弟子也，當宋元之際，屏跡金華山中，著書講學，終身不出。其所著，蓋皆得朱子之傳者，亦可謂百世師矣。郭穉仲同某隱居爲學，鋭然以聖賢自期。惜乎！志未竟也」（復齋録卷五）。或辯隱逸與方外而爲陳希夷正謬，或引邵康節以申「退者之宜」，或贊金仁山、許東陽之氣節與學問，或惜鄉黨郭穉仲隱居希聖之未竟，皆可窺其尚志守節、鋭意聖學之神趣。正因此逸民情結與中國傳統士人之風骨，使其承續「太古遺風」（關學編附續編復齋王先生），而流馨於關中。

王建常鋭意聖學。依其自述，少時曾一心治舉子業，然及壯年，適逢國變，遂掛冠杜門，「教授生徒，足不入城市」（山志卷三王仲復），志於往聖而「讀濂、洛、關、閩書，發奮爲聖賢之學」（復齋録卷六自撰墓誌銘）。孜孜五十六年，篤行力學，「沉潛刻苦，讀書一字不輕放過」（山志卷三王仲復），發明先儒，排斥異説，可謂「上紹鄒魯，以詔學者」（復齋餘稿跋）。與同里郭肯獲（字穉仲）、關中俊（字遜伯）、雷柏林（字于霖）、華山王弘撰（字無異）、張表（字右訥）、富平李因篤（字子德）、同州（今陝西大荔）白煥彩（字含章）、王化泰（字省菴）、盩厔李顒（字中孚，號二曲）等關中學者及吴縣鴻儒顧炎武（字亭林）相切磋。其學「以主敬存誠爲功，窮理守道爲務」（關學編附續編復齋王先生），篤信程朱，駁陸王，斥釋、老，力排異説。雖「不近名，名亦不著」（山志卷三王仲復），但知其學者則推崇有加，稱「二百年來，秦士大夫知有程、朱、薛、胡之學，皆建常篤守之功」（關學編附續編復齋王先生）。雷柏林讀其詩文而比其似考亭、五柳。康熙二年（一六六三），顧炎武於王弘撰处讀其書，言其「潛心正學，根本六經」（復齋餘稿寄王仲復先生書）；又嘗見其所著律呂圖説二卷，嘆曰：「吴中未有也」（清史列傳卷六六儒林傳上一）。

王建常自甘淡泊。其家素貧，卻能安貧樂道，存心养性，堅守節操，數十年如一日。「至年近八十，又值連歲饑饉，或日不舉火，而此心泰然，未嘗啟口告人者」（復齋録卷六）。嘗以朱子業師李延平自況：「李延平結茅山里水竹間，謝絕世故餘四十年，食飲或不充，而怡然自得」（復齋録卷六）。王建常深信，學者欲達安貧樂道、怡然自得之境界，須有尚志自重之主體性及其修養工夫，如朱子嘗言：「人若著些利害，便不免開口告人，卻與不學之人何異？」（復齋録卷六）。亦特重希賢希聖與自比古人遭遇之提撕、感化之功，故堅信李延平語：「若大段排遣不去，只思古人所遭患難，有大不堪者，特以自比，則亦可以少安矣」（復齋録卷六）。

王建常守禮抗節。其盛贊從兄泠君「讀書以明道，明道以愛身，故能逃名甘寂」（復齋餘稿續傳），且力求潔身自好，「持躬处物悉有矩」（山志卷三王仲復）。自謝絕世故，志於往聖，終生守分安貧，不辱乎其身。既自得於人所不堪，更不以窮困告人。其平生得力尤在孝經，且確守孝經始於立身之義，雖少失怙恃，卻「侍繼母以孝聞」（清史列傳卷六六儒林傳上一）。身爲「潤及百世」「振及百世」（復齋餘稿復齋集序）之大儒，常欽服伊川先生「衣雖紬素，冠襟必整；食雖簡儉，蔬飯必潔」，亦甚稱涇野呂先生志聖賢之學而炎暑不廢衣冠，更能躬身踐行其操守而「雖盛暑，衣冠不去」，故人亦歎服「其守爲人之極難」（清史列傳卷六六儒林傳上一）。雖与華山王弘撰爲同心之友，論學切磋，終始無間，甚或贊王弘撰「粹然儒者，平生未嘗一矜氣加人」〔二〕，然聞知王弘撰與富平李因篤「數稱其名於當道」，毅然作書以責之。學使許孫荃聞其名而屢次造廬請謁，初持金幣爲壽，未受；改饋葛棉數種，又不受；贈以詩請和，亦不答。孫慨歎不已，臨行，題其門曰「真隱」〔三〕。其抗节如斯，實爲人所能及。二曲先生過朝邑，嘗一見之後，「每稱其篤實樸茂」（聖清淵源録卷二王建常）。顧亭林

〔二〕 康乃心等：王山史先生年譜（遺事並附），光緒廿三年華陰王敬義堂刊本。

〔三〕 此處參見清沈青崖修、吳廷錫纂陝西通志卷六三人物志，雍正十三年刊本，又見清黃嗣東撰聖清淵源録卷二王建常，光緒戊申九月刊於鳳山學社（該文獻録入周駿富所編清代傳記叢刊（〇〇三），臺灣：明文書局，一九八五年，一一〇頁），張驥關學宗傳卷三五王復齋先生，咸豐同州府志卷二三列傳下二和朝邑縣鄉土志卷二耆舊録。

嘗寓華下，欽慕其學問與操行，數以疑義相切磋。康熙十七年（一六七八），顧亭林嘗登門造訪，稱其「近日之古人」，並留詩一首，贊其淡泊尚志之風骨：「黃鵠山川意，相隨萬里翔。誰能三十載，軀殻但支牀。」[一]康熙十九年（一六八〇）春，王弘撰先君側室張氏高年八十一而卒，念其至孝苦節五十六年，王弘撰將爲之發喪受吊而疑其服。時顧亭林寓王砥齋，並有免服之議。王建常以之爲非，並貽書亭林謂：「發乎情而不能止乎禮義，非賢者所爲也。」[二]二人書函往復，相質禮儀經義，辨析人情義理。

同治十一年（一八七二），學使吳大澂奏請從祀，此奏雖未奉行，卻足以見王建常學問與品節之影響。（關學編附續編復齋王先生）又有文獻記載：「光緒二年（一八七六），清初理學家陸世儀從祀孔廟。同年，陝西理學名儒王建常從祀文廟。」[三]

二、基本思想

明季陽明心學大盛，當時名儒鉅公，「要多不脫姚江之藩籬」（復齋録卷目）。迨明清之際，王學則因自身流弊及「陽儒陰釋」而惑世之嫌，日益遭受衆多反對與非議。其中，朝邑王建常鋭意聖學，躬行實踐；仰慕張子，恪守程朱，發明薛胡，斥駁陸王，力排釋老。其學「以主敬存誠爲功，窮理守道爲務」（關學編附續編復齋王先生），精切嚴整，絕無駁雜。其雖重「眞隱高蹈」，卻以卓識定力辨明守固而造詣精醇。學者李元春嘗謂：「仲復才不及二曲，其學之醇細有主在二曲之上。」（關中道脈四種書關中三先生要語録序）具體而言，以筆者之拙見，欲知其學，要在以下諸端：

[一] 清顧炎武：顧亭林詩集匯註，王蘧常輯，吳丕績校，上海：上海古籍出版社，一九六六年版。

[二] 清王宏撰：山志，中华书局，一九九九年，六十三頁。

[三] 張昭君：清代理學史下，廣州：廣東教育出版社，二〇〇七年版，四九五頁。

（一）理本論

王建常主要圍繞理氣之辨繼承并發揮了程朱一脈理本論思想。理、氣範疇源自先秦文獻，且均含歧義。將二者結合對舉爲本源要素，以言宇宙萬類生成變化之原理，則始於北宋關中大儒張載，並爲後起理學家更進發明，形成中國傳統哲學宇宙本體論之系統化多途開展〔二〕。而理氣之辨亦借體用、本末、動靜、主從、虛實、幽明、隱顯、有形無形等概念，得以詳密、精深之發揮。其中，張載持氣本論，由氣之聚散、精粗、清濁、屈伸、往返、出入、升降、消息、動靜等變化流行，論天地萬物生滅、成毁之變遷，而道、理、虛、神、天等亦皆統一於氣。其所謂理，則從屬於氣，爲氣運行變化之秩序與律則。如其所言「天地之氣，雖聚散、攻取百塗，然其爲理也，順而不妄」，且氣之聚而爲物，散而爲太虛，出入於有形無形，「是皆不得已而然也」（正蒙太和篇）。程朱一脈既承張載氣凝聚生物之説，謂「天地之間，只是一氣耳」（朱子語類卷六十三）；又自立理本論，以理爲世界萬物之本原，氣則從屬於理。朱熹言：「未有天地之先，畢竟也只是理，有此理便有此天地。若無此理，便亦無天地、無人、無物，都無該載了」（朱文公文集卷五十九）。因此，其理、氣之間暗藏張力：既謂「理與氣本無先後」，理氣並行，又言「若論本原，既有理然後由氣」（朱文公文集卷五十九），理先氣後，且「氣之所聚，理即在焉，然理終爲主」（朱文公文集卷四十九），理主氣從；既謂「天下未有無理之氣，亦未有無氣之理」（朱子語類卷一），理氣不離。又言「所謂理與氣，此絶是二物」（朱文公文集卷四十九答劉叔文），理氣不雜。故學者常以朱熹爲二元論者。王建常既「以考亭为师」（山志卷三），自是堅持並發揮理本論，以析理氣之辨，探天地之本原，明人物之生滅、成毁，察鬼神、魂魄之究竟。

王建常繼承張子、朱子氣能生物之説，以人類、萬物、鬼神、魂魄皆由氣所生。以構成論言，天地、人物皆爲氣：「人與天地，只是這一箇氣」（復齋録卷五）。而此氣即是無限、普遍、運行不息之元氣。有此氣，則有天地常在、人物不滅。其言

〔二〕參見葛榮晉：中國哲學範疇通論，北京：首都師範大學出版社，二〇〇一年版；蒙培元：理學範疇系統，北京：人民出版社，一九八九年版；李震（臺北）：中外形上學比較研究，臺北：中央文物供應社，一九八二年版。

曰：「天地每成一番混沌，所不死者，有元氣焉。元氣，只是陰陽之氣。當天地混沌，人消物盡時，只有這箇氣，衰來衰去，綿綿不息。是至靜之中，亦未嘗無動也。所以復能生天生地，生人生物，重新開闢一番也」（復齋録卷五）。顯然，此即天地萬類創化不已之氣化論。具體而言，氣生萬物之進程分三階段：最初，在天地之先，爲一氣之運行流衍；進而又分化爲陰陽二氣，所謂「一氣之運，分陰分陽，便叫做『二氣』」（復齋録卷五）。在宇宙創化中，天地渾淪之氣一旦運行，即化爲一陰一陽二氣。陰陽二氣又曰「跡」、曰「良能」：「蓋天地所以爲造化者，不外乎陰陽二氣。以其流行著見而言，則曰跡；以其自然如此流行而言，則曰良能」（復齋録卷五）。第三階段，則陰陽二氣化生萬物。陰陽二氣循環運轉，常行不已，相依相合，人物便由是而生。其言「一陰一陽，只管如此運轉，便是所以生人物者」（復齋録卷五）。又言：「二氣游行，萬物化生」（復齋録卷五）。

氣還有精粗、清濁、偏正、通塞之分：「人生得天地之理，理只是此理；得天地之氣，氣便謂其正且通者。惟太極之理，與二五正通之氣，妙合而無閒去聲。故其方寸之閒如字，虛靈空洞，萬理具足，所以謂之明德。若物雖亦得天地之氣以爲體，得天地之理以爲性，然氣得其偏塞，則理亦因而閒去聲隔，所以其心壅蔽昏昧，而不可以言明德。是則人與物之大分去聲所由判也。而章句言『氣稟所拘』，却是就人類中又分如字別出箇清濁美惡來」（復齋録卷四）。人物兩判，即在於人得天地元氣中之精氣、清氣、正氣與通氣，物則得粗氣、濁氣、偏氣與塞氣；由此構成論或本質論上之分別，足以證成人何以爲萬物之靈長；而「靈以氣言，萬物中的氣之靈者惟人」（書經要義）。故惟人能發揮「明德」之主體性與創造性。甚至「聖人又於人中得其氣之最靈，故先知先覺，首出庶物，而爲『元后』於天下」（書經要義）。人類中聖凡、清濁、美醜之別，亦源於人之氣稟相異。顯然，此氣化、氣稟之說，飽含價值意藴。

鬼神、魂魄亦由氣化流行而成。其中鬼神即是氣之陰陽屈伸變化所爲。「凡氣之伸者，皆屬陽，爲神；凡氣之屈者，皆屬陰，爲鬼也」（復齋録卷五）。如此一來，鬼神並非神秘物什，不過氣之流行而已，即自然變遷與人事活動即鬼神，「故呼吸笑語，寒暑風雷，都是陰陽相感，便都是鬼神」（復齋録卷五）。以人之生死而觀，鬼神又爲魂魄之聚散、升降變化：

「人生魂凝魄聚，來而伸也，故爲神；死則魂升魄降，往而屈也，故爲鬼。若只以生言之，則魂爲神陽也，魄爲鬼陰也；只以死言之，則以魂之升者爲神，魄之降者爲鬼」（復齋録卷四）。

至於魂魄之說，則古已有之。或借神鬼而辯氣與魄：「氣也者，神之盛也；魄也者，鬼之盛也。」（四書或問）或以氣及人之官能而言：「噓吸出入者，氣也。耳目之精明爲魄，氣則魂之謂也」（鄭玄論語注）。或從天地之氣以言：「天氣爲魂，地氣爲魄」（淮南子）。或借神之陰陽以言：「魂，人之陽神；魄，人之陰神也」（高誘注）。朱子進而合形神之辨、氣之聚散及神鬼概念以論魂魄。依朱子之意，人初受形體，精氣凝聚，其中有靈者爲魄；有魄即暖氣流行，其中有神者即爲魂。魂魄結合而有物體，兩者離散，則魂遊爲神，魄降爲鬼。

王建常順承朱子之説，以魂魄隨人之成形而俱生，「故人在胎中初成形時，只是一點水，這便是魄。其中有些暖氣，會動彈，便是魂。魂屬陽，魄屬陰」（復齋録卷五）。原來魂魄仍以氣爲質，並以陰陽之氣而分。以其之見，人生之初先爲水，水主陰，即先有陰氣，水中有溫暖之氣即爲陽氣。因此，魂魄亦有先後之別，可謂「先有魄，而後有魂」（復齋録卷五）。動靜之間，魂魄相異分明。「魂主發，魄主存；魂有爲，魄有守。魂日長一日，魄合下便定。能思量運用都是魂，能聰明強記都是魄」（復齋録卷四）。由動靜觀二者之常變，職能、功用判然兩分。以人之呼吸視聽行止而言，魂魄相別益爲清晰。「呼吸活動屬魂，而鼻之知臭、口之知味却是魄；視聽聰明屬魄，而耳目之中皆有暖氣，却是魂」（復齋録卷五）。二者雖有諸般分別，卻並非於或動或靜中相離。「魂魄雖分先後，却不相離。有這魄，便有這魂；無這魂，則魄亦不能自存」（復齋録卷一）。

王建常以氣化流行中常與變之辯證統一爲據，教人知祭祖之可能性、真實性與必要性。依其說，元氣於聚散、消息、升降、動靜之際，時時創化不已，生生無窮。因此，前後人物、魂魄所稟受之氣實爲不同之氣，此爲氣之變化與殊相。然天地畢竟只是一元之氣，一人自少至老、一族自祖先至子孫皆爲此一元之氣。其言：「天地之氣，日生無窮。雖後來之氣，非復前此之氣，然却通只是一箇氣。蓋氣之在天地者，自子而午而亥。雖有不同，要之，只是這箇一元之氣。就如氣之在人身者，自少而壯而老。雖有不同，要之，只是元來一箇氣而已。祖考當初原從這氣生出來，而今雖已消散，而天地之根於理而日生者，固浩然而無窮，便是他那箇，亦浩然而無窮也」（復齋録卷五）。既然共通一氣，子孫便能感召祖先之氣。但此感召亦並非無條件，即必須子孫抱以誠敬之心方可。如其言「子孫祭祀極其誠敬，又能感召得他氣聚在此」（復齋録卷五）。由此氣化論便爲祭祀祖先與親人確立一可能且真實性依據。於是，「無論祖宗、妻子外親，但是我所當祭底，其精神魂魄。莫不感通。本無間隔故也」（復齋録卷五）。

王建常雖以氣化論解釋天地萬物、神鬼、魂魄之生成變化，卻實爲理本論者。在其宇宙本體論之根柢處，終究以理爲本，而氣化只是理之發用。其言曰：「道，其體也，陰陽，其用也。」（書經要義）所謂道者，陰陽之理，且「恒而不變者也」。「化待道而後立」（書經要義），「道」則由「化」而發見。王建常理本論立場盡現於其太極圖集解中所認同並予以發明之天地萬物生成演化之圖式：「太極分開只是兩箇」（太極圖集解），即太極生陰陽；「五行一陰陽」（太極圖集解），即陰陽化生五行，而「五行陰陽，七者衮合，便是生物底材料」（太極圖集解），即陰陽、五行衮合以生萬物。其中，太極爲天地萬物之本，而「太極只是天地萬物之理，未有天地之先，畢竟先有此理」（太極圖集解）。顯然，王建常信守朱熹理本論，既言天地之間無非一氣，氣有陰陽二分，陰陽變化五行，進而七者衮合以生萬物，但終究阴阳气化本於太極，皆理之所爲。因此，其宇宙本體論惟理而非氣乃真實本體。

王建常理本論立場於其理氣之辨中尤爲突出。依其之見，理氣相依不離。其言曰：「理氣元不相離，有此理便有此氣。」（復齋録卷二）但理爲氣化流行之法則。「言陰陽，便無所不包，任是甚麼物事，都不能外這箇陰陽，而道即在於其中」（復齋録卷一），雖言陰陽化生萬物，卻有理於其中作主，故氣化不過理之發用和表現而已。二者亦有精粗、本末之别，可謂理本氣末，如其言：「虛主理言，靈兼氣言。然氣本於理，故惟虛會靈」（復齋録卷一）。又言：「太極爲精，陰陽爲粗；太極爲本，陰陽爲末」（太極圖集解）。理爲形而上者，氣爲形而下者。其論太極、陰陽不可分，否則，「若以爲止是陰陽，陰陽却是形而下者」（太極圖集解），而太極即理則相對爲形而上者矣。在本與末、主與從、形上與形下、本質與現象之間，理氣之地位已然判分。

（二）心性論

中國哲學宇宙本體論之終極旨趣，在於究明人之本質及其在宇宙間地位與價值，即「借『天道』以明『人道』」〔一〕。抑或如張岱年先生所言，中國人從不以宇宙外在於人，而認爲「宇宙本根實與心性相通，研究宇宙亦即是研究自己」〔二〕。易言之，中國哲學家往往據其宇宙生成論或宇宙本體論以探究性命或心性問題。李澤厚先生論及宋明理學時，曾謂宇宙論只是一種「開頭」或「前奏」，而「人性論纔是宋明理學的體系核心」〔三〕。王建常亦是由理本論説明心性論和人類價值論，即「從宇宙本體説明人的存在，把人提升到宇宙本體的高度，從而確立人的本質、地位和價值」〔四〕。

王建常首先從理氣説心性。他服膺二程之説，認爲心與命、性、理爲一，「『在天爲命，在物爲理，在人爲性，主於身爲心。』此等字義，皆自二程説明」（復齋録卷一）。尤其推崇「性卽理」之義，以此爲萬世言性之宗，乃伊川發前聖所未發。此義不僅説明人性之本質，使人與天地萬物相通，且能證成人性本善。這在王建常才性之辨中表達得十分明確：「才之清濁出於氣，故有善有不善；性出於天，天卽理也，故無不善」（復齋録卷一）。顯然，從性之本質「理」和形上根源「天」而言，人性本來即善。心至於「心」，其最大特點就是「虛靈」二字。他一方面肯定心具衆理以應萬事，另一方面，又以心屬氣而比性微有跡。不過，爲心之氣乃氣之精爽者，故而虛靈。進言之，若以「虛靈」二字言心，則「虛是體，靈是用」（復齋録卷一）。此外，既然心之本體源於形上之天，所以此心「謂之明德」，且虛靈不昧。「惟虛，故具衆理，是性是體；惟靈，故應

〔一〕趙馥潔：中國傳統哲學價值論，北京：人民出版社，二〇〇九年版，四頁。
〔二〕張岱年：中國哲學大綱，北京：中國社會科學出版社，一九八二年版，八—九頁。
〔三〕李澤厚：中國思想史論（上），合肥：安徽文藝出版社，一九九九年版，二二八頁。
〔四〕蒙培元：理學範疇系統，北京：人民出版社，一九八九年版，一七四頁。

萬事，是情是用。不昧，只是申言其明也」（大學直解）。他非常贊同張子以虚、氣、知覺言心性以及朱子以神明言心之義，認爲二者之可貴在於皆由理氣不離說明心性，即「性從理來，不離氣；知覺從氣來，不離理」（復齋録卷一）。

王建常十分欽服張子「心統性情」說，認爲「其有功於聖門最大」，不僅發前聖所未發，而且開後儒言說心、性情之規模，即「後來諸儒說心、說性情，千言萬語，要皆不外乎此」（復齋録卷一）。他進一步發揮朱子對此說之詮釋，以辨析心、性、情之關係。依其之見，「心統性情」有二義：其一，統體義，即心「總包乎性情」。此義凸顯了心之涵蓋性。若以體用言，則「性者，心之體也；情者，心之用也」（復齋録卷一）。如孟子所言「仁義之心」，仁義即是性，惻隱、羞惡則爲情。因此，心雖是一，卻可指體而言，表現爲「寂然不動」；又可指用而言，則「感而遂通」。其中可見性、情相依相偕，「有這箇性，便發出這箇情；因這箇情，便見得這箇性」（復齋録卷一）。其二，統攝義，即心爲性情之主，從而「主宰乎性情」。此義確立了心之主宰性，而其之所以能「主宰」，是由於心具衆理即性而行諸於情，如「以仁愛，以義惡，以禮讓，以智知者」（復齋録卷一）。這種主宰性便是所謂「心之知覺」。心主宰性情又可兼動静來說，即「未動爲性，已動爲情，心則貫乎動静而無不在焉」（復齋録卷一）。若無此心主宰，則静中性易昏，動時情又易流於不善。

王建常强調心、性有序。他發揮朱子「當先說心」之義，堅持必先說心，纔能教人識得性、情之「總腦」以及道理之存著處。否則，「若先說性，却似性中别有一箇心」（復齋録卷一）。在此意義上，更是標舉横渠「心統性情」之說，視其爲顛撲不破、放之四海皆準之真理。依其之意，如若有不以「心統性情」爲然者，則可謂不識人之心、性、情，更無以識得天道、天理。因爲「自家底一箇心，也不曾識得，更說甚麽道理」（復齋録卷一）。

（三）工夫論

在如何成賢成聖以實現儒家人格理想問題上，王建常認爲自古聖賢皆以心地爲本，「若心地上差錯，便是根本不立」（復齋録卷一）。因此，他提出並畢生切實躬行存養、主敬、静坐、窒欲、持志、格物致知、省察慎獨、涵養、誠意、養氣、踐形等一系列葆養心性以成就理想人格之修養方法，形成一套既與儒家學統一脈相傳，又兼具箇性特色之修養工夫論。其中，存養、主敬、靜坐工夫尤爲緊要。

第一、存養工夫

王建常以存養爲首要工夫，即由存心養性、切己涵養工夫變化氣質，以公心、道心或天心對治私心、人心。只要人人踐行此存養之功，則皆可爲君子，人世間亦將天理流行，實現德化治世。他之所以如此看重「存養」工夫，主要有以下原因：

其一，存心則立本。心是爲人乃至成聖之本，「若心地上差錯，便是根本不立」（復齋録卷一）；存心即是爲爲人成聖奠立根基，亦是人生歷程之出發點。故對人而言，萬萬不可無心，「人才說無心，便流於異」（復齋録卷一）。

其二，存心最艱難。孔子曾言：「操則存，舍則亡，出入無時，莫知其鄉。」（孟子告子上）王建常認爲，这說明夫子早已洞察人存心之艱難。因此，他警醒世人：「見得這是箇最難把捉底物事，不可頃刻而失其養也」（復齋録卷一）。存心雖難，但終究是自家事，亦由自己做主，而非由外在他人或他因決定。因此，存心又是完全可能者，正所謂「人有四百四病，皆不由自家，只是心須教由自家」（復齋録卷一）。

其三，存心方能窮理。儒者以問道窮理並修己安人爲宗旨，而窮理必先問學，問學則必先存心持志。是故，王建常強調：「學者存養得心常在這裏，方好讀書窮理」（復齋録卷一）。也只有存養心性工夫，才能使所學所窮得以內化而自得，如其所言：「其所窮底，亦才有箇安著處，才是自家底物事」（復齋録卷一）。

其四，存心能成萬用。王建常認爲，不僅孔子所言「克己復禮」基於存心，而且大學「格物、致知、誠意、正心、修身、齊家、治國、平天下」八條目，中庸「贊化育，參天地」皆是此心之妙用。北溪曾謂存有此心則人可「爲堯舜」「參天地」「格鬼神」、達萬里之遠、知千古人性之變、貫金石、通幽微。他對此說頗爲贊賞，稱其乃發明人心妙用之「極言」。

其五，存心可全性命之正。朱子謂心乃「人之神明，具衆理而應萬事」（孟子盡心），旨在闡明既然人心先天具備衆理，且理事不二，故能成「應萬事」之大用，從而得以成爲人之生命存在及其活動之根本與主宰。王建常認爲，只要「心不遷於外物，而可全其性命之正」（書經要義）。正如陳三山所言：「既富以養其身，又訓以養其心，全正性所以順正命，此所以永年也」（書經要義）。

其六，存養是致知之本。王建常一方面發揮程朱視敬爲學者切入工夫之義，謂「敬與知是先立底根腳」（復齋録卷二）；另一方面又強調存養是貫徹致知之始終之前提，且爲固守既知之保障，即「未知之前須先存養此心，方能致知；既知之後，又要存養，方能不失」（復齋録卷一）。

進而王建常還闡發了存養心性之道。

其一，讀書能收心。在他看來，讀書與存養相得益彰。一方面，只有存心才有可能自覺且潛心讀書；另一方面，讀書又有助於收心、養心，正所謂「心存方會讀書，讀書亦可以收攝此心」（復齋録卷一）。

其二，「九容」「九思」是存養之方。衆所周知，儒士有「九容」，即「足容重，手容恭，目容端，口容止，聲容静，頭容直，氣容肅，立容德，色容莊」（禮記玉藻）；君子有「九思」，即「視思明，聽思聰，色思温，貌思恭，言思忠，事思敬，疑思問，忿思難，見得思義」（論語季氏）。二者皆爲歷代儒者修身養性所重之踐形工夫。王建常自不例外，且特重二者，以之爲存養之道，並言「九德是變化氣質之方，九容、九思是存養心性之方」（復齋録卷一）。

其三，存養必須窒欲。儒家素重理欲之辨，就存養而言，正可謂「寡欲則心有所養，而知益明，守益固」（復齋録卷一）。孔子言「窒欲」，孟子言「寡欲」，周子曰「無欲」。但依王建常之見，「『無』由於『寡』，『寡』由於『窒』」（復齋録卷一），並因此強調「學者以『窒欲』爲要」（復齋録卷一），方能成就存養之功。

其四，存養需持公。儒家所窒、所寡、所無之「欲」，主要特指私欲私心，以及由此而生之名利心。爲對治私心私欲，歷代諸儒一再標舉公心道心或天心。程朱又把「公」作爲實現仁之工夫。朱熹云：「仁是本有之理，公是克己工夫極至處。惟公然後能仁，理甚分明」（朱子語類卷六）。對此以「公」發明「仁」之義並對二者詳加甄别之論，王建常給予高度評價。他明知在現實生活世界，往往「人心不同如面，只是私心」，但他並不否認天下人在心性上具有相同性或相通性，更不能懷疑人具有克治私欲之自覺與工夫；反而使他更加堅信「公則一，私則萬殊」，而「同則便是天心」（復齋録卷一）。這就使王建常十分注重持公工夫，甚至在一定意義上把存心就等同於秉持、存養公心、道心、天心。

其五，存養要密而不拘。王建常深知人心「操則存，舍則亡」，心之存亡，只在於主體之操舍，即工夫之緊密與疏散之際，尤其是於天人、公私之際。他指出，人只要能操存公心、道心、天心，就能克治人心、私心，「遏絶之，使其不行」。反之，若天心、道心、公心泯滅，人則以私心爲主宰，名利之心亦如脱繮野馬，必然致使私欲泛濫，其危害無邊。因此，他贊歎朱子所謂「操存涵養」工夫對存心養性而言頗爲貼切、緊要。在强調存養要密之同時，他又認爲不可過於拘迫，如其所言：「操存涵養，不可不密，然亦不可拘迫」（復齋録卷二）。

其六，存養必須省察慎獨。存養心性必省察善惡之念，謹防惡念之起，這便須慎獨工夫。具體而言，即「看一日内，善念之起幾何，惡念之起幾何。其惡念之起，即從而除去之；善念之起，即從而培養之。這便是省察，是『克己復禮』」（復齋録卷一）。就動静之際來講，静而存養以立其本，動而省察以勝其私。存養之理想境界即「致中和」，但「『致中和』，非常存戒懼慎獨工夫不可」（復齋録卷一）。可見，存養與省察慎獨實不可分，亦不可偏失。

其七，存養須恒常不斷。王建常認爲，其他工夫雖然重要，但就恒常性而言，唯存養最爲切要，必須常存常養，「不可斯須間斷」（復齋録卷一）。此即張子何以告誡欲學者「未知立心，惡思多之致疑」，並提出「六有」存養法，教學者時時刻刻「求立吾心於不疑之地」（張載集拾遺近思録拾遺），瞬息之間亦不能放心外馳。朱子非常注重存養之功，對張子「六有」存養法亦頗爲推崇，謂此法即是要學者「『終日乾乾』，不可食息閒」，且依此篤行，才能夠「常喚令此心不死，則日盡進」（朱子語類卷一一八）。王建常贊歎張子與朱子之言「極好」，對存養工夫「發明親切，最宜深玩」（復齋録卷一）。顯然，王建常之所以如此强調存養工夫之緊密性與恒常性，不僅是因其自身切實踐形、體貼「四勿」「九思」「九德」「九容」等工夫而有所自得，而且亦頗受張載與朱熹等理學家影響。

第二、主敬工夫

王建常認爲，存養之功終究要以「主敬」爲根柢。就上述諸端來看，他固然強調存養爲學者首要工夫，但幾乎種種存養之道皆由「主敬」工夫來保證。他曾自述常夢見朱子語其「養之，養之」，而夢中伊川先生與朱子問答之間，又「大約不外一箇『敬』字」（復齋録卷一）。

王建常主要繼承和發揮了程朱一脈所主之「居敬」工夫。「居敬」是程朱工夫論之根荄。朱子曾言：「爲學之道，莫先於窮理；窮理之要，必在於讀書；讀書之法，莫貴於循序而致精；而致精之本，則又在於居敬而持志。」（朱文公文集卷十四甲寅行宮便殿奏劄二）又謂涵養、致知、力行皆「以敬爲本」（朱子語類卷一一五）。由於深受朱子影響，王建常以「敬」爲存養之道與傳承聖學之核心工夫，故謂「敬者，所以提撕此心，使常惺惺，乃心之主宰而聖學所以貫動靜、徹始終者也」（復齋録卷一）。而程子所謂「心要在腔子裏」（二程遺書卷七），在他看來，就是強調存養工夫「只是箇主敬」（復齋録卷一）。可以說，主敬爲存養心性之「根腳」，即所謂「爲學莫先於存心，而存心莫要於主敬」（復齋録卷一）。因此，他對朱子把「敬」作爲「真聖門之綱領，存養之要法」（朱子語類卷十二）之說十分推重，稱贊其「示人者切矣」。如此一來，存養、省察固然緊要，但畢竟各有所重，最終皆須「主敬」來落實。他說：「存養是調護本原，省察消除病患，二者皆當以敬爲主。」（復齋録卷一）存養工夫實質上就是操存人心而葆養心性，使人之生命存在及活動有所主宰，但在具體落實過程中，動靜之間，唯有「敬」才是心自做主宰處。所以，他在強調存養工夫須臾不可無敬時說：「一息不敬，心便出入。」可以說，這種持敬之功在日常人事活動中，乃至整箇人生歷程中「貫始終，一動靜，合内外」（復齋録卷一）。

王建常把主敬工夫視爲聖門第一義。以他之見，存養在根本上就是要人持守心之本體，可是「心之本體自是箇虛靈不昧底，只緣意亂欲汩，便昏了」（復齋録卷一）。而防治亂意、汩欲昏惑人心之良方即誠敬工夫，所謂「敬則閑邪存誠」（復齋録卷一）。只要以持敬工夫「閑邪存誠」「主一無適」，就能誠意而窒欲，進而自能存心養性，使靈明知覺獨照如初。他嘆惜秦漢以後，諸儒皆不識「敬」字，直到朱子才予以貼切發明，啟發後學，影響深遠，可謂有功於聖門甚偉。他不僅強調學者持守此功須徹頭徹尾，不可間斷，而且他自己亦終生服膺、力行朱子居敬存養之說。

王建常恪守並發揮了朱子「主敬」之義。在他看來，朱子之後，雖然諸儒對「敬」多有發揮，但「敬」之要義即朱熹所謂「主一無適」，而且只要篤行此一工夫，學者就能進達聖域，「程子所以學到聖處者，也只是個主一無適」（復齋録卷一）。既然只要人能做到「主一無適」，就能存其心並自作主宰，那麼在此意義上，收攝、操存本心，使其不放不失，就是敬，即南軒所謂「心在焉，則謂之敬」（復齋録卷一）。主敬之所以爲存養工夫之根腳而最爲緊要，也就在於其與心體之發用偕行不乖，「心體通有無，該動靜」（復齋録卷一），故而主敬工夫能兼內外而貫動靜。爲了辨明「敬」字真實本義，王建常力排種種誤解。他一方面説敬即不胡思亂想，另一方面又強調敬並非僵滯於某一事物，也不是空心絕思之坐禪入定。否則，便「非聖賢存養之道」（復齋録卷一）。但他積極肯定靜坐也是持敬存養之重要工夫。

第三、靜坐工夫

王建常視靜坐爲又一重要存養之道。人生在世，往往人隨事轉，心隨境遷，使人很難存心養性、自作主宰。王建常指出，君子存養之道固然要首重「主一無適」之主敬工夫，但同時還要輔之以靜坐，以針對性地克治人心之躁動。他説：「心下熱鬧，卽看道理不出，且須靜坐」（復齋録卷一）。其實，這也是訓練或強化「主一無適」之工夫，甚至就是「主一無適」之主體精神狀態的外現形式。通過靜坐修養，不但能收拾、操存本心，使其「湛然在此，不教亂，不困頓」（復齋録卷一），而且會增強人窮理應事之能力。王建常認爲，靜坐之本質就是靜心而知止，亦即「誠其心」，使心不妄動。爲此，既要「內欲不萌」（程氏易傳卷三），以防汩欲昏蒙本心，又要「外誘不入」，以抵制、化解外物紛擾而「無以動其心」（朱子語類卷一四）。長此以往，最終便能動靜一貫，即曹月川所謂「靜固靜，動亦靜也」（明儒學案一四卷），從而進駐存心之最高境界——「明鏡止水」（魯齋遺書卷一），亦即聖人境界。當由靜坐之功而達此至境時，人心則「如明鏡止水，物來不亂，物去不留」（復齋録卷一）。當然，常人須自覺通過靜坐、居敬等工夫，勉力而爲纔有可能達到此境，聖人則自然而然，無需勉強。依王建常之見，由於「身心相應」，所以一旦人心能靜，其身亦自安，從而不爲外境遷移，即所謂「所處而安」，亦所謂「無所擇於地」。在他看來，唯「靜」方能有朱子所言「安」「定」「慮」「得」等功效。

至此，我們可以看出，王建常治學雖「以主敬存誠爲功，窮理守道爲務」（關學編續編），但他畢竟視心爲「一體之主」「萬事之綱」，並主張「學者先須就心上做工夫」（復齋録卷一），從而以存養心性爲目的。正是在此意義上，張岱年先生稱其「力圖把程朱的主敬論和陸王心學融合爲一體」[一]。王建常所論存養之道固然以持敬之功爲根本，卻也不限於此。可以説，其工夫論幾乎涉及先儒所重各種修養方法，諸如静坐、窒欲、持志、格物、致知、涵養、誠意、省察、慎獨、讀書、養氣、踐形等，都有待學界進一步展開研究，在此恕不贅述。

從總體上看，王建常學術思想豐富而純粹，嚴整而精切。除了上文簡述之外，還有人生論、德治論、歷史觀、經學思想、易學思想、實學思想、教育思想和天文曆法思想等多領域、多方面内容。其基於道統觀念和正統意識，對釋、老學説乃至陸王心學之批判，亦非常深刻，頗有洞見，啟示良多，影響深遠。但是，由於其著述久未系統整理，至今尚未得到學界關注。希望借此次整理點校工作，推動學界對王建常學術思想的系統研究。

[一] 張岱年主編：中國哲學大辭典，上海辭書出版社，二〇一〇年版，五七六頁。

點校說明

王建常孜孜信守朱子「文根本乎道」之義，著述嚴謹，從無誇多鬬靡、大相背馳之言。惟「讀書論世之際，不無偶爾發明，隨筆記之，間亦有感於衷」（復齋餘稿文），久而成文。又「素不喜人自刊所作」，更不「以筆劄之妙爲竇翫之資」（清麓訓詞跋），故不特重筆劄、剞劂之事。關中後學賀瑞麟慨歎：「無怪乎先生之著述，日以湮晦；而後生晚進，或並其名姓而莫之傳也。」（復齋録卷目）

然據古今記録，仍可知其著述梗概及現存遺著之情形。以筆者目力所及，記載王復齋先生書目較多者，當推朝邑縣鄉土志、清史列傳及關學編（附續編）。

朝邑縣鄉土志卷二之曹舊録所記者有小學句讀記四卷、大學直解二卷、書經要義六卷、春秋要義四卷、太極圖集解一卷、律呂圖說二卷、復齋録六卷、四禮慎行一卷、論語輯說十卷、詩經彙編五卷、復齋餘稿六卷、復齋別録一卷、思誠録一卷，共十三種。

清史列傳卷六六儒林傳上一所記王復齋先生著作爲：大學直解一卷、論語輯說十卷、詩經彙編五卷、尚書要義六卷、春秋要義四卷、太極圖集解一卷、四禮慎行一卷、思誠録一卷、復齋録六卷、別録一卷、日記二卷、餘稿六卷，共十二種。

關學編（附續編）所記者有大學直解一卷、兩論輯說十卷、詩經彙編五卷、尚書要義六卷、春秋要義四卷、太極圖集解一卷、律呂圖說二卷、四禮慎行一卷、思誠録一卷、小學句讀六卷、復齋録六卷、復齋別録一卷、復齋日記二卷、餘稿六卷，共十四種。

現存其著作七種，僅爲關學編（附續編）所記書目之一半：尚書要義（即書經要義）六卷、大學直解（上、下）二卷、太極圖集解一卷、小學句讀記六卷、律呂圖說二卷、復齋録六卷、復齋餘稿二卷。此外，在道光十年（一八三〇）青照堂藏版關中道脈四種書之關中三先生要語録一書中，録有仲復王先生要語録（約三仟貳佰餘字）。筆者還在陝西省大荔縣文物局找到若干殘頁，爲王建常爲其兄子所書清麓訓詞（約伍佰柒拾字）。

一、書經要義六卷，今存清雍正崇阳公署刻本，朝邑同義文會藏版。是書爲王建常晚年補集成稿之作。乙卯年冬，張慄得書稿，並編次、補遺，與賈聊伯、李效則抄録脱稿，始得成編。此書於曆法以湯若望爲的，別其是非；於九州、山川，明其古今異名與變遷；於洪範「九疇」，統言體用，分詳精義，而能「列自然之次序，極當然之徵應」；於「欽」「敬」「誠」「性天」「禮樂、政刑、鬼神、兆民」之言，詳辨疑似，厘正錯誤，詳盡理之未足，略舉傳之已明。凡以發前人之所未發，可以補蔡傳之不足，而爲文公朱子之功臣也歟！張慄對其推崇備至，序文言：「是書也，前有孟子之闡發，繼有朱、蔡之傳注，後有先生之要義，則書之義不亦炳如日月也乎？」（書經要義張慄序）上官汝恢亦稱此書多簡當之言、透宗之論，「學者伏而誦之，其益於身心、性命、經濟、學術，寧淺鮮哉！」（書經要義上官汝恢序）

二、大學直解上、下二卷，今存清同治七年世德堂藏版、同治七年劉傳經堂藏版兩種刻本。此書由趙蒲廷璧校閲，上官德轍季眉編次，王建常姪學誠訂梓。是書依據朱熹大學章句本，首列朱子讀大學法，次列朱子大學章句序。其分節與大學章句一致。於正文章句之後繼以三層註解：先大學章句之註釋，「口義」次之，以「輯説」終。「口義」爲王建常所解大學之義，可謂其一家之言；「輯説」則多輯録諸儒之説，參引四書或問、四書蒙引、四書淺説等書，援引饒雙峯、陳新安、許東陽、吴季子諸儒之説。所纂集彙編皆其所認同。而清同治七年三原劉傳經堂本則以大學直解序爲首，朱子讀大學法次之，再續之以大學直解上下卷。其唯一弟子張讓伯嘗持此書而求教於松園王鉞，鉞得是書，並作序，曰：「據其訂正原本，附以群説，參以己意，詳而且該，博而有要，旁通曲盡，可補江陵之所未及。此書一出，堪爲先聖功臣、後學宗主，萬世之澤，其在是哉。」此次點校整理以世德堂藏版爲底本，劉傳經堂藏版爲校本。

三、太極圖集解一卷，今存清同治十二年（一八七三）癸酉開雕刻本，劉傳經堂藏版。此書力求彙集周敦頤、朱熹、薛瑄、陳淳等先儒註解太極圖之義，且尤重朱子之解。

四、復齋録六卷，今存清光緒元年（一八七五）西京清麓叢書所録劉述荊堂刻本。王建常自視此書如敬軒薛先生讀書録，爲「讀書至心有所開處，隨即録之」，既「以備不思而還塞」，更爲「以時復思繹」而作。書中積語九百餘條，可謂其多年潛修讀書之心得。清末學者賀瑞麟以爲此書「尤先生爲學之旨要」。澄城張蘿谷先生謂此書不讓於讀書、居業二録，曰：「仲復集中亦多述先儒成説。然有德之言，自然研究詳明，切近平實。其大節尤在隱不求名，雖老死而不悔。非所見者定，所居者安，能如是乎？」因原版已佚，遂經三原賀瑞麟校訂、由秀才劉質慧季昭於光緒元年刊於劉述荊堂。

五、復齋餘稿二卷，今存民國十年四勿齋石印本和民国十三年（一九二四）朝邑文會刷印本（非足本）兩種。此爲王建常詩文、書信集。雷柏林序文，謂：「第簡其文三十篇，詩二十首。」原本六卷，現僅存二卷，係張夢齡手抄，後爲党允秀於書肆中購得時，已然「文不止三十，詩亦不止二十，又有他人贈復詩文，確然非柏林所選原本」。党揆其爲復齋先生初年之作，並從兩朝詩抄與縣志、山志中摘録数章，共補抄三十餘篇，附於餘稿之末。其中收録銘、文、贊、録，以及詩、詞一百五十餘篇。是書雖言簡易懂，似不足盡復齋先生之學，然雷柏林執信：「令百世之下，見此岐鳳一毛、華蓮一蕊，將思維不盡；當知明之秦地苑洛、少墟而後，尚有渭埜王子仲復也。」而關中後學張祖武於其所撰書跋中亦言：「先生篤行君子，不必以詩文見，而見詩若文，亦無不可以見先生也。」此次點校整理以四勿齋石印本爲底本，朝邑文會刷印本爲校本。

六、小學句讀記六卷，今存清同治十二年（一八七三）癸酉開雕刻本。王建常自庚辰年入小學，經切己體察、躬身踐行而特重小學，以其「是做人的樣子」而視之爲初學「入德之門」。後讀諸家註疏、語録、文集，凡與陳恭愍句讀相發明者，隨即録下。是書雖以陳恭愍小學句讀爲藍本，卻能補其所缺，且對句讀之體會益加深切，故王建常頗爲自信。李元春謂復齋王先生：「生平注意，尤在小學句讀六卷，以此爲入德之門。」（關學編附續編復齋王先生）賀瑞麟以其更爲詳盡、深切、完備而稱「小學本皆類聚此書」。

七、律呂圖説二卷，今存清乾隆三十九年（一七七四）朝坂集义堂刻本。是書爲王建常耗四十餘年之心血而作。顧炎武見之歎曰：「吳中未有也。」王建常雖著述頗富，但其中惟有律呂圖説與小學句讀記爲清朝官方録入四庫存目。

八、王建常先生要語録，摘自今關中道脈書四種之桐閣關中三先生要語録，其中復齋王先生要語録爲朝邑李元春輯録、王維戊、馬先登校録、蒙天庥刊，以次整理易名爲王建常先生要語録。原書關中道脈書四種今存道光庚寅年（一八三〇）青照堂藏版刻本。

九、清麓精舍訓詞，據陝西省大荔縣文物局殘篇所輯，版本不詳。依馮翊門人扈森所作跋文，可知斯訓原爲王建常爲其兄子鈊書，後賈三原雅慕先生教，託友扈森索得而刻。共有晨興、夜寢、每日、會食、會講五則。

按：據清沈青崖、吴廷錫陝西通志卷六三人物九所記：「王建常，字仲復，朝邑人。爲諸生。家貧力學，所著述皆發明儒先，排斥異説。其得力尤在孝經一書。」但以筆者目力所及，並無文獻記録王建常註解孝經之書目，亦未見其此種書。

本次整理側重於體現王建常關學思想之義理性文獻，加之結項時間所迫，於上述九種文獻中，未能收録律吕圖説與小學句讀記，實爲缺憾。整理過程中，凡係底本刊誤、校本爲正者，依校本改正並出校。凡明顯俗字、古體字、後世避諱字，均逕改。

感謝劉學智教授、趙馥潔教授、林樂昌教授、馬平編審、黄偉敏先生、符均副編審、曹樹明副教授、張波副教授、許寧教授等師友，於本書整理中不棄愚淺，給予指導、鼓勵與扶掖；也感謝張瑞元博士、劉亞玲副研究員以及邱忠來博士、張磊博士、朱鳳翔、陳源、王樂、王孜、王歡、劉喆諸生予以支持與幫助；同時，特别感謝妻子張怡爲本書順利完稿付出諸多犧牲。

因筆者學識尚淺，功力不足，本書整理點校工作尚存缺點和錯誤，敬請讀者批評指正。

李明
二〇一四年十月

目録

總序……張豈之 一

前言……一

點校說明……一

書經要義

書經要義序……三

書經要義序……四

書經要義……五

書經要義 卷一……六

虞書

堯典……六

舜典……一三

大禹謨……一九

皋陶謨……二三

益稷……二五

書經要義 卷二……二八

夏書

禹貢……二八

甘誓……四一

五子之歌……四二

胤征……四三

書經要義 卷三……四四

商書

湯誓……四四

仲虺之誥……四五

湯誥……四六

伊訓……四八

太甲上……四九

太甲中……五一

太甲下……五二
咸有一德……五三
盤庚上……五五
盤庚中……五六
盤庚下……五七
說悅命上……五八
說命中……五九
說命下……六一
高宗肜容日……六二
西伯戡堪黎……六三
微子……六三

書經要義　卷四

書經要義　卷四……六四
周書……六四
泰誓上……六四
泰誓中……六五
泰誓下……六六
牧誓……六七
武成……六七
洪範……六九
旅獒……八一
金縢……八二
大誥……八三
微子之命……八五
康誥……八六
酒誥……八九
梓材……九二

書經要義　卷五

書經要義　卷五……九五
周書
召誥……九五
洛誥……九八
多士……一〇一
無逸……一〇二
君奭式……一〇五
蔡仲之命……一〇七
多方……一〇八
立政……一一〇

書經要義　卷六……一一五
周書
周官……一一五
君陳……一一八
顧命……一二一
康王之誥……一二四
畢命……一二六
君牙……一二九
冏命……一三〇
呂刑……一三一
文侯之命……一三六
費誓……一三七
秦誓……一三九

大學直解

大學直解序……一四三
朱子讀大學法……一四四
大學章句序……一四五
大學直解　卷之上　輯說附……一四七
大學直解　卷之下……一七八

太極圖集解

太極圖集解……二一三
先天八卦圖……二一三
太極圖……二一五
朱子圖解……二一六

復齋録

復齋録自序……二二七
復齋録卷目……二二八
復齋録　卷一……二三〇
復齋録　卷二……二四七
復齋録　卷三……二六五

復齋録　卷四……二八二
復齋録　卷五……三〇〇
復齋録　卷六……三一九
復齋録後跋……三三九
附先生自撰墓誌銘……三三九

復齋餘稿

復齋集序……三四三
復齋餘稿　卷一……三四四
文……三四四
復齋箴……三四四
座銘……三四四
盂銘……三四五
衣銘……三四五
研銘……三四五
榻銘……三四五
程高二先生贊……三四六
漢壯繆關聖賢祠記……三四六
岱嶽論……三四七
逸民録序……三四七
少墟馮先生善利圖……三四八
善利圖跋……三四九
善利圖辨……三四九
族譜序……三五〇
世傳……三五一
續傳……三五四
送張太史右訥倅臨邛序……三五四
賀簡臣舉子序　有歌有詩……三五五
與張太史右訥論中書……三五五
又與論知止書……三五六
答張讓伯書……三五六
又答……三五七
又答……三五七

與讓伯帖……三五八
寄張康侯書……三五八
再寄讓伯書……三五九
當官四要……三五九
寄王山史無異書……三六〇
復顧寧人書　蘇州府吳縣人　時寓王無異砥齊　名炎武……三六〇
復王山史書……三六〇
與党孝子兩一書……三六一
與王山史書……三六一
又書……三六二
復遲公書……三六二
復顧寧人書……三六二
復雷先生書……三六三
三義辯……三六三
拙賦録……三六四
答問褅　人有問褅者　予爲寫圖并說示之……三六四
友論……三六六
壽論……三六六
爭子論……三六六
王氏神軸重造記……三六七
附録……三六七
祭世父少司寇公文……三六八
祭世父耆賓公文……三六八
祭戶部主事從兄八公文……三六九
祭從兄文學箕九公文……三六九
祭從兄文學冷君公文……三六九
再祭冷君公文……三七〇
祭從弟增廣生十一文……三七〇
祭荆人孟氏文……三七〇
祭郭穉仲文……三七一
祭文學郭繼之　名敬承予揔角親友……三七二
祭文學郭恢吾　名惟泰予內舅也……三七二
祭別駕張公献兄文　名策以鄉舉仕廬州府通判……三七二
祭右訥張太史文……三七三
祭戶部主事張讓伯……三七三
祭古湖孝廉張蓮羽　名嶽瑞……三七三

誄吳郡徵士顧君寧人……三七四
祭處士關遜伯……三七四
祭雷午天……三七四
祭文學韓柱石……三七五
王氏仲子墓誌銘……三七五
讀斛山楊先生自造墓誌銘……三七五
秋日即事 五言古……三七六
雨夜志感兼懷仲復詞丈得秋字 七言律
王于陛……三七六
客去志感兼懷王社丈仲復 五言古
弟張 表……三七七
寄懷渭埜王先生仲復 盟心 弟張衛獻
字帝臣渭南人……三七七
懷仲復先生 弟王弘撰……三七八
註太極圖上仲復先生請正賦此
雷于霖……三七八
懷仲復先生 王鉞……三七九
壽章 門人靳堯典……三八〇
張蓮羽私識……三八〇
關遜伯喧……三八〇
張讓伯啟……三八一
學臺許孫荃六子詠之一 字生洲
廬州府合淝人……三八一
副啟……三八二
書上師台王老社翁……三八三
張太史復……三八三
再復……三八四
三復……三八四
進學儀 原本涇埜呂先生……三八四
張讓伯復……三八四
同前……三八五
柏林翁復……三八五
門人靳堯典復……三八六
同州白君含章書 名煥彩……三八六
王君公復……三八六
顧亭林復……三八七
先君鎮撫公行狀……三八七
贈公張先生翬宇行狀……三八九

從兄泠君先生墓誌銘 …… 三九〇
張右納暨配魏孺人合塟墓誌銘 …… 三九二
大明光宗貞皇帝實録 …… 三九三
司寇公祀邑鄉賢祠履歷實録 …… 三九四
省志録 …… 三九五
肅菴郭先生傳 …… 三九五
明文學張君徽軒暨配王碩人合塟
墓誌銘以馬氏祔 …… 三九六
復齋餘稿跋　張祖武 …… 三九七

復齋餘稿　卷二

…… 三九八
詩 …… 三九八
述懷　五言古 …… 三九八
取禾篇 …… 三九九
擬古　五言古 …… 三九九
斗室吟 …… 四〇〇
雜歸　五言古 …… 四〇〇
吾師篇　七言律 …… 四〇一
幽居吟 …… 四〇一
賀從兄泠君精舍 …… 四〇二
夜坐有感　五言古 …… 四〇二
秋日和方伯王子陛次韻 …… 四〇三
次陶與郭君肯獲劉君鳴世 …… 四〇三
責子 …… 四〇四
示諸生 …… 四〇四
世德　四言古五章 …… 四〇五
感興　七言絶四章 …… 四〇六
河圖吟　五言古 …… 四〇七
贊乾後初爻與關遜伯　七言絶二章 …… 四〇七
醻太史張表屡存　五言古 …… 四〇八
送張讓伯巴縣令 …… 四〇八
座中答張帝臣　七言絶 …… 四〇九
答劉星柱次韻　七言律 …… 四〇九
贈媚翁韓隆裔先生　五言律 …… 四一〇
贈儒醫張煥業　古體三章 …… 四一〇
壽從兄泠君　四言三章 …… 四一〇
讀誠意傳　五言絶 …… 四一一
報文學雷蒼伯見存　七言古 …… 四一一

報王弢甫社兄……四一二
贈關遜伯　五言律……四一二
送張帝臣西歸　四言四章……四一二
齊竹　七言絕……四一三
中秋待月得來字　時有遊説甘肅者……四一四
山中答嚴廷選……四一四
擬古　五言……四一四
示遜伯從遊諸子　七言律……四一五
答友人問坐馳　七言絕二章……四一五
廳事左右聯……四一六
堂門……四一六
家廟……四一六
華下朱夫子祠……四一六
座間……四一七
南院……四一七
北院……四一七
復齋詩跋……四一八

復齋餘稿　續編

……四一九
弁言……四一九
與關遜伯　名中俊……四二〇
賀簡臣舉子　簡臣雷柏林子……四二〇
答王無異　名弘撰……四二一
喜雨……四二一
中秋賦月序……四二二
中秋賦月……四二三
十六夜……四二三
朝坂八觀……四二四
三山高拱……四二四
四水環流……四二四
五泉噴玉……四二五
兩池冰清……四二五
大慶雄關……四二五
沙苑畜牧……四二六
八鎮煙雲……四二六
藜閣尊經……四二六

邑南八勝……四二七
遠山飛翠……四二七
大河流潤……四二七
首陽晚照……四二八
沙苑啟秀……四二八
麻池異鳥……四二八
太白蓮塘……四二九
洛岸桃花……四二九
附記事……四三〇
渭水漁舟……四三〇
楚客積書跋……四三〇
關中三先生要語録……四三三
關中三先生要語録序……四三三
桐閣關中三先生要語録卷一……四三四
仲復王先生……四三四
清麓精舍訓詞五則……四三九
晨興……四三九
夜寢……四三九
每日……四三九
會食……四四〇
會講……四四〇
復齋書……四四〇

朝邑同義文會藏板

書經要義

王仲復先生手著

崇陽公署訂梓

書經要義序

從來立政治之準，開道統之傳者，其惟堯舜乎？孔子刪書，斷自唐虞，首列二典，猶易之乾坤也。堯之「治曆明時」，舜之「璿璣玉衡」，其天道乎！禹之「九州山川」，其地道乎！周之「洪範九疇」，乃人道也。精一執中，生知安行之。聖人與天地合其德，日月合其明，四時合其序，鬼神合其吉凶，建中建極，以堯舜之德爲德，以堯舜之治爲治，可以贊天地之化育，則可以與天地參也。

太甲、成王修之則吉，夏桀、商紂背之則凶。然詞奥義深，深曉其旨者，蓋亦寡矣。文公朱子命蔡氏作集傳，欲使學者知二帝三王之治不外於道，二帝三王之道不外於心。更欲知三王之心法、治道不外於二帝之心法、治道。故必由文以曉義，由義以推心，則道與治可得而言矣。奈何後之學者不求二帝之心法、治道而拘文牽義，其於二帝之正傳眇不可得，而安望其於三王之心法、治道得其淵源之所自也哉！即如置閏之法，唐、宋以來未有的傳，而不驗者恒多。九州山川顯然非今日之輿圖，謂禹當日未親履其地，洪範「九疇」不得其精義，乃疑聖人則之爲非是，紛紛辯論相沿已久。仲復先生閉門潛修，肆力於諸子百家之書，博覽乎往古近今之事，凡有所得必書以記之。是書則晚年補集成稿。慄得是稿於乙卯冬，次其前後，搜其缺畧，同聊伯賈生、效則李生抄録脱稿，始得成編。先生於曆法必別其孰是孰非，而以湯若望爲的，示人以知其所宗也。於禹貢九州必明指之曰某州即今某某處，某州即今某某處，今日之江河所經所註即在某某處，與當日之書傳不同，蓋以滄桑之變無常而非大禹之錯訛也。至若洪範統言「九疇」之體用，分詳「九疇」之精義，列自然之次序，極當然之徵應，是皆天然不易之理，而非聖人有安排佈置之勞也。及言「欽」、言「敬」、言「誠」、言「性天」、言「禮樂政刑鬼神兆民」，有疑似者必詳辨之，有錯誤者必厘正之，理之未足者反復言之而不厭其繁，傳之已明者約略舉之而不嫌其疏。凡以發前人之所未發，可以補蔡傳之不足，而爲文公朱子之功臣也歟。孔子而後得堯舜之心傳者，惟孟子一人耳，其曰：「欲爲君盡君道，欲爲臣盡臣道，二者皆法堯舜而已矣。」又曰：「堯舜之道，孝悌而已矣。」又曰：「我非堯舜之道不敢以陳于王前，藉非有以熟察乎此而身體力行之，豈能言之親切而不爽哉！」又曰：「伊尹耕於有莘之野而樂堯舜之道焉。」然則孟子蓋伊、傅、周、召之輩，而爲孔門之高弟也，可「願學孔子」豈虚語哉？是書也，前有孟子之闡發，繼有朱、蔡之傳註，後有先生之要義，則書之義不亦炳如日月也乎！是爲序。

雍正庚戌夏四月乙丑關中華下後學張慄誠菴氏

敬書於武署之清畏堂

書經要義序

是集仲復先生作也。先生世居渭濱，幼習舉子業，壯讀濂、洛、關、閩之書，篤志力行，登乎洙泗之堂，而章記異學，俱未可擬倫也。復齋録、呂律圖説外，小學、四書、五經諸作，其説精切簡明，足翼經傳。書經要義謂「欽畏祗懼，一敬傳心，百王不易」，此非透宗之論乎？謂「曆象推占，躔次有古今移易；禹貢山川，名稱有古今異同；九州水道，通塞有古今變遷。洪范九疇，大禹則洛書而敘爲經，箕子推衍爲傳，皇極爲樞紐，五行爲統會」，皆簡當之言也。二帝、三王之治道、心法了若指掌。學者伏而誦之，其益於身心、性命、經濟、學術，寧淺鮮哉！

雍正八年歲在庚戌嘉平之月，後學上官汝恢端伯甫頓首拜譔。

書經要義

關中渭埜王先生建常仲復手著
華邑後學張慄子慎較閱
男乃庚金聲訂梓
後學賈映奎聊伯李作模效則　正字

書經要義　卷一

虞書

堯典

「典」字，蔡氏據説文，以爲簡冊載事之名，此正義也。其曰「天訓爲常則」，備考而已。呂東萊謂「書有二典，如易有乾坤一般，蓋言君臣之道首著於二典也」。朱子謂：「看『二典』之書，堯舜所以卷舒作用，直如此熟。」學者須深玩熟字始得。

書中第一箇聖人是堯，堯之德第一箇字是「欽」，「欽」者，敬也，能敬便能明，惟明，故文章著見意思深遠，可見本領只在這箇「欽」字上。而集傳謂一經之全體亦不外是，一言以蔽之矣。

「敬」體而「明」用，是以「欽」對「明」言；若「文」與「思」對，則「文」用而「思」體；若「欽明」與「文思」對，又「欽明」是體，「文思」是用，蓋「明」乃體中之用，而「思」則用中之體也。下而「俊德」便是指此四者而言。「欽明」是「俊德」之全體，「文思」是「俊德」之大用。真西山曰：「『欽明文思』者，衆德之目，大德即其總名也。」「欽」是主乎中者，「恭」是見乎外者。真氏云：「堯之德以『欽』爲首，而其行以『恭』爲先。」學者欲學聖人，此其準的也。董氏鼎云：「篇中言『欽』不一，曰『恭』、曰『寅』，何往非一『敬』所貫通者。先儒謂敬者，百聖傳心之法而實自堯啟其端焉，然則學聖之準的只是箇毋不敬而已。」

堯典爲大學之宗祖，蓋「克明俊德」便是「明明德」「止於至善」，「親睦至時雍」便是「新民」「止於至善」，則大學之「本末」「先後」固已具堯典中矣。

傳云：「此言堯推其德，自身而家，而國，而天下，所謂『放勳』者也。」陳新安謂：「即指此爲『放勳』。帝德之用無所不至者，即功勳之無所不至者也。豈功自功，德自德哉？」蓋德者功之本，功者德之跡，一也。上言堯德之全體大用已包盡下面許多。此節只是申明上文而言，自邇而遠者，其序如此，所以說是即所謂「放勳」。「放」，猶孟子言「放乎四海」是也。

虞書紀堯之事以治曆明時爲先，其紀舜亦然，蓋萬事莫不本於此也。朱子謂曆是古時一件大事，歲日月時既定，則百工之事可考其成。道便是照下面「允厘百工」兩句說。

「敬授人時」者，使民及時趨事也，不然則農桑庶務皆失其宜矣，故集傳謂之「勤民」。許魯齋云：「此愛民之至情也」。

唐孔氏曰：「日月所會之辰十有二，正月會亥辰爲娵訾，二月戌爲降婁，三月酉爲大梁，四月申爲實沈，五月未爲鶉首，六月午爲鶉火，七月巳爲鶉尾，八月辰爲壽星，九月卯爲大火，十月寅爲析木，十一月丑爲星紀，十二月子爲玄枵。『星』與『辰』一也，舉其人之所見爲『星』，論其日月所會謂『辰』。」按，此「星」字是指二十八宿。經星說「月與日一年十二會，因他會在這裏便喚做辰，辰只是二十八宿分爲十二次耳。」

壁，前□九度，後八太，今距奎十度六十二分。室、壁，娵訾亥宮。奎，前（一十）十六度，後十六半，今距婁十四度七十一分。（二十）婁，前十二度，後同，今距胃十二度（三十）二十四分。奎、婁，降婁戌宮。胃，前十四度，後十五，今距昴（四十）十五度九十八分。昴，（五十）前十一度後十一少，今距畢十度五十五分（六十）。胃、昴，大樑酉宮。畢，前十六度，後十七少，今距參十六度（七十）八十一分。觜，前二度，後半，今使入參宿二十四分。參，（八十）前九度，後十半，今距井十一度九十七分（九十）。畢、觜、參，實沈申宮。井，前三十三度，後三十三少，今距鬼三十三度（一百）二十九分。鬼，前四度，後二半，今距柳二度二十八分。井、鬼，鶉首未宮。柳，前十五度，後十五太，今距星十二度二十四分。星，前七度後六太，今距張五度八十八分。張，前十八度，後十七少，今距翼十七度五十七分。柳、星、張，鶉火午宮。翼，前十八度，後十八太，今距軫二十度七十六分。軫，前十七度，後同，今距角十五度七十三分。翼、軫，鶉尾巳宮。角，前十一度，後十二，今距亢(二百)十二度九十分。亢，前九度，後九少，今距氐九度四十五分。氐，前十五度，後十六，今距房十六度九十三分。角、亢，壽星辰宮。房，前七度，後五太，今距心五度三十三分。心，前五度，後六少，今距尾六度三十四分。氐、房、心，大火卯宮。尾，前十八度，後十九少，今距箕二十一度四十一分。箕，前十度，後十半，今距斗八度八十九分。尾、箕，析木寅宮。斗，前二十六度，後二十五，今距牛二十四度七十五分。牛，前八度後七少，今距女九度五十九分。斗、牛星紀丑宮。女，前十二度，後十少，今距虛八度六十二分。虛，前十度，後九少，今距危八度八十一分。女、虛、危，玄枵子宮。危，前十七度，後十五半，今距室十五度十分。室，前十六度，後十七，今距壁十七度二十五分。從心至界分二十八直線者，依二十八宿各距星分。二十八宿各所占度分，三百六十五度四分度之一也。此所謂「今」者，乃本朝崇禎元年時也，時歲在戊辰。西洋湯若望改定各宿度分圖，其解云，元史載古今前後六測，如漢落下閎，唐僧一行，宋皇祐、元豐、崇寧，元郭守敬等。或前多後寡，或前寡後多，或寡而復多，多而復寡，種種不一。謂各所測未密，必不然也。若曰微有動移，則庶幾近之，云云。今略舉一二。如北極天樞一星，古測去北極二度，後行過北極，今更踰三度有奇矣。觜宿距星，落下閎測得二度，一行、皇祐、元豐皆一度，崇寧半度，元測五分，今測之不啻無分，且侵入參宿二十四分。今各宿距星所當宮度所得多寡，悉與前史前圖不合，蓋緣於此。是豈恒星不純繫於天耶？抑天漸而西，而恒者亦不恒耶？蓋從來曆家有一般說話，故並前二圖録附於此，以備參考。

鄭永嘉曰：「二十八宿環列四方，皆在北極垣外，北極居天之中而常在天北，天形北傾故也。隨天而西轉。是自東而西，所謂左旋也。角、亢、氐、房、心、尾、箕，東方宿也，是謂蒼龍。以次舍而言則房、心爲大火之中。斗、牛、女、虛、危、室、壁，北方宿也，是謂玄武。奎、婁、胃、昴、畢、觜、參，西方宿也，是謂白虎。井、鬼、柳、星、張、翼、軫，南方宿也。是謂鶉火。以形而言則有朱鳥之象。

四方雖有星而星無定居，各以時見於南方，故必於南方考之。」其法以初昏爲領，所謂「昏中」也。

「中星者，當南方之正，直午位之中者也。」陳潛室說得甚分明。或言「指天之中」與「取中南北極之間」，皆非也。午位却是地之中，惟天之星鳥加於地之午位，故曰「直午位之中」。

「敬致」，猶周禮冬夏致日，乃考日中之景，非考中星也。

前天文志云：日有黄道，一曰光道，北至東井，去北極近，南至牽牛，去北極遠。夏至至於東井近極，故晷短，立八尺之表而晷景長一尺五寸八分。冬至至於牽牛遠極，故晷長，立八尺之表而晷景長一丈三尺一寸四分。晷景者，所以知日之南北也。春秋分，日至婁、角，去極中而晷中，立八尺之表而晷景長七尺三寸六分。表凡五，南第一，中二，北三，東四，西五，詳具於圖。此日去極遠近之差，晷景長短之制也。

火，蒼龍之中星也，蓋東方七宿房在其中。但房心連體而心統共名，故經傳凡言火者，皆指房心也。金氏曰：心宿有三星，中一星曰大火。陳潛室曰：以星鳥言者，是以四象言也；以星火言者，是以二十八宿言也。要皆不出於二十八宿，四分之，則爲四象；十二分之，則爲十二辰耳。

虞書集傳半經朱子手訂，其言堯典「中星與今不同」者，即謂朱子時也。朱子云：「中星自堯時至今已差十五度。」顧氏云：「月令便與書異。」堯時昏旦星中於午，月令則差於未。金仁山晚年時去朱子百有餘歲，謂「月令中星與今日又不同」。堯時冬至日在虚七度，昏，昴中，至月令時呂秦該一千九百餘年，月令冬至日在斗二十二度，昏，奎中。至本朝趙宋初，該一千七百餘年，冬至日在斗初度，昏，壁中。今延祐元仁宗年號又經四十餘年距宋初該二百九十餘年，而冬至日在箕八度矣，昏亦壁中。由此觀之，烏可不用歲差法隨時追其變而治曆以與天合哉？

歲差之法，或謂「五十年退一度」，或謂「倍之」，或謂「七十五年」，或又謂「七十三年者爲稍的」，而卒無定數。看來只是「隨時占候修改以與天合」說得好。總星圖解云：「若精言之，則日日刻刻皆有參差。特北差經二萬五千四百餘年而行天一周。正所謂微有動移者，非久未覺，故後此數十年百年依法推變，正是事宜，而前代各測不同者，皆天行自然，非術有未密也。」此說却與集傳意同。

「朞三百有六旬有六日，以閏月定四時，成歲。」集傳曰：「天體至圓，周圍三百六十五度四分之一。度，數也，則也。天日東西行，其周匝本東西而縱横南北，皆以其度爲數。四分之一者，周天全度外其零度有一度四分之一分，以對周歲全日外其零日亦有四分之一分，所謂四分日之一也。繞地左旋，東出西入常一日一周而過一度。日麗天而稍遲，故日行一日亦繞地一周，而在天爲不及一度。積三百六十五日九百四十分日之二百三十五，而與天會。九百四十分爲一日，其二百三十五分即四分中一分。九百四十分日之二百三十五即四分日之一也。朱子曰：天進一度，則日爲退一度，二日天進二度，則日爲退二度，積至三百六十五日四分日之一，則天所進過之度又恰周得本數，而日所退之度，亦恰退盡本數，遂與天會而成一年，是謂一年一周天，蓋日與天復相遇於初進初退之處也。是一歲日行之數也。月麗天而尤遲，一日常不及天十三度十九分度之七，是不及日十二度十九分度之七。積二十九日九百四十分日之四百九十九，而與日會。四百九十九分是六時零三刻弱也，二十九日零六時三刻弱是爲一月。朱子所謂「與日相值在恰好處者」，此也。十二會，得全日三百四十八。是十二個二十九日餘分之積，又五千九百八十八。如日法九百四十而一得六，餘分之積以日法算之，其五千九百八十八分該六日，而得六者，得六日也。不盡三百四十八，零者尚有三百四十八分。通計得三百五十四日九百四十分日之三百四十八，三百四十八分加六日，通三百五十四日九百四十分日之三百四十八，是爲一年。是一歲月行之數也。歲有十二月，月有三十日，三百六十日者，一歲之常數也。故日與天會，而多五日九百四十分日之二百三十五者，爲氣盈。月與日會，而少五日九百四十分日之五百九十二者，爲朔虛。三候爲一氣，二氣爲一月，必有三十日零五時二刻強始交後月節氣，合二十四氣，共三百六十五日零二十五刻者，氣盈之溢數也。十二月有六小盡者，朔虛之虧數也。一朔無三十日全，非朔虛而何？二氣必三十日添五時二刻強，非氣盈而何？合氣盈朔虛而閏生焉。節氣之有餘與小盡之不足，二者並行兩不相悖。因此有餘、不足而置閏於其間，三者參合而交相成。蓋但以晦朔弦望爲度，則漸通乎氣。以晦朔弦望爲度而閏以追之，則雖暫通而常反以及之，故曰三者參合而交相成也。故一歲閏，率則十日九百四十分日之八百二十七。是餘十一日弱也三歲一閏，則三十二日九百四十分日之六百單一。日月每三十餘會則中氣必出一會之外，入再會之初，而其月惟一氣在其中，於此置閏，天不用之而人用之也。人用之者，以望前半月終前月，以望後半月起後月。終前月則月無久違而及日，起後月則日有餘裕而待月。農桑之候常不失序，而天與人常不相逢矣。五歲再閏，則五十四日九百四十分日之三百七十五。十有九歲七閏，則氣朔分齊，是爲一章也。」十九年閏餘通得二百單六日六百七十三分，須置七閏，則日月二百三十五會與天日一十九會平等而無少不及，故爲一章也。推此以定四時歲功，其有不成乎！林氏曰：「二十七章爲一會，五百一十三年。三會爲一統，八十一章，一千五百三十九年。三統爲一元，四千六百一十七年。章會統元，運於無窮。」

陳新安曰：「一歲只有三百五十四日，而經云『朞三百有六旬有六日』，何也？此一歲大歲之數也。蓋今年立春到明年立春，二十四氣全數三百六十五日零二十五刻。二十五刻即四分日之一，以二十五刻當一日，舉全數而言，故曰三百六旬有六日也。」

按：一歲凡三百六十五日九百四十分日之二百三十五，乃大歲之數，叫做「足日」。一歲凡三百五十四日九百四十分日之三百四十八，乃小歲，叫做「省日」。閏則補三歲之省日湊爲一歲之足日，是補成個每歲三百六十五日有奇也。蓋如「方有定星而星無定居」，「歲無定數而閏有定法」，皆要言也。

朱子言：「天行得過處爲度，蓋以其行過除處一日作一度，三百六十五日四分日之一，即是三百六十五度日四分度之一也。」天本無度，以與日離合而成。凡星辰遠近之相去月與五星之行，皆以其度爲數也。

或云：「天是一日一周，日則不及一度，非天過一度也。」朱子曰：「此說不是。若以爲是一日一周，則四時中星如何不同？如此則日日一般，却如何紀歲？把甚麼時節做定限？季通嘗有言：『論日月，則在天裏；論天，則在太虛空裏。若去太虛空裏看那天，自是日月衮得不在舊時處。謂今日在這一處，明日自是又衮動著些子，又不在舊時處了。』」且如日月皆從角起，天亦從角起，日則一日運一周，依舊只在那角上，天則一周了又過角些子，日累上去，則一年便與日會。

書傳曰：「天左旋，日月麗天亦左旋。」此洞見天道之流行，就地面而順觀之也。詩傳曰：「天左旋於地，日月右旋於天，此步占日月之躔次於天度而逆取之也。」這是董氏參考詩、書二傳如此說，乃云儒家論天道則皆順而左旋，曆家參考天度，則日月五星逆而右轉。然其此舍雖逆，其趨向則順。自天度考之雖成右轉，自地而觀之，仍是左旋。明於天與地之說，則知左旋、右旋雖異而實同矣。語録謂日月左旋之說恐人不曉，故詩傳中只載舊說，是蓋曆家步占之說也。

按：天繞地左旋，東出西入，日月是恁地。但行不及而此舍日以退，故爲逆天而右轉，其實舍雖退而行未嘗不進，退雖逆而進未嘗不順也。陳氏謂：「不計天之進，而但以日月之退爲右轉，是以背而爲西矣。」無此理也。日行遲，謂一日行一度；月行速，謂一日行十三度十九分度之七，曆家只算所退之度如此，是逆取也。蔡西山云：西域有九執曆，却是順算。

傳言「三百六十者，一歲之常數」，只是要見得氣盈、朔虚分明耳。蓋過此三百六十而多五日有奇者，氣盈之溢數也，不及此三百六十而少五日有奇者，朔虚之虧數也。「合氣盈朔虚而閏生焉」。氣盈而不置閏，則晦朔弦望差，朔虚而不置閏，則春夏秋冬差。金氏謂：「氣盈而失閏，則立春爲正月一日，驚蟄爲二月一日，隨節氣而爲月，累累皆然，當朔不朔，當晦不晦，安得合初一、十五、初八、二十三之晦朔弦望乎？朔虚而失閏，則只以三個月爲春，三個月爲夏，又兩個三月爲秋爲冬，隨十二月而爲一歲，累累皆然，而春非春，秋非秋，夏不熱，冬不寒矣。經三十三個月則氣盈朔虚之數積及一月，便合置閏。前閏距後閏亦三十三個月。數内大月多則過數而閏，三十四個月者有之，大月少則不及數而閏，三十二個月者亦有之。閏所以消其盈而息其虚也。」大約經三十三個月則消息停當，節氣差移自然，月内無中氣而爲閏焉。月有節氣中氣，中氣只在本月，若超得中氣在月盡或後月之初，便當置閏。月之大小，朱子謂「只以每月二十九日半九百四十分日之四百九十九計之，觀其合朔如何，如前月大，後月初二日生明。」

或以「閏之爲閏，天不用之而人用之」，不知這也是天道之自然，聖人因而裁成之。若説天不用閏便不成造化矣，愚意只可謂天不自爲而人爲之云爾。

朱子曰：「自『疇咨若時登庸』到篇末，只是一事，皆是爲禪位設也。三舉不得其人，故卒以天下授舜。」傳云「皆爲禪舜張本」，本此。

聖人於胤朱三人，直見得他心術如此。此聖人之至公至明也。

朱子說：「鯀也是有才智的人，想見只是傲物自是，所以弄得恁地狼狽，故惟『欽』字可以治鯀之病，惜乎他不能用也。」

董氏分堯典爲三大節，曰「修齊治平」，曰「治曆明時」，曰「知人舉舜」。節目有三，而綱領爲一。一者，「欽」而已。欽敬者，一心之主宰而萬事之根本也。許魯齋又分「明德」「愛民」「用人」「處變」，做四件事看。其於後二者，云「胤朱必俊辯，共工必材幹。常人論人，只是俊辯、材幹，便是人才，堯不如此，却只於言行處考察。『言忠信，行篤敬』，此聖人取人之法也。堯以其子不肖，故求天下之賢聖禪以天位，付以天民。此所以爲大聖人，到事行不得處，須看道理，順天命。常人便用智力，聖人則一順天命。」此說固是純正，但前條以言天象爲非聖人定，書意恐不然。若是天象不明，却怎生授得那人時。故羲和之命便首言「欽若昊天」，是勤民必先敬天也。朱子謂：「分命四時成歲，便見得心中包得一箇三百六十五度四分度之一底天，方見得恁地。」則天象之說，豈可看做不甚緊要而置之哉？

舜典

「濬哲文明，溫恭允塞」，朱子說：「細分是八字，合之卻只是四事。」如傳所謂「深沉而有智，文理而光明，和粹而恭敬，誠信而篤實」，非四事而何！陳三山乃云：「自內形之外，則『濬哲』之發乃所以『文明』，濬哲體而文明用也。由外本乎內，則『溫恭』之實乃所以爲『允塞』。溫恭用而允塞體也」。如此說，又卻是兩件事。然總而言之，則只是一個「玄德」。只看「重華協於帝」一句，便見得堯舜底德原是一般，但舜自側陋而言，則曰「玄德」。「玄德」，即「俊德」也。

「弗迷」，只是說舜不迷於「風」「雨」。集傳謂「非固聰明誠智，確乎不亂者不能」，則是。若引蘇氏說「天地鬼神或有以相之」，則不然。

「璿璣玉衡」，猶今之渾天儀也。其儀始於劉宋太史丞錢樂，鑄銅爲之，衡長八尺，孔徑一寸，璣徑八尺，圓周二丈五尺，強轉而望之，以知日月星辰之所在。歷代因之而法漸密。至趙宋時乃爲儀三重。其在外曰六合儀。平置黑單環，上刻十二辰、子、丑、寅、卯、辰、巳、午、未、申、酉、戌、亥八干、甲、乙、丙、丁、庚、辛、壬、癸。四隅東西南北四角。在地之位，以準地面而定四方。環下有五足，足立十字平準。側立黑雙環，背刻去極度數，北極出地三十六度，極南六十七度爲夏至之日道，又二十四度爲春秋分之日道，又二十四度爲冬至之日道，南下去地三十一度而已。南極入地亦三十六度，蓋天見地上者，共一百八十二度半強，其在地下亦然。以中分天脊，直跨地平，使其半入地下，而結於其子午，以爲天經。斜倚赤單環背刻赤道度數，二十八宿相距度分之數，即周天度數也。以平分天腹，横繞天經，亦使半出地上，半入地下，而結於其卯酉，以爲天緯。三環表裏相結不動，其天經之環，則南北極皆爲圓軸，虚中而内向，以挈三辰四遊之環。以其上下四方，於是可考，故曰六合。次其内曰三辰儀。側立黑雙環，亦刻去極度數，外貫天經之軸，環外當極處，各有直距貫軸孔中。内挈黄赤二道。其赤道則爲赤單環，外依天緯，亦刻宿度，而結於黑雙環之卯酉。其黄道則爲黄單環，亦刻宿度，而又斜倚於赤道之腹，以交結於卯酉。而半入其内，以爲春分後之日軌。半出其外，赤道内外以爲秋分後之日軌。又爲白單環，以承其交，使不傾墊。下設機輪，以水激之，使其日夜隨天東西運轉，以象天行。南北極持其兩端，天與日月星辰斜而回轉以其日月星辰，於是可考，故曰三辰。其最在内者曰四遊儀，亦爲黑雙環，如三辰儀之制，以貫天經之軸。其環之内，則兩面當中，各施直距，外指兩軸，而當其要腰同中之内面，又爲小竅，以受玉衡要中之小軸。使衡既得隨環東西運轉，又可隨處南北低昂，以待占候者之仰窺焉。以其東西南北無不周徧，故曰四遊。此其法之大略也。近聞西極湯若望作此器尤爲精巧，其能正三百年不修之曆，觀於象者審矣。又按：璿調美珠，以珠飾璣者，亦如渾天儀環上加銅丁相似，蓋以夜晦不可目察，而以手切之也。衡飾以玉，故名「玉衡」。「七政」只當依集傳說，林氏謂「以其災祥與政事相應」恐非。

朱子曰：「曆法要當先論大虛，以見三百六十五度四分度之一，一一定位，然後論天行，以見天度加損虛度之歲分。歲分既定，然後『七政』乃可齊耳。」

舜「受終」後，首察「璿璣」，「齊七政」。朱子說：「只是從新整理起，此是最先當理會者，故從此理會去。」蓋其敬天勤民之心，固無異於堯也。

「六宗」之義，朱子謂「古註説得自好」。註曰：「泰昭，昭者，明也，亦壇也。時，四時也，亦謂陰陽之神也。埋之者，陰陽出入乎地中也。自此以下，皆祭用少牢。相近讀爲『禳祈』。郤也，求也。寒於坎，暑於壇。王宮，日壇。夜明，月壇。宗讀爲禜詠。幽禜，星壇。雩禜，水旱壇。」如此説，則先祭上帝，次禋六宗，次望山川，然後徧及群神，次序皆順。此紀舜告攝位之事。

「協時月正日」，朱子説：「只是去合同其時月日，不是作曆。」蓋前歲十二月已頒曆於諸侯，至此乃協而正之，使時月日無不同也。

「律度量衡」，集傳説得大段亦分明，其詳具於律呂圖説。

「五器」便是那吉、凶、軍、賓、嘉五禮底器。「如」訓作「同」，是使天下禮器皆歸於一，如同軌同文之類。

陳三山云：「『時月日』，正朔所自出。『律度量衡』，制度所自始。『五禮』，名分上下所由正。非天子不議禮、不制度、不考文，此所以大一統，而國無異政之患也。」或謂「巡守所以維持封建」，亦是此意。

此言「復」，後言「歸」，「復」只是此處事畢而還，「歸」方是至於帝都。

叔恬問：「文中子舜一歲而巡守四嶽，國不費而民不勞，何也？」曰：「儀衛少而徵求寡也。」當年想只是恁地。朱子乃云「天子衛從亦不應大段寡弱」，卻似就後來説。又云：「古之天子一歲不能遍及五岳，則到一方鏡上會諸侯亦可。」

呂氏曰：「自此以下至『遏密八音』以前，皆史雜載舜攝位二十八載中之事。」道也是本周禮權宜如此，非正解舜典「巡守」意也。

程子云：「『敷奏以言』，使各陳其爲治之説，言之善者則從，而明考其功。有功則賜車服以旌異之。」此只依經文正意恁地説。其言「不善則亦有以告飭之」，是言外之意，補經文所未及也。

「敷言試功」，爲唐虞觀人之成法。讀書者考聖賢之成法，識事理之當然，此類是也。

「象刑」節，集傳固本於朱子，而朱子乃一一都從聖人心中説出來，却是探本之論。

此條大意是説舜之制刑，或重或輕，或重而即輕，或輕而即重，皆本於廣大虛明之心，而合於天理人情之宜，至精至密，無毫忽之差者。今之五刑雖與此不同，然亦須得此意方好。

「教養」二字却是制刑明辟先一著。爲治者不能養民教民，而臨事徒切切於刑之輕重出入，即使權衡得常，與聖人作處終隔天壤。

朱子曰：「今之法家，多惑於報應禍福之説，多出人入罪以求福報，夫使無罪者不得直，而有罪者反得釋，是乃所以爲惡耳，何福報之有？書曰『欽哉，欽哉，惟刑之恤哉』。所謂『欽』『恤』云者，正以詳審曲直，令有罪者不得倖免，而無罪者不得濫刑也。若明知其罪之當死，亦必多爲可生之塗以生之道，便是不忍於元惡大憝，而反忍於銜凶抱痛之良民也，豈『欽』『恤』之謂乎？」此言深中今日司刑者之病，知得如此是病，即便不如此是藥。

司刑者須是識得聖人公平廣大之心，纔可講「欽」「恤」二字。蓋「恤」是「矜恤」之「恤」，若認做「寬恤」之「恤」便差。

朱子曰：「『象以典刑』，此一句乃五句之綱領，諸刑之總括，猶今之刑皆統於笞、杖、徒、流、絞、斬也。」又云：「『流』專以『宥』肉刑而不下及於『鞭』『扑』，『贖』專以待『鞭』『扑』而不上及於肉刑。至於過誤必赦，故犯必誅之法，則又權衡乎五者之内。『钦哉，钦哉，惟刑之恤』之旨，則常通貫乎七者之中。」凡此皆切要之言。而深得夫聖人制刑明辟者，其辯舜始爲輕刑，穆王能復舜舊，與「四凶」「少正卯」之説，亦皆分明的確，無復毫髮疑似矣。「殛鯀於羽山」，「殛」謂拘囚困苦之。洪範云「殛死」，猶今言貶死，是與流放竄一類，但一條重似一條。

儀禮：「圻内之民爲天子齊衰三月，圻外之民无服。」或問朱子：「後世不封建諸侯，天下一統，百姓當爲天子何服？」曰：「三月天下服，地雖有遠近，聞喪有先後，然亦不過三月。」按傳言，禮不應如此，而乃如此，方見得他哀慕之切，原不是言喪服之制。朱子之説姑以備考。

蘇氏曰：「受終告攝，此告即位也。」

「明四目，达四聪。」漢孔氏云：「廣視聽於四方。」唐孔氏云：「恐遠方有所壅塞，令爲己悉聞見之。」朱子謂：「是以天下之目爲目，以天下之耳爲耳之意。」

王政以食爲首，民事以時爲先。故舜命十二牧，頭一句便説箇「食哉惟时」，有國家者可不先務是急哉！

「能邇」，謂馴擾而調習之，使他自然帖服底意思，欲州牧以是爲國而率諸侯也。

劉氏向曰：「舜命九官，濟濟相讓，和之至也。」

此是使禹以司空行宰相事。傳曰：「録其舊積，而勉其新功也。」

「百姓不亲，五品不逊。」朱子謂：「也只是怕恁地，蓋舜紹堯極治，當時安得有此。」想只是説，大抵百姓不親者，多由於五品不遜爾，上面「黎民阻飢」，下面「蠻夷猾夏，寇賊姦宄」，意皆與此同。

「敬敷五教，在宽。」陳東齋謂：「以『敬』爲主，則所以『教』之者無不至。特慮其失之急耳，故言『在寬』。」寬得無縱弛之患乎？曰：「主於『敬』，而行之以『寬』，自不至於縱弛也。」可見「敷」「教」之道，「敬」與「寬」闕一不可。朱子説：「『寬』只是不急迫，慢慢地養他。」

「惟明克允」，據集傳：「『允』，信也。言必致其明察，乃能使刑當其罪，而人無不信從也。」一説「輕重允當」，亦通。

「若草木鳥獸」，「若」字與上「若工」之「若」同，謂順其理而養育之，如取之有時，用之有節之類。

呂氏曰：「君爲天下萬物之主，故鳥獸草木莫不有職以掌之。後世之君不識代天理物，民且不恤，安能用心到此！此見唐虞天涌地育廣大氣象。」愚謂即此反觀，則秦漢以後之氣象亦可見矣。

「寅」，敬畏也。「寅」是本，「直」「清」是效。朱子説：「惟『寅』故『直』，惟『直』故『清』。」是「直」與「清」皆本於「寅」也。又云：「『禮』是見成制度，『夙夜惟寅，直哉惟清』，所以行其『禮』也。」行其「禮」，便是交其神明。

「直而温」四句，只是「教胄子」需得他恁地。孔傳云：「教之正直而溫和，寬弘而莊栗。剛失之虐，簡失之傲，教之以防其失。」朱子謂：「『直』與『寬』本是好，但濟之以『溫』與『栗』，則盡善。至如『剛』『簡』二字，則微覺有弊，故戒之以

『無虐』『無傲』，蓋所以防其失也。某所以特與分開，欲見防其失者，專爲『剛』『簡』而設，不蒙上『直』『寬』二句。『直』『寬』但曰『而溫』『而栗』，『剛』『簡』則曰『無虐』『無傲』。」這是從經文而與無字上看出意思來。「無」與「毋」同，是戒禁之辭。

陳潛室云：「『冑子』之性未免或偏，聖人因其性而教之，所以矯其偏而歸之中也。」此所謂性，指氣質而言。偏，是或偏於「直」「寬」，或偏於「剛」「簡」。因其「直」「寬」教之「而溫」「而栗」，因其「剛」「簡」教之「無虐」「無傲」，皆所以「矯其偏而歸之中」。這就是變化他氣質的方法。

「詩言志」，謂作詩者只是自說己志而已。「歌永言」，謂歌詩者直言之不足而長歌之，蓋聲長續之也。其曰「聲依永」者，是宮、商、角、徵、羽之五聲依傍於長言之歌而見也。曰「律和聲」者，是又以黃鐘至應鐘十二律去調和那五聲，使應節奏也。只如此說，自分曉。

「八音克諧」，是眾音諧協，「無相奪倫」，是各有倫次，此所謂樂之和也。樂和，則聽之者自無不和。故奏之朝廷而人以和，薦之郊廟而神以和也。「神人以和」是極言其樂之和爾。以此「教冑子」，斯可救其氣質之偏，而養成中和之德矣。

集傳釋「律和聲」，而以禮運五聲十二律，「還相爲宮」證之者。蓋一宮皆備五聲，十二宮爲六十聲，即六十調也。中加變宮變徵各十二，爲八十四聲。然宮不成宮，徵不成徵，不可以爲調。故聲雖有八十四，而調止於六十。蓋以七聲爲一調，以五調爲一曲。一曲既畢，復別起調。凡十二曲六十調四百二十聲，是則所謂「還相爲宮」也。然還宮之法只看曲首是某調起，末即以某調收之。如黃鐘爲宮便是黃鐘起調，即以黃鐘畢曲。餘宮倣此。

十二律，三分損益，隔八相生。詳見律呂圖說。

傳所謂「聖人作樂」，即指「詩言志」六句說，樂之「體用」具此矣。「養性情，育人材」，指「教冑子」說；「事神祇，和上下」，指「神人以和」說，則樂之「功效」見此矣。「深切」是說「體用」，「廣大」是說「功效」，其實亦互相發也。

傳釋「出納朕命」，本孔氏註，兼上宣下奏說。陳新安以爲終於「朕命」二字欠通，只是欲其審君命之當否。當者出之，否者納之，惟至於允當而止。如後世之批勅審覆之官。胡氏因之而末云：「在我者既允，尚何憂讒言之得入哉？」如此說於「出納朕命」，文義方纔通順。

王氏論命九官之序至此，謂「羣賢雖盛，治功雖成，苟讒間得行則賢者不安，前功遂廢。故命龍於末，所以防讒間，衛羣賢以成其終。」猶夫子答「爲邦」，而終以「遠佞人」也，其垂戒遠矣。

陳氏雅言曰：「『二十有二人』之事，無一不本於天。天有是事，則人有是官，天不自爲而人代之。帝舜於此，語以『欽哉』『亮天功』者，欲使知所敬也。」

虞書「三載考積」，或時加警策，以作其怠。「三考，黜陟幽明」，必期之久遠，以要其成。周禮冢宰綏中受會，詔廢置，三歲計治，行誅賞。世變不同，故如此。愚謂繼亂之初且以成周爲法，若繼治之后，教養得人才盛時，則一如有虞，故並録而互訂之，以俟識時務者。

「分北」只是分別義。吳臨川謂：「三苗之君，前既竄於三危，而三苗之民尚居故地，頑而習惡，終必爲亂，故遷徙之，使分散各居，不得聚在一處，既全其生，又免於亂。聖人立心之仁，處事之義，兩盡其道矣。」說得甚好。

「陟方」猶云升天一方。觀此則集傳未免辭費。

先儒論舜，謂攝位以前，可以見臣道之勞；即位以後，可以見君道之逸。於乎！一人而立萬世君臣之極者，其舜也與。

二典大意只是說君道勞於求賢，而逸於得人。取法乎堯舜者，如此而已矣。

大禹謨

禹繼舜，稱大禹，與舜繼堯，稱大舜同。「謨」則禹之嘉言也。姜氏謂「嘉言之益，在胼胝之功之上」者，蓋前日治水之功，必有資於此謨以保其終也。此篇彭氏分作三截看。

君臣「克艱」，謂夙夜祗懼，各務盡其所當爲者。此政化之本原，禹謨之綱領也。

「嘉言罔攸伏」三句，「克艱」之效也。「稽于眾」以下，皆「克艱」一念爲之。

「都」，是歎美之辭，美堯所以勉舜也。真氏說：「益之勉舜，全在『廣運』二字。蓋『廣』言其全體，『運』言其不息。只此二字，便包得『聖』『神』『武』『文』在其中。故下面一一從此抽出言之。」

「『惠迪吉，從逆凶』，是承上文『皇天眷命』言天道可畏，以見其不可不『艱』也。」陳新安云：「此禹又申其未盡之蘊以戒舜。」

「儆戒無虞」以下皆益推廣大禹「克艱」「惠迪」之謨也。集傳言「八者次第以守法度、不縱逸樂爲本」，亦是本於朱子。朱子曰：「既能如此，然後可以知得賢者、邪者，謀可疑者、無可疑者。若是自家身心顛倒，便會以不賢爲賢，以邪爲正，所當疑者亦不知矣，何以任之去之戒之哉！蓋此三句便是上面有三句了，方會恁地。又如此，然後能『罔違道以干百姓之譽，罔咈百姓以從己之欲』。蓋於賢否、邪正、疑審，有所未明，則何者爲道，何者爲非道，何者是百姓所欲，何者非百姓之所欲哉？」

「六府」，養民之具也。集傳以五氣言，看來只說五材爲是。水如堤防灌溉，金如五兵田器，火如出火納火禁焚萊之類，木如斧斤以時之類。辯肥瘠、相高下以植百物，土之修也。播種有宜，耨穫有節，穀之修也。

朱子說：「『九功惟叙』以下，便是作韶樂之本。功有九敘，故樂以九成，所謂九德之歌、九韶之舞也。蓋歌本是下之人所作，當時取之以爲樂，却以此勸下之人。今其辭雖不可考，而史記云『佚能思初，安能惟始，沐浴膏澤，而歌詠勤苦』者，亦可謂得其意矣。」

「地平天成」，惟張南軒說得好，謂「天施地生，洪水之患，地不得以生，天雖施之，亦無自而成。今地既平，天之功始成也。」朱子曰：「『地平天成』，是包得下面『六府三事』在。」愚按：此第一截亦是爲禪禹張本。

「念兹」四句，惟林氏以爲禹自言其念之如此，集傳因之，上二句謂「用舍皆在此人」，下二句謂「語默皆在此人」。朱子云：「聖人亦不曾徒用政刑，到德禮既行，天下既治，亦不曾不用政刑。故書説『刑期於無刑』，只是存心期於無，而刑初非可廢。」蓋刑以弼教，雖堯舜之世亦不能廢也，只是德禮爲本。

「明於五刑」，是説他守法如此。「期於無刑」，所謂法外意也。至「民協於中」，則皆率教而刑果無所用矣。故曰「時乃功」。然則皋陶豈徒以謨哉？陳東齋曰：「禹之功，脱民於昏墊，以全其生。皋陶之功，使民復其所受之中，以全其所以生也。」

「臨下以簡」至「寧失不經」，皆言舜好生之德也。朱子云：「但觀此一節，便是聖人之心涵育發生，真與天地同德。」呂東萊以聖人於故犯雖小必刑爲不事姑息，而濟仁以義，方見得聖人好生不偏處。而陳三山曰：「聖德無所過，皆中也。寬簡以下，忠厚仁恕，無非所以爲中。常人恃功而怠，安能勤？矜功而侈，安能儉？禹惟是勤儉，便不自滿假，惟不滿假，便不矜不伐。」王氏云：「能過天下而不矜，故天下愈服其能；功高天下而不伐，故天下愈服其功。」「懋」乃德，德指「克勤」「克儉」言。「嘉」乃丕績，績指「成允成功」言。

「人心」指其發於形氣者而言。問：形氣固是口鼻耳目四肢之屬，未可便謂之私欲。朱子曰：「但此數件事屬自家體段上，便是私有的物，不比道，便公共。故上面便有私的根本，且如『危』未便是不好，只是有箇不好底根子。」又云：「謂之『人心』則固未以爲悉皆邪惡，但既不主於理而主於形，則其流爲邪惡亦不難矣。此其所以爲『危』。」

「道心」指其發於義理者而言。「惟微」是説難明，有時發見些子便自家見得，有時又不見了。「道心」雖是先得底，却只在形氣中，易爲那人心陷了。朱子云：「『道心』雖『微』，然非人欲亂之，則亦不至甚難見。惟其『人心』日熾，是以『道心』愈『微』也。」

「人心道心」的「心」字是以知覺言，所謂心之用也。朱子曰：「只是這一箇心，知覺從耳目之欲上去，便是『人心』，知覺從義理上去，便是『道心』。『人心』則『危』而易陷，『道心』則『微』而難著。自『人心』而收之則是『道心』，自『道心』而放之便是『人心』。『人心』如卒徒，『道心』如將。有『道心』則『人心』爲他節制，『人心』皆『道心』也。」又云：「此處極難炤管，須臾間斷，則『人心』便行矣。惟聖人便辯得精，守得徹頭徹尾，學者則須是擇善而固執之。」問：「聖人亦有『人心』，不知亦『危』否？」曰：「聖人全是『道心』主宰，故其『人心』自是不『危』。如鄉黨所記飲食衣服，本是『人心』之發，在聖人分上則渾是『道心』也。」

「人心」是餓而思食，寒而思衣底心。思食後思量合當食與不食，思衣後思量合當著與不著，這便是「道心」。聖人也不能無「人心」，但聖人常常合著「道心」，不教「人心」勝了「道心」。「惟精」是要揀教精，「惟一」是要常守得。今人固有其初揀得精，後來被物欲引從人心去，所以又貴於「惟一」。既能辯之明，又能守之固，斯得其「中」矣。這「中」是無過無不及之「中」。

「中」只是箇恰好的道理。堯告舜只是這一句，舜告禹又添「人心」「道心」「精一」三句。三句是「允執厥中」以前事，是舜教禹做工夫處。

舜禹相傳心法只是這四句，後來說學，也是學此道理，孟子以後失其傳，也是失此。

陳東齋曰：「『人心惟危』以下示心法，傳道統也。『可愛非君』以下示治法，傳治統也。」愚謂治法不外心法，道統便是治統。故新安曰：「堯授舜，舜授禹，言有詳略，而精微之理，敬畏之心，戒慎之辭，一也。」却說得好。此第二截正記舜禹授受之辭。

「干羽舞階」，朱子以爲，想只是置三苗於度外，而示以閒暇之意。呂氏以爲，朝廷閒暇自然而然，非故爲如此，而有苗自格。集傳似從呂說。此第三截，記禹攝位後征苗之事。

合益所言，看來分明他也是一箇秀才。知言如朱子，却說他只做得粗嗇底事。陳新安疑是録者之誤，或然。

皋陶謨

此只是皋陶欲君信蹈其德，爲己陳謨之地的意思。「謨明」而有開陳之益，「弼諧」而無牴牾之患，謂其言易入也。

皋陶陳謨，首言「慎」「修」其身者，蓋人君一身，天下國家之本，「慎」之一字，又「修」身之本。真氏得之矣。集傳以「思永」爲非淺近之謀，與「身修」無言行之失相對言，却似兩件事。真氏乃承修身串說，只是當思所以致慎底意思，謂人君孰不知身之當修，然心或放則能暫而不能久，果何益哉！「慎」則敬而不忽，「思永」則久而不忘，修身之道備矣。又云：「自家可推之國，自國可推之天下，其道在此而已。」此即指身修而言。

陳新安云：「『惇』者篤思義，『叙』者正倫理，二字盡齊家之道。」如此說「叙」字分曉，傳只說得「惇」字。

「慎厥身，修思永」是「允迪厥德」意，如大學「明明德」就在修身一般。「庶明勵翼」者，使羣哲勉勵而樂爲吾輔，即是「謨明弼諧」意。

「允迪厥德」一句爲此篇之綱，「修身」「知人」「安民」三者，其大目也，而「修身」又爲下二條之本。

君道在「知人」「安民」二者，「知人」然後能「安民」，又其序也。

「亦」，總也，總言人之行大槩有這九樣德。故總言其人之有德，則必說他行某事某事，□因□□驗其德也。如此方是見得實。

唐孔氏云：「恭在貌，敬在心。愿者遲鈍，失於外儀，故言恭。治者輕物，內失於心，故稱敬。」蘇其云：「權流而濟曰『亂』。」故才過人，可以濟大難者曰「亂」。「亂臣十人」是惠才過人者。患於恃才而不敬，故必敬方是不偏。

朱子曰：「九德凡十八種，是好的氣質，每兩件一家，鬭合將來。」集傳謂：「皆指其成德之自然，非以彼濟此之謂也。」這「成」恐是「性成」之「成」。

陳新安云：「皋陶以此九德觀人，則德之成不成、全不全，皆可知，而知人之道盡矣。」葉氏云：「觀人不求其全而求其常。常而不全，不害爲德；德而不常，皆矯僞耳。」陳氏大槩說得分明，葉說歸重有常，最切實。

朱子曰：「九德之目，蓋言取人不可求備，官人當以等也。」葉氏謂：「皋陶既言知人之事，故因言官人之道。」「日宣」達「三德」之賢，使任有家。「日嚴祇敬六德」之賢，使任有邦。真氏取之，皆作君用賢說。王氏謂：「庶與下文『翕受敷施九德』之賢相諧，看得貫通。」

胡氏「五行在地爲物，在天爲時，順其時而撫之，則五物皆成其材而爲人用」一段，說得詳明。

動而未形，有無之間者，幾也。說「幾」字，本於易傳。

陳東齋云：「功成之後，逸欲易生。逸，豫怠遊宴之類。欲，聲色嗜好之類。逸欲生，治功墮矣。」又云：「天下之事，無一不出於天。天不自爲，人代爲之。一官曠，一事隳矣。蓋無教無曠是兩陳其所當戒，幾與天是兩陳其所當畏。惟其可畏，所以不可不戒。」

「典」「禮」曰「天敘」「天秩」，「服」「刑」曰「天命」「天討」，都是天理合當如此，聖人只是依著這天理做將去便了。朱子曰：「因其生而第之，以其所當處者，謂之『敘』；如君便教他處君底位，臣便教他處臣底位之類。因其敘而與之，以其所當得者，謂之『秩』。如天子得祭天地，諸侯得祭山川，大夫得祭五祀，庶人得祭其先之類。『天敘』便是自然底，『天秩』便是那『天敘』裏面底物事。許多典禮都是『天敘』『天秩』下了。聖人只是因而勅正，因而用出去而已。德之大者，則賞以服之大者；德之小者，則賞以服之小者。罪之大者，則罪以大底刑；罪之小者，則罪以小底刑。盡是『天命』『天討』，聖人未嘗加一毫私意於其間，只是奉行天法而已。」此段說得甚精切。

「五禮」只依集傳說，或言「當主吉凶軍賓嘉」者，非也。

「衷」就是「典」「禮」，所謂「惟皇上帝，降衷於下民」者，此也。須是君臣上下能一於敬，方纔這「典」「禮」無毫髮乖戾，而叫做「和衷」。

析言之，「典」「禮」是教化，「服」「刑」是政事。總而言之，四者都是安民之道，而「寅」「恭」「懋」「勉」又其本也。

此節因上言「天敘」「天秩」「天命」「天討」，而中言天人合一之理。集傳謂吾心之敬，是又合天民而一之者也。陳三山曰：「『有土』之君惟敬則不忽乎民，是乃不忽乎天。不敬則徒知天之當嚴，而以民爲易虐，是天民有二理也。」此皋陶安民之謨必推極於此與。

胡氏舉「天敘」至「有土」，曰：「皋陶之學極純粹，蓋當時偶舉兩節云爾。」今通看此篇，其純粹那一處不見得。綱領也極純粹，條目也極純粹。

「贊贊」謂所助非一事，如助之「修身」，又助之「知人」「安民」之類。「思曰」如此，是助之不已也。

按：「修身」爲「知人」「安民」之本，故「知人」之終言「無教逸欲」，「安民」之末言「敬哉有土」，是仍歸本「修身」也。而曰「慎」、曰「兢業」、曰「寅恭」、曰「懋」、曰「敬」，又其工夫最緊要處。謂皋陶學極純粹，信不誣矣。

益稷

先「決九川」，使大水有所歸；后「濬畎澮」，使小水有所入。說他治水本末次第只兩句話都盡。

此章大意，禹說他前日治水時恁地艱苦，方纔得「烝民粒」而「萬邦乂」，今天下雖已平治，而從前底艱難却不敢一日忘了。其意蓋欲君臣上下相與勉力不怠，以保其治於無窮也。所謂「思日孜孜」者如此。

或疑禹只管自敘他的功，却似乎矜伐，殊不知警戒之意實存於其間。朱子謂「禹說他要恁地『孜孜』」者，得之矣。

禹言「暨益」「暨稷」，是他不忘那兩人相從於艱苦之中，而逮其功如此，故董氏謂「微禹之言，後世孰能知之。」

「止」者，心之所止，至善是也，要只是心安於此而不遷底意思。真氏曰：「先儒說心者，人之北辰，辰惟居其所，故能爲二十八宿之綱維。心惟安所止，故能爲萬事之樞紐。」

朱子曰：「『惟幾』，當審萬事之幾；『惟康』，當求箇安穩處。『弼直』，以直道輔之；『應』之，非惟人應之，天亦應之。」觀此，則「丕應」只是天下人無不應我。或云大應天下徯望之志，謬矣。

「臣」「隣」皆指禹言。據傳當云爲人臣便當左右輔助我，故曰「臣哉隣哉」，能左右輔助我方盡爲臣之職，故曰「隣哉臣哉」。此反覆歎詠，以見「弼直」之義。如此，其重而不可忽也。

下文「翼」爲明聽，即作「股肱耳目」之義。蓋「汝翼」作「肱」，「汝爲」作「股」，「汝明」作「目」，「汝聽」作「耳」也。

鄭氏云：「自『日月』至『黼黻』，所取義皆君德也。『服』所以象德，『服』是服必有是德，當觀象而自省焉，故曰『予欲观古人之象』。」

「納」，采詩而納之於上，如命太師陳詩以觀風，與「工以納言」是也。「出」，出詩而播之樂章，如關雎用之鄉人用之邦國，與「時而颺之」是也。「五言」詩歌之協於「五聲」者，如三百篇，與「九功惟敘，九敘惟歌」是也。

舜，聖人，豈有違待於弼者。禹，亦聖人，豈肯面從後言者。蓋舜心畏敬無已，惟恐過之不聞，言之不盡，故其望之之切如此。呂氏又云：「『予違，汝弼』不獨令禹爲『股肱耳目』。」至此，舜連一身是非之責，盡付之禹檢點，說得痛切。

「欽四隣」，朱子嘗疑其上下有闕文，所以集傳只言「不可不敬爾隣之職」。陳新安乃謂傳語欠明，當云「不可不敬爾爲四隣近臣之職」。蓋據孔、鄭諸家將「四」字做左輔右弼、前凝后承說。他又却說：「與上下文意不貫，闕之可也。」看來不如且從蔡氏集傳。

陳新安謂：「丹朱『慢遊』『虐』『淫』皆自『傲』出。」竊思「傲」與「敬」相反，若「敬」則許多病根自除。禹創若時，只是箇「敬」而已。若不是他「敬」時如何會恁地勤苦，勤苦、有功皆自「敬」出。

舜，大聖人，安有可戒之事，而益以「怠」「荒」戒，臯陶以「逸」「欲」戒，至此禹又以「傲」「虐」戒，何也？真氏謂：「『人心惟危』，自昔所畏，雖聖主不敢忘操存之功，大臣事聖主不敢廢規儆之益。」其說比傳「處崇高者當如是儆戒」之言尤爲深切，誠後之君臣所當法也。

「戛擊」意同。「搏」，猶擊也。「拊」是輕手取。「聲詠」是歌詠詩章。「以間」謂堂下衆樂與堂上之樂更代而間作也。

陳新安曰：「奏石絲以詠之時，則堂下之樂不作；奏匏竹等衆樂之時，則堂上之樂不作。以今人之樂觀之亦如此耳。」

林氏曰：「別而言之，則有堂上堂下之異，合而言之，則總名爲『簫韶』。」

此章夔言作樂之效，乃史官載之以結典、謨之終，蓋功成作樂，帝者致治之盛也。

陳氏云：「用夔言功成作樂之意而寓之歌，所以保治功也。保治在『勑天』，『勑天』之要在時幾。人求天於天，聖人求天於己。人事之盡即天也。」又云：「『乃歌』之意，專責望於臣也；『賡歌』之意，專責望於君也。君臣交儆，各盡其職，則治功可保矣。」蓋各盡其職，即所謂戒天命而謹時幾也。雖不明言而其意在是矣。真氏曰：「帝之歌本爲勑天命而伻，君臣倡和，乃無一語及天者，修人事所以勑天命也。後之人主宜深體焉。」

君以知人爲明，臣以任職爲良。知人則賢者得行所學，臣任職則不肖者不得苟容於朝。此『庶事』所以『康』也。若夫君行臣職，則『叢脞』矣。臣不任君之事，則『惰』矣。此萬事所以『墮』也。」這是范氏之説，真西山取之。

史官既載韶樂，復記詩歌。詩歌，樂之本也。今虞之韶不可得而聞，帝之歌猶可得而詠。韶雖亡，不亡者存焉。學者當深繹之。

皋陶純粹之學，亦可於「賡歌」見之。

書經要義　卷二

夏書

禹貢

小序：「任土作貢」，任土地所宜而調貢也。陳東齋曰：「隨其土之所有而不責其所無，足謂『任土』。」朱子訓一篇禹貢不過「予決九川距四海，濬畎澮距川」數語。「蓋禹之治水，只是先從低處下手，若不先從下泄水，卻先從上理會，下水泄未得，上當愈甚。孟子亦云『禹疏九河』，瀹濟漯而注之海。蓋皆自下流疏，殺其勢耳。」又云：「此書多句爲文而尤嚴於一字之用，其條理精審而義例可推，固不待旁引曲證而後通。」學者當玩索而得之。

禹貢首紀「敷土」「隨刊」「奠山川」，三者爲一篇之綱領，下文皆其條目也。

陳三山云：「奠高山大川爲表識，乃經理大規模。蓋禹治水時，先定山川爲各州之綱紀，然後因其界分，相其便宜而施功。」其正義想只如此。林氏謂「使各州之官率民以趨事」，亦是一義。

冀州

成四百家曰：「冀三面距河，河自積石東北流入中國，則折而南流，雍州在其西，故曰西河；至華陰折而東流，豫州在其南，故曰南河；至大伾又折而西北流，兗州在其東，故曰東河。以三州考之，則冀州在東河之西，西河之東，南河之北，此冀州境也。冀地最廣，兗最狹。冀今河東河北皆在焉，居天下四分之一。舜分爲幽、并。幽州，燕、薊、幽、涿、朔、莫等州是其域也；并州，太原、澤、潞、晉、代、汾、絳等州是其域也。」

朱子曰：「『既』者，已事之辭；『載』者，始有事也。聖人做事便有大綱領。先決九川距海了，却逐漸爬疏小水令至川。學者亦先識個大形勢，如江、河、淮先合識得。」又曰：「天下有三大水，江、河、混同江是也。混同江不知所出，斜迤東南流入海。其下爲遼海，遼東、遼西指此水而分也。」

林氏曰：「洪水氾濫，其始必相水之大勢，順地之高下，漸次導之，其首尾本末大概相應。下文所紀導山導水之序是也。此序九州，但各記一州之事，及其山川之所在，施功之曲折。非謂先治一州之水既畢，更治一州也。」

朱子曰：「他所舉山川皆先地後績者，觀成功而言也。壺口、梁、岐及太原皆先績後地者，本用功之始而言也。豈治之有難易與？」

九水惟河爲大，水患亦惟河爲甚。

梁山北有龍門，河之險莫甚於此，此是禹最用功處，故首及之。朱子云：「龍門未經鑿治時，其正道不甚泄，故河水一派西衮入關陝，一派東衮往河東，故此爲患最甚。禹自積石至龍門著工夫最多。」然賈讓云「隳斷天地之性」，陳東齋非之，謂「鑿而廣之」，恐是如此。

自禹經始治之者曰「載」，因鯀舊功治之者曰「修」。

太岳即今河東平陽府霍山是也。汾水出於太原，西北靜樂縣南流經霍山西南至絳州，西折入河。滎河縣北傳云「東入於河」誤矣。大抵河東之水入河者皆是西流。

朱子曰：「從覃、懷致功而北至衡、漳。」

漳水二：一出今遼州榆社縣秀容山，是爲清漳；一出潞安府長子發鳩山，是爲濁漳。酈道元謂之「衡水」非是。衡水出遼州和順縣箕山，即地志所謂沾縣也東流經真定府冀州至阜城縣，曰胡盧，却另是一水。二漳雖異源而下流至彰德府相合，經廣平、曲周、吳橋至東光縣合。衡水東北入於海。析而言之，是三個源頭。總而言之，衡水獨流爲一，二漳相合爲一，却共是兩股水，故曰「至於衡漳」。

恒水出恒山北谷，東入滱水，至霸州方入易水。衛水出輝縣蘇門山，由大名、濬縣至臨清州入於運河。蓋衡、漳、恒、衛諸水，初皆東流入河。河南徙後，方纔如今之所云，其實非故道也。

水患既息，土復其常，然後色性可辯而定田賦。

賦法九等，不是槩以此取民，只是將各州歲入底總數比較多寡而定箇高下。那數之最多底便爲上上，數之最少底便爲下下。若取民則皆用什一。「錯」，雜也，言其賦不一，純上上也有間或出上中時。朱子曰：「常出者爲正，間出者爲錯，錯在上上之下，則間出第二等也。」

「大陸」，依杜佑，爲邢、趙、深三州地，是。

海中山曰「島」。傳謂「海島之夷以皮服來貢」。蓋諸夷不責其必貢，欲效誠亦不拒也。

碣石山昔在海濱河口，故冀州北方貢賦之來自北海。入河南，向西轉，而碣石山在其東北，故謂之「夾右」。蘇子瞻曰：「『夾』，『挾』也。自海入河，逆流而西，右顧碣石，如在挾掖也。」

朱子曰：「冀州三面距河，其建都實取轉漕之利、朝會之便，故九州之終皆言『達河』，以紀其入帝都之道。」冀實帝都。亦曰「入河者爲北境，絕遠者言之，以明海道亦可至也。」

「濟河惟兗州」

兗州當河之下流，其地廣平，無高山，故河患惟此處爲甚。所以禹先從此下手，而成功也又在諸州之後。今兗、濟、德、棣、魏、博、滄、景等州皆其地也。

禹之「九河」淪沒於海。蔡氏傳辯之既是明瞭，諸儒強鑿之說，又去看他做甚麼？說濉、沮即是泒、睢固非，謂爲河、濟之別流亦無可據。

一說灉出漕州，沮出濮陽，二水勢均，故曰「會同」。「會同」者，諸侯見天子之名也，與後「江漢朝宗」同。

兖賦在第九等，是賦之最薄者，而謂之貞，何也？傳曰：「言君天下者以薄賦爲正。」此語當大書於御座之右。

「作十有三載乃同」。朱子謂「兖州水患最深，作治十三年乃有賦，治法與他州同。『十三載者』，通始治水八年計之，則此州水準爲後他州五年。」其說較傳簡而明。

又曰：「洪水之患意者只是如今河決之類，故禹用功處多在河，所以於兖州下記『作十有三載乃同』，專爲治河也。」兖州是河患甚處，正今之澶、衛州也。若其他江水兩岸多是山石，想亦無氾濫之患，禹自不須大段去理會。

「貢」者，諸侯貢天子，故畿外八州皆有貢，其貢不過衣服器用之物，所謂惟正之貢也。

「海岱惟青州」

熊氏曰：「遼東、朝鮮等處皆青州之境。舜以其地曠隔，故分爲營州，今□南之平鑾等處是也。」襲慶府即今兖州府。

青州土有二種，平地之土色白而性墳，海濱之土廣漠而斥鹵。

蔡氏曰：「貢物不以精麄爲敘，而以多寡爲敘。青州鹽居多，故敘於先。他倣此。」

林氏曰：「凡貢不言所出之地者，以一州所出皆可貢也。言所出之地者，以此地所出爲良也。」

「海岱及淮惟徐州」

「徐」即魯境，東南連淮、海，北至岱，西與冀東、兖、豫相接，亦東方一形勝也。

「淮」雖源豫，而其氾濫爲患，則在乎徐，故於徐首言淮之治，而沂次之。按：徐有三沂：一出尼山經魯之雩門，一出冠石山，一出蓋縣艾山，今爲沂州沂山，惟此水爲大，南至於下邳西南而入於泗。

「蒙山」即語東蒙，在今沂州費縣。羽山即鯀殛處，在今海州贛榆縣。

「大野」，濟水之所絕。曾氏謂「在徐之西，兖之東」。按輿圖，乃今兖州府西南，濟寧州鉅野縣，今其澤已涸。

「東平」，今爲鄆城縣。在徐之西北而謂之東者，以在濟東故也。

「淮沂乂」而後「蒙羽藝」，事之相因也。「大野豬」而後「東原平」，亦是事之相因。

徐土色「赤」而「質埴墳」。「埴」謂粘膩細密，較黄壤雖次一等，然亦土之最高者。

「夏」，玄雅反，訓以五色。江淮之間雉五色皆備，曰「夏翟」。

「桐」以向日孤生者爲良。

「浮磬」，從傳前説，「石露水濆，若浮於水」爲是。磬聲清越，取輕浮者良。

「玄纖、縞」，三色繒也。

「桐」「磬」「珠」「魚」，指其物而詳其地者，蓋惟此地之所産爲善，非徐州之産皆可充此貢也。此説是集傳之所未盡。

「淮、海惟揚州」

揚州在地東南隅，北距淮，東南至海。閩粤雖上古未通，亦當在五長管下矣。西抵荊州，在桐柏、衛、漳之界，其地乃今淮與江東西及兩浙等處。熊氏謂「建都江南者，僅可偏霸」，是他只見得已往。恁地設至明太祖由金陵北逐胡元，恢復二帝三王之天下，則大不然矣。由此觀之，世變無常，其不可執古而論，大率如是。

朱子因論揚、豫二州經歷，古今不同，云：「地理最難理會，全合禹貢不著」，不僅二州然也。

「彭蠡」，所謂鄱陽湖是也。「既豬」者，氾濫既去，衆水已有所容，而下流入江餘波又有所泄也。

「陽鳥」謂鴈。鴈南北與日進退，故曰「陽鳥」。蓋日行夏至漸南，冬至漸北，鴻鴈九月而南，正月而北，是與日進退也。

「三江既入」，入於海也。

朱子辯「三江」之説，謂「江、漢之水到漢陽軍已合爲一，不應至揚州復言『三江』」，固已明矣。陳東齋乃云：「古有九河後合爲一，古有滎澤後湮爲地，安知彭蠡之下禹平水時不有三江，而後或合爲一乎？凡捨經文，而指後世流派之分合、水道之通塞、地名之同異以爲説者，以論後世之地理則可，以論禹跡之舊則難也。」亦似有見。

「震澤」，大湖也。大湖即五湖，爾雅謂之具區。按：震澤跨三江上流，三江既入，是下流已順了，這澤便底定而不震動，亦事之相因者也。

土「塗泥」，故其田下下。田最下而賦第七或第六者，人工修也。

吳臨川曰：「染其絲五色，織之成文者，曰『織貝』；不染五色，織之成文者，曰『織文』。」

蘇子瞻曰：「『橘柚』苟常貢則勞害，如漢唐荔枝矣。」

林少穎云：「禹時江淮未通，故揚州入貢必因江以入海，然後達於淮泗。至吳夫差掘溝通水，與晉會黃池，江淮始通。孟子謂『禹排淮泗而注之江』，蓋誤指所通之水以爲禹跡也。」吳臨川謂：「止是江淮之間掘一横溝，築堤壅水在溝中，若舟行必須推挽，二水實未嘗通流也。」朱子謂「據今水路及禹貢所載，惟漢入江，汝、泗自入淮，而淮自入海」，分明是誤，蓋一時牽於文勢而不暇考其寔爾。今人強爲之解釋，終是可笑。

「荊及衡陽惟荊州」

「荊」謂南條荊山，見非雍州「荊岐既旅」之荊山也，以衡陽爲至者，見其地不止此山而猶包其南也。按：荊州即今湖南北之地。其地北接雍、豫，南踰五嶺，東抵揚州之境，西抵梁州及西南等夷，亦甚廣也。

朱子說：「禹貢所載南方山川多與今地面上所有不同。」愚按：非獨南方即北地也多如此。想只是古今山川名稱有同異，水道分合通塞多變遷故爾。若說他不曾遍歷天下，只得圖說作此一書，恐未必然。

「朝宗」者，諸侯見天子之名也。朱子云：「江、漢發源梁州，及入海則在揚州，至荊州合流，迅疾以趨海，有似於朝宗然。」集傳本此。

陳新安云：「『九江』，朱、蔡以洞庭湖當之，辯證詳明，從之可也。謂江南凡水皆呼爲『江』。禹時澧州之下、巴陵之上，自有九水，今年代久遠，陵谷變遷，不可以今水證古水，而闕之亦可也。」

按：小水合大水謂之過。九江之水雖不止於江漢，然亦爲江水所過，相會以東而入於海，故曰「水道甚得其正也」。

王氏炎曰：「沱江在今江陵府枝江縣。土人謂枝江爲百里洲，夾江沱二水之間，其與江分處謂之上沱，與江合處謂之下沱。隋志南郡松滋縣有涔，『涔』即古『潛』字，今松滋爲潛縣矣。」按：江陵府南郡今爲荊州府江陵縣，潛江縣在今承天府西去松滋二百餘里。王氏以松滋爲潛縣，竊恐不然。

雲夢跨江南北，雲澤跨江之北，夢澤跨江之南，蓋地之近於江者也。朱子說：「江陵之下連岳州是雲夢。」今華容、枝江、江夏、安陸皆其地也。

揚言「惟木」，多不勝名也，荊木名之則貢止此耳。「玄纁」，絳色幣也，其染凡六入而成，是惟此州染玄纁色善故貢之。龜，千歲。蒲，尺二寸。謂之「納錫」者，明其非貢物也。

凡曰「踰」，皆水道不通，遵陸而後達也。

「荊、河惟豫州」

朱子云：「周公以土圭測天地之中，則豫州爲中，而南北東西際天各遠許多。謂東西南北各五千里，此但以中國地段四方相去言之，未說到極邊際海處。蓋四方道里適均，故古人於此定都，不但形勢之所在，亦朝會貢賦之便也。」其地北距河，南抵荊山，東抵徐，西抵雍、梁，今爲河南府，虢、郟、鄭、汝、來、蔡、唐、鄧、汴、宋等州之地。

伊自盧氏縣悶頓嶺發源，屬今河南府。集傳以爲出上洛縣南熊耳山，是他從山海經之誤。又云「伊水至洛陽南入洛，瀍水入洛，則在偃師縣」，却是顛倒說了。今瀍分明傍府城東門南入於洛，而至偃入洛者乃伊也。澗水在府西七里橋亦南流。

黄河今自歸德府西六十里甯陵縣南入渦口，經亳州、蒙城、懷遠、荊山口入淮。

「滎波」，集傳謂二水名，漢孔氏只作一水，其澤在今開封府西、鄭州北五十里。

南濟東過定陶縣南又東北，菏水東出焉。孟豬澤在今歸德府東北九十里，虞城縣西北十里。

高地則「壤」爲沃，下地則「墳壚」爲瘠。

「田中上」是第四等，「賦錯上中」是第二等，而間或出第一等也。

「華陽、黑水惟梁州」

梁州，即今全蜀之地，謂之「華陽」者，華山之南，漢中府東西一帶皆是。王氏曰「後世爲巴蜀」，今四川地也。

岷山，在茂州西北直上六十里，江水出此。

興元府西縣，今爲漢中府沔縣。嶓蒙，在府西三百里，寧羌州北九十里。山形如蒙，漾水所出，東流爲漢。

沱水，在成都府北新繁縣出岷江，東流經縣南，繞成都左西折入於江。潛水，出漢中安陽縣□谷西南入漢。安陽今爲洋縣，「灊」即「潛」字。凡江、漢支流皆名沱、潛，不拘一處。傳曰「此江、漢別流之在梁州」者，明其非荊州之沱、潛也。

陳東齋曰：「『旅』獨於梁、雍言之者，蓋九州終於梁、雍，以見前諸州名山皆有祭也。獨於蔡蒙、荊岐言之者，蓋紀梁州之山終於蔡蒙，紀雍州之山始於荊岐，以見州內諸名山皆有祭也。故下文復以『九山刊旅』總結之。」

「和夷」，地名。嚴道西有和川，夷人居之。

土只言色而不言質，質不一也。

「賦錯」之義，只是地力有上下年分不同，如周官田一易再易之類，故賦之等第亦有上下年分。集傳說得甚好，或以歲有豐凶、戶有增減言者，皆所不取。

葉氏說：「『熊、羆、狐、狸織皮』與『西傾因桓是來』相屬，謂此四獸織皮，西傾之戎因桓水而來貢也。」按：西傾山在今洮州衛西南。洮雖屬雍，而山南卻是梁地。桓水出於此山，故西傾之戎貢必因之。司馬彪謂「西羌即西傾，『羌』『傾』字之訛」，恐是如此。又按：西傾有墊、羌二水，而無桓水，與書上不合，得非今昔水名或異與？

「黑水、西河惟雍州」

雍州之地，秦、漢曰關中，周之岐、豐、鎬京皆在焉。熊氏云：「婁敬謂『金城千里，天府之國』，合天下形勢言之，所謂秦得百二者，實以據地勢之上游當天下之要脊，四塞以爲固，全一面之險以東制諸侯，故言定都者必先焉。」書以黑水、西河爲界，而又西接弱水流沙之地，則其土地之廣漠亦可知矣。

弱水在今山丹衛南，其水散渙無力，不能負芥，故名曰「弱」。「既西」者，導之西流也。蓋初必壅遏而東，既導之西，則逆者順矣。林氏曰：「眾水皆東而弱水獨西，黑水獨南，因其性之自然也。」

水北曰「汭」，書言涇屬渭汭者，涇水北注故也，集傳以「汭」爲水名，恐非。如云「漆、沮二水合於耀州之南」是矣，下面又說「至同州朝邑縣入渭」，又疑「漆水出扶風」者，「入渭在灃水之上」。這是他不曾見得西北水勢，只就紙上恁地揣摩說。漆自是扶風漆溪之水，經永壽縣界至耀州南，合沮水東南流至交口入於渭，而灃水入渭處卻在交口上百有餘里。正所謂渭水自鳥鼠而東，灃水南注之，涇水北注之，漆、沮東北注之者，傳乃差舛如此，後人不能考其實，因此遂將自朝邑入渭底洛水都認做漆、沮了。此亦釋經不明之害也。

朱子嘗言：「禹貢說三江及荊、揚間地理是吾輩親目見者，皆有疑，至北方即無疑。」此無他，是不曾見耳。蓋當時南北分裂，江南諸儒說北方山水往往不合者，職此故也。

終南山，在今西安府城南五十里。

三危山，在沙州敦煌縣東南，山有三峰，故曰「三危」。

土，「黃壤」最貴，故雍田「上上」；「塗泥」最下，故揚田「下下」。荊賦較田升之極，故傳曰「地闊而人功修」；雍賦較田降之極，故傳曰「地狹而人工少」。「貢」只是一類物，皆言「惟」。

朱子曰：「每州各言境內山川，首尾不相聯貫，且自東而西非自然之形勢，故於此通說九州山川，聯貫首尾，更從西而東，以著自然之形勢。」呂氏曰：「山川之分見於九州者，其經也；聚見於後者，其緯也。無經則不知其定所，無緯則不知其脈絡。」此作書之妙也。

馬融、王肅以岍岐至碣石爲北條，西傾至陪尾爲中條，嶓冢至敷淺原爲南條。鄭玄謂「岍岐爲正陰列，西頃爲次陰列，嶓冢爲次陽列，岷山爲正陽列」，其說亦皆可取。若以蔡氏「二條四列」之言而直以此爲謬，則不可。

岍山，在鳳翔府隴州岍水所出，晁氏以爲今之隴山、天井、金門、秦嶺山者皆古之岍也，集傳取之。岐山，在府東五十里岐山縣東北，山有兩岐，亦名「天柱」。

朱圉，在鞏昌府伏羌縣南。熊耳，在西安府商州東南。外方，在河南府登封縣北。陪尾，在德安府應山縣西北，俗呼爲「横尾山」。

嶓冢，在梁州，漢水所出。荊山，襄陽西南。內方，荊門州東北。大別，漢陽東北。皆荊州山，漢水所經。

朱子云：「江出於岷山，岷山夾江兩岸而行，那邊一支去爲江北許多去處，這邊一支爲湖南，又一支爲建康，又一支爲兩浙，而餘氣爲福建二廣。」

禹貢只載九江，無洞庭。今以其地驗之，有洞庭無九江，則洞庭之爲九江無疑矣。

禹貢「過」字有「山過」「水過」「人過」三義。如過九江至於敷淺原，只是禹過此處去也，若曰「山過」「水過」便不通。

朱子曰：「先言山以爲水之經，故此言水爲山之紀。」陳新安云：「導山之役分爲四路，乃懷襄方殷，未可下『濬川』之功。先『隨山』相視，可疏導者疏導之。『兩條四列』實人工經歷之次第，爲『濬川』之經始。下文導水詳言『濬川』之源委，乃收上文『隨山』之成功。」

弱水，出甘州山丹衛羌谷，經高臺鎮夷至肅州西北，正者入合黎，其餘波入於流沙。流沙，在沙州西八十里。黑水，傳謂出張掖雞山南，至敦煌，過三危山，南流入於海。按：張掖即今甘州鎮。黑水發源鎮西北三百里合黎山，但不知合黎就是雞山否。三危，在沙州敦煌縣東南。沙州却在合黎之西。西夷之水南流入於南海者凡四。程氏以西珥爲即古黑水，近是。或云出南廣汾關山者，非也。

弱水最在西北，水又西流，不經中國。黑水從雍、梁西界入南海，亦不經中國。故禹於此二水亦不曾大段費力。一則導之使入流沙，一則導之使流徼外而已。

朱子曰：「釋水云『河千里，一曲一直』。河從積石北行，積石山在河州北一百二十里，兩崖如削，黄河中流，此河入中國之始也。按元史，積石山在昆侖西南，其山最高而綿亙遠，意者此或其一支與。又東而折而南，計應三千里，然後至龍門而爲西河。龍門地勢險，河率破山以行。禹功於此最難。自龍門南流至華陰而極，始折而東，至於厎柱，又東至孟津，東過洛汭而爲南河。洛既北入於河，河之南、洛之北，其兩間爲汭。汭之爲言，在洛水之内也。至大伾而極，大伾在今大名府濬縣東北。濬即所謂黎陽也。始折而北流爲東河。至兗州，分而爲九，復合爲一而入海，河流於是終矣。河爲四瀆宗，其發源西北，故敘中國之水，以河爲先。『逆河』，是開渠通海，以泄河之濫。秋冬則涸，春夏則泄。言河之本末曲直，莫詳如此。」

王氏炎云：「周定王五年河徙，已非禹之故道，歷漢元光、永光，凡五徙，至王莽時，河遂行漯川。夫河不行於大伾之北，而道於相魏之南，則山澤在河之瀕者，支川與河相貫者，悉皆易位，而與禹貢不合矣。」方氏回又云：「建、紹後建炎紹興，宋高宗二號黃河決入巨野，濫於泗而入於淮者，謂之南清河。由汶合濟至滄州以入海者，謂之北清河。是時，淮僅受河之半。金之亡也，河自開封北衛州決而入渦水以入淮，一淮水獨受大河之全以輸之海。」濟水之絕於王莽時者，今其源出河北溫縣，猶經枯黃河中以入汶，而後趨海。清濟貫濁河，遂成虛論矣。陳新安以爲方氏得於身經目睹，與諸家據紙上説者不同。愚謂須與王氏説參看，則河徙之初終曲折幾得分明矣。

按：三代下窮河源者，自漢張騫始，所見疑如山海經相似。後則唐薛元鼎，其説却與騫不同，集傳是之，而不知其猶未的也。至元都實爲招討使，入土蕃訪之，乃得其源於積石山西北，曰星宿海。河初出海時，其色白，東北分九派流，旋合爲一，始渾濁，流一千四百餘里至昆侖西南，循山麓東行六百里餘，折北轉西，過昆崙背，西流三百餘里，又折一向東北流，經析支積石關至蘭州，共四千五百餘里，此河入中國之始也。自蘭州至西受降，折東七百里餘，至東受降，始折而正南流至華陰東潼關，通計九千餘里。東折至大伾，又北折，由洚水、大陸，至碣石入於北海。此禹貢所載河故道也。今乃南徙分三道入淮：一自蘭陽東南流，由杞縣，寧陵、歸德、符離橋、宿遷小河口入；一自甯陵南入渦口，經亳州蒙城、懷遠荊山口入；一自儀封北折，經黃陵岡、梁靖口，出徐州小浮橋清河縣入。此近世河南徙新道也。夫河既失其故道如此，而讀禹貢者猶欲執書以求瀕河山澤、貫河支川，不亦難乎！故程氏曰：「自洛汭以上山水稱名跡道，古今如一。自大伾以下，不特水道難考，雖名山舊嘗憑河者，亦復不可究辨。蓋河道變遷，人知新河之爲河，不知舊山之不附新河也，輒並河求之，安從而得舊山之真與？

傳謂「彭蠡即今鄱陽湖」，無疑。其辯漢水「東匯」之誤，實本於朱子。朱子乃取鄭漁仲「『東匯』以下十三字爲衍文」之說，而曰：「予既目睹彭蠡有源，兩江不分之實，又參之以此，而深以事理情勢求之，然後果得其所以誤也。」蓋朱子嘗守彭蠡之上二年，乃得究觀其山川地理之實，而知經文之不能無誤如此。

九江之爲洞庭，朱子既以從胡、晁二家爲是，而又以經文凡例通之，謂「過九江，至於東陵」者，言導岷山之水，而是水之流橫捷乎洞庭之口，以至東陵也，是漢水過三澨之例。「過九江，至於敷淺原」者，言導岷陽之山，而導山之人至於衡山之麓，遂越洞庭之尾，東取山路以至於敷淺原也。此是導岍、岐、荊山，踰於河，以至碣石之例。

陳新安云：「方氏回嘗親過枯黃河，見濟水出河北溫縣者，今經枯黃河以入汶，而後趨海。而謂『清濟貫濁河』遂成虛論。」以此觀之，則濟水性下固能伏流而出爲滎。然其性勁實能絕大河中而出爲滎也。程泰之謂「滎非濟水溢出」者，其妄不辨而明矣。

按：濟水故道原從滑入濮，過梁山濼會汶水，東北入於海。今河、濟俱下豐、沛，合泗、沂而入淮矣。或曰「自新莽末，濟水同河入海」。是瀕河之地已無此水，後世建置郡國，如濟州、濟北、濟陽、濟南、曹濟之類，皆是沿襲舊名，而實未之審也。

灃、涇大，與渭並，故曰「會」。既得灃、涇，渭愈大，漆、沮皆小，故曰「過」。前分言於雍，而自源徂流，又總言於此也。

王氏炎曰：「凡導川皆決而委之於海，然百川東注，而弱水獨西，黑水獨南，其入於東海，則天下之水在北莫大於河，南莫大於江、漢。故先言導河，而漢次之，江又次之。淮、濟亦四瀆也，故先言濟，而淮次之。皆自北而南也。四瀆之西有渭，東有洛，亦大川也，故以是終焉。」

上文各州惟舉一隅，此蓋總結之，以見九州之所同。林氏曰：「九州辨之悉矣，至此又言之所以同。」

「底慎」是心，「則壤」是法。讀禹貢者，但知其法，而不知其心，便是不會讀。

林氏曰：「水土平，可以封建諸侯也。如契封於商，賜姓子；稷封於邰，賜姓姬。有土有社，昔固有矣，至是徧錫之。」

「台」「朕」，皆禹自言。

「五百里甸服」

朱子曰：「甸，治田也。畿內天子之田，其民主爲天子治田事，故謂之『甸服』。」又云：「畿內專言田賦者，畿內不封諸侯，故田賦入天子。然五服各不同，亦舉凡例互相見。」蘇氏謂「內詳王賦之法，而諸侯可推也。」

此以下因水土既平，而言弼成五服之事。

「五百里侯服」

采，如今之職田，卿大夫食邑也。朱子曰：「『三百里』謂自三至五爲百里者三，隨文生例，不可拘此。『侯服』，惟言邑國者，畿外主於封侯，亦互相見。」

「五百里綏服」

綏，訓爲安，內安中國，外安邊疆也。集傳云：「『綏服』介內外之間。文以至內，武以治外，聖人所以嚴華夷之辨者如此。」林氏曰：「漢、魏使外夷入居中國障塞之地，至西晉，有劉石之禍。石晉以盧龍賂契丹，至重貴，有耶律之難。『綏服』嚴華夏〔二〕之辨，萬世不易之法也。」

陳東齋曰：「武以衛言，保護而已。治世武事易弛，故奮以修之，聖人不黷武，亦不廢武也，與後世恃小康而銷兵者異矣。」

「綏服」漸遠王畿，故主於撫安，亦互相見。

〔二〕「華夏」應改爲「華夷」，疑形誤。

「五百里要服」「荒服」。

聖人之治，詳內略外，觀五服名義，則其不務廣地而勤遠略，可見矣。蓋當先王時，四方各有不盡之地，聽四夷居之，不勞中國以事外也。

上言疆理，止以五服爲制。此又推聖化所極至而言之。陳氏云：「聖人政事所治，詳內略外，不求盡於四海，而道德教化則無內外之限，此傳所謂『法制有限，而教化無窮也』。」

陳新安曰：「禹貢一書，雖紀平水土、制貢賦之事，而有躬行教化之微言意寓焉。曰『祇台德先，不距朕行』，躬行心德以爲教化之本者也。曰文教，曰聲教，教化之流行，而躬行之效驗也。後之山徑地志與夫財用之書有是哉！」董氏謂「讀此篇毋求作貢之法，當求祇德之心得之矣。」

甘誓

陳新安曰：「禹征苗已有誓，專書一篇，則可以觀世變矣。虞書言『誥』，其後變爲『嗟』，人變爲猷。」

陳東齋云：「凡背五常之道，拂生長斂藏之宜，皆『威侮五行』。」新安謂：「蔡氏以『暴殄天物』爲『威侮五行』，是偏以質具於地之五行言之。」陳氏兼以氣行於天之五行與五行之理言之，說其義始備。故董氏亦言「與侮慢自賢、反道敗德者同意」。

新安謂「『恭』之一字爲此篇之綱領」，得其要矣。

吳氏淶云：「古人之學，精粗本末不廢，啟雖承禹傳道之後，而干戈行陣亦曾從家學素講明來。」董氏鼎亦言：「禹固不以天下爲無事，而不訓以兵；啟亦不以天下爲無事，而不習於兵。講之以豫，用之以節，斯其爲王者之師與。」

五子之歌

張氏曰：「美哉禹功，明德遠矣。再傳至太康，一盤遊川，便至失國，以禹之德之功不能蓋也。嗚呼，前人之功德雖大，而不可恃如此。」

此史言五子作歌之意，其歌五章，一章切似一章。陳新安曰「五歌節奏有序，若出於一意」者，是從傳。後說因者，明禍亂之本，在此不在彼也。

「民惟邦本」二句，集傳下一「且」字，是進步説，不蒙上文。陳氏雅言以「蓋」字易之，卻是承上句而推其原，謂「民之所以可近而不可下者，以民爲國之本，民安則國亦安，人君於此，其可下而不近之哉？」其説似優。

陳三山曰：「此章言國以民爲本，君之固結民心以敬爲本，以見太康失邦由失民心，失民心由於逸豫不敬也。」

真氏謂：「大禹之訓凡六言，二十有四字爾，而古今亂亡之釁靡不由之，凜乎其不可犯也。古詩之體，實原乎此。」意者，大禹爲之使子孫誦而傳之乎！故曰「觀舜皋之歌，則見詩之雅頌；觀五子之歌，則見詩之變風變雅」。

「道」者，君天下之本；「紀綱」者，維持天下之制。

經常無範，是之謂「典」；中正有準，是之謂「則」。蓋治天下之典章法度，即所謂事理當然之極也。指人倫物則説

關通。和，平。互文耳。傳云：「關通以見彼此通同，無折閱之意。」閱，買賣物價也。折閱，謂損其所賣物價也。

言「關石」，則量度可知。「典」「則」是本，「關石」是末，本末具備。其爲子孫慮，誠詳且遠矣。

先儒謂太康失國，由於不敬慎爾。故五子之歌始之曰「奈何不敬」，終之曰「弗慎厥德」，是乃一篇之綱領也。

孔子於詩取小弁，於書取五子之歌，皆以其「溫柔敦厚」「怨而不怒」也，故傳曰「忠厚之至也」。

胤征

朱子謂：「日至明，中有暗處，望時日與月正對，無分毫差，故爲暗處所射而食。雖陽勝陰，畢竟不好。若陰有退避之意，則不相敵而不成食矣。」

殲「渠魁」，義也；赦「脅從」「染汙」，仁也，所以爲王者之師。後世爲天吏者，不可不知。

傳謂「羲和助羿爲惡，而仲康勢未足以制羿，故胤后正責羲和曠職之罪，而實誅其不臣之心也。」

陳新安曰：「觀『脅從』之語，羲和聚黨助逆明矣，仲康於羿勢既未能鋤其根株，不可不剪其羽翼。故乘日食之變，正其昏迷之罪，名正言順，羿亦不得庇之也。使非聚黨助逆，則褫職奪邑、司寇行戮足矣，何至勞大司馬與師誓眾，如臨大敵哉？」陳氏此說可謂能羽翼集傳矣。

董氏謂：「承王命徂征，征伐自天子出也。干先王之誅，法令自先王制也。奉將天罰有罪，乃天所討也。將帥奉天子之命，天子奉天與先王之命。仲康蒞政之始，命將出征，而胤侯之誓如此，則大本正，大權立，而大奸懼矣。是即所謂『仲康猶有制之』也。不然，則羿之篡夏，豈待相而後敢哉！」

書經要義　卷三

商書

湯誓

朱子曰：「湯武固是反之。但細觀其書，湯反之之功恐是精密。如湯誓與牧誓，數桀紂之罪，辭氣亦不同。」

此節見夏之天命已絕，湯所以順乎天也。董氏云：「莫大於天，莫尊於君。君承天而臣承君，則爲治。君逆天而臣逆君，則爲亂。」湯初不敢逆君而爲亂，而桀則不能承天以爲治。彼既「多罪，天命殛之」，則我非敢稱亂而迫於天命有不獲已。故又曰「予畏上帝，不敢不正」。此湯之順乎天也。

此節見夏之人心已離，湯所以應乎人也。

湯之誓師，拳拳以天爲言，曰「天命殛之」，曰「予畏上帝」，曰「致天之罰」，見伐桀者非我也，天也。

董氏云：「示之以賞罰者，誓師之體，不得不勵士氣而一人心，非誘以利、怵以禍，而強其從我也。」愚謂聖人之心固是如此，然可以觀世變之説，集傳亦煞有見。

仲虺之誥

湯之慚，慚於逐君代立，故曰以居萬世君臣之始變也。「又恐來世藉以爲口實」者，蓋不忠之臣何代無之。所以畏縮而不敢肆者，猶以古無是事，前無是人，無以藉口耳。苟一爲之，則後有潛蓄不軌之心而囂然以逞者，其不借以爲辭乎？此湯之所以恐也。

此仲虺推天爲民立君之意，以釋湯慚，見湯之順乎天也。

問「言足聽聞」自當作一句，謂吾之德言之足使人聽聞，彼安得不忌之！朱子曰「是」，集傳因之。

「德懋懋官」至「彰信兆民」，根本只在「不邇」「不殖」中。故傳曰：「此本原之地，非純乎天德而無一毫人欲之私者，不能也。」「用人惟己」，謂其能如自己出，只是不忌能於人的意思。

陳新安云：「六經言仁，自『克寬克仁』一言始，遂開萬世言仁之端。仁者，心之德、愛之理。以心德之體言，則仁爲體，寬爲用；以愛之用言，則寬以容人，仁以愛人皆用也。」愚按：此寬與仁皆以愛言，只是仁之用耳，然其體則心之德也。

此言天下歸商之久，以釋湯慚，見湯之應乎人也。今觀湯征伐之時，唐虞揖遜氣象依然若存。呂氏謂「世降而道不降」，誠哉，是言也。

「推亡固存」一句是總結上文意。林氏謂：「此栽培傾覆，天道之自然也。聖人因其常理以應世，有亡之道，則推而去之，有存之道，則輔而固之。桀有亡道，湯因其將亡而推之，果何心哉！」而朱子亦言：「『推亡固存』處，自是說伐桀，至『德日新』以下，乃是勉湯。」與集傳不同。

德，即人之所得於天，以具衆理而應萬事者。謂之大德者，以其全體大用無非大也。陳東齋曰：「德不大則梏於偏，如夷清惠和，各有偏之弊，何以建中！湯德本大，又欲其『懋昭』，然後能『建中』，以範斯民，所謂『皇建其有極』也。」「禮義者，所以建中者也。」蓋動而以義制事，則行於外者合宜，乃大德之所由行，而此中無過不及之用也。靜而以禮制心，則存於內者合理，乃大德之所由立，而此中不偏不倚之體也。故曰「內外合德而中道立矣」。

周禮義本諸人心。惟中人以下，爲氣稟物欲所拘蔽，所以反著求禮義自治。如成湯，尚何須以義制事、以禮治心？朱子曰：「『湯武反之也』，便是有些子不那底了。但他能恁地，所以爲湯。若不恁地，便是『惟聖罔念作狂』。聖人雖則說是『生知安行』，便只是常常恁地不已，所以不可及。若有一息不恁地，便也是凡人了。」以義制事，以禮治心，此自是內外交相養之法。事在外，義由內制；心在內，禮由外作。傳謂「義者心之裁制，禮者理之節文」，蓋本諸此。

又云「禮如顏子非禮勿視之類」，皆是。

「垂裕後昆」，禮義之澤，傳之無窮也。

傳以「能自得師」一語爲帝王之大法，後之爲人君者不可不知。

有禮者對殖之昏君覆亡之，天道自是如此。「欽崇」云者，欲湯審此理而謹諸己也。

陳新安云：「仲虺釋湯之慚，始則美之，又慮其愧心既釋，驕心或生，故終復警之。」大臣之引君當道者如此，是則所謂忠愛之至也。

湯誥

古之聖賢開口便說天、說上帝，朱子謂其朝夕只見那天在眼前。

「惟皇上帝，降衷於下民」，這亦只是理如此。天下莫尊於理，故以帝名之。「降衷」便是分明有箇人在裏主宰相似。

「衷」只是中，如六藝折衷於夫子，蓋是折兩頭而取其中之義。又曰：「此蓋指大本之中也」。此處中庸說得甚明，故集傳只以「無所偏倚」訓之。

又曰：「自天而言，則謂天之降衷；自人受此中而言，則謂之性。」「猷」即道也，道者，性之發用處。能安其道者，「惟后」也。陳新安謂：「『若有恒性』句，諸解皆屬下文，獨蔡氏屬之上文。」「若」字本輕說，「克」字方重說。天賦人受，順其自然，本有恒性，此時君無所容力於其間也。至於修道之教，使人各安其道，方有賴於君焉。諸解以「惟后」對「惟皇上帝」作兩般說，蔡氏以「帝衷」「民性」「后綏」，作三般說，故其說最優。

六經言性，實權與於此，故真氏曰：「開萬世性學之原，則自成湯始。」

朱子曰：「『福善禍淫』，其常理也。或不如此，便是失常理。天莫之爲而爲，亦何嘗有意，只是理自是如此。」

「戮」當作「勠」，勠力，並力也。左傳「勠力一心」。

「賁若草木」連上句，天命不僭，明白易見，故人得遂其心。

「簡」，閱也。朱子曰：「善與罪，天皆知之，如天檢點數過相似。我之有善也，在帝心；我之有惡也，在帝心。」

「萬方有罪，在予一人」，此是繳結篇首「降衷」「有性」「綏猷」之意。林氏謂：「『天降衷於民』，而以『克綏厥猷者付之一人，必使天下之人皆不失其『降衷』之性，以安『厥猷』，方無負於天之所付。若民有罪，是爲君者教之不至，所以自棄於愚不肖之地而莫能返，非民之罪，乃君之罪也。故曰罪在『朕躬』。」

「克」「忱」曰「尚」「有終」，曰「亦」，皆不敢必之辭。故林氏曰：「湯誥一書，多兢業之意。」

此兼人己而言，不特湯自謂當如此，亦欲萬方諸侯皆勉於此也。陳新安曰：「此篇見成湯明命性之理，知君師之道，監夏之所以亡，而凜凜於今之所以興，且戒諸侯以相與盡守邦圖終之道。真帝王之格言，聖學之淵源也。」

伊訓

朱子曰：「商書幾篇最分曉可玩，伊訓、太甲等篇又好看似說命。」

集傳於「元祀十有二月」，謂「三代雖正朔不同，然皆以寅月起數。蓋朝覲會同，頒曆授時，則以正朔行事。至於紀月之數，則皆以寅爲首」，是改正朔而不改月數也，與春秋「春王正月」胡氏傳同。

陳新安曰：「此元非即位之本年，乃即位之次年。先王崩，崩年即位，踰年改元，以崩年之十二月爲後王元年之首月，蓋以正朔行事也。」按：商正建丑，是以十二月朔爲歲首。

傳主太甲嗣仲壬而王，則即位柩前，居憂殯側，皆以仲壬言。而朱子於孟子集註，却兩存趙程之說，爲中間年代不可紀故也。又云：「伊尹『奉嗣王祗見厥祖』與顧命、康王之誥所載冕服之事同，意古人自有一件人君居喪之禮。蓋天子諸侯既有天下國家，事體恐難與常人一般。」觀此，則蔡氏之說也未敢盡信。又按：小序「成湯既沒，太甲元年」註云：「湯沒而太甲立，稱元年。」而史記乃謂湯後有外丙、仲壬二王。蔡氏力主之邵子經世書，又却與孔註同。再以陳氏「此元乃即位次年」說證之，湯已葬於桐而立廟也，「奉嗣王祗見厥祖」又何疑！

人君爲天地鬼神萬物之主，而德者天地鬼神萬物之理。所謂「致中和」「天地位」「萬物育」者，此也。

陳新安云：「此一節言湯以德得人心。今王繼先王之德，當以孝悌之順德而通乎天下人之心也。」雅言云：「孝悌遠諸天下而謂之立者，盡吾愛親之道於此，使天下之愛其親者，莫不視我以爲法，盡吾敬長之道於此，使天下之敬其長者，莫不視我以爲準。此即謂之『建中建極』也。」

紀者，綱之紀也。人紀與人綱，綱謂三綱，紀謂五常。修則品節之也。上文欲太甲立愛立敬，故此言湯之所以修人紀者。蓋湯以修人紀自任於身，吾身有一毫之未盡，則於人紀必有一毫之虧。凡於古今之善與上下人己之間各盡當然者，皆修人紀之實也。

「德日以盛」，指處上下人己之間各盡其道言；「業日以廣」，指於七十里至於有萬邦言。故曰此八字是一章關鍵。

「茲惟艱哉」，是以先王艱難起家之事告太甲，欲其信守之也。

「殉」如「殉葬」之「殉」，謂以其身陷於貨色之中，死而不顧也。

不諫之刑與貪墨同。或言其過者，是只知貪賄之有罪，而不知貪官之不諫者亦有罪也。朱子曰：「君臣一體，不得不然。成湯之制官刑，正是奉行天討，毫髮不差，慮何疑之有哉？」

尹言先王之制官刑，蓋當時太甲左右必有以歌舞貨色等惑其君者。觀太甲上篇不使狎於弗順可見。陳新安曰：「前章述湯德以勉其善，此述湯刑以防其失。勉其善，在啟發其愛敬之良心；防其失，在禁遏其欲縱之私心也。」

「祗厥身」，是指太甲下手用功處，一篇之綱領也。蓋能敬其身，則百善從；不敬，則必納此身於「風愆」矣。故「敬」之一字，乃治「三風十愆」之藥石也。

傳謂「此總結上文而又以天命、人事禍福申戒之」。天命禍福指「惟上帝不常」三句說，人事禍福指「爾惟德罔小」四句說，皆警勸太甲之心而冀其必聽也。

太甲上

朱子曰：「伊尹之言極痛切，遂感得太甲如此。」又云：「伊尹之志，公天下以爲心，而無一毫之私者也。」問：伊尹放太甲，周公攝政事亦相類，當時不疑伊尹而疑周公，豈事變耶？潛室陳氏曰：「伊尹以義正君，其義光明，人人信得及，周公以恩睦親，其心忠愛懇惻，間隙易開，兼伊尹聖之任，視世間一切難事一擔擔了，不管人言。周公思兼三王，百事問密詳細，須盡物情，所以人或不敢言，或敢言。要之，伊尹如秋冬肅殺，周公則太和元氣，人之疑不疑，聖賢所不計。」

一說「阿」「保」通，保其君如「阿」，阿大陵之有助者，平其圓如「衡」，衡物之輕重取平者。

朱子曰：「古註云『顧』謂『常目在之也』，此語最好。非謂有一物常在目前可見也，只是常存此心，知得有這道理，光明不昧。方其靜坐未接物也，此理固湛然清明；及其遇事而應接也，此理亦隨處發見。只要人常提撕省察，念念不忘，存養久之，則是理益明，雖欲忘之而不可得矣。」

「在天爲明命，在人爲明德。」真氏云：「『湯惟『顧天之明命』，故『天監』湯之『厥德』。曰『顧』曰『監』，可見天人之交，至近而非遠也。蓋聖人之心未嘗少忘乎天，而上天之心亦未嘗或忘乎聖人也。」

此言太甲今日之有天下，由於先王能明德以得天下，與伊尹出身以左右先王也，豈可忘先王而不念，忽尹而不從哉？故篇中節節提起「先王」，而以「尹躬」收結之。其告戒者切矣。

「王惟庸罔念聞」六字作一句講，謂太甲以伊尹之言爲常，無所念聽也。

自，由也，由忠信之道則有終。陳新安曰：「無終則累於相臣，不君則辱於乃祖，仍是以『先王』與『尹躬』儆之也。」

「啟」謂開而發之，「迪」謂順而道之。

「儉」是簡約之簡，不侈然以自放之謂也。真氏曰：「儉則心小而爲慮者遠，侈則心大而爲謀者疏。蓋太甲之病在於欲縱。」「慎儉德」「懷永圖」，此正對病之藥也。

「括」，矢括，是矢之尾末岐而銜弦處也。虞人之射，機既張矣，尤必省其括合於度，然後釋之，則發無不中矣。君子之處事，亦猶是也。天下萬事莫不有度，君所以爲度，在欽其所當止，率乃祖之所行。然祖之所行，亦即所當止也。伊尹特恐其察之不精，止而或非所當止，故以「率乃祖攸行」繼之。

「顧諟天之明命」至「罔不祗肅」，言湯之敬也。「欽厥止，率乃祖攸行」，勉太甲盡敬以法先王也。陳新安云：「此章仍是以『先王』始之，以『尹躬』結之。王能欽敬而有終，先王之望，尹之幸也。王之不能欽敬而自覆，非先王之望，尹之不能盡其責也。其告戒拳拳言言，忠愛如此。」

陳三山曰：「習爲不義與性俱成。」新安曰：「千古性學開端於『若有恒性』之一言，其次則『習與性成』之言也。『恒性』以天地之性言。孟子『性善』之論，本『恒性』而言也。孔子『性近習遠』，自『習與性成』而發也。『若有恒性』，本有善而無惡，惟習於惡，而後性流於惡，其既流也，若性成矣。然能謹所習而習於善，則善反之，而天地之性存焉。」此太甲所以「克終允德」也。天地之性，氣質之性，雖至張子始判言之，而已肇端於湯尹言性之初矣。新安說性學源流甚分明。

伊尹營宮於桐以居太甲，固善處君臣之變者，然必自任以天下之重，如尹開國元老，又受先王託孤底重任，而大忠至公者方可如此，豈後世泛然之大臣所敢爲哉！

只看「王徂桐宮居憂」一句，便見謂宅仲壬之憂者分明是誤。

太甲中

太甲「克終厥德」，伊尹力也，而歸之天者，蓋君子能置人於悔過遷善之地，不能必其人有悔過遷善之心。今太甲翻然改悟，庸非天陰誘其衷乎！若人事不盡而一諉於天，則又非聖賢以人合天、以義合命之道矣。

朱子曰：「古者天子尊師重傅。太甲『拜手稽首』，成王『拜手稽首』，疏言稽留之意，是首至地之久也。」

真氏謂：「奉身當有法度，嗜欲無節則『敗度』。修身當有禮儀，縱肆不恭則『敗禮』。二字乃太甲前日受病之源，故此首以自責。」

「允德」二句皆本修身說。惟「允德」，故能協下德，協下故稱爲「明后」。此修身之驗也。

「惟明後」三字與前「不明於德」正相應。

「孝恭明聰」，四者修身之要，懋德之目也。

朱子曰：「能視遠，謂之明；所視不遠，不謂之明。能聽德，謂之聰；所聽非德，不謂之聰。視聽是物，聰明三則，視不爲惡色所蔽爲明，聽不爲奸人所欺爲聰。」如此說，「惟」字只作爲看，訓「思」字恐非。

太甲下

真氏曰：「『敬』『仁』『誠』並言始於此，三者堯、舜、湯之正傳也。」呂東萊曰：「君必上得天心，下得民心，幽得鬼神之心，始可以當天位，所以爲『艱』也。」

此因「尚賴匡救」「圖惟厥終」之言，而進圖終之道也。

真氏曰：「『惟』是云，謂敬德之外無復他道，所以深勉太甲也。前言『敬仁誠』，茲獨總之以『敬』者，蓋『敬』而後能『仁』能『誠』故也。」陳氏雅言曰：「伊尹於此語先王用功之要，則曰『懋敬厥德』；語用功之極，則曰『克配上帝』，蓋徹上徹下以告太甲也。能『敬』，則必能『仁』而且『誠』；能『配上帝』，則天親民懷，而鬼神亦無不享矣。」傳謂「舉其一以包其二」者，此也。

此告以進德之序也。陳新安謂：「觀法先王，豈一蹴能至，自下自邇，欲其希賢進德之有序也。」

前言「終始慎厥與」，則慎終爲重；此言「慎終於始」，則謹始爲重。固當謹終常如其始，而圖終尤當先善其始也。

朱子曰：「治道別無說，若使人主恭儉好善，『有言逆於汝心，必求諸道；有言遜於汝志，則求諸非道』，如何會不治，這別無說，從古來都有見成樣子真是如此。」

自「無輕民事」至「求諸非道」，皆欲太甲矯乎情之偏也。

董氏曰：「伊尹之於太甲，方其未悟也，惟恐無以善始；及其既悟也，又惟恐無以善終。先憂而喜，後喜而憂，拳拳忠愛，言有盡而意無窮，蓋如此。」

咸有一德

「一德」二字是此篇之綱領。皇甫謐曰：「沃丁八年，伊尹卒，年百有餘歲。」自克夏至沃丁五十三年。

「常厥德」即下文所謂「德惟一」。一可以包常，常則一之，無間斷也。

「一德」謂純一不雜，蓋純乎天理而無一毫人欲間雜之，猶易之「恒」、中庸之「誠」也。不雜不息，惟純而不雜，所以久而不息。朱子曰：「此篇先言『常德』『庸德』，後言『一德』，則一者常一之謂。一則動合天理，天理無往而不吉。二三則動從人欲，無往而不凶。」

「終始惟一，時乃日新」。朱子謂：「這個道理須是常接續不已，方是日新，才有間斷，便不可。蓋太甲自怨自艾，是始能自新了。然終或間斷，便非日新，故伊尹告之以此。因其所已能，而勉其所未至也。」

此告太甲以繼湯之「一德」，惟有「一德」，然後可謂之「日新」。惟能「日新」，然後方有這純一之德。「日新」便是成湯昭德檢身底工夫。伊尹告太甲以「一德」，而又必告以「日新」者，欲其以「日新」爲「一德」之要也。

伊尹既告太甲以「一德」，又恐其任用非人，則心志蠱惑，德不能以純一，故又告之以用人之道。爲上則欲輔成君德，爲下則欲潤澤生民，是言臣職所繫之重如此，故任用之始必「其難其慎」，以防小人，任用之終必「惟和惟一」，以待君子。蓋言用人之當一也。君德之一，未始不由於用人之一，亦足以見其君德之一。此説只依傳發明爲是。

四個「爲」字，朱子並作去聲，言「爲上者輔其德，而不阿意之所欲；爲下者利於民，而不徇己之所安。」問：「如逢君之惡也，是爲上而非爲德，爲宮室之奉也，是爲下而非爲民。」曰：「然。伊尹告太甲便恁地分明，恁地切身，至今看時，通上下皆使得。」又云：「前三篇許多説話却從天理窟中抉出許多話，分明説與他。今看來句句是天理。」

朱子曰：「橫渠說『德主天下之善，善原天下之一』，最好。蓋從一中流出者無有不善，所以伊尹從前面說來便有此意。曰『常厥德』，曰『庸德』，曰『一德』，『常』『庸』『一』只是一個。」又曰：「一故善，一者，善之原也。」「善無常主」，如言前日之不受是，則今日之受非也；今日之受是，則前日之不受非也。「協於克一」，則如言皆是也，蓋均是善。但易地有不同者，或在此爲善，或在彼爲不善，或在前日則不善，而今日則爲善。故無常主，必是合於一，乃爲至善。一者，純於理而無二三之謂。「克一」，則無私欲而純乎義理矣。

陳東齋曰：「有『專一』之『一』，『終始惟一』是也；有『統一』之『一』，『協於克一』是也。無一善之或遺，無一息之或間，然後盡一德之全體。尹既言『惟一』之旨，復明『協一』之意。德之所在，初無常師，凡主於善者，皆所當師，謂博而取之也。」雅言曰：「仁義禮智皆德也，德何常師之有？以言乎仁，則自親親仁民以至愛物，皆仁之善，所當取以爲師者也。以言乎義，則自從兄敬長以至尊賢，皆義之善，所當取以爲師者也。則德主天下之善者無不師，而有以盡夫博矣。然善亦何常主之有？仁之善雖有萬端，貫而通之，則凡所謂仁者，皆本於吾此心之一理也；義之善雖有萬端，融而會之，則凡所謂義者，又皆本於吾此心之一理也。則善原天下之一者，無不協而有以會夫約矣。蓋德而師乎善，此資於人者也。善而協於一，此反諸己者也。」此二條俱是依集傳說。

張南軒謂：「虞書『精一』四句與此爲尚書語之最精密者，而虞書爲尤。」

陳新安曰：「『觀德』『觀政』，欲太甲致謹於修德行政之際也，德則『一德』，政則『一德』之見於行事者。」又云：「『一德』雖全，尤不可以自足。矜心一生，而匹夫匹婦有懷不得以自盡。則一善之有遺，即『一德』之有虧，何以有成於天下哉？」亦是依集傳說。

盤庚上

問：商書又却較分明。朱子曰：「商書亦只有數篇如此，盤庚依舊難曉。」曰：「不知怎生地，盤庚抵死要恁地遷那都。若曰有水患，也不曾見大故爲害。」曰：「他不復更說那事頭，只是當時小民被害，而大姓之屬安於土而不肯遷，故說得如此。」按：上篇總告以利，下二篇分告以害。林氏曰：「遷都利害甚明，而臣民『傲上從康』。盤庚非不能奮其剛決也，蓋從容開諭，使其曉然中心悅從，以共用安利，所以爲王者之政。」

殷在河南偃師。按：殷是亳西底地名，今爲偃師縣，屬河南府。耿在河北。周氏曰「商人稱殷自盤庚始」。

陳東齋曰：「京師爲諸夏本，國都定則四方安矣。承天命、復祖業、綏四方，三者盤庚圖遷之本意，故史總述於篇首。凡言『若曰』者，或臣述上旨而代作，或史撮大意刪潤之。」傳從下句。

「傲上」是違王命而不肯從，「從康」是懷久安而不爲後日慮。陳三山謂：「二者乃群臣不遷的病根，故直指而戒之。下文反復申言可見。」

「黜乃心，無傲從康」爲三篇之綱領，而「傲上」「從康」二者便是他那當黜的私心。陳氏梅叟曰：「盤庚戒諭群臣，惟汲汲於治其心耳。『黜乃心』再見於首篇，『永肩一心』申嚴於中篇，『不宣乃心』『不暨予同心』『有戕在乃心』各設中，『於乃心』又條見於中篇。至於『曆告朕志』『敷心腹腎腸』，無非開心諭之也。此之謂以心格心。」

陳新安云：「『民用丕變』以前，謂先王時世家舊人能使上敬下化如此，下文責今日世家不能然也。」

「含德」是掩暉遮蔽底意思，與上面「不匿厥指」正相反。

言不欲遷者，徒爲順民之虛名，遷則爲安民之實德。先王時汝祖父率民以遷，固有德及人矣。今汝又能率民遷茲新邑，便是世有積德也。蓋當時在位以順民不遷爲有德，故戒而勉之如此。

此篇文勢大抵反復辯論，皆相顧成文。

導民以不遷是謂先惡，既先惡於始，又護疾於今，後雖悔之，身無及矣。

「器惟新」者，只是證那人惟求舊，謂喻新邑則誤。

此章是申言前圖任舊人之意。

「用罪」就不從遷説，「用德」與前施實德略同，是就從遷説。

「致告」謂欲其轉相告語，以當時所論惟在王庭者故也。

陳東齋曰：「世主之懦者，惟知徇人事所當爲，慮拂人情而輒阻。其果者，惟知徇己事苟當爲，遽拂人情而不恤。二者皆非也。盤庚内不失己，外不失人，所以爲兩全與。」

盤庚中

「汝不憂朕心之攸困」，言爾民不得安居此，我心之憂而至於困者，我憂爾民之憂如此，而汝不憂我心之憂，是與先王時保后胥戚者異矣。

「何生在上」，吴臨川謂：「今日偷生，後日必死，何能有生命於天乎？」

「迓續乃命於天」與上文「何生在上」相炤應，言我今因水患未至而遷，是正迓續爾命於天，而使汝更生也。

「神后」謂神靈在天，「高后」謂功德崇高，「先后」則泛言商之先王。集傳以「高后」爲成湯。陳新安謂：「三『后』皆指先王之遷都者言之」。愚按：湯首遷亳，而商之功德亦未有高於湯者，蔡氏得之。

自「失於政」至「崇降弗祥」，言我不率民以遷，先王必罪我，汝不從上以遷，不特先王罪汝，汝之祖父亦禍汝矣。這是說大意如此。

問：殷俗尚鬼，故盤庚言先王與臣民祖父降災降罰，亦以其深信者導之也。豈真有一物與之周旋從事日用間耶？朱子曰：「謂真有一物固不可，謂非真有一物亦不可。」後論高宗「夢帝賚予良弼」又云：「今人但以主宰說帝，謂無形容，恐也不得。若如世間所謂玉皇大帝，恐亦不可。」其於他處言鬼神，亦每每恁地說，蓋欲人潛思實驗，自曉然見得爾。

陳新安云：「中者，人心同然之理，何待於設。止緣群臣徇於私情之一偏，中之理亡矣。各設中於乃心，則不偏之準自在胸中，而利害分明不至爲私己計矣。不然則人必倚汝身迂汝心也。」

盤庚下

「無戲」欲其敬事，「無怠」欲其勤事，「懋建大命」言命雖在天，而所以立之則在我也。蓋當時臣民「傲上從康」，習於「戲怠」，未遷則憚以爲難，既遷則苟以爲安，是必「懋」勉而後能「建大命」。必無「戲怠」，而後能「懋」勉，故首以此戒之。

「敷心腹腎腸」，言無一不布露也。陳氏云：「『朕志』，下文所言是也。下文自『古我先王』至『用宏茲賁』，言所以遷之意，以論臣民也。自『邦伯師長』至篇終，既遷之後，言欲爲之意，以期群臣也。此之謂『朕志』。」

「凶德」謂民受水患。適亳依山而不復患河圮，所以降其「凶德」也。「嘉績」是美功。又成美功於我邦，謂湯由亳而興，有天下也。

自「多於前功」以下，朱子嘗疑之，而陳新安亦言是難曉。今姑依集傳可也。

「式」或訓「用」，不如「敬」字義長。始終不貳之謂「一」，欲其永守此一心而不變也。

陳氏曰：「前告眾民，後告群臣，言庶幾皆有惻隱之心哉！新遷之民，生理未復，尤當視之如傷，惻隱以愛之。我『其懋簡相爾』，爾當『念我眾』而不忘，『敬我眾』而不忽也。『好貨』之人，不能『念敬我眾』者也，我則『不肩』任之。敢於

『恭』以生民，生而安養人者，能『念敬我眾』者也，我則『敘欽』之。今我進告爾以朕之志，所順與否，『敢恭』所順者，『好貨』所否者也，汝當無不敬我言也。敬我之所否，而『無總貨寶』，申『不肩好貨』之戒也。敬我之所若，而以『生生自庸』，申『敢恭生生』之訓也。而其敬敷爲民之德，而『永肩一心』焉。此篇始以「朕志」告百姓者，欲其釋疑懼之情，終以『朕志』告群臣者，欲其審好惡之辨。前日群臣倡浮言以惑眾者，『傲上從康』，其病證也，『具乃貝玉』，其病根也。今雖已遷，病證猶未退，病根猶未除。故始曰『無戲怠』以革『傲上從康』之病證，終曰『不肩好貨』『無總貨寶』使除『具乃貝玉』之病根。然後，上能敬君，下能仁民，而可以永建國家無窮之基矣。」

呂東萊曰：「三書反復折難，須於包容處看其德量，於委曲訓誥處看其恩意，於規畫纖悉處看其措置。」此蔡氏所以重歎其賢也。

說悅命上

問：傅說販藥亦讀書否？朱子曰：「不讀書，如何有說命三篇之文。太甲大故亂道，故伊尹之言緊切；高宗稍稍聰明，故說命之言細膩。」

上言「天子」是泛說，下言「王」方是指言高宗。

高宗夢傅說，朱子謂「亦是朕兆先見者如此」。程子謂「高宗至誠，思得賢相，寤寐不忘，故朕兆先見於夢。如常人夢寐間事有先得者多矣，大抵人心虛靈，善不善，必先知之。」

夢之事只說到感應處，蓋高宗思得聖賢之人，須是聖賢之人方得應其感。若傅說非聖賢，自不相感。

「夢帝賚良弼」，必是夢中有箇帝賚之。若說只是天理，亦不得。張子曰：「高宗夢傅說，先見他容貌，此是最神。」

陳三山曰：「至誠之道可以前知。嵩前有董五經隱者也，伊川聞其名，特往造焉。至中途遇之，曰：『君非程先生乎？先生欲來，資訊甚大。』尹子問於伊川，伊川曰『靜則自明。』觀此則高宗夢說之事不誣矣。然此不可以常情拘、常事論也。有高宗，有傅說，則可。君非高宗，臣非傅說，而效其所爲，必有以私意，用人不合於公論者。若漢文以夢鄧通，豈足憑哉！君非高宗，一段議論却少不了。」

「築」只依孟子作版築爲是。

此段作三節看，都是切於望說「納誨」底意思。蓋「作礪」以成器，望於說者切矣。「霖雨」以澤民，望於說者至是切矣。故曰「一節深一節」。

「朕心」曰「沃」者，如土壤之焦，而受膏澤之潤，欲其浸灌漸漬而入之深也。

相業莫要於輔德，輔德莫切於格心。格心之道，惟以心孚心而已。

王氏云：「己之失，非說之苦口不能藥；己之不明，非說之開導不能行。」此二喻較前爲益切矣。

陳新安云：「高宗以『納誨輔德』爲命，知命相之大本。傅說以『從諫克聖』覆命，尤如致君之大本。蓋從諫者，人君作聖之功，而人臣進言之機也。」

說命中

「後王君公」皆有「大夫師長」以承之。大夫以下官各有長，故曰「師長」。

傅說進戒於王，開口便說明王奉天治民，下文詳言治民之道，皆其奉天者也。

「憲天聰明」，因上文「奉若天道」而申明之，爲一篇之綱領，自此以下皆其條目也。

「惟口起羞」四句，朱子謂「皆是審」底意思。蓋上二事，人加於我者，不可不慮；下二事，我加於人者，不可不省也。

這都是教高宗用省察工夫處。王氏炎曰：「此所戒皆恐其聰明蔽於私欲，而不與天相似也。『克明』則庶幾於天之聰明矣。蓋四者皆聰明之發用也。知羞戎於未起之前，知衣裳干戈於在笥省躬之日。非聰明之大者乎！上節是聰明之見於修己者，此則聰明之見於用人者。」呂氏曰：「官爵及私惡是蔽於私意，非『憲天聰明』矣。」

吳氏謂「凶德之人雖有過人之才，爵亦不可及」。用人者當深以此爲戒。

聖人疇酢斯世，亦其時而已。王氏謂：「事固有善而非時所宜者，惟未動審於慮義，將動審於時宜，然後事順理而當其可矣。不顧可否於時而動，非聰明也。」

過誤出於偶然，本只無心之失，作非出於有意，反成有心之惡矣。

陳新安曰：「『事神則難』以上皆『憲天聰明』之事。事事物物皆有天然至當之理，惟聰明者能盡之。苟加一毫損益，即是私意，非天之聰明矣。」愚按：此數者都是「憲天聰明」用工夫處，誠能隨事致戒，而皆盡其當然之理，則聰明之用與天爲一，非聖而何？

朱子曰：「伊尹、傅說之言雖爲告君而發，然人人皆可玩味，無不切於己者。」

「非知之艱，行之惟艱。」張南軒說：「此爲已知者言也。知者，聖凡之分，豈可云易！傅說之告高宗，高宗蓋知之者，若常人則須致知爲先。」

朱子謂：「此等議論盡好。」陳新安云：「『知』對『行』言，自傅說始，而致知力行遂爲萬世學者爲學之法程。」觀南軒復文公說「知」字如此具重，而文公稱賞其說，如此則可見矣。

上篇復君以從諫，此則責君以行言。言不實見於行，徒從亦不濟事。

說命下

「交修」者，剛柔可否相濟，以輔予之不逮也。

「求多聞」而不惟「古訓」是式，則是非無所考正，而所聞愈惑矣。蓋「求多聞」者，「建事」之本，而學「古訓」者，明理之要。欲「建事」而非「多聞」之求，則所知有限，固不足以立事。既能「多聞」而非「古訓」之學，則擇而不精，亦安保其無失哉！此「建事」者，不徒貴於「多聞」，而尤貴於學古也。

朱子曰：「而今只管說治心修身，若不見這箇理，心是如何地治，身是如何地修。傅說曰：『學於古訓』至『匪說攸聞』，蓋聖賢說出道理在這裏，必學乎此，後可以有得。經籍古人言學字，自說命始。」

真氏曰：「古者學與事爲一，故精義所以致用，利用所以崇德，本末非二致也。後世學與事爲二，故求道者以政事爲粗跡，任事者以講學爲空言，不知天下未嘗有無理之事、無事之理也。深味傅說之言，則古先聖王之正傳可以識矣。」

朱子曰：「『遜』順其『志』，抑下這『志』入那『事』中，子細低心下意與他理會，若高氣不伏以爲無緊要，不能入細理會得，則其修亦不來矣。既『遜』其『志』，又須『時敏』，若似做不做，或作或輟，亦不濟事。須是『遜志』又『務時敏』，則『厥修乃來』。爲學之道，只此二端而已。又戒以『允懷於茲』二者，則『道』乃『積於厥躬』。積者，得件數多也。」

「遜志」只是常以卑遜自下爲心，方纔能受天下之善。「時敏」者，無時而不敏，是孳孳不已，工夫無有間斷時也。陳新安云：「驕與怠最害於學。驕則志盈，善不可入；怠則志惰，功不可進。惟『遜』則不驕，『敏』則不怠。『遜』而濟以『敏』，『厥修』所以來也。」雅言氏云：「『厥修乃來』是『遜志』『時敏』之效，『道積厥躬』是『允懷於茲』之效。其功效雖有淺深，要之皆自學之事也。」

此節集傳本於朱子。朱子云：「已學既成，居於人上，則須教人。蓋初學得者是半，而推以教人，是教之功亦半也。」

自學，學之半也，教人，亦學之半。能自學而不能教人，則是能成己而不能成物，能明德而不能新民，非學之全也。念終始典於學，始之所以自學者，學也；終之所以教人者，亦學也。自學教人，無非是學。自始至終日日如此，忽不自知其德之修也。」至此方是爲學之極功，所謂明德新民止於至善也。又曰：「傅說此段說爲學工夫極精密，伊尹告太甲者極痛切。」

以理之共由言之，謂之道；以理之自得言之，謂之德。

自「遜志」至「典學」是學之次序，「監先王成憲」是學之準的，蓋欲高宗以湯爲法也。

君德之修替乃賢才進退之所繫，故「欽承」之言必繼於「無愆」之後，而「旁招」之語特爲「欽承」而發也。

始說告君以「從諫則聖」，「惟聖時憲」是臣以聖期待其君，至高宗語說以「良臣惟聖」，是君亦以聖自期待矣。

周子曰：「伊尹恥其君不及堯舜，一夫不獲，則曰『時予之辜』。學者當志伊尹之所志。」真西山謂：「學者口不可一日不誦此言，心不可一日不存此念。」誠矣。

高宗肜容日

「肜祭」，明日又祭之名。按：「肜」，只是祭之明日以禮享尸耳。然不曰享而曰又祭者，蓋尸猶有鬼神之道故也。

「昵」謂禰廟。「豐於昵」，雖過於厚也，是他過處祖己先正心而後正事，由本以及末，亦可謂大臣矣。

陳三山曰：「爲『雊雉』訓王，而書不及雉，本以訓王，而辭屢及民，未始指王而言，辭不追而意獨至矣。」呂東萊曰：「非祖己諷諫，不敢直言，蓋高宗聰明，不待深言也。」

高宗恭默夢帝，精神素與天通，又聰明憲天，修德素與天合，故於祠事略過豐。飛雉隨即應之，固見天之警君無私，亦見天之愛君甚速也。

西伯戡堪黎

西伯依諸家指武王說爲是。吳臨川謂：「武王嗣爲西伯，其『戡黎』當是伐紂之時。黎在畿內，周師先『戡黎』，而遂乘勝以進紂都也。」

書中言性，此是第三見。「不虞」言人所受於天之性爲私欲所蔽而不能省察也。

惟與天德同者，方可「責命於天」，如孔子謂「天生德於予，天未喪斯文，桓魋，匡人其如予何」是也。

「功」，事也，凡事積而成者，皆曰「功」。此蓋惡之積也。

呂氏曰：「祖己〔二〕始終無咎周之辭，大凡事至讎敵亦以爲是，則是可知矣。於此知周之德盛也。」

微子

釋文以酒爲凶，曰「酗」。

微子言「吾家耄遜於荒」，是他已有去的意了，故箕子於此深贊其去之謀。前後文相照應。

陳三山說：「忠臣之於國，明知天命之將絕，未嘗不勉強扶持之，以求萬一之幸，未有安坐而視之者，此箕子之心也。」

「各安其義之所當盡」，微子以去爲義之所安，箕子以不去爲義之所安。「自達其志於先王」，微子以志在宗祀自達，箕子則以志在諫紂自達。是皆可獻之先王而無愧，所以總之曰「使無愧於神明而已」。

〔二〕此處疑爲『祖伊』之誤。

書經要義　卷四

周書

周，后稷之後，后稷封於邰，别姓姬氏，傳十三世至王季生文王。文王二十四年生武王，四十八年即諸侯位，在位五十年，年九十七而終。武王年七十三嗣位，十三年而伐紂，爲天子七年而終，年九十三也。

泰誓上

集傳云：「『十三年』者，武王即位之十三年也。」按：歐陽永叔辯文王改元與武王冒文元年之妄，謂學者知西伯主不稱王，中間不再改元，則詩、書所載燦然不誣矣。孔子當衰周之時，患衆説之紛紜，故修六經以示信萬世。孔子没，去聖稍遠，諸家小説復興，與六經相亂，自漢以來莫能辯正。今卓然一信於六經，則十有三年，武王即位之十三年爾，復何疑哉？集傳蓋本諸此。

萬物之生稟氣於天，受形於地，此「天地」所以爲「萬物父母」。「靈」以氣言，萬物中的氣之靈者「惟人」，故其知覺獨異於物。「聰明」亦「靈」也，聖人又於人中得其氣之最靈，故先知先覺，首出庶物，而爲「元后」於天下。「天地，萬物父母」，「元后」配「天地」「作民父母」，便見得君人者必須與天地合其德，而盡這父母斯民之道纔是。不然，便違了那天地之心，而君不君矣。武王誓師首發乎此者，蓋以紂不知所以「作民父母」故也。

陳東齋曰：「『敬』者，萬善之本；不『敬』者，萬惡之本。人雖至愚，尤知敬天，紂天且不敬，宜其衆惡日深也。」「衆惡」指「沉湎」以下而言。

程子以「觀政」爲「以兵脅君」，必無此理。朱子謂其「深見武王之心，非爲存名教」而發也。此等議論，豈秦漢以來諸儒所能及哉！

朱子說：「自秦漢以來講學不明，君道間有得其一二，而師之道則絕無矣。」如所謂「你不曉得，我說在這裏，教你曉；你不會做底，我做下樣子在此，與你做」云云，也只爲後世絕無師道，故說得「作師」一邊較分明，然須看他中間「既撫養你，又教導你」兩句，都是平頭話，却是經文本義。

陳三山云：「武王之意謂紂既不能當『君』『師』之任，則任『君』『師』獨不在我乎？我當相天以討紂之有罪，而綏定天下之無罪者，所不得而私也。」「不得而私」即傳所謂「一聽於天」者也。

傳釋「度德」之「德」字，引鄉飲酒禮文云「行道有得於身」。董介菴謂：「『身』當作『心』，道乃衆人公共之路，必須能行此道而有德於君心，然可謂之『德』。」此說實本於朱子，蓋爲「心」字較「身」，尤見得向裏下工夫耳。「度德」，較善惡也。

「十萬」曰「億」，古數也。傳云「百萬」，陳新安謂「未見所本，只主『十萬』爲是。」

一說紂之惡「如繩貫物，其貫已滿」，以喻積惡甚切。

四海本清却被紂污濁了，去紂而除其穢惡，則天下依舊清矣，故曰「永清四海」。

泰誓中

天之「視」「聽」皆自乎民，蓋天無耳目，如何會「視」「聽」，只是民之「聽」便是天之「視」「聽」也。

問：「天視天聽」，謂「天」即理也。朱子曰：「『天』固是理，然蒼蒼者亦是『天』，在上而有主宰者亦是『天』，各隨他所說。今既曰『視聽』，理如何會『視聽』？雖說不同，又却只是一箇，知其同，不妨其爲異；知其異，不害其爲同。」即此看來，這箇「天」字只指「蒼蒼者」說近是。

陳新安說：「『百姓有過，在予一人』，只如『萬方有罪』之意固是有理，然於上下文却說不通，切恐此處或有錯簡爲字。」姑從集傳可也。

「我武惟揚」一節，依孟子集註「言武王威武奮揚，侵彼紂之疆界，取其殘賊，而殺伐之攻因以張大，比於湯之放桀又『有光』焉」，却甚簡明。泰誓、康誥二篇考之孟子，其字大抵相同，其意旨則有不同者，林氏謂「康誥伏生所傳，泰誓孔壁續出，當時皆以隸易古，其間必有不能曉而以意增損者，此其所以不同也。」

泰誓下

「君子」統上下而言。林氏引越伐吳故事，謂「士卒亦可言君子」，確有證據。

真西山說：「武王舉古人之言，以明民之常情如此。若君民之分豈以虐我而遂讎之哉？然君民之分不可恃，而民之常情不可不察。」此言在民固宜安分，而在君則只當察情，其示民者至矣，其警君者深矣，可謂有功於聖經者。

泰誓三篇，三數紂之惡。吳氏以爲「傲而致憾」，董氏乃謂「發舒萬民之氣而稱快，何也？蓋當時天怒已極，民怨已深，而武王爲天下除兇殘，其發於言固不自覺其如是。且紂虐燄方張，人心懍懍危懼，亦有不得不恁地數列者。嗚呼！可以觀世變矣。」

湯武誓師之辭，不無舒與迫，恭與傲者，世變然也，若其公天下爲心，則一而已矣。陳氏「世愈降而文愈繁」一條說的好。

牧誓

小序「武王戎車三百兩，虎賁三千人，與商戰於牧野，作牧誓。」注云：「『戎車』，馳車也，古者馳車一人乘，則革車一人乘。馳車，戰車。革車，輜車，載器械財貨衣裘者也。」司馬法曰：「一車中士三人，步卒七十五人，革車二十五人，凡百人二車，故謂之『兩』。『三百兩』，三萬人也。『虎賁』，若虎賁獸之勇士，百人之長也。」

「牧野」，紂近郊三十里也，即今衛輝府之南，紂都朝歌在府治北五十里洪縣。

「惟婦言是用」至「恭行天罰」，言紂惡極，罪多如此，固天之所以罰，我不過恭敬奉行之而已。董氏曰：「所以聲罪致討，激士卒之義也。」

自「今日之事」以至終篇，其軍法固甚明肅，而一片至仁之心，却自流貫於其中。非神武而不殺者，其孰能與於此？喻以「虎貔熊羆」之勇義也，又慮其過於勇而殺降，仁也。仁與義合，所以爲王者之師。

武成

「曾孫」，主祭者之稱，稱「有道曾孫」者，言祖父皆有道之人。林氏謂「明周之世世修德有道，非一世也。」

「杵」，楯也。「血流漂杵」承上文「前徒倒戈，攻於後以北」，說是紂之人自蹀踐相殺，非武王殺之也。孟子說「盡信書不如無書」者，只恐當時之人以此爲口實。陳氏云：「先驅商之平民，後乃之紂之惡黨。民怨之深，遂因此易鄉反攻之。」却是如此。

陳新安以「萬姓悅服」爲總結乃「反商政」以下數句，蓋「釋箕子囚」至「發粟賚四海」皆「反商政」之大者也。

呂氏云：「但歸放用以伐紂之牛馬耳，天子十二閑與丘甸之賦自不廢，與晉武平吳而去武備，唐穆平兩河而銷兵不同，是蓋爲後世學『偃武修文』而誤者發也。」雖不是說經本義，然當時其實如此。

六服，侯、甸、男、采、衛、要，此特舉其要耳。

問：「『生明』『生魄』如何？」朱子曰：「日爲魂，月爲魄，魄是暗處，魄死則明生，書所謂『哉生明』是也。老子所謂『載營魄』，載，如人載車車載人之載。月，受日之光，魂加於魄，魄載魂也。明之生時大盡則初二，小盡則初三。月受日之光常全，人望在下，却在側邊了，故見其盈虧不同。或云月形如餠，非也。筆談云：月形如彈丸，其受光如粉塗一半，月去日近，則光露一眉，漸遠則光漸大。且如月在午，日在酉，則是近一遠二，謂之弦。至日月相望，則去日十矣，故謂之望。日在西而月在東，人在下而得以望見其光之全。月之中有影者，蓋天包地外，地形小，日在地下，則月在天中。日甚大，從地四面光起，其影則地影也。地礙日之光，所謂『山河地影』是也。如星亦受日光，凡天地之光，皆是日光也。自十六日生魄之後，其光之遠近，如前之弦，謂之下弦。至晦，則與日相疊，月在日後，光盡體伏矣。」

「既生魄」一條，傳云當在「示天下弗服」之下，而「丁未，祀於周廟」之上，蓋「既」者已然之辭也。陳新安謂：「諸家多以『生魄』爲『望』後，而不察『既』字。以望與既望例之，則哉生魄十六日，『既生魄』十七日也。其實十七日『受命』，十九日『丁未，祀周廟』，簡到耳。」如此說其節次自是分明。

「王若曰」以下的是大告武成之文。朱子謂「前輩定本，更差一節」者，此也。

朱子曰：「商紂之時，文王三分天下有其二，以服事商。至武王十三年，乃伐紂而有天下。」張子曰：「此事間不容髮，一日之間天命未絕，則是君臣當日命絕則爲獨夫。然命之絕否，何以知之？人情而已。諸侯不期會者八百，武王安得而止之哉！」詳考詩、書所載，則文武之心可見。若使文王謨然無心於天下，則三分介之二亦不當有矣。孔子謂「可與立，未可與權」，到那時事勢自是要住不得。後來人把文王說得忒恁地，却做一箇不做聲不做氣，如此形容文王都沒情理。以詩、書考之，全不是如此。只當商之季，七顛八倒，上下崩頹，忽於岐山下突出許多人，也是誰當得。

陳新安曰：「武王告諸侯，謂周之基業自后稷、公劉、太王、王季、文王，建之篤之基之勤之成之有自來矣，我不過承先志而爲之耳。意謂十五六世，數千百年積德累功，前作後述以有今日，非一朝一夕之崛起，以聳動諸侯之聽也。」

「成命」謂黜商之定命，蓋一定不易，決於黜商也。

五教三事，所以立人祀而厚風俗也，故聖人重之。

惇厚其信，使人不趨於詐，顯明其義，使人不狥於利，故曰「天下無不勵之俗」。「有德者尊之以官」，使人不知所以尚賢，「有功者報之以賞」，使人知所以效忠，故曰「天下無不勸之善」。

呂伯恭謂：「武成終篇一語，恍然見堯舜無爲氣象」，蓋聖人詳於有爲，而後享夫無爲之效也。

按：武成一篇，編簡錯亂，先後失次，劉氏、王氏、程朱二子皆嘗改正，至蔡氏乃參考諸家，集其所長，定焉次序如左。

洪範

商曰「祀」，周曰「年」，箕子不稱「年」而稱「祀」者，示不臣周也。陳三山云：「稱『祀』者，存商之舊，見箕子義當不屈也。稱『訪』者，就而見，而不敢屈而致，見武王義當有所屈也。」新安云：「不臣周，所以正萬世君臣之大法。陳洪范，所以傳萬世天人之大法。」都說得大義分明。

集傳以「彝倫」爲秉彝人倫。朱子謂：「指『洪範九疇』而言，其實一也。蓋『九疇』之敘，便是這『彝倫』之『攸敘』。『攸』者，所也，即所以然之意。」

此節大意，武王謂「惟天陰騭下民，相協其居」，人君代天治民，必使其居之順其常，得其正，以無負上天「陰騭」「相協」之心者，其道在於敘其秉彝人倫也。我欲敘之，不知所以敘之之道當何如，此問箕子以爲治之道也。朱子曰：「今人只管要說治道，這是治道最切緊處。這箇若理會不通，又去理會什麼零零碎碎。」

洪水陻而五行汩，便見得五行一源。蓋水者五行之首，一行汩而其餘皆汩，這便是他逆理而獲罪於天處，故天「不畀」以「九疇」，謂洛不爲之出書。天賜禹九疇，即出書於洛是也。洛不出書，洪範不作，人不得見此彝倫之次序，所以謂「斁」也。洛書出，洪範作，人皆得見此彝倫之次序，所謂「敍」也。問：「箕子爲武王陳洪範，言『彝倫攸敍』，見事事物物中得其倫理，則無非此道，非道便無此倫理。」朱子曰：「是。」

真氏云：「龜所負者，數爾。大禹聖人，心與天通，見其數而知其理，因次之以爲九類，即今九疇是也。蓋天下有理必有數，而數之所在，即理之所在，此禹所以見龜背之數，而遂次爲九疇也。然九疇謂之『彝倫』者，是乃天理之自然，而人類之所一日不可無者也。」

陳潛室曰：「天以洛書之數闡道之秘，聖人以洪范之疇敍道之用，道非數不闡，數非疇不敍，疇非聖人不能明也。」

易大傳曰：「洛出書，聖人則之。」潛室謂：「以洛書之一居初，而則之曰此五行也。以洛書之二居次，而則之曰此五事也。以其三又居次，而曰此八政也。以其四又居次，而曰此五祀也。以其五又居次，而曰此皇極也。下四疇皆自然。要之，自一至九，洛書之本數，加初次於上者，乃禹之所以次第之疇也。」朱子曰：「初一次二，此讀也，全讀是以一二爲次第，不見洛書本文，又不見聖人法象之義，故後人至以此章總爲洛書本文，皆爲句讀不明也。」愚按：洛書之文，九前一後，三左，七右，四前左，二前右，八後左，六後右，五居中，此數之出於天者也。禹於是見其一二三四五之數，則以「五行」「五事」「八政」「五祀」「皇極」當之；見其六七八九之數，則以「三德」「稽疑」「庶徵」「福極」當之。所謂「洪範九疇爲治天下之大法，而其類有九」者此也。

朱子曰：「洛書本無文字，但有奇偶之數。自一至九，其數如此。『初』『次』者，禹次第之文；『五行』以下，即禹法則之事。蓋因洛書自然之文而垂訓於天下後世也。」

問洪范諸事。曰：「此是箇大綱目，天下之事，其大者大槩備於此矣。」又問「皇極」，曰：「此是人君爲治之心法。

周禮一書，只是箇『八政』而已。」

五氣運行於天地間，未嘗停息，故名五行。而人稟之以成形，於是有五事。是五事固自本於五行也，然必敬以用之，斯盡性踐形，天人合而皇極建，皇極建而天人之道備矣。故陳新安謂：「九疇之樞在『皇極』，而『皇極』之要在『五事』，『五事』之要，又在『敬』之一字而已。」「敬用五事」，用者人所有事也。凡用皆主人君而言。

真氏曰：「『五行』者，天之所以生乎人者也，其氣運於天而不息，其材用於世而不匱，其理則賦於人而爲五常，以天道言，莫大於此，故居九疇之首。『五事』，天之所賦而具於人者。『貌』之『恭』，『言』之『從』，『視』之『明』，『聽』之『聰』，『思』之『睿』，皆形色中天性之本然也，必敬以用之，則能保其本然之性；不敬以用之，則貌必慢言必悖，視聽則昏且窒，思慮則粗且淺，而本然之性喪矣。五者治心治身之要，以人事言，莫切於此，故居『五行』之次。」

「八政」皆所以厚民生也，其次於「五事」者，修身不止貌言視聽之事，而立綱陳紀，創法制度，舉而有措之天下矣。

自「歲」至「歷數」，五者如綱之有紀，天時所以相維者也，故曰「五紀」。民政既舉，則欽天授人，有不可緩，推步占驗，以人合天，故「五紀」居「八政」之次。

諸家沿孔氏傳，皆以「皇極」爲大中，至朱子始辯其非，謂「『皇』乃天子，『極』乃極至，言皇建此極也，東西南北，到此恰好，乃中之極，非中也。」又云：「凡數自一至五，五居中。自九至五，五亦居中。戴九履一，左三右七，五亦在中。蓋五數居洛書之中，『皇極』居天下之中，故以『皇極』配數之五，曰『建用皇極』。」

乂用「三德」，「三德」是「皇極」之權，謂事物之接，剛柔之變，又須區處教合宜，故曰「治之所以應變」也。然德雖應變無方，而事又有非人謀所決者，則當謀之鬼神，故次七曰「稽疑」。

新安曰：「『庶徵』驗吾之得失於天也，『福極』驗吾之得失於民也。『五事』之得失，『極』之所以建不建也，何從而驗之？觀諸天而已。雨暘燠寒風，皆時建極之驗也。五者恒而不時，不極之驗也。此人君所當念念省察者也。皇極建則舉世蒙其澤，而『五福』應之，此人君所當嚮用以爲勸者也。皇極不建，則舉世蒙其禍，而『六極』隨之，此人君所當威用以爲懲者也。嚮與威，蓋君心所以畏慕，而兢業以制生民之命者，故以『福』『極』終焉。」『五福』人心所同嚮慕也，君之所嚮在此，而常願民之獲此福，則凡可以致福者靡不勉矣。『六極』人心所同畏避也，君之所畏在此，而常恐民之至此極，則凡可致極者靡不戒矣。

威，畏也，人君所嚮用「五福」，所威用「六極」」，此曾南豐之說，朱子取之。張氏曰：「『福』『極』之柄，以人主論之則在天，以民論之則在人主。」

按：洛書九數而五居中，洪範九疇而「皇極」居中，蓋疇雖有九而其樞則只在乎「皇極」。故程徽菴云：「序其目於『皇極』之先者，皆『皇極』之本也。有前四者，方可以建極。序其目於『皇極』之後者，皆『皇極』之驗也。後四者，却自「皇極」中出。本之前四疇以立其體，至嚴至密，而無一毫之或失。驗之後四疇以遠其用，至寬至廣，而無一物之或遺。」要之，首尾都歸於皇極上去，一言以蔽之矣。

九疇本於洛書，朱子以其位與數推之，可謂明且盡矣。而或者槩以爲禹敘九疇，而不悟其中含洛書之文，至以洛書爲不經無據之誕說，陳氏譏其不精於洪範之學也，宜哉。

「一、五行」

朱子以「一五行」之一，爲次第之辭，與前章不同，蓋前章「初一」之一，乃洛書本文之數也，餘倣此。

前章是大禹則洛書而敘之者，所謂九疇之經也，自此至於終篇，皆箕子所衍之辭，所謂九疇之傳也。

陳氏謂：「箕子於此將衍『五行』之疇，而先以『一五行』之辭總之，蓋目中之綱也。」

朱子曰：「五行質具於地，而氣行於天，以質而語其生之序，則曰『水、火、木、金、土』，以氣而語其行之序，則曰『木、火、土、金、水』。」董介菴謂：「水、木、土，三者皆陽之所生；火與金二者，皆陰之所生，對而言之爲二氣，析而言之爲五行。五行之質形於地，是爲潤下之水，炎上之火，曲直之木，從革之金，稼穡之土。五行之神運於天，則爲春夏秋冬，土寄王於四季，而名曰『沖氣』。五行一陰陽也，陰陽一太極也。理必寓乎氣，氣不離乎理也。」其發明可謂精矣。愚按：五行之生以質言體也，其行以氣言，用也。體則對待，用則循環，故河圖左旋主相生，洛書右轉主相克，其相生所以相繼，其相克所以相制也。

傳云：「此五行之生序也。」蓋五行之生，皆自無而有，自微而著。水之氣爲最微，自無而始入有者也。火則漸著，木則形實，金則體固，土則其質廣大故居終焉。或謂「氣之初，溫而已，溫則蒸溽，蒸溽則條達，條達則堅凝，堅凝則有形質」亦是此理。吳斗南說：「『五事』『庶徵』，皆依此爲序。」朱子是之。

朱子曰：「自『潤下』至『稼穡』，皆是二意。『潤下，潤濕而下流，『炎上』，炎熱而上升。『曲直』，謂生而有曲有直，『從革』，謂可因可革無定體。「可」字可做「能」字看。種曰『稼』，斂曰『穡』，土性發生，『稼穡』乃生之大者。『金曰從革』，一從一革，互相變而體不變。且如銀打一雙盃，便是從是從所鍛制。更要別作一件家事，便是革，是又革而之他依舊只是這物事。所以云體不變。是其堅剛之質只依舊。」

「曰」者，本然之體；「作」者，修爲之用。夏氏謂：「五味必言『作』者，水之發源未嘗鹹也，流而至海，凝結既久，而鹹之味成，則『鹹』者『潤下』之所作，火之始炎，未嘗苦也，炎炎不已，焦灼既久，而苦之味成，則『苦』者『炎上』之所作。」董氏疑「木擦齒酸」之說，謂「草木之實多酸，雖甘者，至乾壞亦酸」，却似驗得實。「稼穡作甘」，以粒食之味言之也。惟「從革作辛」無人說得分明，亦無可驗證。

「五行有聲、色、氣、味」，聲謂宮商角徵羽，色謂青黃赤白黑，氣如微熱、大熱、微寒、大寒、寒熱中之類，味則此章所言是也。又五行之質存於人身者，爲心肝脾肺腎。五行之神含於人心者，爲仁義禮智信。此天道莫大於五行，而所以居「九疇」之首也。

「二、五事」

「五事」以類配「五行」。人之始生，惟精與氣耳。精之凝爲「貌」，精血湊合成形。故貌澤滋便是水，其徵「肅」時雨若。氣之出爲「言」，故言揚便是火，其徵「乂」，時暘若。精之顯爲「視」，故視散開明便是木，其徵「哲」，時燠若。氣之藏爲「聽」，故聽收靜密便是金，其徵「謀」，時寒若。其主宰爲「思」，故思通便是土，其徵「聖」，時風若。這是以次第相配如此。「恭」「從」「明」「聰」「睿」者，「五事」之德；「肅」「乂」「哲」「謀」「聖」者，五德之用。

朱子曰：「『五事』以『思』爲主，蓋不可見而行乎四者之間也。然操存之漸，必自其可見而爲之。」物則切近明白，而易以持守，故「五事」之次，「思」最在後。「『敬』者，『五事』之主也，『敬』則『五事』皆得，不『敬』則『五事』皆失。」程子曰：「『聰』『明』『睿』『智』皆自此出」。信哉！

陳新安謂：「盡性踐形之學，貴乎內外交盡，以致夾持之功。『五事』固以『思』爲主，而『思』必以『貌言視聽』爲先。『貌言視聽』，在外而可見者也。『思』，在內而不可見者也。於外而可見者，先致持守之功，則百體各職其職。於內而不可見者，復致操存之力，則百體於天君從其令。一『敬』之功，內外夾持，庶幾其無滲漏乎！」是亦善發明朱子者。

「三、八政」

「八政」以緩急爲序，或言事，或言官，互見也。「司寇」以上皆內治，「賓」「師」爲外治，蓋內治舉而後外治與也。「八政」各有攸主，而總以「農」之一言者，蓋其所以因乎天者，皆其所以厚民生也。陳氏雅言曰：「人之生不可以無養，故君之治民，莫先於以政養之。」此「八政」所以厚民生，而居「五事」之次也。

「四、五紀」

五者合而言之皆爲天時之紀。紀，維也，亦有理底意思，蓋分理天時而經緯不紊者也。「五紀」分而言之，四經一緯，「歲」「月」「日」「星辰」者，經也，此天之示乎人者也。「歷數」，推步「歲」「月」「日」「星辰」之數以爲曆者，緯也。此以人合天者也。蓋「歲」「月」「日」「星辰」者天道之所有，「歷數」者人事之不可無也。此說是本集傳而發明其義如此。

「五、皇極」

「皇極」居中，上總下貫，爲「九疇」之樞紐，「五行」之統會。蓋其五固合「五行」之數，「極」者仁義禮智信之至，文合「五行」之理，「五行」之散見諸疇之中，「皇極」一疇則「五行」統會之地也。

「皇極」不可以「大中」解，「皇」只是人君，「極」只是至極，言人君立至極之標準於上，而使四方皆於此取則也。問：「標準之義如何？」朱子曰：「此是聖人正身以作民之準則。」問：「何以能斂『五福』？」曰：「當就『五行』『五事』上推究。人君修身，使貌恭、言從、視明、聽聰、思睿，即身自正。五者得其正，則『五行』得其序。以之『稽疑』，則『龜從，筮從，卿士從，庶民從』。在『庶徵』，則有休徵而無咎徵。和氣致詳，有仁壽而無鄙夭，便是『五福』，反是則『福』轉爲『極』矣。」「『斂福錫民』，斂底只是盡得這『五事』，以此『錫民』，便是使民也盡得這『五事』，盡得五事便有『五福』。」

人君是以一身居天下之中，則必順「五行」，敬「五事」，以修其身，厚「八政」，協「五紀」，以齊其政，然後有以立至極之標準，使夫面内環觀者莫不於是而取則焉。語其仁則極天下之仁，而天下之爲仁者莫能加也；語其孝則極天下之孝，而天下之爲孝者莫能尚也，是則所謂「皇極」者也。由是權之以「三德」，審之以卜筮，驗其休咎於天，考其福極於人，如挈裘領，豈有一毫之不順哉？如此説「九疇」，方貫通爲一。

「『皇建其有極』云者，則以言夫人君以其一身，而立至極之標準於天下也。『斂是五福，用敷錫厥庶民』云者，則以言夫人君能逮其極，則爲『五福』之所聚，而又有以使民觀感而化焉，則是又能布此福而與其民也。『惟時厥庶民於汝極，錫汝保極』云者，則以言夫民視君以爲至極之標準而從其化，則是復以此福還錫其君而使之常至極之標準也。」朱子此條恰合經之文義語脈，而確不可易。集傳於上三句，從師説是矣，下二句却從父説恐非。

「凡厥庶民」以下，言人君建此表儀，又須知天下有許多名色人，須逐一做道理區處著始得，於是有「念之」「受之」「錫之福」之類，隨其人而區處之。大抵「皇極」是建立一箇表儀後，又有廣大、含容、區處、周徧底意思。

自「皇建其有極」以下，是總説人君正心修身，立大中至正之標準以觀天下，而天下化之之義。「無偏無陂」以下，乃反覆讚嘆，正説皇極體段。「曰皇極之敷言」以下是推本結煞一章之大意。

朱子單言「民」，只是大約説。傳分「民」爲下民、人爲有位者，却甚詳晰。「作」字只當訓做「爲」字，二陳氏謂「有扶植撮起，提撕警覺之意」，未免失之於鑿。

自「建極」「錫福」至此，雖錫之福或言庶民，或言人，或言民與人對言，大意欲君於「建極」之余，於民隨才以成就之，於有位之人，則隨才而富以祿之，不特斂福以錫庶民，且錫福於有位之人也。然朝廷有以福君子，則君子有以福斯民，其實爲人計者也，只是爲民計耳。

朱子曰：「人之氣稟或清或濁或純或駁，有不可一律齊者，是以聖人所以立極乎上者，至嚴至密，而所以接引乎下者，至寬至廣。雖彼之所以化於此者，淺深遲速，其效或有不同，而吾之所以應於彼者，長養涵育，其心未嘗不一也。」非深知聖人之心者，不能如此說。

「無偏無陂」一節，正是說「皇極體段」。曰「王之義」，又曰「道」曰「路」，曰「王道蕩蕩」，又曰「平平」曰「正直」。只是一箇「皇極」，恁地反覆贊歎說，遵有不敢違之意，尤與皇極爲二也，至「無偏無黨」以後則自合乎王道而與「皇極」爲一矣。「會合於君所建之有極」，是結「遵義」六句，「歸宿於君所建之有極」，是結「蕩蕩」六句。蔡氏以其歌詠協音反覆致意爲詩之體，其味深長，當熟玩之。

「無有作好」「無有作惡」謂好所當好，惡不可作爲耳，只是公底意思。

此承上文言人君能作成人如此，所以人都會歸於極，蓋天下之人皆不敢徇其己之私，以從乎上之化，而會歸乎至極之標準也。

朱子說：「所以爲常爲教者，皆天之理，而不異乎上帝之降衷。」言「而不異乎上帝之降衷」，則是所謂「非君之訓，天之訓也」，蓋天者不言之聖人，聖人者能言之天。一而二，二而一者也。此下二節，方是推本結煞一章之大意。

「近」者，非親近之近，乃「性相近」之近，譬之水與鏡。「天子之光」，則如水之至清，鏡之至明，庶民則未免少有渣滓昏翳者也。此說從集傳「可以」二字看出來。

「天子」能「作民父母」而「爲天下王」者，以其能「建極」也，不然，則有位無德，便是自失了尊親之實矣，君人者可發深省。

「六、三德」

林氏曰：「『三德』者，『皇極』之用。『正直』之用一，經也，『剛』『柔』之用四，權也。四權之中，其二政以治之，其二教之自治。政治者，威福予奪，抑揚進退之用也。自治者，氣稟過柔者，當以剛治之；氣稟過剛者，當以柔治之。蓋其用雖不同，而使之皆歸於中則一也，故曰『所以納天下民俗於皇極者如此』。」

「習俗之偏」，指「彊」「燮」言。「氣稟之過」，指「沉潛」「高明」言。

陳新安云：「『皇極』立本者也，『三德』趨時者也。『皇極』建則『三德』適時措之宜而權出於上，『皇極不建』，則『三德』失時措之宜而柄移於下。」此說較優。

「七、稽疑」

「卜筮」實問鬼神，只緣人謀未免有心，有心未免有私，故假蓍龜以驗其卦兆。蓋以蓍龜靈之物，故假之以驗其卦兆。

「貞」「悔」之說有三：一六十四卦，每卦內三畫爲貞，外三畫爲悔；一揲蓍成卦，正卦爲貞，之卦爲悔；貞訓正，事方正如此，悔吝皆事過方有，內卦之占，是事正如此；外卦之占，是已如此。二字有終始之意。一八卦之變，純卦一爲貞，變卦八爲悔。如乾、夬、大有、大壯、小畜、需、大畜、泰，內體皆乾是一貞，外體八卦是悔，餘倣此。按此言占卦，故蔡西山只取前二說，而集傳因之。

此條無問尊卑，其「謀」皆配於龜筮，故爲「大同」之吉。朱子曰：「『心』者，人之神明，其虛靈知覺無異於鬼神，雖龜筮之靈不至踰於人，故自此以下，必以人謀爲首，然鬼神無心而人有欲，人之謀慮，未必盡能無適莫之私，故自此以下皆以龜筮爲主，人雖不盡從，不害其爲吉，若龜筮而道，則凶咎必矣。」蓋首以人謀者，必人事盡而後可求之於天，然主乎龜筮者，却是「稽疑」本旨。

此條惟君謀配於龜筮，亦吉。

此條惟卿士謀配於龜筮，亦吉。

此條惟庶民謀配於龜筮，亦吉。

此條龜筮一從一違，本不可以舉事，但筮短龜長，又尊者之謀配合，故內事則可，外事則凶。

此條龜筮皆逆，人謀縱有從者，動則凶矣。

筮龜至公無私，惟龜筮皆從，庶足驗吾無一毫之未盡。若龜從而筮不從，或龜筮共違，則是於理必有所未盡，雖天下舉以爲然，不知又自有不然者。故「稽疑」一疇，必以龜筮爲主，而筮短龜長，雖卜筮並用，尤必以龜爲重。自夫子極著蓍卦之德，却蓍重而龜書不傳，則後世決大疑者，只要有筮而已。夫筮必擇人，人必至公無私而後可。按：君惟建極以之「稽疑」，方有此大同之吉，如舜云「朕志先定，詢謀僉同，鬼神其依，龜蓍協從」是也。

「八、庶徵」

朱子云：「自『五行』而下，得其道則有衆休之徵，失其道則有衆咎之徵，得失在於身，休咎應於天，匹夫尚然，況人主乎？」謂人主之行事，與天地相爲流通，其得失休咎，感應尤當不爽，以見極之不可不建也。

或疑林氏言時是「歲」「月」「日」之時，不如孔氏五者各以其時之說爲長。朱子曰：「林說與古無異，但謂有以『歲』而論其時與不時者，有以『月』而論其時與不時者，有以『日』而論其時與不時者，蓋『歲』『月』『日』三者是經，『雨』『暘』『燠』『寒』『風』五者是緯，言以『雨』『暘』『燠』『寒』『風』，行乎『歲』『月』『日』之中，而各以其時也，二者本自貫串。」

「雨」「暘」「燠」「寒」，吳氏以爲屬水火木金，皆有其證，而「風」「土」獨缺。陳新安補之曰：「當以莊子『風生於土囊之口』及『大塊噫氣，其名爲風』證之，則風爲土氣，曉然無疑。」

「肅」「乂」「哲」「謀」「聖」，是「休」之本，五者之「時」，則「休」之徵也。「狂」「僭」「豫」「急」「蒙」，是「咎」之本，五者之「恒」，則「咎」之徵也。

朱子謂：「固不是如漢儒必然之說，謂行此一事，即有此以應。而王荊公却要一齊都不消說感應，這也不得。」又云：「統而言之，一德修則凡德必修，一氣和則凡氣必和，固不必曰『肅』自致『雨』，無與於『暘』，『乂』自致『暘』，無與於『雨』，但德修而氣必和矣。分而言之，則德各有方，氣各有象，『肅』者『雨』之類，『乂』者『暘』之類，求其所以然之故，固各有當也。『肅』是恭肅，便有滋潤底意思，故『時雨若』應之。『乂』是整治，便有開明底意思，故『時暘若』應之。『哲』是昭融，便有和暖底意思，故『時燠若』應之。『謀』是藏密，便有寒結底意思，故『時寒若』應之。『聖』是通明，便有爽快底意思，故『時風若』應之。『咎』徵亦然。」按：

此即上條之說而申言之，都說得甚活，西山亦是如此說，謂「一事得則五事從，休徵無不應矣。一事失則五事違，咎徵無不應矣。」鯀堙洪水，水失去性爾，而五行爲之汩。」陳以是理也，其取證尤爲明切。或云：「謀自有顯然著見之謀，聖是不可知之妙，不知於『風』果相開否？」朱子曰：「凡看文字且就地頭看，不可將大底便來壓了，箕子所指『謀』字，只是且說密謀意思，『聖』只是且說通明意思。」此人讀書要法也。而今麄心好大者多是不識那地頭，却如何讀古人書。

周末無寒歲，秦亡無燠年，大抵周失「豫」怠，故「恒燠若」應之；秦失之「急」迫，故「恒寒若」應之。此「咎」徵之最著者也，他可類推。林氏云：「『肅』『乂』『哲』『謀』『聖』者『休』之本，五者之『時』，『休』之徵也，『狂』『僭』『豫』『急』『蒙』者『咎』之本，五者『恒』，『咎』之徵也。氣一失其和，則必自省曰『是吾之咎與』，故思去其『咎』而反其『休』。五者之『咎』，聖人雖無之，其徵則不可不自省也，故『庶徵』曰『念』，謂人君所當用以省驗者也。」

「曰」字更端而言，「王省」三句，但言職任之大小如此，蓋「歲」統「月」，「月」統「日」，亦猶「王」統「卿士」，「卿士」統「師尹」也。自此以下三節，是覆說「時」之徵。王者之失得，其徵以「歲」，故王者所當省察惟一歲雨暘燠寒風之時不時。卿士之失得其徵以「月」，故卿士所當省察惟一月雨暘燠寒風之時不時。師尹之失得，其徵以「日」，故師尹所當省察惟一日雨暘燠寒風之時不時。時便是休徵，所以其效如此，不時便是咎徵，所以其害如此。

庶民衆多，衆星之象也。傳謂「民不言省者，庶民之休咎系乎上人之得失，故但言『月之從星』，以見所以從民之欲者如何爾。」其義却是如此，與上文「王省」三句取證不同。

朱子曰：「二十八宿環繞日月行道之側，故月行必經歷之，經於箕則多風，歷於畢則多雨。蓋二星各有所好，月經行其處，順時當便，則陰陽和而風雨時應。」言無差忒也。詩「月離於畢，俾滂沱矣」，春秋緯「月離於箕，則風揚沙」。愚按：星非真有嗜好，只是氣類相感，月亦非真有順從，只是行度所次耳。今曰「好」曰「從」，乃假設以喻人事，見民之情性，莫不有所好，上之人信能體悉區處，順其所好，則人心順而和氣致祥，就如風雨時應然爾。上言職分明則至治成，此言人心順則和氣應，皆「庶徵」之事也。程氏曰：「『皇極』建，則『肅乂哲謀聖』，而卿士、師尹舉其職，庶民遂其生，五氣順而四時和，否則

『狂僭豫急蒙』而卿士、師尹失其職，庶民傷其生，五氣戾而四時舛矣。」

沈存中曰：「曆法天有黄赤二道，日月有九道，此皆強名而已，非實有也，亦猶天之有三百六十五度，天何嘗有度，以日行三百六十五日而一朞，強謂之度，以步日月五星行次而已。日之所由，謂之黄道。南北極之中度最均，是之謂赤道。月行黄道之南，謂之朱道；行皇道之北，謂之黑道；行黄道之東，謂之青道；行黄道之西，謂之白道。黄道内外各四，並黄道爲九。日月之行，有遲有速，難以一術御也，故因其合散分爲數叚，每叚以一色之，欲以别筭位而已。曆家不知其意，遂以爲實有九道，甚可嗤也。」此發前人所未發，謂見道之言矣。

「九、五福」

朱子云：「『休』『咎』徵於天，則『福』『極』加於人，『福』『極』通天下人民而言，蓋人主不以一身爲『福』『極』，而以天下爲『福』『極』，民皆仁壽，堯舜之福也；民皆鄙夭，桀紂之極也。」

「五福」以人所尤好者爲先，蓋人情莫不好生惡死，而「壽」又生之長者也。

陳東齋謂：「『五福』之目，雖至第九疇而列，而『五福』之本，則已於第五疇而基，故五福以『攸好德』爲根本。好德則必得其壽爲世耇老，無德而壽，罔之生也。好德則得祿而富，無德而富，怨之府也。好德則『心廣體胖』，無入不自德，無德則『小人長戚戚』，非安也。至於考終命，又未有不由德而能戰兢以全歸者，蓋『壽』『富』『康寧』『考終命』，全五行之氣也，而『攸好德』則全五行之理矣。」所以説諸福之本皆在於此。

「六極」亦以人所尤惡者爲先，「凶」者「考終命」之反，「短折」者「壽」之反，「惡」與「弱」則皆「攸好德」之反。傳謂：「弱者，柔之過也。」凡人不自強於善，或牽引人於惡而不克振拔，惟弱故爾。然漢儒以「福」「極」強配「五行」，而以「弱」配「皇極」之不極，蔡西山則譏其鑿矣。

按：唐李鄴侯云：「君相，造命者也。」林氏據此謂：「自『五行』至『庶徵』各得其『敘』，則民歸於『五福』矣，五福雖天所界，實自造命者嚮而致之也。自『五行』至『庶徵』，皆失其『敘』，則民陷於『六極』矣，欲民不陷於『極』，亦造命者威而避之也。使民享『五福』而不知『六極』，此治道之極功也，故『九疇』以是終焉。蓋『皇極』建則斂福以錫民，而天下皆享『五福』，『皇極』不建，則斂極以勵民，而天下皆陷『六極』，此洪範之疇，所以雖始於『五行』終於『福』『極』，而必以『皇極』爲要也。」林氏謂「造命者」，即指建極之者言，其所以嚮而致之，威而避之者，非「皇建其極」能乎哉？

董氏鼎曰：「自『初一曰五行』至『威用六極』，禹之本文，『九疇』之經也。自『一五行』至篇終，箕子之敘論，『九疇』之傳也。先經以明其綱，後傳以詳其目，洪範可得而讀矣。洪範法之大，不出『九疇』外，則『彝倫』道之常，即在『九疇』中矣，舍是何以『敘彝倫』哉？」董氏總論洪範一篇大義，極詳明又極精切，非讀書默識心融者，不會如此說。

旅獒

風俗通云：「召公奭與周同姓，武王伐紂，封於燕，壽九十餘年。」皇甫謐又云：「奭，文王□子，康王時考終，百有餘歲。」

唐孔氏以器用爲一是或分用爲牛馬犬龜之類，非也。觀下文犬馬非其土性不畜便見，且獒非犬而何？

謹德爲一篇之綱領，蓋篇內「德」之一辭，再三反覆，是皆自「明王慎德」一句而推廣之也。

林氏云：「『獒』之爲物，小不可爲服食，大不可爲器用，疏不可昭德於異姓，親不可展親於同姓。」王氏云：「人以王德所致，故不敢『易其物』而『德其物』。」按：林氏說以「展親」爲厚下之恩，與集傳異。

受獒便是役於「耳目」之所好。

兩「玩」字不同：「玩人」是有玩忽底意思，便是以驕而滅敬，故云「喪德」；「玩物」是玩好乎物，便被他牽引去了，豈不是「喪志」！受獒，「玩物」也，「喪志」便是志動於物。

「志」是我之志，「言」是人之言，既說玩好之害，又說存養工夫誠能內外交致其功如此，則其大本立矣，自然「不作無益」，「不貴異物」。

「不矜細行」底「矜」字，只是矜惜持守之意，謂受獒雖似小節，所損却甚大。「一簣」之虧，亦即指受獒而言。眞氏云：「武王，大聖人也。西旅貢獒，初未之受。召公恐其恃大德而忽細行，以獻獒之受爲無損，故豫戒之如此。蓋積『行』而成『德』，猶累土而成山，一行失則全體皆失，亦猶『一簣』之虧而全功俱虧也。」呂氏乃推開說：「當於一顰一笑一動一作之時仔細體察，蓋小處易得放過也。」

聖人不以「細行」而不謹，大臣不以細過而不諫，自非召公高識，安能見微格非如此！

旅獒一篇，綱領只在「愼德」，而「夙夜罔或不勤」正是「愼德」做工夫處。陳新安云：「此篇始以『愼』言，終以『勤』言，必無一息『不勤』，方爲『愼德』之至。苟一受獒，是怠忽而『勤』息矣，豈所以『愼德』哉？」

呂氏曰：「創業之君，有一毫之失，後世更有丘山之害。此於王業已成則爲謹終，於示後嗣則爲謹始。以此爲防，後猶有求白狼白鹿如穆王者。」

金縢

書藏於匱，以金緘之，若後世鎖然。

「王有疾」時，成王纔生五年。

「植」，置也，是置璧於三王之壇以禮神。「秉圭」，則公自執桓圭也，如今人執笏在手然。

問：「周公代武王死，亦有此理否？」朱子曰：「聖人爲之，亦須有此理。」又云：「周公之禱非獨弟爲兄，臣爲君，乃爲先王禱，爲天下禱，爲萬世社稷、生靈禱也。至聖至誠，卒感通於先王，而轉移乎造化，烏可謂無此理哉？」集傳因此辯之極其詳，證之極其切，而楊龜山「僥倖萬一」之說，似猶未看到這裏。「元孫不若旦」，蓋欲代其死，不得不然，非周公自誇而貶武王也。

「王翼日乃瘳」以上，敘周公請命之事；「既喪」以下，記周公成王時事。

「居東」，謂居國之東，去國想亦不遠，故「東都」之說，蔡氏疑焉。

孔氏以「居東」爲東征，集傳非之。朱子說：「成王方疑周公，豈得便東征乎？二年待罪也，東征是三年事。」或謂「成王疑周公，故周公居東，不幸成王終不悟，不知周公又如何處？」曰：「亦惟盡其忠誠而已矣。」又曰：「周公東征不必言用權，自是王室至親與諸侯連衡背叛，當國大臣豈有坐視不救之理？帥師征之，乃是正義，不待可與權者而後能也。若馬、鄭以爲東行避謗，乃鄙生腐儒不達時務之說，可不辨而自明。」愚按：諸家只緣誤認「居東」爲東征，所以都說錯了，至蔡氏方才辯得分曉。

「王出郊」者，親迎周公而郊勞也。「起而築之」者，築大水所仆禾也。如此說，則孔傳「郊天立木」之謬明矣。

天之「動威」，明周公之德也。董氏說「亦是顯相文武之業」，乃取漢高困而大風揚沙，光武窘而河水自合證之，是他推言天或也有意如此，謂之釋經則不可。

雷風偃禾與反風起禾，只在王與周公一疑信間，天人感應，何其速也！陳新安謂：「天非在君心外，則君存心可不慎與？」

大誥

朱子曰：「書亦難點，如大誥語甚長，今人都碎讀了，所以曉不得。」又曰：「大誥大意，不過說周家辛苦，做得這基業在此，我後人不可不有以成就之而已。」

「王若曰」「若」字，就是像這樣說的意思。發語之辭，至周時變諮嗟而爲「猷」。古今人說話不同大抵如此，如何都要曉得他。

「弗弔天降割於我家不少延」是一句，卽欲作讀，當點在「天」字下中間，如詩「不弔昊」一般。前人以「弗弔」讀，恐非。

「格知」，知之至也。

渡水曰「涉」，渡訖曰「濟」。「若涉淵水」，是知懼底意思，所謂喻其心之憂懼也。「往求攸濟」，是自強底意思，所謂冀其事之必成也。須兼此二意方做得事。

傳命者叫做介紹，實龜傳天之命，故曰「紹天明」。

「十夫予翼」，則得人心矣；「朕卜並吉」，則得天心矣，是言天人合應也。陳新安曰：「此章言武庚作亂，不可不征，而決之賢與卜，民獻龜卜，乃大誥之綱領也。」

此章以大任責己，以大義責臣，然其責己者實欲以責臣也，故曰「深責邦君、御事之避事」。

「天閟毖」，指武庚之叛說，此正我戡定禍亂，以成武功之所也，與「多難興邦」「殷憂啟聖」意同。

三節問辭畧同，義不甚異。陳東齋謂：「『圖事』以其所行言，『圖功』以其所成言，『休』以受命言，反覆論之耳。」

「若考作室」三節，是申喻不可不終武功之意。

「終畝」者，絕草之根本使不復爲苗害也，如武庚之叛而不去，這便是不「終朕畝」了。

自「肆哉」至終篇，是總申前數章之意，而結之以哲人與元龜，便邦君、御事知天意之當從，前業之當終，而決於東征也。

董氏說：「帝王之決大疑，必人謀既協而後決之於天。周之東征也，『民獻十夫予翼』，而卜又『並吉』，此大誥所以終始言之，蓋雖不違卜，亦不專恃於卜也。」

王介甫說：「大誥疑有脫語，其不可知者輒闕之，而釋其可知者。」陳新安謂：「朱子所以取荊公者在此，此可爲解盤、誥諸篇之法。」朱子曰：「如周誥諸篇，不過說周合代商之意，是當時說話，其間多有不可解者，亦且觀大意所在而已。」

微子之命

吳氏謂：「武王克殷，即封微子於宋，及武庚被誅，成王因其已封之國，建之爲上公，以奉湯祀，蓋申命之書也。」此依史記說爲是。林氏曰：「不曰『宋公之命』，而曰『微子之命』，蓋周以賓待之，非欲臣之也。」箕子、微子雖歸周，而未嘗臣周，所以與比干並稱「三仁」。

「修其禮物」，是自正朔外，不用時王制度，而仍用其舊儀也。集傳謂「以備一王之法」者，蓋損益之理若循環，使先代典禮文物不修，後聖有作，扶衰救弊將何所稽考乎？陳新安云「微子上可象湯德以繼前聖，不可修禮物以俟後聖」者，亦是此意。

新安曰：「『稽古崇德象賢』一句，爲一篇之綱領。此章自『崇德象賢』至『作賓王家』，皆承『稽古』二字，『崇德象賢』固稽古典爲之，使修先代禮物。作時王賓客，亦稽古典爲之也。」

「齊聖廣淵」，是說湯德之全體，下而功與德互言，功卽德之效，德卽功之本，總之都是從那「齊聖廣淵」中流出，故傳曰「此『崇德』之意。」

「恪愼」在心，「肅恭」在貌，貌亦未有不本於心者也，總之是一箇「敬」字。眞氏云：「『恪愼克孝』，是事親以敬業；『肅恭神人』，是事神治人亦以敬業。敬以事神，故『上帝時歆』；敬以治人，故『下民祗協』。古聖賢惟於敬用功而已。微子之德，信乎其爲『象賢』也。」故傳曰「此『象賢』之意」。宋，王者後，得郊天，故云「上帝時歆」。

周制三公在朝八命，有功德出封作伯九命，謂之「上公」，二王後亦出封之公也。

因以戒勉，只是期望底意思。「以蕃王室」以上，戒之也；「弘乃烈祖」以下，勉之也。

陳氏云：「此篇丁寧惻怛，無一言及武庚事，以傷微子之心，蓋誥命賢者，其體當如此。」真氏謂：「此非特得誥命賢者之體，蓋武庚之罪當行天討，微子之德當加天命，非有一毫喜怒之私。其誥命從容和平，略無忿疾之意，於此可見聖人之心矣。」愚按：聖人之心，至公無私，叛者當誅則誅之，賢者當封則封之，固即上天命德討罪之心也，而「誥命從容和平，略無忿疾」，其氣象不亦於此可見哉！

康誥

康誥爲武王書無疑，孔序之誤，至朱子反覆辯論，明且盡矣，集傳因之。

篇首四十八字爲洛誥脱簡。陳新安云：「洛誥冠以此六句方有頭緒，強附之此，全不相應。」「初基」，定基趾也。「周九服，侯、甸、男、采、衛、蠻、夷、鎮、藩，會於洛邑者，内五福也。「見士」，朝見而趨事也。悦以使民，民忘其勞，周公不忘民之勞而勤勞之，所以得民心也。其曰「洪大誥治」者，即召誥所謂「用書命丕作」也。

「明德慎罰」爲康誥一篇之綱領，下面自「不敢侮鰥寡」以至「不汝瑕殄」，皆其條目也。陳東齋曰：「治天下不過德刑兩端。德者，人所同慕感化人心之本也，文王則克明之，使民慕而入於德。罰者，人所同畏防範人心之具也，文王則克謹之，使民畏而不入於罰。」

此一節是言文王「明德慎罰」也。

自此至於「作新民」是欲康叔法文王「明德」也。陳氏雅言曰：「『明德』之道，固當全備衆理而後有以窮天下之善，尤當貫通一理而後有以廓此心之天。此即伊尹告太甲以『主善爲師』、『協於克一』之意也。」

當順而不順，當勉而不勉，此皆致「怨」之道，須是順於理而勉於行，「怨」庶可彌。

陳東齋曰：「殷民乃天命所視以去留，人心所視以觀化，『保殷民』，所以『助王宅天命而作新民』也。」新安云：「此欲康叔法文王之『明德』而極於『新民』也。蓋『明德』者，『新民』之本，極於『新民』便是『明德』之終也。」又云：「二帝夏商以來言『明德』者有矣，未有言『新民』者，言『克明德』『作新民』，體用相對，首見於康誥，而大學祖述之，謂康誥非大學之宗祖可乎？是則不獨堯典爲然矣。」

自此至於「予一人以懌」，是欲康叔法文王「慎罰」也。新安曰：「『小罪』刑之可也，殺之無乃過乎！蓋敗常越軌，其罪雖小，其情乃亂之原，不殺則爲害將甚大，曰『有』者謂『小罪』中有此也，非謂凡有『小罪』而怙『終』者皆殺之也。」此又宜於作不典觀之。

刑罰不必紊其次，「敘時乃大明」刑罰而足以服民之心，所以民皆戒敕而勉於和順也。陳東齋云：「去民之惡如去己之疾，則調治無所不至，必盡棄其咎矣。保其民如保己之赤子，則愛護無所不至，必康且乂矣。先言『有疾』后言『保赤』，蓋民『棄咎』可『康乂』也。」新安又云：「三言『惟民』，必加以後之二譬，使民『棄咎』『康乂』而後可全其『勑懋和』也。」

唐太宗謂群臣曰：「死者不可復生，決囚須三覆奏，頃刻之間何暇思慮，自今宜五覆奏。」宋歐陽崇公任獄官，每爲囚求生道，嘗曰「爲之求生道而不得，夫然後我與死者可以俱無憾矣。」是皆得「服念」「要囚」之意者。

「罰」兼刑殺言，「義刑義殺」只是舊法之宜於時者。此中言「陳時臬事罰蔽殷彝」當做三截看，謂不泥古亦不狥己，而又常存不自是之心，刑殺庶可無不中矣。

天之大德曰生。「朕心朕德」，武王言我心好生以爲我德也。

「凡民自得罪」一節說者皆疑其上下有闕文，唯呂東萊謂此「舉一端以爲證驗也，蓋用刑皆如此，則合於人心所同惡而非移法就已矣」。集傳因之。

此一節是罰之嚴於民者。呂氏曰：「前言殷罰，此言文王作罰者，經紂之惡，人倫斁敗，文王於維持綱常之罰有作焉。

如地官不孝不弟之類，故以殷罰治殷俗，因人情之所安也。以文王罰誅『不孝不友』，撥殷亂之所在也。」按：周禮地官有不孝不弟之刑而無不慈不友之罪。此節首言「矧惟不孝不友」，「不友」及不弟也。

此一節是罰之嚴於臣者，前言「速由文王作罰」，此言「茲義」者，以文王所作之罰，維持夫綱常者，無非義也。

此一節是罰之嚴於康叔者。只看「大放王命」，雖不言罰而罰可知矣。

此一節是言「慎罰」之終，而要歸於「裕民」。曰「予一人以懌」，則武王之心之德於此可見。陳新安曰：「前兩言『速由』何其急迫也，此兩言『乃裕』又何其寬緩也。始欲其以刑齊民，以懲戒人之惡習，終欲其以身率民，以容養人之善心，其急其緩並行而不悖也。」

此二節是武王之自嚴畏者，欲康叔以德行罰也。「爽明」，蓋當時說話如此。「迪」是開導，如此導之以仁義，而民趨於仁義；導之以孝弟，而民趨於孝弟，此則所謂「吉康」也。陳新安曰：「『我惟不可不監』視古義即指文王『明德慎罰』之義，故『告汝以德之說於罰之行』之時，蓋欲以德行罰而非以罰行罰也。今惟民不安靜未定其心，迪之雖屢而猶未同。民之不靜未同，天將不罪民而罪我者，故『爽惟天其將罰殛我』矣，我其不當怨也，惟其罪不在大與多，一毫不盡且爲有罪，況曰其已上顯聞於天而欲遣天之罰殛可乎？此王責己以勵康叔也。」要之，此等語言多不可強解，雖通者不如闕之。

此一節又欲康叔不用罰而用德也。用非善之謀非常之法，皆「作怨」之事也，「惟斷以是誠」則不惑於「非謀非彝」矣。王恐康叔惑於邪說異術，謂民難以德化易以刑服，故戒以勿用，惟斷以至誠也。「用康乃心顧乃德達乃猷裕」乃以民事皆「敏德」之事也。至此則不言用刑而純言用德矣。心之不安則必喜異而厭常，德之不顧則無內省之實，猷之不遠則貪目前之利，忘他日之患。凡此皆不「丕則敏德」故」也。「丕則敏德」，傳謂「大法古人之敏德」，竊疑「古人」當作文王，「敏德」即「明德」也。

末二節是以天命殷民結煞一篇大意，與前「應保殷民」「宅天命」相照應。「肆」是語辭。「無我殄享」言汝當常念天命不常，而無使我與爾之爵土殄絕而不能享也。「名乃服命」三句則皆念天命之實。

按：篇內「敬哉敬典」皆再言，又曰「敬明敬忌」，反覆丁寧不厭其復，可見康誥之綱領在於「明德慎罰」，而「明德慎罰」之綱領又在於一「敬」而已。蓋敬爲千圣相傳心法，德非敬不能明，罰非敬雖欲愼得乎？

酒誥

林氏曰：「紂以酒亡國，餘習猶存，酒誥所以作也。」

「穆考」只是文王世次爲穆，「穆穆」之證非也。官正曰長，亞曰少，「御事」，治事之臣也，有「少」有「正」。世本云儀狄造酒，又云杜康造酒。林氏謂：「酒人所爲而以爲天降命，人以酒喪德喪邦，皆自作孽而以爲天降威，蓋古人於事之成敗未嘗不歸之於天。天雖高高在上，人之起居動靜未有不與之俱者，則人之所爲孰非天之所爲哉！」愚按：此即大誥所謂「予造天役」也。天之降命使民造酒者，本爲祭祀而已，後人失其本意而乃以酒得禍，是亦天之降威也。陳新安曰：「酒一而已，用以祀者此酒也，喪德喪邦者亦此酒也。天理人慾同行異情，人之於酒，知其祭祀而本於降命之天，又能於燕飲而凜然知有降威之天，則天理行而人慾窒，方無酒禍矣。」朱子曰：「南軒酒誥一段解『天降命』『天降威』處，誠千百年儒者所不及。」今備載其說，曰：「酒之爲物，本以奉祭祀供賓客，此即天之降命也，而人以酒之故，至於失德喪身，即天之降威也。以上解經正義，以下推開說辯儒與釋之失得邪正。釋氏本惡天之降威者，乃並與天之降命者去之，吾儒則不然，去其降威者而已，降威者去而降命者自在。如飲食而至於暴殄天物，釋氏惡之必欲食蔬茹，吾儒則不至於暴殄而已；衣服而至於窮極奢侈，釋氏惡之必欲衣壞色之衣，吾儒則去其奢侈而已；至於惡淫慝而絶夫婦，吾儒則去其淫慝而已。釋氏本惡人慾并與天理之公者去之，吾儒去人慾，所謂天理者昭然矣。譬如水焉，釋氏惡其泥沙之濁而窒之以土，不知土既窒則無水可飲矣；吾儒不然，澄其泥沙而水之清者可酌。此儒釋之分也。」

此文王又誥教庶邦庶士之「小子」，有官守則不敢飲，有職業則不暇飲。「飲惟祀」，飲福受胙也。「將」是主持底意思，謂即飲祀酒亦必以德將之，不至於醉，蓋天理足以制人慾也。

「土物」謂土地所生之物，惟此是愛，故其心善，苟一溺於酒，則必旁求珍異以自奉，其欲廣則其心蠹矣。小德指謹酒而言，想當時染沉酣之俗者必謂謹酒乃小德，但於大德用力足矣，不知此正是病根，故不可分彼爲大德此爲小德，當一體視之也。

此武王誥教妹土之民，欲其嗣績四肢之力，服田服賈，以孝養父母，父母嘉慶方纔可自用酒也。真西山謂「兼農商說於理爲長」。集傳以「肇牽車牛」爲「敏於貿易」，是以「敏」訓「肇」，陳新安乃作「始」字看，謂「先用心於黍稷，餘力始從事於『服賈』，見急於務本，而不急於逐末也。」

此武王誥教妹土之臣。「作稽中德」，「作」字兼内外言，念慮之發作於内者也，營爲之際作於外者也。「中德」即中道也，就事而論謂之中道，就身而言謂之「中德」，由「中德」而充之便謂之「元德」。陳新安云：「次數句以『稽中德』爲主，能『稽中德』則無過不及，飲惟見於『羞饋祀』，而非祀不飲，以此乃可『爲王正事之臣』，以此天亦若其『元德』。蓋喪德喪邦者以爲天之降威，則永觀省『稽中德』者，天安得不若其『元德』乎？」

自此以下凡稱「我」，皆武王自謂也。真氏曰：「夫有司之不腆酒於天命何預，而王乃以『克受殷命』爲職，此之由何耶？但觀幽厲陳情之朝，上下沉酣以致墜失天命，則謹酒而受天命復何疑哉！」

「天顯」謂之明命。「迪畏」云者，常見明命之在前，小民之難保，而身之所行無非此謂也。下句「經德秉哲」便是「迪畏」之實。「御事」兼小大之臣言，此通稱也。

周受命於殷，兼衛居殷墟，故舉殷之以酒興亡者爲勸戒。此章是先言殷先王君臣以不湎酒而興，欲康叔知所法也，蓋曰「迪畏」曰「有恭」，殷先王之前後君臣内外，無一不在敬畏中，故不暇湎酒而興。真氏謂：「此章乃一篇之根本。凡人敬則不從欲，從欲則不敬。商之君臣既一於敬，舉天下之物不足以動之，況荒敗於酒乎？此正天理人慾相爲消長之機，宜深味之。」

陳東齋曰：「『越』，及也。『伯』，諸侯之長。『内服』，畿内也。『庶尹』，衆官之正，樂正、酒正之類。『亞』，次大夫。『惟服』，奔走服事之人，下士府史之屬。『宗工』，尊官及百官族姓不仕而居閭里者。朝廷君臣風化如此，宜乎内外皆不敢湎於酒，不敢畏而不敢縱耳。『不暇』，則有職者勤於職，無職者勤於德，自不暇飲，從之爲亦不爲也。『祗辟』，敬君也。」釋「百姓里居」異於集傳，只依傳爲是。

此章是繼言殷後王君臣以湎酒而忘，欲康叔知所戒也。蓋紂之君臣上下一以荒淫爲心，故沉湎於酒而亡，正與上章相反。陳東齋曰：「殷先王之興邦在於『迪畏』，紂死滅且不畏，此所以喪邦也。」

此總結上文引殷「先哲王」「後嗣王」兩章而起下章，欲康叔率群臣以剛制酒之意。

「殷獻臣」謂賢人當仕殷而今里居者，「侯甸男衛」四方諸侯接於「衛」者。康叔爲諸侯長，故劼毖及侯甸男衛二史掌邦法，在王朝則貳冢宰，在侯國則居賓友之地。上言「殷獻臣」，此言「獻臣」乃周官之致仕里居者。「休」，德也，「服休」是以德爲事，所謂坐而論道者也。「采」，事也，「服采」是以事爲事，所謂起而作事也。大國三卿，圻父、農父、宏父，皆衛之卿也。朱子曰：「人説荊公穿鑿，只是好處亦用還他，且如『矧惟若疇』至『定辟』，古註從『父』字絶句，荊公從『違』『保』『辟』絶句，夐出諸儒之表。」呂氏云：「『剛制』二字最有意，當時酒之爲病甚深，苟泛泛悠悠則不能制。」陳新安謂：「『剛制』制固劼毖之意，而用力加重焉。」此章有四「矧」字，一節重於一節，在群臣則當謹上之戒，在康叔則當防己之欲，嚴於身以率其下也。

劉氏真曰：「『執歸於周亦恐康叔之專殺，曰『予其殺』，嚴爲之刑而未必殺也，忠厚之意寓於嚴厲之言，豈不明哉！」殷諸臣既受導迪了，猶有湎於酒者，勿殺而姑教之，以其染惡深而被化淺也。聖人之心於此可見。

「明享」，呂氏謂「彰明使享祿位以示勸也」。

「勿辯乃司民湎於酒」，孔氏作一句讀，曰「『辯』，使也，勿使汝所司之民沉湎于酒。」唐孔氏略轉一機，謂「勿使汝所司之吏沉湎於酒，吏當正身以率民也。」愚按：此説亦非不通，但酒誥專爲妹邦所發，集傳以「乃司」爲殷諸臣之湎酒者，不治其臣，則民不可得而禁矣。故陳新安謂其說最優於諸家，已又云「此句恐有脫誤，不如闕之」，亦似有見。

董氏鼎曰：「古之爲酒，本爲供祭祀，灌地降神，取其馨香下達求諸陰之義也。後以其能養陽也，故用之以奉親養老。又以其能合養歡也，故用之冠婚、賓客。然曰賓主百拜而酒三行，又曰終日飲酒而不得醉焉，未嘗過也。自禹飲儀狄之酒而疏之，寧不謂其太甚，已而亡國之君、敗家之子接踵於後世，何莫由斯，然則文王之教不惟明於妹邦，家寫一通，猶恐覆車之不戒也。」

梓材

朱子曰：「吳材老考究得梓材，只前面是告誡臣下，只看稱『王曰』，又稱『汝』，便見是上告下之詞，其後都稱『王』，恐別是一篇。不應王告臣下，不稱『朕』『予』而自稱『王』，其詞多是勉君，乃下告上也。斷簡殘編無從可考正，只得於言語句讀中，有不曉者闕之。」故陳新安云：「讀此篇只依朱子以殘編錯簡讀之，庶可免於穿鑿。」愚按：不止梓材，凡周誥諸篇，皆當如此讀。

陳東齋曰：「左傳載封康叔，分以殷民七族，自陶氏至終葵氏，即衛之『大家』也。『大家』之情與國君常疏，與國之臣民常親，國君能施仁政撫其臣民，由臣民以達其情於『大家』，則巨室之所慕，一國慕之，又由臣以達其情於天子，而邦之責盡矣。」自「邦君」言，則有臣、民、大家三等；自王言之，則率土皆王臣，但言厥臣，皆在其中矣。新安曰：「『邦君』能通上下之情，只是一箇公心，其心公正能通乎一國千萬人之心，以一國臣民千萬人之心通達於大家之心，以其下達者而上達其流通而無留滯也，必矣。」新安說向心裏來，固得其本，而東齋仁政之論確是實地作用。

此章說話，朱子嘗疑其不成文理，而蔡傳亦云文多未詳，至陳新安姑采合諸說而解之曰：「『汝若常發越』謂群臣言，我有交相『師師』之三卿與正長之『尹』，衆大夫之『旅』，我欲無虐殺人耳，亦以其君先恭敬勞來其民，爲臣者遂往效君以敬勞，遂於往日爲姦宄、殺人者、罪人所經歷者，今皆寬宥與之維新，群臣遂亦見其君之事，凡戕傷人、毀敗人物者亦寬宥之矣。君宥其大者，臣亦宥其小者。大意欲康叔率其臣，以戒虐殺，施寬宥也。」如此說去，似亦近似，亦可資訓詁家傳論，然於義恐終有礙，不如闕之。

「王啟監」，「監」字與後面「若茲監」不同，此平聲是三監，後去聲是監觀之監。

東齋云：「自黃帝已立左右監，以監萬國，乃諸侯之長也，康叔、孟侯故稱之爲『監』。」新安云：「康誥、酒誥屢及於殺者，皆不得已也。至此慮康叔因前二篇而意或偏倚於刑，故惟以尚寬宥無刑辟爲言。仁哉武王之心，其帝舜刑期無刑之心與。」

「敷」，一訓開墾。「菑」，始去草也。「畎」是通水渠，廣尺深尺。「陳修」，謂陳列修治其「疆畎」也。墻卑曰「垣」，高曰「墉」。「茨」訓蓋，茅蓋屋也。具粗曰「樸」，致巧曰「斲」。「雘」，采色之名，有青有朱，「丹雘」則是朱色者。朱子說：「『稽田』三諭與『無胥戕』之類却不相似，以至於『欲至千萬年惟王子子孫孫用保民』却又似洛誥文。」則此篇的如朱子殘編錯簡之說無疑矣。

「享」謂「庶邦」享上，「先王勤用明德」以懷來諸侯，諸侯之來享也，亦皆盡用「明德」，上行下效，如影響然。「典」謂舊典，即先王之「明德」是也。

自「今王惟曰」以上爲尊諭卑之詞，以下則臣告君之語，不復作武王命康叔解矣。集傳以「先王」謂文王、武王。「皇天既付中國民越厥疆土於先王」作一句讀。則「今王」當指成王說

陳東齋云：「『迷民』未率，故王惟德是用，以『和懌先後』之，和之使不乖，懌之使不怨。先引之於前，後助之於後。不惟以悅民心，亦所以悅『先王受命』之心。」新安曰：「蔡氏訓『肆』爲『今』未妥，『肆』，故也，遂也。」其說本於朱子。

朱子謂：「『明德』者，人心虛靈不昧之理，無上下前後之間。先王所『勤用』以懷諸侯，諸侯所『既用』以享天子，均用此『明德』也，何上下無間乎？『王惟德用』，『德』即所謂『明德』，後王所用以『懌迷民』及『懌先王受命』，無非用此『明

德』也，何前後之間乎？」

陳氏說：「曰『萬年惟王』，若止於長有天下，曰『子子孫孫永保民』，則欲世王之長保安天下也。意實公而非私於王家也，其人臣新君永命忠愛無窮之心與。」

蘇子瞻云：「詳考大誥、康誥、酒誥、梓材四篇，反覆丁寧，以殺爲戒，以不殺爲德，故周有天下八百餘年。後之王者，以不殺享國，以好殺殃其身及其子孫者多矣。如唐宋五代之亂，殺人如飲食，周太祖叛漢，漢隱帝使開封尹劉銖屠其家百口，太祖既克京師，夜召知星者趙延義問漢祚所以短促，答曰：『漢本未亡，以刑殺冤濫，故不及期而滅。』時太祖方以兵圍劉銖及蘇逢吉第，期滅其族，聞延義言，瞿然貸之，誅止其身，故予表其義以救世云。」王葵初謂：「蘇氏此論大爲有勸戒，述作必如此，方可行世。」余窮嘆夫世主不以此爲鑒也，哀哉！

書經要義　卷五

周書

召誥

朱子因諭周誥不可曉云：「竊意當時風俗恁地説話，人便都曉得。如這物事喚作這物事，今風俗不喚做這物事，便曉不得。如蔡仲之命、君牙等篇，乃當時與士大夫語。似今翰林所作制誥之文，故甚易曉。如誥，是與民語，乃今官司行移曉諭文字，有帶時語在其中。今但曉其可曉者，不可曉處則闕之可也。」陳東齊謂：「洛邑天下之至中，鎬京天下之至陰。成王於洛邑定鼎以朝諸侯，其示天下也公。於鎬京定都以壯基本，其慮天下也遠。漢唐並建兩京，蓋亦識形勢之所在，而有得於成王、周公之遺意與。」

「惟二月既望，越六日乙未，王朝步自周，則至於豊。惟太保先周公相宅。越若來三月，惟丙午朏。越三日戊申，太保朝至於洛，卜宅。厥既得卜，則經營。越三日庚戌，太保乃以庶殷攻位於洛汭。越五日甲寅，位成。若翼日乙卯，周公朝至於洛，則達觀於新邑營。越三日丁巳，用牲於郊，牛二。越翼日戊午，乃社於新邑，牛一，羊一，豕一。越七日甲子，周公乃朝用書，命殷侯甸男邦伯。厥既命殷庶，庶殷丕作。太保乃以庶邦冢君出取幣，乃復入錫周公。曰：『拜手稽首，旅王若公，誥告庶殷，越自乃御事。嗚呼！皇天上帝改厥元子，茲大國殷之命。惟王受命，無疆惟休，亦無疆惟恤。嗚呼！曷其奈何弗敬？』」

豐鎬去洛八百里，洛邑今爲河南府洛陽縣。王氏曰：「以朏望明魄紀月，以甲子紀日，書法也。」漢志曰：「周公攝政七年二月乙亥朔庚寅既望。」「三月甲辰朔三日丙午。」

此即洛邑新立之郊社，以告作洛於天地。時宗廟未成，故至十二月始烝祭也。「書」是賦功屬役之書。陳新安曰：「乙卯周公至於洛，達觀新營，丙辰不言事，蓋丁巳、戊午將行郊社大禮，前一日養精神以無爲也。己未至癸亥又不言事，乃將用書命丕作，竭精神以有爲也。此五日必會集臣庶，計丈數揣高卑等事。役書一定，然後甲子朝頒布之。聖人經理之精密，不於此可見哉？」

「旅王若公」，是因周公以告於王，蓋成王未嘗來洛也。新安云：「作洛之急務在化殷人，而化殷之大本在於王身，下文遂詳言之。」

集傳謂此篇專主敬言，蓋天命靡常，敬則得，不敬則失，故篇内敬不敬異效。凡七言之，其反覆戒王至深切矣。朱子曰：「此數句是一篇之大旨，下文至篇終，反覆乃推衍此數句意耳。」

「殷先哲王在天」與詩「三后在天」意同。問：想是聖人稟得清明純粹之氣，故見其死也其氣上合於天。朱子曰：「也是如此。世間道理有正當易見者，又有變化無常不可窺測者，如此方看得這箇道理活。」愚謂這箇道理，惟看得恁地透時便活。

袁氏云：「『疾敬德』者，更無等待遲疑，只今便下手。」陳新安謂：「『敬德』而言『疾』最有力。」後又言：「肆惟『王其疾敬德』」，一篇綱領哉『敬』字，而『敬』之工夫又在『疾』字。」

此二章言天命與祖德皆不可恃，惟敬德庶可凝固天命，迓續祖德爾。

兩「其」字俱指「壽耇」言。「壽耇」者，聞见之遠，能稽考古德，其德盛智明，又能稽考天理，以定謀慮，是乃人君所藉以不眩不惑者，遺棄焉可乎？故召公首戒之。

「其丕能諴於小民，今休。」集傳以「其」字爲期望之，辭甚合經意。陳新安云「『諴於小民』而『今休』矣」，却做已然說，不是。

「土中」，洛邑爲天下中也。言王自今來居洛邑而能繼天爲治，當自服行政教於土中也。林氏以此句「王來」爲王亦至洛邑之驗，朱子非之。

「旦曰」以下，蓋召公述周公宅洛之意，言周公期望如此其重，主可不思所以稱之乎？

「節性」謂節驕淫之性。此「性」字，是指氣質說，陳新安看做心所具之理，誤矣。

此言治人當先服乎臣也。

此言化臣必謹乎身，非政刑所及也。陳東齋云：「既以周臣率之，使之相觀而善，又以身率之，使之下觀而化也。以身率之，只是以敬爲所，而不可不敬德。能如此，則敬蓋於此，而人化於彼矣。」

朱子曰：「召誥中，其初說許多言語艱深難曉，却緊要處只是『惟王不可不敬德』而已。」陳新安云：「『王乃初服』者，善始可以善終。法二國之敬德而歷年尤當謹之。『初服』也，此句是結上生下，若生子一段議論，實因此句而申明之。」

愚謂此句或已屬上章，或以冠下章，陳氏乃合而言之如此。

「自貽哲命」，陳新安以葉氏說爲正，愚謂當從林氏。林氏云：「天以正性命人，初無智愚之別。所以有智愚者，於己取之而已。下愚爲自暴自棄，而上智豈非自貽乎？蓋明哲之性，與生俱生，但初生之時習於善則明可作哲，習於惡則靡哲不愚。此『哲命』所以爲『自貽』與！」

朱子曰：「王之『初服』，不可不謹其所習，猶子之初生不可不慎其所教，蓋習於上則智，習於下則愚矣。故今天命正在『初服』之時，敬德則『哲』則『吉』則『歷年』，不敬則愚則凶則短折也。」「天無一物之不體，已知我『初服』宅洛矣，王其可不『疾敬德』哉？此所以求『天永命』者，只在德而已矣。」眞西山謂：「天命至公，不可以求而得也，曰『祈』者，蓋一於用德，乃不祈之祈也。」

此一節發明「王乃初服」之意。傳云：「宅新邑所謂『初服』。」陳新安說：「是又中天下定四海之一初也。天之『命吉凶』判於此，王之能『敬』能『祈永命』與不能亦判於此。召公所以欲王乘此一初之機而『疾敬德』也。『疾敬德』，則能用德矣。此句蓋申上文「王其疾德」之語，而至重復懇切之意云。

三節皆言「小民」，蓋「小民」者國之根本，「祈天永命」實在乎此。故召公始成王以「非彝」「殄戮」之，繼欲以「元德」「儀刑」之，末欲以之而「受天永命」。以之者何？惟尚德不尚刑，知其生之至微而關於天命者至大至久也。吴臨川曰：「『欲王以小民受天永命』一語，遍結上三節，與『王其德之用，祈天永命』相始終。」

眞氏曰：「前言『王其德之用，祈天永命』，此言『欲王以小民受天永命』，蓋『永命』之道無他，惟修德與愛民而已。命在天，於小民何與？蓋天無心，以民爲心耳。一篇之中，言『敬』者凡七八。言之諄，望之切，老臣事少主惓惓之心也。異時成王爲守文之主，而周家卜年卜世過於夏商，且過其歷，然後知召公之言，眞人主之藥石，國家之蓍龜也哉！」

「成命」以今日言，「永命」以子孫言。陳三山云：「保受王之威德者，臣下之所能。至於『祈天永命』，則非人臣之所能，在於人君『疾敬德』而已。」新安云：「敬德愛民，即祈天永命之能也，上文已盡之，故於篇終特以『能』字該之。」東齋又云：「篇終復總始末之要以告王，蓋期望不已之意，可謂□而篤矣。」

洛誥

朱子因讀尚書曰：「其間錯誤解不得處煞多，如洛誥之文有不可曉者。」其後乃言「王在新邑，而其前已屢有問答之辭矣。」陳新安曰：「此篇大可疑者，惟有公告王宅洛行祀出命之辭，而不載王至洛之事與其日月。觀十二月在洛祭告，命周公留治洛之事，尚謹書之，則自三月後至十二月前，此數月中至洛之大事，其當書也必矣。又此篇章首九句脱簡在康誥之首，則至洛之事，其脱簡又可想矣。且『孺子其朋』，及『汝惟沖子，惟終』等處，聱牙難通。又『王曰：公功棐迪篤』之下，無周公答辭而即又繼以『王曰』，豈非此等處有脱簡、錯簡耶？」

集傳以「復子明辟」爲周公營洛得卜，而復命於王，其說蓋本於王介甫，實能辨孔氏以來之誤。朱子所謂是處亦須還他者，此類是也。按：王莽廢漢，孺子嬰爲安定公，執其手流涕曰：「昔周公攝位，終得『復子明辟』，今予獨迫皇天威命，不得如意。」儒者釋經之誤，其害一至於此，可不謹哉？

古人凡事皆歸之於天，雖人所爲，也如天分付命令一般。王氏炎云：「承天命以作新邑，是謂『基命』。都邑既成，久安長治，是謂『定命』。」「基」與「定」，只作「始」「終」字看。「胤」，繼也。「保」謂大保。王葵初云：「傳釋『胤保』，較朱子爲順。」

□氏漸曰：「洛邑居天下之中，伊洛瀍澗，實周流於其間。天子南嚮，則澗水在洛之右，瀍水在洛之左。」澗在今河南府西七里橋，瀍在東門外，二水皆南流入洛。周公於澗瀍之中，龜兆告吉，遂營王城，以建王宮，定郊社宗廟，是爲郟鄏之地，今之河南是也。又循之左，越瀍水之東，龜復告吉，遂營下都，又名曰東郊，以居殷民，今之洛陽是也。二城相距，蓋十有八里。

「來相宅」，王不在洛而言來者，蓋順公所在而言也。

此下周公告成王宅洛之事，疑是王授使者復公後，公即歸鎬告王如此。朱子曰：「自此一下，漸不可曉，蓋不知是何時所言。傳疏以爲王與公俱在洛對問之言。葉氏以爲王得卜而至洛，既祭復歸，因留周公居守，而周公有此言，皆不可考。然葉氏說，後數章貫穿，今從之。陳新安曰：「三月後以至十二月，王必當親至洛行大祀禮，今脫去矣。自此下至『無遠用戾』，乃洛邑既成，公自洛歸鎬，告王以宅洛所當行之事，及欲退老之辭也。『肇稱殷禮』以下，乃周公至鎬，請王往新邑舉祀禮及朝諸侯。證之召誥，公至洛定宅後，當還鎬京。觀召公取諸侯之幣錫公，由公以達王，則可見矣。『孺子其朋』以下，必有訛誤脫簡，漏却王祀新邑，必在此處，無疑也。況梓材『庶邦享』至『丕享』等語，其爲『敬識百辟享』之上下文，脫簡在彼尤爲顯然乎。」

殷禮是非常盛禮。篇末十二月戊辰之祭，不過就冬烝告留周公治洛之事於文武耳。王氏說做一祭，故新安非之。

周公告成王宅洛，首以殷祀爲言，蓋格君心。萃天下之道，莫要於此。呂東萊說得最好，集傳取之。

此因新邑殷祀，而祭創業之功臣也。呂氏曰：「論功莫先於宗，言宗則凡功臣可得而推矣。報功莫重於祀，言祀則凡慶賞可得而推矣。」

「明白奮揚而赴功」、「惇厚博大以裕俗。」集傳是兩開說，陳新安看做一串，謂「是立精明之治功，而存渾厚之治體」，此餘意也。

「汝惟沖子，惟終。」以上詳於記功教工，內治之事，以下則統御諸侯，教養萬民之道也。

此因王將往新邑朝諸侯而言。朱子曰：「享，朝而以□享王，誠以奉上之辭。幣有餘而禮不及者，往往有輕上之心，以□可以幣交也，曰：『吾幣足矣，何以禮爲？』如是者，猶不享也。」蘇子瞻謂：「此治亂之本，故公特言之。」

此言教養萬民之道。朱子曰：「周公戒成王使聽我教汝以輔民常性之道，若汝不勉則不能永保天命也，然則所以輔民常性者惟在乎勉而已。」「頒朕不暇」，陳三山謂「汝當頒我前日未暇爲之事一一行之」亦通。

陳新安曰：「此一條除『汝往敬哉』『茲予其明農哉』二句外，皆不可曉。味此二句，可見公時在鎬，欲王往新邑，而已將退老也。此章之下當必有公從王至新邑舉祀發命之事，而今缺矣。」愚按：洛誥訛誤脫簡，陳氏亦辨得七八分，所不可考者，如公既歸鎬，復從王至新邑與其日月等，終無如之何矣。

陳氏謂：「『王若曰』一節，是王既至洛舉祀後與公言，將留公治洛，先敘述公之功德，以慰藉之也。」愚按：此上蓋公自洛歸鎬，告王宅新邑之事，此下則復從王至洛，相與告戒之辭也。葉公云：「非一時之言，史彙而序次之。」想是如此。

「惇宗將禮」三句，是王述已行之事之辭，蓋舉祀發命，公前言之詳矣，至此王既如其言行之，只一敘述便了。若說王至新邑，當必行此大事，而今簡脫無考，恐未必然。

此王推美歸重於公。言「予沖子」但夙夜以謹祭祀而已，蓋已示留公之意也。

王以治爲「四輔」之大臣望公，下文公以治爲「四方」之「新辟」望王。此所謂「君臣各盡其責難」者也。

上文「王曰」三段，周公無答辭，朱子疑其有闕文，陳新安亦云：「此章之上，必有公答王之辭，蓋不許王留後之請也。所以王言公止我往歸周矣。『公無困』我，是以不許留爲『困』，其辭危。『勿替刑』以下，其望遠。」

「孺子來相宅」，乃公述王之此行也。「曰」者，公期望於王之辭。「其自時中」，又其即將然之辭也。「亂爲四方新辟」當與「亂爲四輔」對觀，「作周孚先」當與「作周恭先」對觀，蓋公與王交相期望，各盡其責任之辭也。此下疑有闕文。

「曰：『明禋，拜手稽首休享』」者，蓋述王命使之辭。曰此明潔以禋祀之酒，今拜稽而致休，美以享公焉。敬之至者，其禮如祭。傳曰「享有體薦」，一證也。記曰「君子敬則用祭器」，又一證也。

「惠篤敘」，謂順文武之道篤敘而行之也。

多士

集傳云：「商民遷洛，亦有有位者，故以『多士』名篇。」蓋上而鄉大夫，下而農工商，皆在其中矣。

弗弔，大誥引「不弔昊天」爲訓，甚明。

林氏云：「告殷士以天命之，公使知殷失天命而亡，則誰能與之？周得天命而興，則誰能遺之？蓋潛消其覬覦猜疑之心也。」

「逸」，安也。天於人君常欲導之於安逸之地，如爲善最樂，作德日休，即「帝」之「引逸」也。「降格」與呂刑「降格」同。

董子云：「天心仁愛人君，必出災異以警戒之。」即「降格」之謂也。

此二節是說商先王以明德而得天命也如此。

呂氏曰：「天也，祖宗也，民也，自古帝王所共畏也。紂不聽念先王，罔顧天顯民祇，三畏皆亡，無所不至矣。」

此三節是説商後王以不明德而失天命也如此。

傳自「割殷」之事推之，謂「聖賢事不貳適，日用飲食，莫不皆然。蓋所以事天也。」此與孟子「存心養性以事天」同。「聽用德」，謂聽察其有德者而用之。商士所言私情也，王所言乃天理。不擇賢否而用之，非天理矣。商猶謂之「天邑」者，蓋言其地舊爲天子之都也。

「奄」，東方之國，與淮夷三監同助武庚以叛者。周公東征，一舉而誅四國。殷與管、蔡、奄也。獨言來自奄者，伐奄即來也。陳新安曰：「多士一書中，言與喪則由於天，言天命則繫於德，言德則本於敬，終之以爾上爾邑，有恒產者有恒心，而非誘之以利也。」

無逸

呂東萊曰：「『逸』者，禍亂之源。三年東征以定外亂，此特治其末流爾。」無逸者，治源之書也。無逸作於作洛之後，成王即政之初。

「所」，如「北辰居其所」之「所」，蓋居而不移之謂。此呂氏説也，集傳取之。

「先知稼穡之艱難，乃逸」，有言艱難而後能謀安逸者，有言艱難之中自有安樂之理者。呂氏乃云：「先備嘗稼穡之艱難，乃處於安逸，則知小人之所依。」陳新安謂其説超出諸家，曰：「君逸於上，君本逸也。惟以勤居逸，雖逸而能無逸。蓋成王生於深宮，遽處人上，公深爲之懼，故以此警之。」所以傳於此云「以勤居逸」，至下文「厥子不知稼穡之艱難，乃逸」，則曰此爲「以逸爲逸」，與上文相對。讀者前後互考，方見得傳之精密如此。

陳東齋云：「『所其無逸』，却『小人之依』，此一篇之綱領。後章言三宗文王及怨詈之事，皆反覆推明乎此也。」張南軒云：「無逸欲其『知稼穡』，『知小人之依』。帝王所傳心法之要端在於此。蓋治常生於敬畏，而亂常起於驕逸，使爲國者每念『稼穡之艱難』，而心不存焉者寡矣。是心常存，則驕矜逸豫何自而生，豈非治之所由興傳歟？」

南史宋高祖劉裕孫孝武帝駿壞高祖所居陰室，爲玉燭殿，牀頭有土障，壁上掛葛燈籠，麻繩拂。袁顗因盛稱高祖儉德，上曰：「田舍翁得此，已爲過矣。」

上文既論「無逸」之理，此下復舉「無逸」之君以示之法也。呂氏謂：「此中宗「無逸」之實，『嚴恭寅畏』至『不敢荒寧』，皆言敬也。惟敬故壽，自此至文王其壽，莫非此理。」陳三山曰：「以天命之理，自爲法度，凡身所躬行合於法度者，無非天命之流行。」

此高宗「無逸」之實，張氏曰：「『不敢荒寧』，則志氣凝定，精神純一，此長年之基。民心太和，導迎善氣又所以致長年也。蓋神氣耗散，則根本不固；厲氣外襲，則天和日消。有一於此，皆足致夭。」

此祖甲『無逸』之實。

「人情莫不欲壽而惡夭」，既以憂勤致壽者爲之勸，又以逸豫致夭者爲之戒，是則所謂「開其所欲，而禁其所當戒也」。蘇氏曰：「或以逸豫爲未必害生也，漢武帝、唐明皇豈無欲者哉而壽如此？夫多欲不享國者皆是也，武帝、明皇千一而已，豈可專望乎此哉！」呂氏曰：「後世之君憚憂勤而恣逸樂，伐性傷生，靡所不至，乃欲得神仙之術以求長年，何其愚之甚也與！」王葵初謂：「蘇氏之說於經有助，使好逸者無以漢武明皇藉口。」呂氏求神仙延壽之說，三代前未有也，然亦可備經筵進讀之一義，可謂知言矣。

上節言「太王、王季」能「自抑畏」者，傳謂將論文王「無逸」，故先述其源流之深長也。此以下言崇儉素，重農畝，恤窮困，勤政事，戒遊田，捐橫斂，則皆文王「無逸」之實。

陳新安曰：「孔氏以『即田功』爲『知稼穡之艱難』，甚好。『知稼穡之艱難』乃『無逸』之根本，一篇之綱領也，『迪哲』四君皆由於此。彼生則逸之君，只爲不知稼穡艱難耳。」

「柔」者須「徽」，「恭」者須「懿」。「柔」而不「徽」則謂「柔懦」，「恭」而不「懿」則謂「足恭」。「足恭」即朱子所謂「非由中出」也。

「惠鮮」謂惠澤之使鮮，鮮有生意。

兩「惟正之供」，皆不以貢賦爲吾逸樂之用也。

陳三山云：「一日暫樂，若未害也，而以爲不可者，蓋此心不可以斯須忘。斯須而忘，是放其心，自此以往，不可收拾矣。」呂東萊云：「苟不戒一日之耽樂，必至爲紂之徒。『無皇曰今日耽樂』，蓋原淫樂之始，使之深絕其微。『無若殷王受』，蓋要淫樂之終，使知必至此極，始終備矣。」

觀覽以舒其目，安逸以適其體，遊豫以省其風俗。田獵以習其武備，人君不能無也，特不可過耳。過則人欲肆而入於亂亡矣，故公使之無淫於此。若必絕之使無，則迫蹙拘制矣。

眞氏曰：「前舉三宗，後舉文王，俾王知所法。又舉紂，俾王知所戒。紂之惡無不有，酗酒其最也。人無智愚，皆知憂勤必享國，逸豫必戕生。惟沉湎於酒，心志昏亂，則雖死亡在前亦不知畏。故欲『無逸』則不可『酗酒』，『酗酒』則必不能『無逸』。公所以專以此申戒也。」

「訓」「誨」，忠言也。「譸張」，邪說也。忠言交進則邪說莫行。此陳新安說，與蔡傳不同。

「詛」謂請神加殃，「祝」謂以言告神，其意一也。

「皇」只訓君，謂君聞怨詈而自反以敬德也。陳東齋云：「四君至明，故能如此。凡聞謗而責人，皆不明所致也。」是從「迪哲」說來，此正義也。

陳三山曰：「以一人之身，當天下之怨，皆自幻言有以惑之始。」夏氏曰：「向之怨詈，猶有限也，至此普天同怨，是怨叢於一身矣。民氣如此，欲享國久長得乎？此意蓋在言外也。」

董氏鼎曰：「此篇挈『所其無逸』以爲之綱，而分『先知稼穡之艱難』與『不知艱難』以爲之目，此一篇之大旨。商三君，『先知艱難』者也，後王生則『逸』，『不知艱難』者也。戒嗣王之『觀逸遊田』，懼其『不知艱難』也。遠引古人，恐不盡信，故尤欲其師文王、懲商紂，以耳目所及者爲言焉。眞萬世之龜鑒哉！」此董氏提出一篇之關節以示人，可謂知要也。

君奭式

呂東萊說：「召公以盛滿欲去，周公反覆留之。」集傳蓋本諸此。問：「『召公不悅』之意。」朱子曰：「只是小序恁地說，裏面却無此意。這只是召公要去後，周公留地[一]說朝廷不可無老臣。蓋一篇大意只是如此。」又云：「周公不知其人如何，其言聱牙難曉，如立政、君奭之篇是也。」陳新安曰：「盤誥聱牙，君奭尤多甚不可解，惟留召公之意可想耳。」姑采衆說之略通者而缺其不可通者可也。

「在家不知」言此時吾等可諉以退老在家而不知乎！加「退老」二字尤分曉。

陳新安曰：「此章大意謂今日天命人心未爲固，成王經歷未爲深，所當輔之以嗣前人之光，延長世德，凝固天命，吾等當留而不當去也。此篇語句多尤難曉，只得其大意可也。」

「保衡」即伊尹，以其保護王躬，而天下之事皆取平焉，故曰「保衡」。蓋太甲始立此號，以尊伊尹而不名也。

此周公敘商家五王所以能創業守成者，皆此六臣輔相之烈，以見召公未可去，而勉其匹休於前人也。

「多歷年之次所。」

「百姓王人，罔不秉德明恤」，此言其在內者小大皆賢也。「小臣屏侯咸奔走」，此言其在外者小大皆賢也。

此章大意謂商賢聖之君，其始以得五六大臣佐佑之助，故能得天佑命之純，是以衆賢相繼而出，無外內小大之間。明商之得人，實由於五六大臣得人也。周公言此，正欲召公知吾二人其進退繫於國體者如此，豈可以盛滿難居爲懼，而果於

〔一〕「地」當爲「他」，疑形誤。

求退也！

此章大意謂文王得此五臣之助，亦如商之衆君得上六臣之助。五臣之輔周，無異於六臣之輔商，故佑命之純於周，無異於昔之純於商也。天眷厚而賢才衆多，賢臣輔而君德修著。是則文王所以受殷命之故，亦五臣之助也。周公此言主於留召公，故皆歸重於臣之辭。召公縱不以商之六臣爲念，獨不以周之五臣爲意乎？

上章言商先王猶有賴於六臣，此二章言周文武猶有賴於五臣四臣，召公可不監此而遽求去乎，留之之意切矣。按：是時洛邑雖成，而殷民尚未孚，四方雖定，而天命人心尚未固。故周公歷言古今賢聖之君倚賴老臣以固其國家之事，其切於留召公如此。

吴臨川云：「周公所舉皆世臣舊德，故武丁世不及傅說，文武世不及太公。今周公、召公，正如殷之六臣，文武之四五臣，豈可去乎？」此說得之矣。

「誕無我責」二句，傳既闕疑矣，陳新安乃采夏、余二家說，姑釋之曰：「大無專責於我，召公苟收斂退藏，不勉王所不及」亦似畧通。然又云：「此等句實聱牙難通，惟挽留召公之意猶可認耳。」

「命作民極」，置之具瞻以爲「民極」也。具瞻指三公之位言。

「襄我二人」是周公自謂己與召公也。陳三山云：「今時未至盛大，未有賢俊可讓，召公未可去也。」按：朱子謂：「召公見成王已臨政，所以求去。」程子謂：「召公欲去者，不敢安於師保之位也。」集傳兼之。

此二章又以文武留召公也，蓋洛誥周公之使留，實以文武之故。今召公欲去，周公復舉文武以感動之。其留之之意，至此益切矣。陳新安云：「前以商六臣周五臣四臣留之，末以文武與身留之，諄切至此，召公得不留哉？蓋公憂之深，是以留之切，留之切，是以言之詳。召公與周公同功一體，均有忠君愛國之心者，此所以油然而感，幡然而留也。」

「予不惠若茲多誥，予惟用閔於天越民。」朱子謂：「只此便見周公之心。」「周公之心，畏天命悲人窮之心也。」

民心又天命之本，而「敬」則爲民心嚮順之本，故前兩言「克敬」，末復言「往敬用治」以結之。又按：召誥言「敬」，君奭篇亦言「敬」，周、召之學，一「敬」而已矣。

蔡仲之命

微子之辭溫厚，蔡仲之辭嚴厲，故曰「大體相似而其實不同」。

「管」在滎陽京縣東北，今爲開封府西鄭州地。問：管叔當時可謂護莫殺否？朱子曰：「他已叛，只得殺，如何調護得！」張氏震曰：「象得罪於舜，安得不貸之以恩；管叔得罪於周，安得不斷之以義。霍叔不絕其身，蔡叔不絕其子，恩與義並行而不悖也。」

武王封叔度於汝南上蔡，胡徙新蔡，昭侯徙九江下蔡。蘇氏曰：「蔡叔未卒，仲無君國之理，所以封仲必在叔卒之後也。」

蔡叔罪在不忠不孝，仲苟忠孝自盡，便是能「蓋前人之愆」。「率乃祖文王之彝訓」，所謂孝也。「無若爾考之違王命」，所謂忠也。

當建國之初，語以謹始，而即援以慮終，竭兩端之教也。

五者，侯職之所當盡，所謂「畫一以告之」也。

「中」者，心之理而無過不及差者也。這箇「中」原是人心固有底，「率」則循其所固有者而已。「舊章」者，先王之成法，謂已然之法。「厥度」者，吾身之法度，謂當然之制。是皆「中」之所寓也。苟不循「聰明」之自然，則矜肆之心生，未免有非古之愆，此非能「率中」者也。不審「視聽」之間，則一偏之言易入，未免有敗常之愆，亦非能「率中」者也。故必內不變於己之私智，外不變於人之私言，則「中」道合而俟職盡矣。仲以英妙之年任國事，周公老成深慮，故戒如此。

呂氏云：「聽覽不貴於速而貴於詳。迎刃立決，見事風生，宜若可喜，然忽畧疎快，動皆愆尤，讒說姦言每乘其忽遽而入之。惟『詳』其『視聽』，安徐審訂，表裏畢陳，側媚之言將不得售。故『詳』者乃聽覽之大法也。」說得痛切。

多方

林氏曰：「周公攝政時，奄嘗與三監同叛，多士曰『昔朕來自奄』，已當征之。今成王即政，奄又叛，成王滅之而歸鎬京，諸侯來朝，周公又稱王命以告之，是既踐奄而徧告庶邦也，故篇以『多方』名之。」朱子曰：「大誥、梓材、多士、多方等篇，乃當時編人君告其民之辭，多是方言，故諸誥等篇，當時庶民曉得，而今士人不曉得。」

「洪惟圖天之命」爲多方一篇之綱領，下文引夏商所以失天命受天命者以明示之，集傳提掇得分曉。

「甲」，始也。呂氏說：「原其所因，蓋始內亂，妹喜之嬖是也。蠱其心，敗其家，然後流毒於國與天下，探其根而言之也。」集傳因之。

「百爲大不克開」，欲耕害其耕，欲賈害其賈，四向皆躬，無一能達，言民窮如此也。

「仁者，君之所依」，湯能以仁爲依，而致慎於上，是乃所以勸勉其民。故民亦以仁爲勸，而儀刑於下，用以自勉其身，是則所謂「君仁莫不仁」也。

「明德慎罰」爲有商家法，要之一「仁」而已矣。「明德」，仁之本也；「慎罰」，仁之用也。陳三山曰：「『明德』化民，用德其本心。『慎罰』不濫及民，用刑不得已也。本原既正，則或刑或宥，皆足以勸民於善。刑一也，先王用之而使民勸，後世用之而爲民毒，何也？先王之刑，皆仁之寓；後世之刑，皆不仁之具也。」雅言曰：「人知『明德』之爲仁，而不知

『愼罰』之防範人心者，蓋亦所以爲仁也。人知開釋無辜之爲『愼罰』，而不知殄戮多罪之懲創人心者，尤所以止罰也。有商以『仁』爲家法，於是深可見矣。」

「誥告」，以誥辭告之也。此節集傳說得上下文貫穿。

湯是夏之諸侯，故曰「有邦」。

「聖」，通明之稱。呂氏謂：「周官六德，『聖』居其一，非『大而化之』之『聖』也。若『大而化之』，寧有『罔念』，又豈『狂』者一『克念』而遽可至哉？然『大而化之』，亦通明之極而至於化耳，『狂』而『克念』亦『大而化之』之基也。雖曰通明不念則狂，雖曰狂惑，克念則通，其機惟在念不念之間耳。」愚按：操其心以思謂之念，念不念之間，聖狂所以分也。念非一日，不念亦非一日，或云聖狂之分生於一念之頃者不是。

「罔念」，雖「聖」可以「作狂」，故「克念」，則「狂」亦可以「作聖」。傳所謂紂「亦有可改過遷善之理者」此也。呂氏曰：「紂固無能改之事，而有可改之理，『罔念』『克念』之機也。」

「德」者，治民事神之本。「克堪」，言文武於德能勝而用之也。陳新安謂：「『克堪』二字下得極有力，非有仁以爲己任之弘，兼死而後已之毅，不能堪而用之也。『克堪』用之，必有非力之力，眞積力久之力而後可。」雅言曰：「成王言昔者天求民主於爾多方之時，惟我文武能溫然以愛其民，毅然以修其德，是誠可以爲神天之主矣。故上天於是式教之，而使其治周以休美焉，復簡擇之而畀付之以殷命，尹而多方使爲天下之主也。」

此節大意謂文武之得天下，固非苟得於天，而天之予以天下者，亦輕畀於文武也。林氏曰：「此篇陳桀紂之亡，商周之興，皆出於天。天之所奪，非人力所能支。天之所予，非人力所能移。而其所以爲予奪者，以其德與不德耳。爾多方當之天命，不可有他志也。」

「乂我周王」，只夾輔介助便是「乂」。

「自作不典」，指叛亂而言，欲見信於正者，蓋四國從殷以求興復自以爲義當然也。

初殷民與紂同惡，武王克紂，蓋嘗如是「教告之」「要囚之」矣。「再」謂三監淮夷叛復如是，「三」謂即政又叛復如是，俱指「教告要囚」而言。

陳新安云：「爾能和身及家，以及爾邑，則爾邑之教化能修明，爾方爲能『勤乃事』矣。」教化修明，傳所謂「驩然有恩以相愛，粲然有文以相接」是也。

「穆穆」，和敬貌，蓋服凶人莫如和敬也。和敬盡於己，而介助資於人，庶「凶德」化而人和洽矣。此「誘掖商士之善，以化服商民之惡」，所謂「輔移感動之微機」也。

「迪簡在王庭」者，且將自此洛邑之胥伯尹而擢在王朝矣。「有服在大僚」旨，且將有事而升在大僚矣。此即所謂「大介賚」也。呂氏曰：「多士序商民之怨周曰：『夏迪簡在王庭，有服在百僚。』『予一人惟聽用德』云云，則以大義裁之。此乃以『迪簡在王庭，尚爾事，有服在大僚』爲勸，何也？爵位上之所命，非下之可干，自其怨望而許之，姑息之政也，示以好惡而勸之，磨勵之具也。此周公御商士之開闔大用也。」

「時惟爾初」，呂氏謂：「是又爾更端爲善之一初也。蓋殷民與紂同惡，武王克紂，是維新之一初也。遷洛又一初也。今歸自踐奄，而又爲多方之誥，諭以『時惟爾初』，昔之過一皆洗滌，今之善當相與維新，豈非又一初乎？」

立政

傳引吳氏說，謂此書旨意，「上戒成王專擇百官、有司之長。其長既賢，則其所舉用無不賢者矣。」陳新安曰：「此篇以用『三宅』爲立政用人之綱領。『立政』二字，每段多提掇之，故以名篇。」呂氏謂：「無逸，格心之書。立政，用人爲政之書。二篇相爲經緯，以無逸之心，明立政之體，君道備矣。」又云：「立政，言爲治體統，固臻其極，而反覆申重之意，忠愛惇厚之誠，深長達大之慮，學者當於言外體之。」

「常伯」即下文「宅牧」，主牧養之大臣也。「常任」即「宅事」，所職必廣，凡任事之大臣也。「準人」即「宅準」，主平法之大臣也。刑法當如準之平，故曰「準人」。呂氏以三者爲公卿輔，相之別名，恐是如此。又云：「『三宅』，左右大臣，『綴衣』『虎賁』，左右小臣。職重者有安危之寄，職親者有習染之移，其繫天下之本一也。」故傳曰「是皆任用之所當謹者」。

中之「俊」，乃天生之以遺國家者，故曰「籲俊尊上帝」。「九德之行」，即皋陶告禹自寬栗至彊義之德之見於躬行者也。「宅」者，居而安之之謂。言惟君以「籲俊」爲心，故其臣亦以薦揚爲務。君臣各盡其道，此立政之要也。

呂氏云：「周公之戒成王，自『綴衣』『虎賁』之外，其禮其辭，與夏詧同。」陳氏雅言謂：「圖任『三宅』爲人君之職者，三代告君之常法也。表親近之職，使人君不敢輕者，周公養源之精意也。蓋『綴衣』『虎賁』，朝夕與王處，最親且密，故薰陶涵養賴焉。」

夏先王任用「三宅」則「大競」，桀惟任「暴德」之人則「罔後」，興亡繫於所任如此，可不慎與？

集傳以「丕釐上帝之耿命」爲「典禮命討，昭著於天下」，此特指其大者而言之。陳東齋說：「事事物物之理，莫非天命之流行。湯升天位，大理治上帝之明命，謂大治天下，使事物昭然各當於理。」却是推廣說，以補傳所不足爾。

儲「三俊」以繼「三宅」，其說始於呂氏，集傳取之。而陳新安謂：「湯用『三宅』而儲『三俊』以供無窮之用，上廣夏后之所未及，而下爲文武之所取法。」尤說得上下貫通。

「奄」，音「掩」，盡也。「井牧其地」，周禮小司徒註：「井謂衍沃，牧謂隰皋。地之衍沃者，百畝爲夫，九夫爲井。其隰皋則九夫爲牧，二牧而當一井。以田有不易，一易，再易，通率二而當一也。」「什伍其民」，族氏云：「五家爲比，十家爲聯，五人爲伍，十人爲什，以受邦職，以役國事。」呂氏曰：「論夏商之興亡，不出於任用得失之間，立政之體統端在此矣。」

呂氏曰：「『三宅』，共政者也。知其心者猶未盡，則不能無間，惟文武眞能知其心也。『三俊』，待用者也。未興事過，則底蘊不外見，惟文武灼然見其心也。」陳新安曰：「『立民長伯』，當時宅俊或有出而封爲長伯者，與諸侯入爲王官。王官出爲諸侯，古常有之。」

此言文武立政，「三宅」之官，其大綱也，「虎賁」以下，皆屬於此，猶衆目然。陳氏曰：「文武立政之本，在用『任人、準扶、牧』『三宅』，以作『三宅』之職事而已。」

此侍御之官也。「趣馬」，掌馬。鄒氏謂「周禮校人掌王馬之政，『趣馬』其屬也。」註云：「『趣馬』，下士趣養馬者。馬七十二疋，立趣馬一人，此都邑之官也。大都，公之采邑。小都，卿之采地。」

此諸侯之官也。「亞」，小司徒之屬。「旅」，即下士。皆三官之副與屬也。

此王官之監於諸侯四夷者也。「夷、微、盧烝」，四國也。「三亳」，商故地，分而爲三也。阪陰之地，皆立官以長之，故曰「尹」，言四國三亳與阪陰之地，皆有尹也。以上辭言文武用人，「三宅」得人，凡大小内外遠近莫不皆得其人也。陳新安謂：「文武得人之盛如此，推其本原，由其知立政綱領在用『三宅』。『三宅』得人，故内外衆職皆得人也。夫文武以一人之聰明，豈能周知内外大小遠近之臣哉？『三宅』大臣，人主所親擇，其下小大臣工，各委之『三宅』而已。」

此因上章言文王用人，而申「克知三有宅心之説」也。人皆以「克厥宅心」爲處心，朱子非之，謂「即前面所説『三有宅心』耳」。蓋「克厥宅心」者，知之至，信之篤，文王之心與「三宅之心」開合交契，而無毫髮彼此之間也。吳臨川曰：「惟能心其心，故能立其官，而能得其人也。三『克』字，皆謂文王能之。」

「罔攸兼」是説文王不敢下侵庶職。陳新安云：「文王用『三宅』得人，則委任責成，不復侵其職，惟加重於『有司』之爲『牧夫』者，訓勑其用命與否而已。蓋『有司牧夫』，即任『庶言庶獄庶慎』之人也。訓其用命，則其事可以不問而自理。訓其不用命，則其事可以不嚴而自治。文王豈屑屑焉於此三者而下侵乎衆職哉？是則所謂逸於任賢也。」

上文只及「常事司牧人」，而不及「準人」，「庶獄」即「準人」之事也。此篇「三宅」，有全言之者，有舉其一者，參錯及之耳。

「罔敢知於茲」，呂氏看得「敢」字最有意味，只此便見聖人之無爲與老莊不同。陳氏雅言曰：「『罔攸兼』，委任之至，不敢以身興其事也。『罔敢知』者，敬忌之至，不敢以心興其事也。」

陳新安云：「蔡氏承上文用『三宅』而言，蓋不敢改父之臣之意，此説出於夏氏，諸家因之，以其切立政用人故也。」「我」字，指王而言。陳東齋曰：「『我』者，我其君，君臣一體也。」

張氏曰：「王繼文武以立政，可謂難矣，而難之中自有簡易之道。亦曰『立事、準人、牧夫，我其克灼知厥若』而已。知『三宅』之心，即所以立政。」此説以立政爲作書之本意，立事爲任人之官。董復齋謂其於經意爲兩得。而陳新安亦云：「提起立政，下列『三宅』，證以上下文甚協，則孔傳「立政爲大臣，立事爲小臣」之説，其謬明矣。

察其所順者，知人之要，而勿使小人間之者，又任人之要。蓋知人不可不盡，任人不可不專，竭兩端告之也。

「一話」謂一事之始終。「一言」一句而已。「成德之彦」即指「三宅」而言。陳新安曰：「相『受民』，『牧』之責也。和『庶獄』，『準』之責也。和庶所當慎之事，『事』之責也。委任『三宅』，欲勿以小人間之。苟或一話言間微，不終於專主君子，則小人乘間入之矣。此公戒王以委任『三宅』，專一周密之法也。」此節「我」字與上文「我」字同。

「繹」如繹絲，謂窮其端緒，既能宅而任之以安其職，又能由繹用之以盡其才也。

小人而謂之「憸」者，形容其沾沾便捷之狀也。張氏云：「傾巧辯給之人，詐足飾非，言足拒諫。悦其心則譽桀紂爲堯舜，失其意則誣伯夷爲盜跖。此周家之法，所以嚴惡而斥絶也。」呂氏曰：「人主惟以別白君子小人爲職，國之興亡，常必由之。此篇反覆於君子小人之際有旨哉！」

上文兼言「庶獄庶慎」，至是則獨曰「庶獄」者，蓋摯其重而獨舉。獄何爲其獨重也，民命所繫，亦國命所繫也。呂氏曰：「一篇之中所謂『王矣』者，蓋屢言而屢歎之，恐成王今猶不自知身當職分之大，非前日委重視成可比，故警之不一而足也。」

呼「文子文孫」，言守成以文，終以「詰爾戎兵」，則武不可弛。蓋周公恐王宴安而使之自強，保治之長圖也。古人治兵乃所以弭兵，後世銷兵乃所以召兵。然則聖人固不啓君黷武，亦豈廢弛以誤人國哉？

「言德威所至，無不服」者，地之所至皆德威之所至，無敢有不服也。「耿」亦「光」也，「耿光」，光之著也。

陳東齋云：「理之常行而不可易者爲常道，行此常道而不易者爲『常人』。『常』言其體之不易，『吉』言其用之休祥也。蓋未有『常人』而不『吉』，『吉士』而不『常』者，故曰『同實而異名』。」

呂氏曰：「『常人』之於國也，蓋食之穀粟，衣之布帛，雖無異味異文，而有生者常用而不可一日易也。然每多重遲木訥，不能與小慧新進者爭長於頰舌之間，故世主惑於取舍而治亂分焉。此周公所以慨歎而深致意於卒章與。」愚因憶伊川像贊，正襟朗誦曰：布帛之文，穀粟之味，知德者希，孰識其貴？

忿生爲武王司寇，封蘇國。列者前後相比，猶今言例也，蓋以舊事爲比，而用其輕重之中者也。陳新安曰：「立政之綱領在『三宅』，『三宅』中所重尤在『準人』之刑獄，故既告王以『勿誤庶獄』，末復命大史書蘇公敬獄事以示法焉。蘇公所以爲司寇在乎『敬』，後人之法蘇公在乎『慎』，能『慎』則能『敬』矣。敬者，慎之存於心。慎者，敬之見於事。慎謹之心，一敬畏之心也。固爲後之司獄者慮，尤爲後之君用人以司獄者慮。能如蘇公者則用，否則斥，蓋以此終立政用人之意與。」雅言謂「立政之道以任賢爲本，以『庶獄』爲大，故一篇之中，凡五致意於『獄』，而終結之以此。」其所見與新安略同。

董氏鼎曰：「周公復政成王而作立政，以王政莫大於用人，用人莫先於『三宅』，『三宅』得人，則百官皆得人，而王政立矣。故一篇之中，『宅事牧準』，其綱領也；『知恤』，其血脈也。先歷言夏商之王，能『知恤』與不能『知恤』，繼言文武之『知恤』，亦猶夏商之先王。而後拳拳以去『憸人』，用『常吉』，謹『刑獄』爲王告。蓋欲王以先王之『知恤』爲法，以夏商後王之不『知恤』爲鑒。忠愛之至，至今可挹也。」按：亡書亳姑篇，成王葬周公於畢而作也。李氏瞬曰：「自稷契以下，盡臣道者代不乏人，而伊尹、周公之葬，獨紀於書。」

書經要義　卷六

周書

周官

陳新安曰："周禮乃周公擬議未全未行之書，周官則成王建置訓迪而已施行之書也。今只當據周官以解周官，其與周禮未脗合處，姑略之可也。"朱子曰："古者諸侯之國，只置得司徒、司馬、司空三卿，惟天子方置得三公、三少六卿。漢只置太尉、司徒、司空爲三公，而無三公、三少，蓋未見古文尚書也。三公、三少本以師道輔佐天子，只是加官，周公以太師兼冢宰，召公以太保兼冢宰，是以加官而兼宰相之職也。後世官職益紊，今遂以三公、三少之官爲階官，不復有師保之任，『論道經邦』之責矣。然古者猶是有功德重望者，方得加師保之官，以其有輔教天子之名也。後世遂以諸子或武臣爲之。既是天子之子與武臣，豈可任師保之責耶？訛謬傳襲，不復改正。"按：皇明已改諸子"師保"之謬，而武臣猶未免襲舊矣。

史臣將述成王訓迪百官之辭，而先敘本末如此，所以著成王能尊所聞，行所知，而善於爲政也。論者以周官爲立政之效，信然。

張南軒以"仰惟前代時若"即前所謂"若昔大猷"，非也。只是說仰惟前代建官之意而時若之觀。傳於上文"若"字不釋，而此則釋之，爲順便見。

陳新安曰：「王意謂今『兆民』綏、『六服』承，若已治已安，然治亂在庶，官當先幾而備之。將言唐虞夏商之建官，故以此三言開端焉。『唐虞稽古』至『亦克用乂』，此唐虞夏商之建官所以制治保邦者也。立政而『官惟其人』，爲政在人也。訓官而『祇勤於德』，取人以身也。此成王仰若唐虞夏商而訓官以制治保邦者也。」

「三公」，非常之位也。居非常之位者，必任非常之責，謂講明天人之道，經綸乎邦國，燮理乎陰陽也。必求非常之才，謂有其人則使之居是官，非其人不若虛是職也。陳氏傅良云：「『三公』多是『六卿』兼之，但其人足以兼公則加以公之職位，非其人則止爲卿而已。『三公』『三孤』，皆無其人則闕焉而已，而『六卿』自若也。要之，成周以『三公』『三孤』待非常之德，故曰『官不必備，惟其人』。」

「師」，天子所師。「傅」，傅相天子。「保」，保安天子。「孤」，卑於公，尊於卿。特置此三者副貳「三公」，弘大道化。陳新安謂：「蓋『貳公』以弘大其『論道經邦』之化耳。弘大道化，以『寅亮天地』，體用之謂也。孔註當矣。」

「道」者，「陰陽」之理，恒而不變者也。「化」者，「天地」之用運而無迹者也。「化」待「道」而後立，「天地」待「陰陽」而后行。呂氏云：「明則邦國，幽則陰陽，幽明之所以然，所謂道也。經綸之用，藏於無迹，和調之妙，間不容聲。何待於論。論云者，擬議以成其變化，講明啓沃而精一之者也。」陳氏雅言云：「『道』與『化』，『陰陽』與『天地』，其辭若一，其職實殊。『道』者，『化』之體。『化』者，『道』之用。『陰陽』者，氣也。『天地』者，形也。『論道』者，『弘化』之本也。『燮理』者，『寅亮』之本也。『公』濬其源，『孤』道其流。『公』正其本，『孤』治其末。『公』提其綱，『孤』張其目。『公』『孤』之職雖異而實同，雖同而實異者如此。」愚按：分而言之，上節「道」，其體也，「陰陽」，其用也，此節「化」者，「天地之用則「天地」其體也，細書其體對待其用流行。蓋上下各有體用，「公」「孤」同是一職，似不宜過分淺深輕重，即「官不必備」與「弼予一人」，亦似互文見義也耳。呂陳二家以爲格心之任不可煩「三公」，恐鑿「六卿」萬事之綱，而「冢宰」又「六卿」之綱，此所謂綱在綱中也。陳新安曰：「『冢宰』雖與五卿並列而各爲一卿，實總統乎五卿，所掌雖『邦治』，必教、禮、兵、刑、土之並舉其職而後可以治與。」呂氏謂：「管攝百官者，非官官而控制之，自百而歸六，自六而歸一，所操至簡也。調劑四海者，非人人而稱量之，大與之爲大，小與之爲小，所居至易也。明乎簡易之道，相業無餘蘊矣。」

「徒」，衆也，主民衆，故稱「司徒」。呂氏云：「『擾』者，馴習而熟之，撫摩而入之，畜養而寬之之謂。總之，只是舜典『在寬』之義。」

「神」，天神，包地祇在其中，人只是人鬼。治，理也。「和」，有樂之意。虞禮樂分二官，周合爲一。陳三山曰：「『刑』曰『邦禁』，此初設刑美意，禁民使不爲惡，而非以虐民也。」虞以士兼兵，周分爲二。

呂氏曰：「『冢宰』列於『六卿』，綱固在綱之中，而首非處身之外也。」「六卿分職，各率其屬，以倡九牧」，自內而達之外，九牧各率其州之諸侯以應六卿之令，自外而承乎內，內倡外應，周浹泰和，此成周治天下之體統也。

「大明黜陟」，即王制所謂不敬者，君削以地，不孝者，君黜以爵，有功德於民者，加地進爵是也。呂氏曰：「『六卿』倡『九牧』，既立爲治之綱矣，繼以朝覲巡守之制，所以振其綱也。蓋諸侯既親承德意於天子，天子復親『考制度』於諸侯。禮樂刑政，斯四達而不悖矣。是制也，嘗一見於虞書，後千餘年復出於此。驗其疏數，而世之升降，事之繁簡，兵衛之多寡，用度之豐約，與夫成王觀會通以行其典禮者，皆可得而考矣。」

此戒以謹令於未出之前，既出則惟行而不可反矣。令出而反，是民輕上而不信其令也，故必致謹出令不至於反，非欲其遂非也。陳新安曰：「民之從違視公私之消長。『滅私』者，純乎天理而私欲淨盡之謂。欲民之『允懷』，非『以公滅私』者不可。『允懷』，誠服之謂也。」

「制」，謂裁度，議事而以古義裁度之，故曰「以制」。古義即所學前代之成法也。然蘇氏只就律令言之，竊恐經意所包者廣，當不僅此一端已也。呂氏曰：「『學』者應事以理，雖萬變而不勞。『不學』者應事以才，不通於理，觸事『面牆』，始猶以才力營之，事漸多則不勝其『煩』矣。此既歷數『蒞』官之病，復勉以『學』之不可已也。」

「功」者，「業」之成，「業」者，「功」之積，都是就「卿士」本職說。陳東齋譬之學與農：「學問思辨皆學業，至於道充德備，則學之功成矣。播種耘耔皆農業，至於收穫有秋，則農之功成矣。功之高卑由立志之高卑，欲功之高，立志固貴乎高，然必勤以廣業，則職業日勉日高，其基廣，而其成高也。否則，雖有此志，終不遂矣。」

「寵盛」即指上祿位言。

陳新安曰：「以上成王畫一以教戒『卿士』，言言精當，脱佶屈聱牙而得此，猶芻豢之悦口云。」

訓戒既終，復提要總告之，蓋總上文「六卿」百執事之人，而申戒勑之也。言各敬爾官，治爾政，以佐佑乃辟，永安兆民，則萬邦之廣，親附愛戴者，豈復有厭斁之心乎？此以安民無窮之效期之也。

君陳

稱「君」，貴之也，必封國爲君，故稱「君」。

「令德」即「孝恭」，「孝恭」指其德之實也。「惟孝」者必「友」，不「友于兄弟」，則戚其親之心，非「孝」矣。周公之訓，卽所謂常法，乃公昔日所以「師保萬民」者也。「師」則教之，「保」則養之，惟公教養斯民之至，故「民懷其德」，不能忘也。今君陳往繼公之職，治公之民，豈可少異於「公之訓」乎？曰「慎」，曰「率」，曰「懋昭」，上文所謂「敬哉」者莫大於是。呂氏曰：「民深懷周公之德，苟君陳一事少異於公之初，一法少變於公之舊，則觀聽疑駭，民不可得而治矣。」

按：治商民之要莫大於法周公，故王命君陳，三舉周公之訓以告之。今但一遵周公之訓，則「東郊」之民，耳目不駭，常如周公之在左右，安靜帖息可預卜也。此君陳一篇之大指也。

「馨香」者，物之精華，上達者也。治本無馨香，蓋至治之極，協氣休聲之所發越，猶馨香之旁達而可愛也。德之昭明，發爲「至治」，「至治」之「馨香」，卽「明德」之「馨香」也。蓋論「馨香」之效，至於感「神明」，推所以「馨香」之本，又根諸「明德」。有是德，則有是治，有是治，則有是「馨香」，有是「馨香」，則有是感應，傳所謂「洞達無間」者，此也。陳氏雅言曰：「周公之訓，惟在於『明德』，法周公之訓，惟在於篤敬。能明其德，則治無不至，能篤於敬，則得無不明。『明德』者，致治之本，篤敬者，『明德』之功，『至治』之極，雖『神明』之難感者猶且感之，況殷之頑民乎？即所謂『懋昭周公之訓，惟民其乂』者也。」按：傳以「用」訓「式」，而此則謂之「法」，其義似長。

「戒哉」，戒其如「凡人」之「不克由聖」也。「惟風」「惟草」，是喻夫德化之速猶易，所謂神而化之者。陳氏云：「『凡人』之情，『未見聖』則惟恐不能見聖者，秉彝好德之良心也。『既見聖』則又不能『由聖』者，氣稟物欲之所蔽也。君陳親見周公之聖，往繼周公之任，其可不以常人徒然慕聖之情爲戒哉！」董氏云：「風之動物也，妙於無迹草之從風也，亦不知其然而然，所謂神而化之，使民宜之者。誠在君陳自求之周公而已。蓋君陳誠能由周公之訓，不至如『凡人』『不克由聖』，則商民亦將由君陳之訓，而風草之速，有莫知其然而然者矣。此又申言上文『懋昭周公之訓，惟民其乂』之意，而反其辭以戒之，喻其效以勉之也。」

周公之訓既不可易，至於政則因時舉措，或當廢，或當興，必虞之於人，釋之於己，以求其當而已，固非變周公之法，亦不是膠執周公之法，蓋神明乎法也。

傳云：「或曰：成王舉君陳前日已陳之善，而歎息以美之。」此呂氏回護之說也。陳新安乃云：「此承上文謂謀於眾，審於己，而有嘉謀猷，則入告爾后於內云云，非特善則稱君臣之義當然，以善言上聞，而君不我違，使得行之於外非有德之君不能若此。此乃人臣宣上德意以明示於眾也。成王非欲臣之譽己，蓋欲君陳審謀猷以見之設施，庶幾君蒙其歸善，而臣遂其良顯耳。」又云：「成王此言，前此聖帝明王未有是也，葛真之疑亦未爲過，蓋恐啟導諛之漸也。」愚按：真氏云：「此義乃人臣自處者所當知，若君以是語其臣則不可也。」葛氏說具傳□外，這都是防其流弊之意，若新安雖亦未免回護，却說得文義近通。

曰「周公丕訓」，訓固大矣，猶欲弘之者。呂氏謂：「繼前人之政，苟止以持循因襲爲心，其所成必降前人數等。惟奮然開拓，期以光大前業，然後僅能不替，蓋造始之與繼成，其力量不同也。」「無依勢作威」四句，蔡傳之說精矣。夏氏曰：「上文言周公之訓不可不遵，然未言今日治商民當如何，故此及之。無『依勢』至『以和』，此言商民不犯法者待之當如此，其下則言不幸入於法者，待之當如此。『姦宄敗亂』又非此比，固『三細不宥』。」此又說得數章大意甚分明。

上章成王慮君陳之狥己，此則慮君陳之狥君也。陳三山云：「君之喜怒無常情，法之輕重有常理，不狥君而狥理之中。」此正義也。又云：「君言苟是，從君可也，非從君乃從理也。君言苟未是，則從理可也，從理乃所以從君也。」此是反覆發明言外之意。

此終上章之「辟」。

此終上章之「宥」。

「頑」不率教者，人之所未化也，不可「忿疾」之，率教者當獎拔之，然不可以「求備」，無責人之所不能也。

習「忍」可以至「容」，蓋自「有忍」而充於「有容」，則「忍」之迹化，而廣大之德成矣。亦是餘意。

殷民雖已薰陶於周公之訓，然厚薄淺深不同。以職業論，則有已化而修者，亦有未化而不修者，簡別之，使不相混淆，故人皆勸功。以行義論則有已化而良者，亦未化而不良者，進其行義之良，使不良者知所愧慕，故人皆勵行。修不修，是指已進用者言；良不良，是指未進用者言，故傳以「職業」「行義」分釋之。

民之厚雖遷而薄，而其本厚者亦未嘗不存。君陳能「敬典在德」以化之，則上之好無不謹矣，民有不從厥攸好而變薄歸厚，允升於大道者乎！人君不言福，風俗惇厚，偕之大道，此人君之福也，如天保報王受福之詩也，曰「群黎百姓，徧爲爾德」，亦是此意。呂氏曰：「化之博，福之厚，名之長，所以致之，不出於『敬典在德』而已。」陳新安曰：「『德』者，化商民之本，『敬』者，又以『德』化商民之本。始曰『命汝尹茲東郊敬哉』，終曰『爾克敬典在德』，始終一『敬』，而『德』有諸己矣。『德』有諸己，而商民可化矣。一篇綱領中之綱領，舍『敬』吾何以觀之哉！」按：商民未化，原於昧天敘之典，故惟「敬典」可以化之，其曰「在德」者，所敬之典實體諸身而有得於心也。傳所謂「實之感人，捷於桴鼓」者以此。

顧命

書於成王，獨載顧命者，蓋自艱難變故中得之也。

皇極經世書：成王在位三十七年，起丙戌，盡壬戌。

「洮」，盥手。「頮」，沃面。「玉几」，以玉为饰也。凡大朝覲，王位设黼扆，前设左右玉几，凴以为安。呂氏曰：「甲子去崩纔一日，而猶盥洗以致潔，冕服以致嚴，顧託之言，淵奥精明，蓋臨衆之敬，不以困憊廢。惟善治氣，故能不惰。素定之理，雖垂沒固炯如也。」惟善養心，故能不昏。

朱子說：「顧命排得三公三孤六卿齊整，三公只是以道義傅保王者，無職事官屬，却下行六卿事。漢時太傅亦無官屬。」唐孔氏云：「官高兼攝下司者，漢世以來謂之『領』，故『召』『畢』『毛』言『領』。」王肅云：「『彤』，姒姓之國，其餘五國姬姓。『畢』『毛』，文王庶子。」

顧命，萬世之法，如漢唐國嗣多立於戚宦，雖有嫡子，不能屬於大臣，倉卒之間廢立紛然，是皆不知法顧命故也。

□氏謂：「恐不得出誓以言嗣續之事。」「言」字屬「嗣」。

「宣重光」只依傳「文武宣布重明之德」爲是。「奠麗」，謂定民所，依民之所依，如土與衣食之類，是皆民所恃所爲生者也。陳氏謂：「『奠麗』至『不違』，言能盡教養之政，而化服民心也。『用克』至『大命』，言能推教養之效，以受天大命也。蓋受命之本在化民，化民之本在善政，而善政之本，則在於德而已。」

「弗悟」，是不蘇醒。「弘濟於艱難」，言大渡脫於艱難也。陳三山曰：「成王所得於周召者在敬，既以敬而迓天威，復以敬授羣臣，使輔嗣王。曰『弘濟艱難』，天下本非逸樂之具，乃艱難之器也。」吳臨川云：「宗社之重，基業之大，付之一人，可謂艱難」亦是此意。

「夫人」，猶云大凡人也，柔能安勸，皆本於以身，故言「自亂於威儀」，「威儀」之治，又本於一念慮之微，故言「無冒貢於非幾」，此是成王平生學問得力處。又按：成王嘗爲流言所惑，其天資非甚高明可知，然卒能歷疾病而不惰，臨死亡而不昏者，蓋周召師保有以養成德也。後世人君天資未必不及古人，而德莫之幾者，豈非左右輔弼無周召其人乎？

王氏曰：「『綴衣』，其衣連綴，帷幄之屬，在旁曰帷，在上曰幕，四合象宮室曰幄，上承塵曰帟。音亦，平帳『庭』，路寢之庭。」

稱「子」者，所以正名，明父子繼世之義，稱名未成君也。王宮南向，「南門」，王宮之外門也。范氏曰：「成王崩，太子必在側，當是時本在內，特出而迎之，所以顯之於衆也。」

「丁卯」，王崩之第三日，此日「命作冊度」，是作於既大斂之後也。陳東齋曰：「成王雖有遺命，未有冊書，將傳之康王，故作冊書紀先王之言以授之，因拜作受冊法度，下文升階卽位，及受同祭饗等，其法度也。」

召公以西伯領冢宰，故又曰「伯相」。「士」，山虞匠人之屬。呂氏曰：「自成王崩後，訖康王受命前，命皆出於召公，所以一號令而無二門也。」按：天子七日而殯，自死之明日數則癸酉乃殯之後一日也。殯畢，則送死之事略具矣，故於此時傳顧命於嗣君焉。

自「設黼扆」下，皆爲將傳顧命而陳儀物，傳謂「如成王生存之日」是也。唐孔氏曰：「自此至陳輅車，各有所司，皆是相命，不言命者，蒙上命士之文也。」

此平時見群臣，覲諸侯之坐。呂氏曰：「『牖間南嚮』就路寢窻牖間南嚮設此坐也。間者窻東戶西，戶牖之間也，卽當寧之所。」按：自牖序至塾前，皆指路寢言之。

此旦夕聽事之坐，就路寢西廂設坐東嚮也。

此養國老、饗群臣之坐，就路寢東廂設坐西嚮也。

此親屬私燕之坐。夏氏曰：「廂之夾室謂之『夾』，又謂之『房』，『西夾』乃西廂之夾室，即下文所謂『東房』『西房』，以其夾中央之大室，『西夾南嚮』，蓋在西廂之夾室中，南嚮設此坐也。」

「於東西序坐，北列玉五重及陳先王所寶器物。」陳東齋曰：「此陳先王世傳之寶也，玉一雙曰『重』，古雙玉爲瑴，圓三曰璧，銳上曰圭，琰有鋒芒，琬無鋒芒，大玉，華山之玉；夷玉，東夷之美玉。」

「面」，南嚮塾門，側堂也。夏氏曰：「『階面』者，據人在堂上，面向南方，此輅東之，其轅向南，故謂之『面』，蓋在階之南面也。『先輅在左塾之前』，蓋在門內之西，以塾在堂之前，故自內向外言之雖在西，自外向內言之實在左也。『次輅在右塾之前』，蓋在門內之東，自內向外，言之雖在東，自外向內言之實在右也。」顧氏曰：「『先輅』在寢門內之西，北面對玉輅，『次輅』在寢門之東，北面對金輅。」呂氏曰：「此非獨盛彌文而彰備物，天位峻極，幄座靚深，寶鎮煒華，車輅峙列，入其庭，肅然起敬，懼不克承，委重投艱之意，不言而已傳矣。」禮記：「周人殯於西階之上。」

唐孔氏曰：「垂旒爲『冕』，無旒爲『弁』，『弁』『冕』版皆廣八寸，長尺有六寸，前圓後方。『雀弁』色赤而微黑，如雀頭也。」「垂」，堂上之遠地也。「堂廉」，廉者，稜也，立在堂下，近於堂稜。「側階」，傳以爲北下階上，謂堂北階，北階則惟堂北一階而已，側猶特也。夏氏曰：「二人既立於東西廂之前堂，二人又立於東西廂堂上之遠地，則堂之南，宿衛備矣，故此一人冕執鈗立於堂北之特階。」呂氏曰：「凡『弁』，士也，皆立堂下，『冕』，大夫也，皆立堂上。」按：孔氏又云：「執兵宿衛，先東後西者，亦王在東，宿衛敬新王故也。」陳三山曰：「自『設黼扆』至此，典章文物之備，豈爲華侈之具哉！一以象前王平生所坐所寶所乘所衛，以起嗣王之追慕盡誠紹述也。一以昭前王委重投艱之意，使嗣王肅敬以祗承也。一以起群臣諸侯之尊敬，想慕前王而繫心於嗣王也。一以表人主之崇高富貴尊無二上，而傳授之正如此，以絕天下覬覦之萌也。」

按：此凡四條，首條只是本集傳說，後三條却皆補傳所不足，可謂明且盡矣。

儀物既備，然後延嗣王受顧命而踐位，自此始稱王。唐孔氏云：「禮、祭皆玄衣纁裳，纁，赤色之淺者，蟻，玄色如蟻也。」觀此，則「黼」當是白黑色。蘇氏以爲一章，非也。

「介圭」，天子所守。「瑁」，以朝諸侯。「書」，即冊命也。「秉」謂持之以升，「御」謂奉之以進。夏氏曰：「『圭』『瑁』先王所執，今將授嗣王，若先王予之，故自『阼階』而升。大史執書，將進之嗣王，故與王接武同升。」陳三山謂「『上宗』即『宗伯』」。或言「太宗伯一人，小宗伯二人，凡三人，使其上二人也，其一人奉同，一人奉瑁。」當從後説。

「答揚文、武光訓」，即所謂嗣訓也。

受瑁必投之人，受同則以祭。「宿」與「肅」同，肅進也。「三宿」，謂從立處三進爵至神所也。「祭」謂酹酒，「咤」謂奠爵。陳新安云：「『咤』本『詫』字，傳寫訛耳。」報祭者，亞祼之類，即今之亞獻也。王祭告成王，言已受顧命也。太保秉璋以酢，授同而拜，告成王，言已傳顧命也。其事死如事生如此。

「王答拜」，諸説紛紛不同。陳氏謂：「冢宰以元老大臣，受託孤重寄，先王臨之在上，先之拜，告傳顧命，繼之拜，告禮成，康王爲喪主，立柩前，其答拜，禮亦宜之。冢宰傳顧命以相投，見大臣如見先王也。答之拜，敬大臣即所以敬先王也。」由此觀之，則王之答召公拜，信無疑矣。

後世嗣君當日即位於柩前，而康王乃遲之旬日者，蓋召公爲冢宰以攝政，紀綱政令，周密備具故也。陳氏説是。

眞氏曰：「此篇見周公養成君德之效，又見召公當危疑之際，區處周密，皆可爲來世法。」

康王之誥

朱子曰：「伏生以康王之誥合於顧命，今除却序文讀著，則文勢自相接連。」

呂氏曰：「二伯率諸侯列門左右，朝會分班儀也。太保及芮伯咸進相揖，朝會合班儀也。始而分班，則諸侯兩列，西伯與東伯之位相對；今而合班，則六卿前列，冢宰與司徒之位相次。」「曰」者，太保言也。「太保」爲外諸侯之伯，內群臣之長，故率諸侯群臣進戒於王也。「羑若」有四說。吳臨川概謂「未安」，看來與下文「厥若」稍通，或字有訛，亦不可知。

問：「太保稱成王，獨言『畢協賞罰』，何也？」朱子曰：「只爲賞不當功，罰不當罪，故事差錯，若『畢協賞罰』，非至公至明，何以能此！」

或疑「張皇六師」不可言於新君之前，愚謂這也須看新君是如何，所值之時又是如何，安得概言不可以是說進之哉？陳新安云：「周以仁厚立國，盈成之久，其流弊易至於弛而弱，弊政雖甚於東遷之後，幾微已兆於一再傳之餘，周召、畢公已預見，先憂於未然之前矣。只觀康王之於卽有舟膠楚澤之陵夷，召公之言，豈過也哉！」陳氏是就周家當時事勢說。傳云：「後世墜先王之業，忘祖父之讎，上下苟安，甚至於口不言兵，亦異於召公之見矣。」却有感於宋南渡時恁地。要之，理合如此，只一般。

「丕平富」，言使天下無一人不富也。傳「薄斂當民」，卽是孟子「薄稅斂民可使富」意。「不務咎」，言不以咎人之咎爲務，輕省刑罰也。「用端命於上帝，皇天用訓厥道」，兩「用」字，皆言以文武之聖，得賢臣之力故也，其求助群臣諸侯之意可見矣。

問：「康王釋喪服而被袞冕，受虎賁之逆天於南門外，又受黄朱圭弊之獻，諸家皆以爲禮之變，獨蘇氏以爲失禮，使周公在，必不爲此，未知當此際合如何區處？」朱子曰：「天子諸侯之禮，與士庶人不同，如伊訓元祀十有二月朔，亦是新喪。伊尹已奉嗣王祗，見厥祖，固不可用凶服矣。漢、唐新王卽位，皆行冊禮，君臣亦皆吉服，追述先宗之命，以告嗣君。」韓文外集順帝實録中，有此事可考。「蓋易世傳授，國之大事，當嚴其禮」，而王侯以國爲家，雖先君之喪，猶以爲己私服也。五代以來，此禮不講，則始終之際殊草草矣。康王釋斬衰而被袞服，於禮爲非，孔子取之，又不如何知。設使制禮作樂，當此之際只得除之。葉氏曰：「天子卽位之禮，後世無傳焉。春秋猶有可考，君薨世子嗣位於喪次，必至明年，而後朝廟，正君位，改元，始書公卽位焉。然康王之事，必有不得已而然者，蓋成王初卽位，猶有三監、淮夷、殷民之變，微周公天下未可知，況不及成王、周公者乎？故召公權一時之宜，而遽正君臣之分。若曰三年之喪，天下之通喪也，繼世以正大統，亦天下大義也。通喪天下之所同，而大義天子諸侯之所獨，故不以通喪廢大義。而吉凶不可相亂，則以兇服朝諸侯以爲常禮則不可，以爲非禮則亦不可，傳及後世，率不能奪康王之爲。然後知二書之録於經，非孔子不能權之於道，以盡萬世之變也。」呂氏曰：「舜除堯喪，格廟而咨嶽牧；成王除武王喪，朝廟而訪群臣，皆百代之正禮。然成湯方殁，伊尹遽偕侯甸羣后以制太甲，禮固有時而變也。說者不疑太甲受伊尹之訓於居憂之時，乃疑康王受召、畢諸侯之戒於宅恤之日，過矣。」陳氏傅良述門鄉先生辯東坡之疑，云：「召、畢二公，皆盛德，又老於更事者，豈不知禮！蓋其身先見周公擁輔太子，而流言之變起於兄弟。故於康王之立，特爲非常之禮以與天下共立新君，使之曉然知所定而無疑，其意遠矣。觀自秦漢而下，授受成於宫闈之曖昧，而擁立出於一人之予奪，禍天下國家不少。然後知二公老練，坐鎮安危之機，未易以泥常論也。」陳新安謂：「蘇氏之論，主於守經，葉、呂、陳氏之論出於達權。守經合理之正而不可破，達權亦當察事之宜而不可膠。召公在當時，必有迫於不得已，懲創於往事而不敢輕者，觀其布置舉措，重大周密，徵召會集，翕合安徐，若臨大敵，當大難，則當時事勢亦可想矣。」愚按：新安此說，固不以康王爲失禮也，而末云於朱子之說兩存之，亦只是經權隨時底意思。蘇氏謂：「孔子取此書者，以其父子君臣間教戒深切著明故也。」如果失禮，則其大者已不足觀矣，雖教戒明切亦只餘緒耳，豈足見取於聖人而垂爲萬世之經哉？論語言「可與立，未可與權」，聖人蓋深有取乎其權也。說者云：「使周公在，必不爲此。」竊意當時卽有周公，亦如此而不復如彼矣，蓋周、召之心一也。

畢命

畢命一篇之要，只在保釐東郊，休於前政而已。呂氏曰：「周公始遷商民，戒長治者不忌於凶德，包涵大度，善惡並育，以安反側也。至君陳，則商民不寢服周化，故簡修進良，猶未大區別也。至康王，則世變風移矣。苟猶兼畜并容，則餘孽不除，終爲良民之害。故命畢公分別居里，不惟惡不能以染善，亦將無以自容，勢不得不人於善矣。此周之治所以成也，蓋爲此時然後可以舉此政，爲治之序固如此。」

「保」，安。「釐」，理，卽下文「旌別淑慝」之謂。陳東齋曰：「『釐』雖有辯別、分理之意，曰『保』，則有恩意行乎其間，非斬然割裂，無復潤澤也。以『保』爲『釐』，蓋有欲並生哉之意。」是則所謂「一代之治體，一篇之宗要也」。

此節「言得之之難」。

此節「言化之之難」。

陳新安曰：「『臧厥臧』，卽下文旌淑、彰善之事。所謂『勸』，則使慝惡者皆克畏慕也。」

「懋德」，只是盛大之德。呂氏以爲「勉於德者，貫稚耄而不息」，恐非。

「表儀朝著注」，「朝著」謂朝内列位有常處。史氏云：「正色斂容而使人之非意自消，出辭吐氣而使下之羣心胥服。」

「旌善別惡，成周今日由俗革之政也。」五陽以陰，然後可以夬決揚庭，不知時義而錯施之，爲惡者衆，或以召亂矣。陳新安曰：「『旌別淑慝』一句，綱也。『表厥』至『風聲』三句，旌淑也。『弗率』至『畏慕』三句，別慝也。此六句是目。」又云：「不可爲『癉惡』所礙，『彰善』卽『癉惡』。彰善者而著之，則惡者恥其不若，然則惡者病矣。」風必有聲，聞卽聞風之聲也，王、夏分爲二字未當。呂以「使惡者遺臭」兼言，不若專以樹善者風聲，使流芳而人聞風興起也。東郊之政，以「保」爲「釐」，「旌別淑慝」者，「釐」也，義之盡也。本心欲其畏慕而同歸於善者，以「保」爲「釐」也，仁之至也。卒化浮薄爲忠厚，宜哉。

「靡靡」，相隨順之意，如草之隨風而靡也。「利口」，卽辭體要之反，所謂爭口辯，無其實也。夏氏云：「政而好異，則悅須臾厭持久，不能有恒，言而好異則言浮於理，辭徒多而理不足，安能體要！」陳氏云：「畢公四世元老，雖無此失，而所以告戒之道當如是也。」

陳三山曰：「人之心，莫難收於已『放』之時，尤莫難『閑』於既收之後，苟其根上在，雖一時知所收斂，將觸事而發，此『閑』之所以爲難也。」按：下文訓以「德」「義」「古訓」，便是說「閑之」之道。

心不遷於外物，而可全其性命之正。陳三山謂：「既『富』以養其身，又『訓』以養其心，全正性所以順正命，此所以『永年』也。」

「德」者，心之理。「義」者，理之宜。「德」「義」根於人心之同然，此之謂「大訓」。古訓所載，亦惟「德」「義」而已。卽人心之所同然，而證諸古所以然，非「德」「義」之外有古訓也。雅言云：「德義雖出於人心同然之理而爲訓之大，然非稽古以爲訓，則吾恐德其德，而非古人之所謂德，義其義，而非古人之所謂義。記所謂無徵不信，不信民弗從者也，故不由古訓，其將何以爲訓乎？蓋訓以德，所以化其陵德；訓以義，所以化其滅義。惟本諸同然而民易從，參諸已然而民易信，『閑』之道執過於此。」

王氏炎曰：「忿其不從而以『剛』制之，則必怨；慮其難制而以『柔』遇之，則必玩。惟不偏於『剛』『柔』而處之以中，則『德允修』而商人化矣。」

三后之時，雖有始中終之異，而心與道，實無始中終之殊。惟其心協道同，故能仁漸義摩而道化浹洽，綱舉目張而政事修治。漸漬積累澤之深入於民者，豈一朝一夕所能致哉？康王此言，期聖於畢公者，至矣。傳所謂「成者，預期之也」如此。

董氏鼎謂：「殷人所以久而未革者，以殷俗尚質，而其蔽也，易惑而難曉。盤庚遷都，爲民利耳，浮言胥動，至煩三書之訓諭，尚且如是，況視隣人爲讎者，於者言肯遽從乎？雖然，無殷人之頑，不見周家之仁，錮陰沍寒，終消融於春風和氣中。嗚呼！仁哉！」愚按：張氏云：「在白起、項羽處此，則坑之矣，而周家忠厚、寬恕、激勵之方如是。嗚呼！仁哉！」

君牙

問：「君牙、冏命等篇，見得穆王氣象甚好，而後來乃有『車轍馬跡』馳天下，意何如？」朱子曰：「此篇乃內史之屬所作，猶今之翰林作制誥然，如君陳、周官、蔡仲之命、微子之命等篇，亦是當時此等文字。自有格子，首呼其名而告之，末又爲『嗚呼』之辭以戒之，篇篇皆然，觀之可見。」呂氏曰：「舜命契爲司徒止一語，而君牙贊書至一篇，世降而文勝也。然周家之典刑文獻所在焉。」

「先王之臣」，孔傳作「先正」，陳東齋、新安皆從之。

此告君牙以司徒之職也。

「典」曰「弘敷」，欲其大而布之，使民無不聞也。「則」曰「式和」，欲其敬而和之，使民無不化也。此言爲教之道。示以「正」在「身」，復其「中」在「心」，此則立教之本也。陳東齋曰：「以其常行而不可易謂之『典』，以其截然而不可越謂之『則』。教之理雖不越乎人之性，然教之本則在君牙之身與心。正者容有不中，中則無有不正。身之正，勉強修飭者能之；心之中，非存養純熟不能也。故穆王既欲君牙正身，以率民之正，尤欲其存心之中，以感民心之中，則民則和，五典惇矣。敷典和則，因民心之同得者教之，爾正爾中，卽吾心之先得者率之也。於身先言爾，於心先言民，互文耳。」

此又告君牙以養民之難，蓋司徒之職實兼教養也。「暑雨」之時而阻之以無食，「祁寒」之時而厄之以無衣，民生之艱難誠何如也。爲人上者不可不思其飢寒之艱，尤不可不圖其衣食之易。既能思之而又能圖之，則「怨咨」者寧矣。

文始謀造周，故曰「謨」，「謨」「丕顯」於前，則其造有周之謀者至矣。武功業成就，故曰「烈」，「烈」「丕承」於後，則其成有周之功者至矣。「先王」指成康言，「文武之光命」，成康已「對揚」之，今又奉若成康所以「對揚」文武之意也。如此，則君牙可追配其祖父矣。蓋能「敬明乃訓」，自盡其職，則於先王之道，見其能「奉若」而不違；於祖父之政，見其能「追配」而不爽。此在君牙所當深勉也。又按：「敬明」「奉若」「追配」等字，陳氏皆分釋之，未當。

董氏鼎曰：「穆王肆其侈心所至，將有『車轍馬跡』，而猶知以大司徒爲重，此所以雖『荒』而不至於亡與。」

冏命

「太僕正」者，「羣僕」之長也，上薰陶涵養乎君德，下簡擇表率乎僚屬，所繫甚重，故穆王府作書命冏，與大司徒略等，謂之「知本」，宜哉！張氏曰：「伯冏之爲太僕正，穆王馳騁天下而不能正救者也。然三復二篇，其言殷勤懇惻，何也？曰唐德宗何人哉，陸贄作奉天詔書，山東父老爲之感泣，則二篇之命，豈非當時仁人君子，閔王之無志，故修辭立誠，以勸勵其臣下與！」按：謂二書非出於穆王之口者，不止朱子，張氏然也，合他始終本末考之便見。

「聰明」自其質之生知其言之，「齊聖」自其德之充於極至者言之。將順其美謂之「承」，匡救其惡謂之「弼」。呂氏曰：「文武動容，周旋何當不中禮，號令何嘗不善，今必先言近臣『承弼』之功而後及此。蓋左右交修近臣之常職，而内外交相養，亦聖人不已之誠也。」林氏曰：「左右近習非人，則朝夕漸染入於邪僻而不自知，故必『羣僕』皆正人而後可。」此節言以文武之聖猶必得近臣之助，而德修於上，化行於下如此，況遠不及文武者乎？蓋穆王有求助於伯冏之意也。

問：「『格』字訓『正』，是如格式之格否？」朱子曰：「今人如言合格，只是將此一物格其不正者使歸於正。」陳東齋謂：「匡救其惡而不知格其心，則止於東而生於西，惟格其非心，則拔本塞源，末流自正。」

周禮止有太僕、下大夫二人，此言「太僕正」，「正」，其長也。「群僕」謂祭僕、隸僕、戎僕、齊僕之類，祭僕掌眡祭祀，隸僕掌上五寢掃除，戎僕掌馭戎車，齊僕掌馭金輅以賓。

張氏云：「公卿進見有時，僕御褻近無間。有時者見其尊嚴，無間者知其性情。故救過於無間之時易爲力，救過於已發之後難爲功。大臣雖賢，君心已蠹矣，故明爭顯諫未易爲功。懋勉交修，正侍御僕從之職也。」

呂氏曰：「治有禮統，王雖急於求助，苟偏擇之則叢脞矣。故命一伯冏作大正，使精擇其僚，此爲治之體統也。陸贄在唐，欲使諸司長官各舉其屬，亦庶幾有見於此。」愚近見本朝胡敬齋先生言此條理具備，可謂知治體矣。

小人蠱君之害莫甚於使之「自聖」，呂氏說得極痛切，故集傳取之。

傳言「穆王自量其執德未固，恐左右以異端進，而蕩其心」，後來「車轍馬跡」周於天下，果導自憸人，然而耳目之官不慎簡，可乎？

呂氏曰：「舍人才而論貨賄，近習之通弊也，自盤庚總『貨寶』之戒至此復見，當成湯文武之隆未數，數以貨，防其臣也，其商周之衰乎！陳三山曰：「穆王於此及呂刑皆言『貨』，亦可見其風俗之漸衰矣。」竊見今日論貨賄者，又不獨遠習然也，其風俗之衰，可勝慨哉！

傳於篇末録呂氏之言云：「穆王豫知所戒，而猶不免躬自蹈之。人心操舍之無常，可懼哉！」讀者當身自警省。

呂刑

此穆王之書而言名「呂刑」者，蓋呂侯爲王司政，上命之參訂刑書，以訓四方司政典獄者，故以此爲名。又按：呂後改封甫，後人以子孫國號追稱之曰「甫刑」，甫刑即呂刑也。孔子録呂刑以乖戒後世，其說始於程子。而古之贖刑只是鞭扑法之輕者，呂刑乃及於大辟，朱子辯之甚詳，因謂想見那穆王胡做，到晚年無錢使，後撰出那般法來，聖人也是志法之變處，但是他其中論不可輕於用刑之類，也有許多好說話。集傳因之。彭氏曰：「篇內言『德』言『中』不一而足者，豈非制刑必本於『德』，用刑必合於『中』，『中』『德』二字，實爲此篇之綱領者也。」

「耄」，亂，「荒」，忽，蔡氏依孔傳爲「貶之之辭」，陳新安云「篤老而尚精明仁厚」，却是褒之也，分明相反。「詁」訓

「治」，謂揆度時世作爲刑書，以治四方也。又按：周本紀穆王五十即位，立五十五年崩，此言「享國百年」，是從王生年而數，與無逸不同。

史記五帝本紀：「神農氏衰，諸侯侵伐，蚩尤最強暴，黄帝與蚩尤戰於涿鹿之野，殺之。」

呂氏云：「『五刑』制自『苗民』，然後聖人不得已而用之。」陳新安辯其非甚詳，謂：「『五刑』其來久矣，豈有苗民始作五刑，舜乃效尤用之之理，其不然必矣。」吴臨川曰：「『苗民』，三苗之君也，蠻獠之處，擅自雄長，雖君其國，非受天子命而爲諸侯也，其實一民而已。」「五虐之刑」，比舊五刑更加酷虐也。「曰法」，非法而謂之法也。「殺戮」，大辟也。「劓、刵」皆劓辟，不言剕辟者，包於劓宫，或曰「刖」字誤爲「刵」也。「椓」，宫辟。「黥」，墨辟。「并制」，一併制之，不分輕重也。「有辭」，無罪者也，凡對獄有罪者無辭，無罪者有辭。苗民承蚩尤之暴，不用善而制以刑，改作「五虐之刑」爲法，大辟既施於無罪而又過爲四者深刻之刑，凡麗於刑不分輕重併其制，無復簡別其無罪而「有辭」者。

朱子曰：「呂刑一篇如何，穆王説得來散漫，直從苗民蚩尤爲始作亂道起。」按：蚩尤、苗民前後隔遠，諸家以九黎混雜言之恐非。

「罔中於信」，無中心出於誠信者，信不由中也。

「絶地天通，罔有降格」，張氏謂：「絶在地之民，使人不得以妖術格在天之神；絶在天之神，使人不得假其名字，以降於在地之民。」唐孔氏解司天屬神，司地屬民，謂令神與天在上，民與地在下，定上下之分，使民神不雜，則祭享有度」亦是此意。按：治世神恠所以不興者，只爲善惡分明，自然不求之神，是聽於民也。亂世善惡不明，自然專言神恠，言鬼言命，是聽於神也。集傳謂「重即羲，黎即和」，一云羲是重之子孫，和是黎之子孫。

吴臨川曰：「自上教下曰『降』，伯夷教民以禮，民入於禮而不入於刑，折絶斯民入刑之路也。禹爲司空治水，水由地中行而土可居，九州各主有名之山川以表疆域。稷降下播種之法，三農得以豐殖其嘉穀。三后各成其事，惟務繁盛其民之生聚。」按：末二句似不如集傳説得見成，餘皆可從。至夏氏以「名」字屬上「主」字，未當。

呂氏說「言有賓主」，深得此篇以刑爲主之意。

呂氏云：「自伯夷之典，迄臯陶之刑，制度文爲之具也。自『穆穆在上，明明在下』，至『率乂於民棐彝』，精神心術之運也。苟無其本，則前數者不過卜祝、工役、農圃、胥吏之事耳。」陳氏雅言云：「於以見帝舜之時，不徒以刑治民，而必以德爲化民之本，初非以刑殘民，而必以刑爲輔性之法。」傳所謂「刑法之精華」者也。按：刑之本必主於「德」，而刑之用必合於「中」，「德」與「中」爲呂刑一篇之綱領，自此至於篇終所言無非以「德」爲本，以「中」爲用也。

傳曰：「當時典獄之官，非惟得盡法於權勢之家，亦惟得盡法於賄賂之人。」是炤下文「庶威奪貨」，說敬者察其情而心無敢或忽，忌者慎其法而意無敢或縱。「敬忌」之至，凡行之於身者，皆可言之於口，不必擇而後言，所謂「無毫髮不可舉以示人者」也。「天德」無私，典獄者大公至正，便是天德克於我，則天之大命自作於我，而配天澤，享天心□當也。皆我矣。陳三山云：「死生壽夭之命，乃天以制斯人者。今『典獄』者德與天一，則制生人之大命，不在天而在我矣。天能制人之大命，『典獄』者亦能制人之大命，豈非在下而與天配合乎？蓋用刑之極功至於與天爲一者於此。穆王蓋欲當時司政『典獄』者，取此以爲法也。」董氏鼎曰：「穆王諄諄以富貨戒臣下，而『五刑』皆有贖貨，孰甚焉？可謂不揣其本而齊其末者矣。」

此因上章言苗民及虞廷之刑而欲「典獄」者知其所監懲也。陳東齋曰：「惟吉人能慈祥哀矜察刑之中理而不妄用。察獄既不得其情，任獄又不得其人，是人與法俱弊也。」

此告同姓諸侯也，則上章諸侯爲異姓可知。「慰」，非得其情而喜，是以不馳其職自慰底意思。東萊說得好，傳「職舉而刑當」本此。又云：「或戒者必嘗惰而後戒，雖曰追悔，方其惰時，刑必有失其平者矣，蓋戒不勤善也，或戒不善也。」夏氏曰：「於『五刑』所當重者重，無愧於『三德』之剛，而剛不至於太黄，所當輕者，輕無愧於『三德』之柔，而柔不至於大懦。介輕重之間者，無愧於『三德』之正直，而正直不至於偏倚。如是則足以敬迓天命矣。」由此觀之，陳氏謂「成民之德」，其謬明甚。按：「敬」者「勤」之本，「勤」者「敬」之發，惟其用心也「敬」，故其臨事也「勤」，能「敬」能「勤」，則刑非刑也，德也，刑非刑也，福也，福至永久安寧而不替，「敬」「勤」之效。其大爲何如，是蓋勉諸侯之同姓者以「敬」「勤」爲用刑之道也。「有民社者，皆在所告也」，是并同姓異姓諸侯而戒之。一説「有邦」謂諸侯，「有土」謂卿大夫，亦通。三言「何」者，設爲問辭，以致其疑；三言「非」者，設爲答辭，以致其決。吴氏云：「在今日爾諸侯欲安百姓，何者當擇非人乎，何者當敬非刑乎，何者當揆度非及乎！罪非己造，爲人所累曰「及」，秦漢間詔獄所及謂之「逮獄」也。此條於問答語意説得出。」一説刑雖主於刑人，然刑姦宄所以扶善良，雖曰不祥，乃所以爲祥也，故刑曰「祥刑」。

「兩造具備」者，兩爭者皆至而詞證皆在也。張氏曰：「『兩造』非偏辭，『師聽』非偏見，一人獨聽恐聰明有不及，思慮有不至，必衆聽之也。」愚按：今人會審，蓋原於此。

傳曰：「『審克』者，察之祥而盡其能也，下文屢言以見其丁寧忠厚之至。」

「惟貌有稽」，辭或可爲，而貌不可掩，如不正則眊，有愧則泚之類是也。蓋罪之當刑者，必又於此考察之，慎之至也。「具嚴天威」一句，是總結上文。「具」，俱也，謂上所言者，皆敬乎天威，而不敢有毫髮之不盡也。單承「無簡不聽」説者恐非。

陳氏曰：「此下言贖怯，載於法謂之『刑』，加於人謂之『辟』，犯墨辟而情罪之可疑者，則赦之使贖其罪，是罰之納贖也。然必檢閲核實其罪，使與罰相當，不可苟也。下倣此。」六兩曰「鍰」。唐孔氏曰：「古者金銀銅鐵總號爲金。」孔氏以爲黄鐵，舜典「金作贖刑」者，則以爲黄金，蓋古人之贖罪悉皆用銅或稱黄鐵。周禮五刑之屬二千五百云云。呂氏曰：「墨、劓所增皆輕刑。墨、劓各增五百。宮所損二百，大辟所損三百，皆重刑也。剕無增損，居輕重之間者也。輕罪則多於前，重罪則損於舊。觀其目，則哀矜之意固可見，觀其凡則文勝，俗弊亦可推矣。」夏氏曰：「上言『罰』，下言『刑』者，罪實而加以法謂之『刑』，罪疑而贖以金謂之『罰』。互見其義，以明『刑』『罰』之條，其數同也。」別言「罰」屬，合言「刑」屬，明「刑」「罰」同屬。「上下比罪」，謂於法無此條，則上比重罪，下比輕罪，觀其所犯當與誰同，然後定其輕重之法。如今律無明文，則許用例也。一云以其罪而比附之上刑則見其重，以其罪而比附之下刑則見其輕，故於輕重之間裁酌之。然當「上下比罪」之時，吏多因緣爲姦，差錯妄亂實由以生，故又戒以不可用私意而僭差妄亂其辭。「僭」謂辭在此乃差而之彼，「亂」謂辭本直乃亂而爲曲。惟內察以情，外合以法，內外兩盡，情法相推，惟詳審者能之。當作在審克之而已。按：「三千」者，法之正條，載之刑書者也。然刑書所載有限而天下之情罪無窮，又在用法者斟酌損益之，「上下比罪」是也。蓋法所載者任法，法不載者參以人，人與法並任，萬世不易之道也。

「上服」非服最上刑，只是比之「下刑」爲重。先後有序謂之「倫」，衆體所會謂之「要」。張氏曰：「殺人者死，此『上刑』也，然有誤殺者，此適輕也，則服『下刑』矣。鬭歐不死，此下刑也，然有謀殺而適不死者，此適重也，則服『上刑』矣。用刑豈可不問情之輕重哉？至於用罰，亦當權其輕重，情輕則罰亦輕，情重則罰亦重，以情爲權而論疑罪之輕重，則罰亦當矣。刑權輕重以爲上下，罰權輕重以爲多少。」陳東齋云：「刑罰有權權人情而爲輕重，即所謂權一人之輕重也，世輕世重權世變而爲輕重，即所謂權一世之輕重也。」按：人情世變不同，則刑罰輕重便當惟權是用，而欲爲一法以齊之，其齊也，乃所以爲不齊，必以不齊齊之，則齊矣。然雖齊之以不齊，至於先後次序之倫，衆體之所會之要，則截然其不可紊也。

辭非情實，終必有差。故從其差者察之，多得其情。哀則不忍，敬則不忽，所謂惻怛敬畏以求其情也。陳氏曰：「『庶』者見『中正』之爲難，典獄者不當自足以爲已得『中正』也。『輸』之於上，備載罪法之輕重，事情之本末，不可缺略。『兩刑』謂一人有兩罪，二罪有二法，并具上之以聽命於上，不敢專也。」按：傳自「非佞」至「在中」，是「言聽獄者當擇其人也」，自「察辭」至「克之」，是「言聽獄者當盡其心也」，自「獄成」至「兩刑」，是「言讞上言獄者當備其辭也」。陳東齋曰：「此章首云『告爾祥刑』至『安百姓』，言制刑之本意也。『何擇』至『非及』，言用刑之綱領也。自『兩造』至『天威』，言聽獄之節奏也。自『墨辟』至『三千』，言贖法及刑書之定目也。自『上刑』至『有要』，言用刑之權變也。自『罰懲』至『克之』，言折獄而用法也。自『獄成』至『兩刑』，言結獄而奏案也。反覆丁寧備矣。」雅言氏謂：「猶有唐虞忠厚惻怛之意，此夫子以有取於是書也。」

此總官伯族姓而告之也。其本文傳固有疑而闕者，間亦有解釋未甚瑩者，今姑采諸家說補之。「有德惟刑」，言有德於民者，惟此刑耳。「兩辭」之獄每可容「私家於獄」，如君子不家於喪之家，言無或以私意而求成家於「獄之兩辭」也，是致富成家之意。「惟府辜功」者，貨積而罪亦積，乃所以聚汝辜罪之功狀。「庶尤」，猶言衆罪，受貨而富若可喜，計貨而報之以庶罪，永可畏也。鬻獄而降罰，非天道不中，蓋以人之爲人，在於有生之命，陷人命以至於死，天豈容之哉！若天之罰不如此其極，則獄吏將無所畏，恣爲深刻而施之於庶民者，皆酷虐之政，無復有令善之政在於天下矣。陳東齋曰：「任刑之大本在『敬』與『中』，用心以『敬』爲主，用法以『中』爲主，前已論之，此復提『敬』與『中』訓之，後章復申以『中』焉。」

呂氏曰：「『中』者，呂刑之綱領也，苗民罔是『中』者也，皋陶明是『中』者也，穆王之告司政典獄，勉是『中』者也，末章訓迪自『中』之外亦無他説焉。」陳新安曰：「師曰『嘉師』，良民也；刑曰『祥刑』，良法也。此申明前『告爾祥刑』之意，而欲其監觀於所告之『祥刑』也。」沈毅齋曰：「穆王一人之身，而此心凡三變焉，雖周道自是而衰，然冏命之書專主乎『欽』，呂刑之書專主乎『敬』，心法之傳，千載猶可想也，吁人心操舍存亡之變抑可畏哉！」

董氏鼎曰：「周書未有舍文、武、成、康而不言者，穆王命君牙、伯冏既然矣，獨於訓刑無一語及之者，蓋以贖刑非其家法所有，故遠取『金作贖刑』以爲據。竊思舜既以五流而宥五刑矣，鞭扑之輕者，乃許以金贖，所以養其愧恥之心，而開以自新之路。曰『眚災肆赦』，則直赦之而已。穆王乃以刑爲致罪，以罰爲贖金，既謂五刑之疑有赦，而又曰其罰若干鍰，則雖在疑赦，皆不免於罰贖，五刑盡贖非鬻獄乎？自是有金者，雖殺人可以無死，而刑者相半於道，必皆無金者也，中正安在哉？然不見斥於孔子，則猶拳拳於哀矜畏懼，雖越先王之良法，而美意尚存與。」愚謂示戒之意畢竟居多，天討有罪，五刑五用，古帝王數千年相承之法，一旦變於此，孔子得不存之以示後世哉！

文侯之命

古之謂書自此篇以下無復王者之誥命矣。呂氏説：「東遷之初，可上可下，乃世道消長升降之交會，夫子編此書於二帝三王之後者，深惜平王不能復文武之遺澤，而流爲春秋戰國也。法語舊典尚有一二未泯，而陵遲頹墮之意以見於辭命間矣。」夏氏云：「書終文侯之命，孔子猶有望於平王；春秋始於隱公，孔子蓋絕望於平王也。」陳新安又云：「此書略無立志，全不以綱常讎恥爲務，其戊午、戊申之師，歸惠公仲子之賵，雖於詩與春秋而見其兆，已於不能善始之。書先見矣。」夏氏謂「春秋始於隱公，夫子始絕望於平王」，吾惟書終於文侯之命，夫子蓋以不滿於平王云。

吳臨川云：「周家之命集於文王，定於武王，故『集命』以文王言，『明德』則兼文武言。『先正』，文武之臣，『先祖』則文武而下諸君之爲平王祖者也。」

民爲邦本，「殄資澤於下民」，便是「本既先撥」。呂氏謂：「百圍之木膏液內涸，然後風得而拔之，未有斯民資澤未絕而戎狄能乘之者，是蓋推本禍亂所由也。」按：平王徒延頸企踵以望諸侯之助，而不思反身以自強，又惟自幸永安其位，而卑卑以位爲樂，所謂「略無立志」「陵遲頹墮」者可見矣。哀哉！

傳以「顯祖」「文人」爲唐叔，是矣。又謂「即上文『先正』『昭事』『厥辟』者」，恐非。平王東遷之始，正當留相文侯，與之討賊復讎，振興王業，乃拳拳於「爾師」「爾邦」「爾都」，而置我君、我父、我王家於不問，董氏以「不仁」譏之，誠然。又云「夫子猶録此書者，以其尚能錫命諸侯，而文武之遺澤亦未盡泯」，却只就集傳之末上一句恁的說，到底傳意還重下句「示戒於天下後世」，與呂刑同。

費誓

孔傳云：「『費』，魯東郊地名。」蘇氏非之，謂：「『費』在東海郡，後爲季氏邑。國外十里爲郊，『費』非魯東郊，當時治兵於費也。」又云：「伯禽爲方伯，監七百里諸侯，師之以征。」張氏沂謂：「唐孔引費誓序言王伐淮夷，魯伐徐戎，是魯侯佐王征討也。」蔡氏元度亦言：

「魯侯承王命，率諸侯以征徐戎，却是如此。」又云：「諸侯之事而連帝王，孔子書序，以魯有治戎征討之備，秦有悔過自誓之戒，足爲世法，故録以備王事，猶詩録商魯之頌。」雖集傳從之，竊恐未可盡信也。朱子曰：「費誓、秦誓，亦有説不行，不可曉處。」

此「治戎備」之事。傳曰：「先自治而後攻人，亦其序也。」「備」訓「具」，每弓百矢，使其數備足。一云五十矢爲束，或臨戰用之。

此「除道路」之事，「令軍在所之居民也」。唐孔氏曰：「既言牛馬在牿，遂以『牿』爲牛馬之名。禮：冥氏掌『爲穽擭』，擭以捕虎豹，穿地爲深坑，又設機其上，防其躍而出也。穽以捕小獸，人必不能出，其上不設機也。」蓋「穽」與「擭」皆穿地爲坑，但以機之設不設爲異耳。

此「嚴部伍」之事，蓋軍以各居其所不動爲法。呂氏曰：「自古喪師，每因剽掠失部伍，爲敵所乘。本部不敢離局，他部不敢匿姦，何潰亂之憂？」

此「立期會」之事。唐孔氏曰：「周禮『萬二千五百人爲軍』，一家出一人，一鄉爲一軍，天子六軍，出自六鄉，則諸侯大國三軍，出自三鄉也。諸侯之制，亦當鄉在郊內，遂在郊外。此云『三郊三遂』，『三郊』謂三鄉也。」吳臨川謂：「『峙糗糧』不言魯人者，蓋統告諸侯在會之人，糧食當自賫持也。『楨幹』『芻茭』，非遠國所能自賫，故責之魯人也。」

董氏鼎曰：「此國史所書，而孔子存之於帝王之後者，以周禮猶在魯也，雖一時禦敵，未足盡魯侯之美，然即此一事，而本末先後，輕重緩急，井然有條，規模整暇，魯侯其賢矣哉！」張氏震曰：「是書詳於自治而略於治人，有志於守而無志於戰，王者之兵也，故孔子取之。」呂氏曰：「禹之家學，見於甘誓；周公之家學，見於費誓。啓之嗣位，驟當有扈之變；伯禽就封，驟當徐夷之變。觀其誓師，曲折纖悉，若老於行陣者，是以知禹、周公之家學，蓋本末具舉而無所遺也。」

秦誓

春秋僖公三十二年書晉人及姜戎敗秦於崤，胡傳曰：「入晉君而以狄視秦也。」諸家因書序謂此篇專取穆公悔過。愚按：春秋敗崤之後，復有彭衙、濟河之師，用孟明至再至三，必抱怨而後已，全與誓中悔過初意相反，則亦徒悔矣耳，夫子奚取哉？楊龜山云：「或謂聖人之取秦誓，專以其悔過，非也，書之有二誓，以志帝王之誥命於是絕也。」得之矣。陳氏賓曰：「夫子存二誓，於魯以著伯禽之是，於秦以著穆公之非。伯禽之時，其征徐戎，奉王命以討亂華，大義也。襲鄭之役，無王擅兵，雖敗而自悔其心，終在於抱怨。夫子於書秦誓終以見周室之不復振也。夏書終於胤征，商書終於西伯戡黎，而周書終於秦誓，其旨一也。」此條說得有關係，亦甚切實，與楊氏所見略同。

「若弗云來」，憂改過之無日也。

「古之謀人」，謂蹇叔等。「今」，謂杞子、逢孫、楊孫等。

「旅」與「膂」通，脊骨也。「不違」，中度無失也。

陳東齋云：「惟無技，能容人之技，曰『其如有容』，莫測其度量而難乎形容也。心之好，不啻如口之稱，口之稱美有限，心之好慕無窮。此諸好有德之真切，又甚於視有才者之若己有矣，是真實能容，非他強也。好善之利流澤無窮，故曰『亦職有利哉』。」雅言氏云：「一己之技能爲有限，而天下之才德爲無窮。夫臣惟不用己而用人，故善之集國者衆，而福之集國者遠也。」

陳新安云：「此章大學『平天下』傳引之，其形容能容不能容者之情狀利害，可謂至矣，宜孔子定書不能廢其言也。」

「杌」如木之動搖，「隉」如阜之圮壞。集傳謂「國之安危，繫所任一人之是非」，是如上所謂「能容」，非如上所謂「不能容」，申繳上二章有照應。

按：此誓是秦穆公初喪師時愧悔底説話。悔過故是可嘉，然聖人所重却在悔而能改上。穆公悔用孟明而卒用之，悔不用蹇叔而卒不用，他那口裏説底只是一片虚話了，謂聖人不取他全爲此。是怎生地此處只有楊龜山説得好。然聖人不以人廢言，他誓中自「如有一介臣」以後，其言却可治國平天下，爲萬世法，抑或以是存之與。

大學直解

關中王仲復先生 著

世德堂藏板

大學直解序

天下士有三品：志於道德者，功名不足以累其心；志於功名者，富貴不足以累其心；富貴之士，無足論已。策勳樹猷，功名之士，一時之業也。著書立言，道德之士，萬世之澤也。如吾鄉王仲復其人者，歲在甲申，丁滄桑大變，痛念蒼湘梧水之慘，敝屣衣冠，獨守清門，廣覽百家之書，窮究四子之學，貞不字者近四十有餘年。高尚其志，正在蠱之上九。竊嘗景仰青壁，可望不可見矣。予舘甥戶曹張讓伯，每師事之，爲言生平著書最多，悉歸於正。一日持大學直解一卷，向我松園下問。據其訂正原本，附以群說，參以己意，詳而且該，博而有要，旁通曲盡，可補江陵之所未及。此書一出，堪爲先聖功臣，後學宗主，萬世之澤，其在是哉！伏思乃伯前朝司寇心一先生，在神廟時，梃擊一案，保護東宮，立天下根本。捧讀當年諫草，凛凛生氣，猶在今日。仁者有後，必生賢嗣，於是仲復繼起接踵。雖出處不同，而伯也名臣，姪也眞儒。學術經濟，聚於一門，不數風流二阮。吾鄉宋有橫渠，明有苑洛，今有仲復。數百年薪火相傳，道脈不絕，可不僅爲關中幸矣。是爲序。

松園王鉞題

朱子讀大學法

問「欲看一書，以何爲先？」朱子曰：「先看大學，可見古人爲學首尾次第，不比他書。他書非一時所言，一人所記，不如大學恁地整齊。」又曰：「論、孟隨事問答，難見要領。惟大學是曾子述孔子，説古人爲學之大方，而門人又傳述以明其旨，前後相因，體統都具。詳味此書，乃得古人爲學所向，却讀語、孟便易入，後面工夫雖多，而大體已立矣。」「看這一書，又自與看語、孟不同。語、孟中只一項事是一個道理，如孟子説仁義，只就仁義上説道理；孔子答顔子『克己復禮』，只就『克己復禮』上説道理。若大學却是統説，論其功用之極，至於平天下。然天下所以平，却先須治國；國之所以治，却先須齊家；家之所以齊，却先須修身；身之所以修，却先須正心；心之所以正，却先須誠意；意之所以誠，却先須致知；知之所以致，却先須格物。大學是爲學的綱領，先讀大學，立定綱領，他書皆雜説在裏許。通得大學了，看他經，方見得此是格物致知事，此是誠意正心事，此是修身事，此是齊家治國平天下事。今且熟讀大學作間架，却以他書填補去。」

朱子又曰：「某一生只看得這大學文字透，見得先賢所未到處。温公作通鑑，言生平精力盡在此書。某於大學亦然。大學章句，解本文未詳者，於或問中詳之。且從頭逐句理會到不通處，却看或問，乃註脚中之註脚。」「某解書太多，又先准備學者，爲他設疑説了，所以致學者看得容易。人只説某説大學等，不畧説使人致思，此大不然。人之爲學，只爭個肯不肯耳。他若不肯向這裏，畧亦不解；他若肯向此邊，自然有味，愈詳愈有味。」

朱子又曰：「伊川舊日教人先看大學，那時未解説，而今有註脚，覺大段分曉了，只在仔細看。」「看大學且逐章理會。先將本文念得，次將章句來解本文，又將或問來參章句。須逐一令記得，反覆尋究，待他浹洽。既逐段曉得，却統看温尋過。」「問大學稍通，便要讀論語如何？」曰：「且未可。大學稍通，正好著心精讀。前日讀時，見得前面，未見得後面；見得後面，未見得前面。今識得大綱體統，正好反覆熟看。昔尹和靖見伊川半年只看得大學、西銘，今人半年便要讀多少書。某只教人讀大學，也是如此，緣此書不多而規模周備，非用十分工夫不可。凡讀書，初一項須着十分工夫，第二項只費得八九分工夫，第三項便只費得六七分。少間漸讀得自然貫通去，看他書自着不得多工夫矣。」「看大學有正經，有章句，有或問。看來看去不用或問，只看章句便了，久之又只看正經便了，又久之自有一部大學在我胸中，而正經亦不用矣。然不用某許多工夫，亦看某的不出；不用聖賢許多工夫，亦看聖賢的不出。」

朱子又曰：「嘗欲作一說，教人只將大學一日讀一遍，看他如何是明明德，如何是新民，如何是止至善。日日如是，月來日去，自見所謂溫故知新者。須知知新，不是道理解新，但自家這個意思常常的新。」「讀大學初間也只如此讀，後來也只如此讀。只是初間讀得似不與自家相關，後來看熟，見許多說話須如此做，不如此做不得。」「大學是一個腔子，而今却要填實他。如說格物，自家須去格物，然後填實。誠意、正心亦然，若只讀得空殼子，亦無益也。」「讀大學不徒看他言語，正欲驗之於心。」「如何如惡惡臭，如何如好好色。驗之吾心，果能好善惡惡如此乎。閒居爲不善是果如此否，一有不至，則勇猛奮躍不已，必有長進。若不如此，則書自書，我自我，何益之有！」

大學章句序

大學之書，古之大學所以教人之法也。蓋自天降生民，則既莫不與之以仁義禮智之性矣。然其氣質之稟或不能齊，是以不能皆有以知其性之所有而全之也。一有聰明睿智能盡其性者出於其閒，則天必命之以爲億兆之君師，使之治而教之，以復其性。此伏羲、神農、黃帝、堯舜所以繼天立極，而司徒之職、典樂之官所由設也。

三代之隆，其法寖備，然後王宮、國都以及閭巷，莫不有學。人生八歲，則自王公以下，至於庶人之子弟，皆入小學，而教之以灑掃、應對、進退之節，禮樂、射御、書數之文。及其十有五年，則自天子之元子、衆子，以至公卿、大夫、元士之適子，與凡民之俊秀，皆入大學，而教之以窮理、正心、修己、治人之道。此又學校之教、大小之節〔二〕，所以分也。

夫以學校之設，其廣如此，教之之術，其次第節目之詳又如此，而其所以爲教，則又皆本之人君躬行心得之餘，不待求之民生日用彝倫之外，是以當世之人無不學。其學焉者，無不有以知其性分之所固有，職分之所當爲，而各俛焉以盡其力。此古昔盛時，所以治隆於上，俗美於下，而非後世之所能及也。

及周之衰，賢聖之君不作，學校之政不修，教化陵夷，風俗頹敗，時則有若孔子之聖，而不得君師之位以行其政教，於是獨取先王之法，誦而傳之以昭後世。若曲禮、少儀、內則、弟子職諸篇，固小學之支流餘裔，而此篇者，則因小學之成功，以著大學之明法，外有以極其規模之大，而內有以盡其節目之詳者也。三千之徒，蓋莫不聞其說。而曾氏之傳獨得其宗，於是作爲傳義，以發其意。及孟子没而其傳泯焉，則其書雖存，而知者鮮矣。

自是以來，俗儒記誦詞章之習，其功倍於小學而無用；異端虛無寂滅之教，其高過於大學而無實。其他權謀術數，一切以就功名之說，與夫百家衆技之流，所以惑世誣民、充塞仁義者，又紛然雜出乎其間。使其君子不幸而不得聞大道之要，其小人不幸而不得蒙至治之澤，晦盲否塞，反覆沉痼，以及五季之衰，而壞亂極矣！

天運循環，無往不復。宋德隆盛，治教休明。於是河南程氏兩夫子出，而有以接乎孟氏之傳。實始尊信此篇而表章之，既又爲之次其簡編，發其歸趣，然後古者大學教人之法、聖經賢傳之指，粲然復明於世。雖以熹之不敏，亦幸私淑而與有聞焉。顧其爲書猶頗放失，是以忘其固陋，采而輯之，間亦竊附己意，補其闕略，以俟後之君子。極知僭踰，無所逃罪，然於國家化民成俗之意、學者修己治人之方，則未必無小補云。

淳熙己酉二月甲子，新安朱熹序

〔二〕劉傳經堂本「節」字作「師」字。

大學直解　卷之上[一]

輯説附

大學，是大人之學。這一本書中説的都是古者大學裏面教人修己治人的方法，故書名爲大學。

關中王建常著

後學趙蒲廷璧甫較閲

姪學誠訂梓

男學亨正字

後學上官德轍季眉甫編次

子程子曰：「大學，孔氏之遺書，而初學入德之門也。」於今可見古人爲學次第者，獨賴此篇之存，而論、孟次之。學者必由是而學焉，則庶乎其不差矣。

大學之道，在明明德，在親民，在止於至善。程子曰：「親，當作新。」

大學者，大人之學也。明，明之也。明德者，人之所得乎天，而虚靈不昧，以具衆理而應萬事者也。但爲去聲。氣禀所拘，人欲所蔽，則有時而昏；然其本體之明，則有未嘗息者。故學者當因其所發而遂明之，以復其初也。新者，革其舊之謂也，言既自明其明德，又當推以及人，使之亦有以去上聲。其舊染之污音烏，又去聲。也。止者，必至於是而不遷之意。至

[一]「大學直解卷之上」後劉傳經堂本有「大，舊音泰，今讀如字」句。

善，則事理當然之極也。言明明德、新民，皆當止於至善之地而不遷。蓋必其有以盡夫音扶。天理之極，而無一毫人欲之私也。此三者，大學之綱領也。

（口義）這一章，是孔子的經文；這一節，是經文中的綱領。孔子說，道，人不可以不學。方其幼也，既養之於那小學中；及其長也，復開之以大學的道。大學是大人之學，道是那爲學的方法。大人爲學的方法有三件：一件在明明德，上「明」字是用工夫去明他；明德是人心虛靈不昧，以具衆理而應萬事的本體。但有生以後，爲氣稟所拘，物欲所蔽，則有時而昏，然其實却不能息滅。故爲學之功，當因其所發而遂明之，務使拘者以開、蔽者以去，而心之本體依舊光明。譬如鏡子昏了，磨得還明一般，這纔是有本之學。所以說大學之道在明明德。一件在親民，「親」字當作「新」字，是鼓舞作興的意思；民，是天下的人，天下之人，也都有這箇明德，但被習俗染壞了。我既自明其明德，又當推以及人，鼓舞作興，使他革去那舊染之污，而亦有以明其明德。譬如衣服垢了，洗得重新一般，這纔是有用之學。所以說大學之道在新民。一件在止於至善，止，是住到箇處所，不遷動的意思；至善，是事理當然之極。大人明己德，新民德，不可苟且便了，當必使己德無一毫之不明，民德無一事之不新，到極好的去處，方纔住了，譬如赴家一般，必要走到家裏纔住，這纔是學之成處。所以說大學之道在止於至善。這三件在大學，如綱之有綱，綱舉則目張，如裘之有領，領挈而裘順，是乃大學之要道也。

（輯說）章句以大學爲大人之學，是對小子之學說。大人，猶言成人，卽十有五年以上之人也。「道」字訓作方法，只是古者大學教人修爲之方。明德只是箇心，心之本體虛靈不昧，而得之於天，所以謂之明德。惟虛，故具衆理，是性是體；惟靈，故應萬事，是情是用。不昧，只是申言其明也。陳北溪曰：「人生得天地之理，又得天地之氣。理與氣合，所以虛靈。氣稟是內根，物欲是外染。」吴新安曰：「氣稟拘於有生之初，物欲蔽於有生之後。不昧者所以昏也，然雖有昏昧之時，而無息滅之理。」存疑曰：「本體之明未嘗息，謂自有發見時也，見孺子入井，而惻怛之類可見，當因其所發而遂明之。此朱子教人下手用功處。」饒雙峯曰：「明之之功有二：一是因其所發而克廣之，使之全體皆明；一是因其已明而繼續之，使之無時不明。全體皆明，無時不明，則超然無有氣稟物欲之累，而復其初矣。新民，謂推其自明者以及人，只是使家國天下皆明其明德而矣。蓋此德人所同得，非我所可私，故於人之舊染而污者，則必惻然思有以新之，新兼善政、善教說。至善，事理當然之極。以明德新民語事理，是統言之；以仁、敬、孝、慈、信語事理，是析言之。其實一也。」朱子曰：「明德新民，本有一箇當然之極，則過之不可，不及亦不可，須是到當然之則處而不遷，方是止於至善。至善，包明德新民。己也要止於至善，民也要止於至善。在他雖未能如是，在我之所以望他者則不可不如是也。」問：「至善不是明、新外，别有所謂至善，只是明、新到極處便是否？」曰：「是明德中也有至善，新民中也有至善，皆要到那至極處，至善只以其極言。不但理會到極處，亦要做到極處。至善如言極好的道理，十分盡頭處，善在那裏，自家須去止他。止則與善爲一，未能止，善自善，我自我。」吴氏曰：「止至善爲明德新民之標的，極盡天理，絕無人欲，爲止至善之律令。」陳新安曰：「天理人欲相爲消長，纔有一毫人欲之私，便不能盡夫天理之極，不得云止於至善矣。」存疑云：「本文三『在』字皆承大學之道說來，三句當云，在乎明德、新民、止於至善，不可說明德、新民在止於至善，此可正淺說之誤。」或問曰：「大學一篇之指，總而言之，不出乎八事；而八事之要，總而言之，又不出乎此三者。此所以斷然以爲大學之綱領而無疑也。」盧玉溪謂：「明明德是下文格物、致知、誠意、正心、修身之綱領，新民，是下文齊家、治國、平天下之綱領。止至善，總明德、新民而言，又八者逐條之綱領。要而言之，則明明德又爲三者之綱領。」其註或問：「敬爲聖學始終所由成。」又曰：「朱子『敬』之一字，則又明明德之綱領也。愚按：傳者於統論綱領中，說出箇『敬』字；又於細論條目中，說出箇『愼』字，其實愼亦敬也。故大學一篇緊要處，只在箇敬字上。程朱二子諄諄言敬，固不爲無本。」而胡敬齋謂：「敬是大學的骨子，若無敬，一部大學做不成，其亦有見於此與。」

知止而後有定，定而後能靜，靜而後能安，安而後能慮，慮而後能得。

止者，所當止之地，卽至善之所在也。知之，則志有定向。靜，謂心不妄動。安，謂所處上聲，下同。而安。慮，謂處事精詳。得，謂得其所止。

（口義）這一節，是推本上文，説明德、新民所以得止至善之由。夫明德、新民，固皆欲止於至善，而其所以止於至善者，必自知止始。止，是所當止的去處，就是至善。人若能先曉得那所當止的去處，其志便有定向，更不他求，所以説知止而後有定。靜，是心不妄動，所向既定，心裏便自有箇主張，不妄動了，所以説定而後能靜。安，是身子安閒，心裏既不妄動，則身之所處，或此或彼，自然無不安閒，所以説靜而後能安。慮，是處事精詳，身子既是安閒，則遇事之來，便能仔細思量，不忙不錯，所以説安而後能慮。得，是得其所止，既能處事精詳，則事事自然停當，凡明德新民，都得了所當止的至善，所以説慮而後能得。夫得所止，由於知所止。如此，入大學者可不以求知爲先務哉！

（輯説）知止，是於天下事事物物，都曉得所當止的至善，卽下文格物而知至也。章句云：「知之則志有定向。」或問又云：「事物皆有定理。」陳新安謂：「能知所止，則此心光明。見得事物皆有定理，而志方有定向。二説自貫通。靜字合心不妄動、無以動其心來看，是兼內外説。蓋志向既定，心中便不復起疑，而外面的物，也都搖惑他不得，則靜亦靜，動亦靜矣。」故存疑云：「此是知邊靜，日用之間，動靜不一，此靜固自如也。靜是就心上説，安是就身説，身心相應，心靜了身自安穩，在這裏也安，在那裏也安。故曰『所處而安』，又曰『無所擇於地』。若將安字説向心裏來，便與章句、或問都不合。能慮全在日用之間從容閒暇上，蓋人之處事精詳而不錯亂，非安不能也。慮，只是平時所知者，臨事再審一審。」朱子云：「知止，是知事物所當止之理，到臨事又須研幾審處，方能得所止。能得，是見得此事合如此，便如此做，蓋意誠以下之事也。」又曰：「『定』、『靜』、『安』、『慮』、『得』五字，是功效次第，不是工夫節目。纔知止，自然相因而見。」或問小註：「定、靜、安，大抵皆相類，只是就一級中間細分耳。」而淺説亦云：「定、靜、安，皆知止之驗。定、靜、安，在未應事之時，慮在方應事之際，蓋理明義精，則自然如此。」

物有本末，事有終始，知所先後，則近道矣。

明德爲本，新民爲末。知止爲始，能得爲終。本始所先，末終所後。此結上文兩節之意。

（口義）這一節是結上面兩節的意思。合而觀之，明德、新民，兩物也，而有箇本末。蓋必明德了，纔可新民，便是明德爲本，新民爲末，恰似樹有根梢一般。知止、能得，一事也，而有箇終始。蓋必知止了，方纔能得，便是知止爲始，能得爲終，如凡事都有箇頭尾一般。這本與始，是第一要緊的，該先做了。末與終，是第二節工夫，該後面做。人能曉得這先後的次序，順着做去，則路分不差，自然可以明德、新民，可以知止、能得，而於大學之道不遠矣。

（輯說）問事物何分別。朱子曰：「對言則事是事，物是物。獨言物，則事在其中。知止、能得，如耕而種而耘而斂，是事有箇首尾如此。明德是理會己之一物，新民是理會天下之萬物。以一己之一物對天下之萬物，便有箇內外、本末，知所先後，自然近道。不知先後便倒了，如何能近道？」或問小註：「知工夫先後、次第，則近爲有序。不忽近務遠處下窺高，而其入道也，爲不遠矣，謂至道之近也。」蒙引云：「近道雖就知上説，而所以近道者，正以其於用功處，知所先後也。」又曰：「知止，知字深。知所先後，知字淺，此知字又在知止之先。」

古之欲明明德於天下者，先治其國；欲治其國者，先齊其家；欲齊其家者，先修其身；欲修其身者，先正其心；欲正其心者，先誠其意；欲誠其意者，先致其知；致知在格物。治，平聲。〔一〕

明明德於天下者，使天下之人，皆有以明其明德也。心者，身之所主也。誠，實也。意者，心之所發也。實其心之所發，欲其必自慊而無自欺也。致，推極也。知，猶識也。推極吾之知識，欲其所知無不盡也。格，至也。物，猶事也。窮至事物之理，欲其極處無不到也。此八者，大學之條目也。

（口義）這一節，是大學的條目。誠，是實。致，是推極，推之以至極處。知，是識。格，是至。物，是事物。大學之綱領，固當知所先後矣。而其條目何如，不觀之古人乎？古之欲明己之明德於天下以新其民者，不遽求之天下也，必先施教

〔一〕「治，平聲」後劉傳經堂本有「後倣此」三字。

化，治了一國的人，纔可由近以及遠，蓋天下之本在國，故欲明明德於天下者，先治其國也。然要治一國的人，不遽求之國也，必先整齊這家人，以爲一國之觀法，蓋國之本在家，故欲治其國者，必先齊其家也。然要齊一家的人，亦不遽求之家也，必先修治這己身，以爲一家之觀法，蓋家之本在身。故欲齊其家者，先修其身也，身不易修，而心乃身之主宰，若要修身，必先持守得心裏端正，沒有些子偏邪。不然則身無所主，雖欲勉強以修之，亦不可得而修矣，所以說欲修其身者，先正其心。心不易正，而意乃心之發動，若要正心，必先實其意念之所發，無少涉於欺妄。不然，則心爲所累，雖欲勉強以正之，亦不可得而正矣。所以說欲正其心者，先誠其意。至於心之明覺謂之知，若要誠實其意，必先推極吾心之知，務使表裏無不洞徹，不然，則隱微之間，眞妄錯雜，雖欲勉強以誠之，亦不可得而誠矣，所以說欲誠其意者，先致其知。理之散見寓於物，若要推極其知，在於窮究事物之理，直到那極至的去處，不然則理有未窮，知必有蔽，雖欲勉強以致之，亦不可得而致矣，所以說致知在格物。這格物、致知、誠意、正心、修身，是明明德的條目；齊家、治國、明明德於天下，是新民的條目。格物、致知，是求知其所止；誠意至明明德於天下，是求得其所止。則八者又皆止至善的條目。聖經言大學之序，其詳如此。

（輯說）經文以平天下爲欲明明德於天下。吴新安推此謂：「治國是欲明明德於一國，齊家是欲明明德於一家，正以見人己無二理。其所謂新民者，不過使天下國家之人，各欲明其明德而已。」章句釋「明明德於天下」曰：「使天下之人皆有以明其明德。」而或問又加自「明其明德而推以新民」於「使」字上，亦只是申言章句之意，謂「其所以使之者，此也」。蓋自明是體，新民是用。合自明、新民該貫於明明德於天下之一言，則是極其體用之全而舉之矣。心爲身之主，不得其本然之正，則中便無主，四肢百骸便都無所管攝。所以修身必先正心，然須誠意後，推盪得渣滓伶俐，心纔可正。若是不誠，便心全在物欲上了，却怎生正得他。黄氏云「敬又爲心之主」，蓋本傳章句「敬以直之」而言。愚按：誠意只在愼獨，愼卽是敬。要之，自格物至於平天下，都離這「敬」字不得。章句釋誠意，謂「實其心之所發，只是真實要爲善去惡。」故或問云：「天下之道二，善與惡而已矣。」然不能致知則無以見夫善惡之眞，將有錯認人欲爲天理者矣，意却如何得誠！故誠意之方，必自致知始，而致知無他，則在乎格物而已。格物謂「窮至事物之理，欲其極處無不到」。極處是言物理十分盡頭處，便是至善。格，至也，至又訓作到，則「格」字之義愈明白的確。信乎！非朱子不能定也。蒙引云：「格物工夫，要不出博學、審問、慎思、明辨四者。」其說蓋本於或問。而存疑乃謂「不過以心而思索物理，思到通時，則此心洞然而知在我矣」。却失之偏。胡雲峯曰：「章句『所發』二字，凡兩言之。昌其所發而遂明之，性發而爲情也；實其心之所發者，心發而爲意也。朱子嘗曰：『情是發出恁地，情如舟車，意如人使那舟車一般。』然性發爲情，其初無有不善，卽當加夫明之之功，是體統說。心發而爲意，便有善有不善，不可不加夫誠之之功，是從念頭說。」孟子盡心章集註「心者人之神明，具衆理而應萬事」，卽章句所謂「虛靈不昧，以具衆理而應萬事。」此章或問又曰：「知者，心之神明，所以妙衆理而宰萬物。」其釋「知」字，與釋「明德」相應。蓋明德自具全體大用，致知者欲知之至而全體大用無不明也。又云：「章句釋『明德』則兼理與事，釋『至善』亦曰事理，釋『格物』亦曰窮至事物之理。心外無理，理外無事，卽事窮理，明明德第一工夫也。」按：或問格物、致知是啟其明之之端；誠意、正心、修身是致其明之之實，則此五者皆明明德之工夫條目也。朱子曰：「六箇『欲』字與『先』字，謂欲如此，必先如此，是言工夫節次。若致知則便在格物上，『欲』與『先』差慢，『在』字又緊得些子。格物是零細說，致知是全體說。格物致知於事物上窮得一分理，則我之知亦知得一分。物理窮得愈多，則我之知愈廣。其實只是一理，纔明彼卽曉此。格物十事，格得九事通透，一事未通透，不妨；一事只格得九分，一分不通透，最不可，須窮盡十分處。窮極事物之理到盡處，便有一箇是，一箇非。凡自家身心上，皆須體驗得一箇是非。若講論文字，應接事物，各各體驗，漸漸推廣，地步自然寬闊，如曾子三省，只管如此體驗去。格物是夢覺關，誠意是人鬼關。過得此二關，上面工夫，一節易如一節。至治國平天下，地步愈闊，但須照管得到。格物、致知是窮此理，誠意、正心、修身是體此理，齊家、治國、平天下是推此理，要做三節看。」陳新安曰：「大學八條目，格物爲知之始，致知爲知之極；誠意爲行之始，正心、修身爲行之極；齊家爲推行之始，治國、平天下爲推行之極。不知則不能行，既知又不可不行。誠、正、修，行之身也；齊、治、平，行之家國與天下也。知行者其推行之本，推行者其知行之驗與。」蒙引曰：「格物、致知，聖學也；誠意、正心、修身，天德也；齊家、治國、平天下，王道也。有天德，方可語王道；有聖學，方可語天德。此自足以見三綱領、八條目之序矣。」朱子曰：「格物、致知比治國、平天下，其事似小，然打不透，則病痛却大，無進步處。治國、平天下，規模雖大，然這裏縱有未盡處，病痛却小。治國、平天下與誠意、正心、修身、齊家，只是一理。所謂格物、致知，亦曰知此理而已矣，此大學一篇之本旨。若必以治國、平天下爲君相之事，而學者無與焉，則内外之道，異本殊歸，與經之本旨正相南北矣。禹、稷、顔子同道，豈必在位乃爲爲政哉？」

物格而後知至，知至而後意誠，意誠而後心正，心正而後身修，身修而後家齊，家齊而後國治，國治而後天下平。治，去聲。〔一〕

物格者，物理之極處無不到也。知至者，吾心之所知無不盡也。知既盡，則意可得而實矣。意既實，則心可得而正矣。修身以上，明明德之事也。齊家以下，新民之事也。物格、知至，則知所止矣。意誠以下，則皆得所止之序也。

（口義）這一節是覆説上文意思。至，是盡處，誠能於天下事物的道理一一都窮究到極處，則心裏通明洞達，無少虧蔽，而知於是乎至矣。夫格物而後知至，可見致知在於格物也。知既能至，然後見善明，察惡盡，不容有所自欺，而意可得而誠矣。夫知至而後意誠，可見欲誠其意者，當先致其知也。意既能誠，然後這心無所累，日用應接，不至或動於物，而可得正矣。夫意誠而後心正，可見欲正其心者，當先誠其意也。心既能正，然後這身有所主，凡百舉動，不至或陷於偏，而可得修矣。夫心正而後身修，可見欲修其身者，當先正其心也。身無不修，然後能感化那一家的人，都遵我的約束，家不由是而齊乎！夫身修而後家齊，可見欲齊其家者，當先修其身也。家無不齊，然後能感化那一國的人，都聽我的教訓，國不由是而可治乎！夫家齊而後國治，可見欲治其國者，當先齊其家也。國無不治，然後能感化那天下的人，都做良民善衆，與國人一般，天下不由是而可平乎！夫國治而後天下平，可見欲明明德於天下者，當先治其國也。物格、知至，是知所止了。

〔一〕「治，去聲」後劉傳經堂本有「後做此」三字。

意誠、心正、身修，是明明德得其所止的序；家齊、國治、天下平，是新民得其所止的序。聖經反覆言之，一以見其次第不可紊亂，一以見其工夫不可闕畧，此入大學者之所當知也。

（輯說）經文不說知致而謂之知至，便見得物格後，無復致知工夫了。然自知至以下，却節節有工夫在。所以章句下可得字，黃氏謂物格句，後字是變文，下面六箇後字，作可得說，是則先爲此而後能爲彼也。問：「物未格，意亦當誠。」朱子曰：「固然。豈可說物未格，意便不用誠！但知未至時，雖欲誠意，其道無由，如人夜行，雖知路從此去，但黑暗行不得，所以要致知。知至則道理明白，坦然行之。今人知未至者，也知道善當好，惡當惡。然臨事不能如此者，只是實未曾見得，若實見得，則行處無差。意誠后推盪得渣滓伶俐，心盡是義理。意是指發處，心是指體言。意是動，心該動靜。身對心言，則心正是內能如此，身修是外，若不各自做一節工夫，不成說我意已誠矣？心將自正，恐懼哀樂，引將去，又却邪了，不成說心正矣。身不用管，外面更不顧，而心與迹有異矣，須是無所不用其功。意未誠時，如人犯私罪；意既誠而心又動，如人犯公罪，亦有間矣。物格、知至，是一截事；意誠、心正、身修，是一截事；家齊、國治、天下平，是一截事。自知至交意誠又是一箇過接關子；自身修交齊家，又是一箇過接關子。」又曰：「自格物至平天下，聖人亦畧分箇先後與人看。不成做一件淨盡無餘，方做一件，如此何時做得成！」許東陽謂：「致知方行，並行不悖。聖賢之意，蓋以一物之格，便是吾心之知。於此一理爲至，及應此事，便當誠其意，正其心，修其身也。須一條一節，逐件理會，他日湊合將來，遂全其知，而足應天下之事矣。」許氏說知至處，雖非經本旨，然謂知行二者並進，却是能會於言意之表者。吳季子曰：「文公嘗論平天下一段，遡而至於格物，則曰『本領全只在這兩字上』，其指示後學入門之地，亦切矣。學者誠能近取諸身，遠取諸物，質之聖經賢傳，驗之往古來今，令隨事體察。如程子所謂今日格一物，明日格一物者，久而不已，則良知之天表裏洞達，而誠意正心修身之事，可以次第而舉矣。推而爲天下國家用，其效可勝言哉？」盧氏曰：「誠意至平天下，序皆不可亂，功皆不可闕。序不可亂，則不可躐等而進；功不可闕，則不可半途而廢。」

自天子以至於庶人，壹是皆以修身爲本。

壹是，一切也。正心以上，皆所以修身也。齊家以下，則舉此而措之耳。

（口義）壹是解做一切，大學之條目固如此矣。然就中而舉其要，則上自天子，下至庶人，凡在大學之中者，一切都要把修身做箇根本。蓋格物、致知、誠意、正心，都是修身的工夫。齊家、治國、平天下，都從修身上推去。所以人之尊卑雖有不同，都該以修身爲本。

（輯説）上自天子，下至庶人，包諸侯、卿大夫在其中。饒雙峯曰：「此一段，是於八者之中，揭出一箇總要處。」陳新安曰：「單提修身而上包正心、誠意、致知、格物之工夫，下包齊家、治國、平天下之效驗，皆在其中矣。」或問曰：「天之明命，有生之所同得，非有我之所得私也。是以君子之心，廓然大公，其視天下，無一物而非吾心之所當愛，無一事而非吾職之所當爲。雖或勢在匹夫之賤，而所以堯舜其君，堯舜其民者，亦未嘗不在其分内也。又況大學之教，乃爲天子之元子、衆子，公侯、卿大夫之適子，與國之俊選而設，是皆將有天下國家之責，而不可辭者。則其素教而預養之者，安得不以天下國家爲己事之當然，而預求有以正其本、清其源哉？」

其本亂而末治者，否矣。其所厚者薄，而其所薄者厚，未之有也。

本，謂身也。所厚，謂家也。此兩節結上文兩節之意。

（口義）本接上文本字，指身説。末，指家國、天下説。否，是不然。厚，指家人説。薄，指國與天下之人説。夫身既爲家國天下的根本，必修了身，纔可以齊家、治國、平天下。若不能修身，是根本先亂了，却要家齊、國治、天下平，就如樹根既枯了，却要他枝葉茂盛，決是不然，所以説否矣。這是以身對天下、國家説，固如此。若以家對國與天下，則又家親而國與天下疎。親的在所厚，疎的在所薄，必厚其所厚，而後能及其所薄也。若不能齊家，是所厚的且先薄了，却要治國、平天下，將所薄的反得加厚，必無此理，所以説未之有也。前一節是就八條目中，指出修身最爲緊要。這一節是明修身之所以爲要，而因言齊家又爲治國、平天下之要，皆所以結上文兩節之意也。通看這經文一章，規模廣大，而本末不遺，節目詳明，而始終不紊，是誠羣經的綱領，聖學的門户，而學人所當最先講明者。今或舍此而不務，而反以他説先焉，其不溺於空虛，流於功利，而得罪於聖門者鮮矣。

（輯説）吴季子曰：「天下、國家，一理而已矣。君子之心，豈有所厚薄哉？然理雖一而分則殊，是故厚於其所厚，薄於其所薄，雖聖賢不能以强同，所同者各當其可耳。」饒氏曰：「上一節與此節上一句是教人以修身爲要，下一句是教人以齊家爲要。」或問曰：「不能格物、致知以誠意、正心而修其身，則本必亂而末不可治，不親其親，不長其長，則所厚者薄，而無以及人之親長，此皆必然之理也。」陳新安曰：「親親、長長是齊家之大者。」

右經一章，凡二百五字。朱子曰：「正經辭約而理備，言近而指遠，非聖人不能及也。」

右是指以前説，「經」字解做「常」字。這以前説的一章書，是孔子作下的，其所言乃垂世立教之大典，亘古今不可易者，所以謂之經文。

蓋孔子之言，而曾子述之，凡二百五字。其傳十章，則曾子之意，而門人記之也。舊本頗有錯簡，今因程子所定，而更考經文，别爲序次如左。凡千五百四十六字。

凡傳文，雜引經傳，若無統紀，然文理接續，血脈貫通，深淺始終，至爲精密。熟讀詳味，久當見之，今不盡釋也。

康誥曰：「克明德。」

康誥，周書。克，能也。

（口義）這一章是曾子解釋經文「明明德」的説話。康誥是武王封弟康叔於衛而誥他的書。克，是能。德，是明德。大學傳之首章説道，經文「明明德」是謂何？間嘗考古而得其義矣。武王作書告康叔説：「人之所得乎天而無少不明的叫做德，但衆人類爲氣稟物欲拘蔽，以致昏昧不明，惟文王實能明之而無一毫之昏昧。」這是周書之言文王者如此。

（輯説）朱子曰：「『克』字雖訓『能』字，然比『能』字有力。見人皆有是明德而不能明，惟文王能明之，克只是眞箇會得底意思。」許東陽曰：「『明』字即上『明』字，『德』字包『明德』字。」吴季子曰：「人不能而已，能之斯謂之克。文王之德之純，既不梏於氣稟之偏，象天清明，復不牽於物欲之蔽，用能明其明德，而非他人之所可及也。大學言此，蓋謂人之欲明其明德者，必如文王而後能事畢矣。」

太甲曰：「顧諟天之明命。」

太甲，商書。顧，謂常目在之也。諟，猶此也，或曰審也。天之明命，即天之所以與我，而我之所以爲德者也。常目在之，則無時不明矣。

（口義）太甲，是湯孫的名。湯崩，太甲立，不明，伊尹作書以告之，史官題曰太甲。顧，是常常的看著。「諟」字，解做「此」字。明命，即是明德，以其爲天所賦予，又叫做明命。伊尹作書告太甲説：「天之所以與我，而我之所以爲德的，叫做明命。但衆人心志易於放逸，所以忽忘者多，惟成湯能心上常常的存著，恰似眼中常看著的一般，而無一時之忽忘。」這是商書之言成湯者如此。

（輯説）上下文都説明德，這裏却説明命，蓋自天之與於我者言，則曰明命。自我之得乎天者言，則曰明德。故或謂明德非他，即天之所以命我，而至善之所存也。又云天即人，人即天，理一而已。朱子曰：「顧諟者，只是常存此心，知得有這道理，光明不昧。方其未接物時，此理固湛然清明；及其遇事應接，此理亦隨處發見。只要常提撕省察，念念不忘，存養久之，則道理愈明，雖欲忘之而不可得矣。」或問小註：「凡人不知省察，常行日用，每與是德相忘，亦不自知其有是也。今所謂顧諟者，只是心裏常常存著此理，一出言，一行事，皆必有當然之則，不可失也，初豈實有一物之可見其形象耶？」許氏曰：「顧諟動靜皆顧，一息之頃，一事之毫末，放過便不是顧，便損了此明命。」又曰：「此是明之工夫，學者全當法此而明功。」吴季子曰：「明之之功，當以敬爲先。蓋敬則專一不雜，常如天理之在目前；不敬，則心不在焉，視而不見者多矣。此章所謂敬者，顧諟而已矣。顧諟，謂常目在之也；常目在之，非敬而何？蓋不如是則懼墜天之明命，而失其畀付之初意也。」

帝典曰：「克明峻德。」

帝典，堯典，虞書。峻，大也。

（口義）帝典，卽書經中堯典。峻，是大。至於堯典中說，德之在人，體具衆理，用應萬事，元是箇高明廣大的，但常人却被私欲狹小了，惟帝堯實能明之。而因其高明而極於高明，因其廣大而極於廣大，這是虞書之言帝堯者如此。

（輯說）陳新安曰：「明德，以此德本體之明言；峻德，以此德全體之大言，一也。德之全體，本無限量，克明者盡己之性，通貫瑩徹而全體皆明也。」黄氏洵饒曰：「明明德止於至善。」吴季子曰：「克明其德而至於峻，亦豈於性分之外，有增益哉？是德之大，本自高明，本自光大，堯惟因其高明而極於高明，因其廣大而極於廣大，如是而已。人能以至善爲準，以不敢自足爲心，孜孜焉求以明之，必至於峻而後止，自然日進於高明廣大之域，是堯而已矣。」

皆自明也。

結所引書，皆言自明己德之意。

（口義）自，是自己。合三書而觀之，其所言雖是不同，然曰德，曰明命，曰峻德，是卽經文所謂明德也。曰克明，曰顧諟，又曰克明，是卽經文所謂明明德也。總之，都是自明己德的意思，所以說皆自明也。蓋己昏昏者，不能使人昭昭。故大學之教，必以自明爲先務，自明則能明民矣。傳大學者引三書而結之以皆「自明」之一語，不亦深切而著明矣乎？

（輯說）淺說曰：「自明對新民言，非爲仁由己之意。」盧玉溪曰：「克明德，是自明之始事。克明峻德，是自明之終事。顧諟明命之句在中間，是自明工夫。此章雖引三書而斷以一言，其文理血脈之精密如此。」

右傳之首章。釋明明德。此通下三章至「止於信」，舊本誤在「沒世不忘」之下。

傳，是訓解其義以傳於世的意思。釋字卽是解字。曾子將孔子的經文逐件解釋其義，分爲十章。這頭一章是解明明德，後九章倣此。

湯之盤銘曰：「苟日新，日日新，又日新。」

盤，沐浴之盤也。銘，名其器以自警之辭也。苟，誠也。湯以人之洗濯其心以去上聲，下同。惡，如沐浴其身以去垢。故銘其盤，言誠能一日有以滌其舊染之污而自新，則當因其已新者，而日日新之，又日新之，不可畧有間去聲。斷也。

（口義）這一章是解釋經文「新民」的說話。盤，是沐浴的盤。銘，是刻在盤上以自警的言語。苟字解做誠字。大學傳之二章說道，經文「新民」是謂何，亦嘗考古而得之矣。商王成湯以人心本自清明，却被私欲污了，必須洗去那私欲，使從新清明，就如人身本自乾淨，却被塵垢污了，必須洗去那塵垢，使從新乾淨一般，乃刻銘於沐浴的盤上。說爲人君者，誠能一日之間，著實用力洗去那舊染之污，而從新清明，這工夫却不可間斷了。必當因其已新者而日日新之，又日新之，只管這樣繼續不已，務使心地常常的清明，不復爲那私欲所污，如沐浴的繼續不已，務使身子常常的乾淨，不復爲那塵垢所污方可。這是能自新的，而新民之本立矣。

（輯說）朱子曰：「緊要在一『苟』字。首句是爲學入頭處，誠能日新，則下兩句工夫方能接續做去。苟日新，新是對舊染之污而言。日日新，又日新，只是要常常如此無間斷也。」胡雲峯曰：「苟字是志意誠確於其始，又字是工夫接續於其終。」按或問：「日新工夫，要不出存養省察二者，然存養省察，只以敬爲主。」故朱子曰：「成湯工夫，全在『敬』字上，其示人切矣。」此傳釋新民而先說自新者，蓋自其本而言之，以發新民之端也。

康誥曰：「作新民。」

鼓之舞之之謂作，言振起其自新之民也。

(口義)康誥是周書篇名。作,是振作。康誥中說百姓每舊日雖爲不善,而今若能一旦善心發見,這便是他自新之機。爲人君者,就當因其機而設法,去鼓舞振作他,使之歡喜踴躍,樂於爲善。這是新民的事,而自新之功著矣。

(輯說)「作」字是前「新」字意,「新」字連下,所謂自新之民也。陳氏曰:「自新之民,已能改過遷善,又從而鼓舞振作之,使之亹亹不能自已,作其自新之民也,此正新民用工夫處。」許東陽曰:「新民工夫,只是推克感化兩事。明明德於上,則感而自新,又因其自新之機,推其有餘而引導勸誘之,則民德日新。」黄氏洵饒曰:「作新民精密,井田學校,作之之具;勞來匡直,作之之術。」

詩曰:「周雖舊邦,其命維新。」

詩大雅文王之篇。言周國雖舊,至於文王,能新其德以及於民,而始受天命也。

(口義)詩是大雅文王篇,邦是國都,命是天命。文王之詩,說周自后稷以來,千百餘年皆爲諸侯之國,到文王能新其德以及於民,乃始受天命而有天下,是其邦雖舊而其命則新也。這是效成於新命,而自新新民之極,無以復加矣。

(輯說)朱子曰:「是新民之極,和天命也新。蓋民之視聽在君,而天之視聽在民。君德既新,則民德必新,民德既新,則天命之新不旋日矣。」饒雙峯曰:「明命是初頭稟受底,以理言;新命是末梢膺受底,以位言。要之,只是一箇,天下無性外之物。」黄氏曰:「此一命,命以天下。」新民止於至善。

是故君子無所不用其極。

自新新民,皆欲止於至善也。

(口義)是故,是承上文說。君子,是大人成德之名。或云是泛指有新民之責者言。極,卽是至善。由是觀之,可見自新便要如湯之日新,新民便要如文王之維新,必到那極處纔好,所以君子無所不用其極。新自家的德,與新民的德,都要到那至善的去處而後已也。這一章雖是釋新民,然起頭說日新,便是明明德的事,末後說無所不用其極,便是止至善的事。

而大學之道，備在是矣。

（辑说）蒙引云：「此君子泛言，或指湯、武、文王者非也。」吳臨川云：「極，卽至善。用其極者，求其止於是之謂也。故以此句結上文自新、新民之義，而卽起下章所止之說，亦是文理接續處。」體註：「此是責成後人之詞，極字意，三節俱有，非自新以新民爲極，新民以新命爲極也。自新新民，原是一事。漢唐盛世，亦幾刑措，然非至善之新，雖新而不用其極。架漏千年，二帝、三王新民之道也，未嘗一日行於天下者，皆緣秦以後之心，多從自私自利起見。制度政合，一切爲因循苟簡之術，不知此一點私利之心，皆秦以來舊染之污也，必君臣洗滌此污而後可行王者之道。故自新用其極，而後新民用其極，所以兼而言之。」

右傳之二章。釋新民。

詩云：「邦畿千里，惟民所止。」畿，音祈，與圻同。〔一〕

詩，商頌玄鳥之篇。邦畿，王者之都也。止，居也，言物各有所當止之處也。

（口義）這一章是解釋經文「止於至善」的說話。詩是商頌玄鳥篇。大學傳之三章說道，經文「止於至善」之義，嘗詠詩而得之矣。詩人說王者所都的京畿，地方千里，是爲百姓每居止的所在。卽此看來，可見物各有所當止之處也。

（輯說）王者所居，地方千里，曰邦畿。蓋自東而西，自南而北，皆千里也。陳新安曰：「引詩謂邦畿爲民所止之處，以比事物各有當止之處。」蒙引謂：「註中『物』字，所該甚廣，自君臣父子以至動靜語默之際，皆有所當止之至善。語其綱，則曰明德、新民耳。」

〔一〕劉傳經堂本無「畿，音祈，與圻同。」句。

詩云：「緡綿蠻黃鳥，止於丘隅。」子曰：「於止，知其所止，可以人而不如鳥乎！」

詩，小雅綿蠻之篇。緡蠻，鳥聲。丘隅，岑蔚之處。子曰以下，孔子說詩之辭。言人當知所當止之處也。

（口義）詩，是小雅緡蠻篇。緡蠻，是黃鳥的聲。丘隅，是山阜樹多所在。物既各有所當止之處矣，而人可不知之乎！詩人說，那緡蠻的黃鳥，都止於山阜樹多的所在。夫子讀這兩句詩，因有感而說，黃鳥是箇微物，於其止也，尚曉得所當止的去處，人爲萬物之靈，豈可反昧其所止而禽鳥之不如乎！卽此看來，可見人當知所當止之處也。

（輯說）陳北溪曰：「土高曰丘，隅謂丘之一角峻處，由岑高而木森蔚。」陳新安云：「此比人當知所止，重在『知』字。蓋鳥所當止的是丘隅，人所當止的是至善。孔子借鳥以警人，而曾子引之，以見人當知所止也。」黃氏洵饒曰：「上節是說淺處，示人天理之本然也。此節是說深處，使之盡人道之當然也。」

詩云：「穆穆文王，於緝熙敬止。」爲人君，止於仁；爲人臣，止於敬；爲人子，止於孝；爲人父，止於慈；與國人交，止於信。於緝之於，音烏。

詩，文王之篇。穆穆，深遠之意。於，歎美辭。緝，繼續也。熙，光明也。敬止，言其無不敬而安所止也。引此而言聖人之止，無非至善。五者乃其目之大者也。學者於此，究其精微之蘊，而又推類以盡其餘，則於天下之事，皆有以知其所止而無疑矣。

（口義）上節，既說人不可不知所止。這一節，固說聖人能得所止，以明至善之所在也。詩，是大雅文王篇。穆穆，是深遠而不淺露迫切的意思。德容。於，是歎美辭。緝，是繼續。熙，是光明。功夫。敬止，是無不敬而安所止。功效。然人之所當知而止之者何在乎？詩人說，穆穆深遠的文王，其德則繼續光明，無不敬而安所止。夫詩所謂文王之敬止者何如？如仁是爲君的道理，文王之爲人君，或寬或嚴，極那仁道之善而無所遺，這是止於仁。敬是爲臣的道理，文王之爲人臣，或常或變，極那敬道之善而無以加，這是止於敬。孝是爲子的道理，文王之爲人子，則孝而盡善，非那尋常的善所可及，這是止於孝。慈只是爲父的道理，文王之爲人父，則慈而盡善，非那世俗的慈所可比，這是止於慈。至於上之使下，下之事上，有交道焉。文王之與國人交，則信而盡善，固無一言一事之不信，亦非那非所信而信的，可同日語，這是止於信。文王之能，得其所止，如此，此詩人所謂敬止者也。蓋文王之敬止，不止此五件，而五者乃其大端。學者於此，誠能窮究到那精微的去處，而又推類以盡其餘，則於天下之事，無大無小，都有以知其所止而無疑矣。

（輯説）眞西山云：「敬止之敬，舉全體言，包得仁、敬、孝、慈、信。爲人臣止於敬，專指敬君言，敬之一事也。」存疑謂：仁、敬、孝、慈、信，乃敬止之目，每句内都要見得敬止意。朱子曰：「爲人君止於仁，仁亦有幾多般，須隨處看，這一事合當如此是仁，那一事又合當如彼是仁。爲人臣止於敬，敬亦有多少般，不可止道擎跪曲拳是敬，如陳善閉邪，納君無過，皆是敬。若止執一便偏了，安得謂之至善。」章句精微之藴，便是五者至善處。眞氏謂：「理之淺近處易見，而精微處難知。若只得其皮膚，便是以未善爲已善。須窮究至精微處，推類盡餘，是把五者做箇樣子，又從這裏推將去。」許氏謂：「推君臣、父子、國人之類，而知其餘，有夫婦、兄弟之倫。推仁敬之類，知其餘，有夫義婦順、兄友弟恭之則。又推凡天下萬物衆事，亦莫不有至善之所在。」吴季子曰：「天下之理，散見於萬物者，莫不各有所止，大學特舉君臣、父子與國人交以例其餘耳。」文公曰：「止是事事各有止處，坐如尸，坐時止也；立如齊，立時止也。如視思明，聽思聰，色思温，貌思恭之類，莫不皆然。觀此，則止至善之事固不特仁、敬、孝、慈、信也。」或問謂：「此五者皆天理人倫之極致，發於人心之不容已者。但衆人類爲氣稟物欲所昏，故不能常敬而失其所止。惟聖人之心，表裏洞然，無有一毫之蔽，故繼續光明，自無不敬，而所止者莫非至善，不待知所止而後得所止也。故傳引此詩而歷陳所止之實，使天下後世得以取法焉。學者於此，誠有以見其發於本心之不容已者，而緝熙之，使其連續光明，無少間斷，則其敬止之功，是亦文王而已矣。」按：這五者體之於己，便是明明德，止於至善。推之於人，便是新民，止於至善。蓋人己無二理，大學一篇之本旨也。

詩云：「瞻彼淇澳，菉竹猗猗。有斐君子，如切如磋，如琢如磨。瑟兮僩兮，赫兮喧兮。有斐君子，終不可諠兮。」如切如磋者，道學也；　如琢如磨者，自修也；　瑟兮僩兮者，恂慄也；　赫兮喧兮者，威儀也；　有斐君子，終不可諠兮者，道盛德至善，民之不能忘也。澳，於六反。菉，詩作綠。猗，叶韻音阿。僩，下版反。喧，詩作咺；　諠，詩作諼；　並況晚反。恂，鄭氏讀作峻。（通考）吴氏程曰：「喧、諠，並況晚反，上從詩則況晚反，音義並與咺同。下音萱，協韻作況晚反。」

詩，衛風淇澳之篇。淇，水名。澳，隈也。猗猗，美盛貌；　興去聲也。斐，文貌。切以刀鋸，琢以椎鑿，皆裁物使成形質也；　磋以鑢音慮錫，磨以沙石，皆治物使其滑澤也。治骨角者，既切而復磋之；　治玉石者，既琢而復磨之。皆言其治之有緒，而益致其精也。瑟，嚴密之貌。僩，武毅之貌。赫喧，宣著盛大之貌。諠，忘也。道，言也。學，謂講習討論之事。自修者，省星，上聲。察克治之功。恂慄，戰懼也。威，可畏也。儀，可象也。引詩而釋之，以明明德者之止於至善。道學自修，言其所以得之之由。恂慄、威儀，言其德容表裏之盛。卒乃指其實而歎美之也。

（口義）詩是衛風淇澳篇。蓋衛人作之以美其君武公者也。淇是水名。澳是水邊的彎曲處。猗猗是美盛的模樣。斐是有文采的模樣。君子就指武公。切磋是治骨角的事，既用刀鋸切了，又用鑢錫磋他，是已精而益求其精也。琢磨是治玉石的事，既用椎鑿琢了，又用砂石磨他，是已密而益求其密也。瑟是嚴密而不粗踈。僩是武毅而不怠弛。赫是宣著而不闇昧。喧是盛大而不局促。諠字解做忘字。道是言。學是講習討論之事。格物致知。自修，是省察克治的工夫。誠意、正心、修身。恂慄是戰懼。威是有威可畏。儀是有儀可象。盛德指理之得於身者說。至善指理之極處。所謂明明德止於至善者何如？詩人說瞻彼那淇水彎曲的去處，綠色之竹，猗猗然美盛。我斐然有文的君子，其用功之精，就如治骨角者，既切了又磋的一般。其用功之密，就如治玉石者，既琢了又磨的一般。由是內焉，便瑟兮而嚴密，僩兮而武毅；　外焉，便赫兮而宣著，喧兮而盛大。有斐的君子，既造到這等樣子去處，自然能感人而人皆愛慕，而終身不能忘也。這是衛人美武公之詩如此。由今繹之，所謂如切如磋者，是說君子爲學的事。他於天下事物之理，何者爲所當然，何者爲所以然，務要講習以窮之，討論以辨之，雖是已精了，猶以爲未精，而益求其精。此便與治骨角者，既切了又磋的相似，所以說如切如磋。所謂如琢如磨者，是說君子自修的事。他於自家身心之間，何者爲天理，何者爲人欲，務要省察以審其幾，克治以致其決，雖是已密了，猶以爲未密，而益求其密。此便與那治玉石者，既琢了又磨的相似，所以說如琢如磨。這是知行兼盡而爲得止的緣由如此。所謂瑟兮僩兮者，則言君子學既有得，自然敬心常存，戰戰兢兢，無一毫粗疎，無一息怠弛，此便見他嚴密武毅處，所以說瑟兮僩兮。所謂赫兮喧兮者，則言君子敬既存中，其見於外者，自然有威嚴，人都畏懼他；有儀容，人都效法他；此便見他宣著盛大處。所以說赫兮喧兮，這是表裏俱盛而爲得止的效驗如此。所謂有斐君子，終不可諠兮者，則又言君子盡學問自修之功，有恂慄威儀之驗。由是所得者極其全備而爲盛德，所止者極其中正而爲至善。所以百姓每都歎仰愛念他，而終身不能忘也。這一節是明明德之得所止，而發新民之端也。

（輯說）章句謂此詩屬興。陳新安云：「借淇竹起興，以美衛武公有文之君子也。」饒雙峯曰：「有斐是說做成君子之人。所以斐然有文者，其初自切磋琢磨中來也。」瑟，謂嚴密，是嚴厲縝密不粗疎也。僩，謂武毅，是剛武強毅不怠弛也。存疑云：「嚴而且密，武而且毅，要之，只是敬而不息。故總釋則曰戰懼，曰嚴敬存乎中，其義亦可見矣。」許氏曰：「講習討論，既講之，又重習之，復討論之，言之轉密。省是內自警，省察是密察精詳，此求己有未善也。克者勝去，治者平之，此去其不善以從善也。」又曰：「此節工夫全在『切磋琢磨』四字上。」章句謂：「治之有緒而益求其精，治之有緒謂先切琢而後可以磋磨，循序而進，工夫不亂；益治其精謂既切琢而又須磋磨，求其極至，工夫不輟，切磋以喻學。是就知上說止至善，講習討論，窮究事物之理。自淺以至深，自表以至裏，直窮究至其極處。琢磨是就行上說止至善，謂修行者省察克治，至於私欲淨盡，天理流行，直行到是處。」或問小註：「取切磋琢磨以喻君子之止於至善，既格物以求知所止矣，又用力以求得其所止焉。」眞氏謂：「言知行當並進，知到十分精處，而行處有一分未密，亦未得爲至善。須是知極其至，行亦極其至，方謂之至善。瑟僩謂恂慄，是嚴敬之存乎中也。赫喧謂威儀，是光輝之著乎外也。」眞氏謂：「威者，正衣冠，尊瞻視，儼然入聖而畏之，非徒事嚴猛而已。儀者，動容周旋中禮，非徒事容飾而已。卒指至善之實。」盧氏謂：「非盛德之外有至善，亦非明德之外有盛德也。」吳氏謂：「明德是得於稟賦之初者，盛德是得於踐履之後者，亦只一理而已。」存疑云：「恂慄、威儀，言其德容表裏之盛，所謂至善亦不外此。」淺說謂：「如言恂慄是德盛於內，而內焉一至善；言威儀是德盛於外，而外焉一至善也。」或問小註：「盛德至善言聖人事，蓋渾然一理，不可得而分者。但以人言則曰德，以理言則曰善，又不爲無辨矣。」問：「切磋琢磨是學者事，而盛德至善，乃指聖人言之，何也？」曰：「後而說得來大，非聖人不能，此是連上文文王於緝熙敬止說。然聖人也，不是插手掉臂做到那處，也須學始得。」存疑謂：「聖人之德，只是一箇敬。恂慄者，此敬之存於中也。威儀者，此敬之發於外也。故君子恂慄、威儀之敬，卽文王於緝熙敬止之敬。道學自修，則所以得之之由也。」朱子曰：「切而不磋，未到至善處；琢而不磨，亦未到至善處。瑟兮僩兮，則誠敬存於中矣，未至於赫兮喧兮；威儀光輝著見於外，亦未爲至善。至於民之不能忘，若非十分至善，何以使民久而不能忘。」陳氏曰：民不能忘，已開新民得止至善之端。」下文方極言之耳。

詩云：「於戲，前王不忘。」君子賢其賢而親其親，小人樂其樂而利其利，此以沒世不忘也。於戲，音嗚呼。樂，音洛。

詩，周頌烈文之篇。於戲，歎辭。前王，謂文、武也。君子，謂其後賢後王。小人，謂後民也。此言前王所以新民者，止於至善，能使天下後世無一物不得其所，所以既沒世而人思慕之，愈久而不忘也。此兩節咏歎、淫泆，其味深長，當熟玩之。

(口義)詩是周頌烈文篇。於戲是歎辭。前王指文王、武王。君子指後賢、後王。小人指後世的百姓。所謂新民止於至善者何如？詩人歎說，惟我前王，雖棄世已遠，而天下之人，至今猶思慕他終不能忘。夫前王所以能使人思慕不忘者，蓋因他有盛德至善的餘澤留在後世爾，如垂謨烈以昭示來茲，是其賢也。後來的賢人，都仰他德業之盛，而賢其賢，創基緒以傳與子孫，是其親也。後來的王者，都思他覆育之恩，而親其親。風清俗美，使世世享太平之福，是他遺後民的樂處，後民則含哺鼓腹而安其所遺之樂。分田制里，使百姓每永遠爲業，是他遺後民的利處，後民則安居粒食而享其所遺之利。夫賢賢、親親，是君子得其所矣。樂樂、利利，是小人得其所矣。此所以前王去世雖遠，而人心追思之終不忘也。這一節是說新民之得所止，而著明明德之驗也。

（輯說）前王不忘，此不忘是接上文不忘說來。或問小註：烈文因言「非獨一時民不能忘，而後世之民亦不能忘，以見新民之極功。」如孔子仰文、武之德，是賢其賢。成康以後，思其恩而保其基緒，便是親其親。金仁山曰：「樂其樂者，風清俗美，上安下順，樂其遺化也。利其利者，分井受廛，安居樂業，沐其餘澤也。」章句謂，「此言前王所以新民者，止於至善，能使天下後世無一物不得其所。」陳新安曰：「傳文雖未嘗言新民、至於至善之工夫事實，然就親賢樂利上，見得前王不特能使當世天下無一物不得其所，而後世尚且如此。可見新民、止於至善之效驗矣。」存疑亦言：「親賢樂利，非新民之止至善。所以致親賢樂利者，則新民之止至善也。」吳季子曰：「文、武何以使後世之人慕之而不忘哉！自明德、新民推之，而極其止於至善，能使天下後世，人人滿其願，物物遂得其欲云云。夫如是，則後世之人安得不思其盛德大業，想其遺風餘烈，終其身而不忍忘也哉！丕顯哉，文王謨；丕承哉，武王烈。所以啓佑後人者，雖至於穆王之時，猶歎仰思慕而不已；豈非賢其賢而親其親乎？既醉之民，則曰吾君述文、武之道，而使我醉酒飽德以享太平也；鴻鷹之俗，則曰吾君明文、武之功，而使我運定安集以得其所也。豈非樂其樂而利其利乎？春秋戰國以來，王室而既卑矣。然天下之強，諸侯猶戴之以爲其主。其辭命所及，一則曰文武，二則曰文武宗周之祀，綿綿延延，至於八百餘年，而民不忍去之者，沒世不忘之明驗也。論大學之功用，必如是而後可以爲至善。傳大學者，所以舉二詩而詔後世與。」章句云：「此兩節詠歎淫泆，其味深長。」饒氏謂：「淫泆，意味溢乎言辭之外也。」

右傳之三章。釋止於至善。此章內自引淇澳詩以下，舊本誤在誠意章下。

饒氏曰：「明德、新民兩章，釋得甚畧，此章所釋節目既詳，工夫又備。」可見經首三句，重在此一句上。節目謂仁、敬、孝、慈、信等，工夫謂學與自修。

子曰：「聽訟，吾猶人也，必也使無訟乎！」無情者不得盡其辭。大畏民志，此謂知本。

猶人，不異於人也。情，實也。引夫子之言，而言聖人能使無實之人不敢盡其虛誕之辭。蓋我之明德既明，自然有以畏服民之心志，故訟不待聽而自無也。觀於此言，可以知本末之先後矣。

(口義)這一節是解釋經文「物有本末」的說話。聽是聽斷，訟是爭訟。猶人是與人一般。情是情實。辭是爭訟的言辭。畏是畏服。大學傳之四章說道經文「物有本末」之義，亦嘗聞之夫子矣。夫子說，若論聽斷辭訟，使他曲直分明，我也能與人一般，不爲難事，必是使那百姓每相敬相愛，自然無有爭訟，乃爲可貴耳，夫子之言如此。大抵爭訟的人，心中刁詐不實，他的言辭多有虛誕。聖人能使那不實的人，不敢盡其虛誕之辭者，是豈刑法以制之哉！蓋聖人盛德在上，雖無意要百姓每都畏服着我，而薰蒸漸染之間，自然能大畏那民的心志，所以訟不待聽而自無也。夫無訟是民德之新，所以使民無訟，是已德之明也。即夫子此言觀之，可以知明德爲本，而在所當先；新民爲末，而在所當後矣。所以說此謂知本，而經文所謂「物有本末」者蓋如此。

(輯說)許東陽曰：「本即明明德也。我之德既明，則自能服民志而不敢盡其無實之言。如虞、芮爭田，不敢履文王之庭。是文王之德，大畏民志，自然無訟。」吳季子曰：「此一節專釋『物有本末』之義，所該者廣矣。獨言訟者，舉一以例其餘也。蓋明明德，本也；新民，末也。無訟者新民之驗，而所以大畏民志者，非明明德孰能與此！」蒙引曰：「無情者不得盡其辭，無訟也。大畏民志，所以使無訟者也，必也使無訟乎！使字內而正有道理，便是能明明德以大畏民志也。」此謂知本，此字指孔子所言也。章句曰：「觀於此言，正謂此也。謂孔子言不以聽訟爲難，而必以使民無訟爲貴。便見得明德爲本，新民爲末，故可以知本末之先後。」愚按：章句觀於此言，只是指使民無訟說，粘帶上句恐非。

右傳之四章，釋本末。此章舊本誤在「止於信」下。

說約曰：「十傳自綱領條目之外，不釋餘文而獨釋物有本末者，前以三傳並列，則似其言一槩，故爲別示體要，尤信由明而新，此章不易之解。」

此謂知本[一]，此謂知之至也[二]。

上一句前面已有了，此是錯誤重出。後一句見箇結語的口氣，上面必有説話，是古人傳流失落了。

右傳之五章，蓋釋格物、致知之義，而今亡矣。此章舊本通下章，誤在經文之下。閒嘗竊取程子之意以補之曰：「所謂『致知在格物』者，言欲致吾之知，在卽物而窮其理也。」卽物如卽事卽景，隨吾所接之事物也。蓋人心之靈莫不有知，而天下之物莫不有理，莫不有知本然也，莫不有理，一物一太極。惟於理有未窮，故其知有不盡也。是以大學始教，須看「始教」字，此是大學第一件下工夫處。必使學者卽凡天下之物，莫不因其已知之理，「已知」卽上文「人心之靈莫不有知」之知。而益窮之，以求至乎其極。此正是格物用功處。至於用力之久，而一旦豁然貫通焉，「久」字與「一旦」字相應，用力積累多時，然後一朝脱然貫通。則衆物之表裏精粗無不到，而吾心之全體大用無不明矣。「吾心之全體」卽釋明德，章句所謂「具衆理者，吾心之大用」，卽所謂「應萬事」者也。此謂物格，此謂知之至也。」

（口義）這是宋儒朱子的説話。閒是近日。表是外面，指道理易見處説；裏是裏面，指道理難見處説。精是道理精微的，粗是道理粗淺的。朱子説道傳文第五章，蓋曾子解釋經文「格物、致知」的説話，而今簡編殘闕不可考矣。然格物、致知，是大學第一段工夫，最爲緊要。若少此一節，則誠意、正心、修齊、治平都做不得了。豈可闕而不備？所以我近時曾私取程子的意思，做一章書以補之。説經文所謂「致知在格物」者，是要推極吾心之知識，使無一些不明，當隨事隨物而窮究那箇道理，使無一處不到也。所以然者何故？蓋人心之靈，神明不測，都有箇自然的知識。而天下之物，紛紜不齊，都

[一]「此謂知本」後劉傳經堂本有「程子曰衍文也」句。

[二]「此謂知之至也」後劉傳經堂本有「此句之上，別有闕文，結語耳」句。

有箇一定的道理。這心雖在內，而其知實周乎物；那物雖在外，而其理實具於心。惟於事物的道理有未窮，故其心上的知識有不盡也。所以大學初起教人，必使那爲學的，於天下百凡事物，各就着心上那已知的道理，益加這學問思辨的工夫。今日格一物，明日格一物，卽一物之中，都要見得那所當然與那所以然，直到箇極處而後已。如此日積月累至於久後，工夫到了，忽覺一旦之間豁然開悟，都貫穿通透得來，則衆物之理，或在表的或在裏的，或精微的或粗淺的，無一件不曉得到。而吾心具衆理的全體，與應萬事的大用，也無一些不光明了。夫衆物之表裏精粗無不到，便是物格；吾心之全體大用無不明，便是知至。經文所謂物格、知至者蓋如此。

（輯說）心外無理，故窮理卽所以致知；理外無物，故格物卽所以窮理。朱子曰：「大學不說窮理而謂之格物，只是使人就實處窮究。大學是聖門最初用功處，格物又是大學最初用功處。試考其說，就日用間如此作工夫，久之意思自別。」問：「經文『物格而后知至』，却是知至在後；今乃云『因其已知而益窮之』，則又在格物前。」曰：「知元自有，纔要去理會，便是這些知萌露。且如做些事，錯纔知道錯，便是向好門路，却不是方始去理會箇知。只是如今須着因其端而推之，使四面八方千頭萬緒，無有些不知，無有毫髮窒礙。」又曰：「所謂格物者，常人於此理，或能知一二分，卽其一二分之所知者推之，直要到十分，窮得來無去處，方是格物。」程子云：「今日而格一物，明日又格一物。積習旣多，然後脫然有貫通處。」朱子謂：「一日一件者，格物工夫次第也；脫然貫通者，知至效驗極致也。不循其序而遽責其全，則爲自罔；但求粗曉而不期貫通，則爲自畫。」又云：「萬物各具一理，而萬理同出一原。」朱子謂：「物物各具此理，而物物各異其用，然莫非一理之流行者也。所以說格得多後自能貫通，只爲是一理。」或問云：「自其一物之中，莫不有以見其當然而不容已，與其所以然而不可易者。」眞氏謂：「如爲君當仁，臣當敬之類，乃道理合當如此，不如此則不可，故曰所當然；然仁、敬等，非是大力强爲，有生之初，卽稟此理，是乃天之所與也，故曰所以然。知所當然是知性，知所以然是知天，謂知其理所自來也。」朱子曰：「表者，人物所共由；裏者，吾心所獨得。有人只就皮殼上用功，於理之所以然者，全無是處；有人思慮向裏去，多於事物上都不理會，此乃說玄說妙之病，二者都是偏。若到物格、知至，則表裏精粗無不盡。」陳北溪曰：「理之體具於吾心，而其用散在事物精粗巨細，都要逐件窮究其理。若一事不理會，則此心闕一事之理。一物不理會，則闕一物之理。非揀精底理會而遺其粗，大底理會而遺其小也。頭緒雖多，進亦有序，先易而後難，先近而後遠，先明而後幽。」盧玉溪曰：「表也粗也，理之用也；裏也精也，理之體也。衆理之體，卽吾心之體；衆理之用，卽吾心之用。心之全體大用無不明，卽明明德之端在是矣。」吴季子曰：「格物、致知之學，自持敬入。苟不能持敬，則胸中雜亂而無主一之功。事物之交於吾前，方且眩瞀顛倒之不暇，又何物之可格哉？」文公嘗誨其門人曰：「觀書察理，草草不精，皆由此心雜而不一。莫若收斂身心，淨掃雜慮，合其光明洞達，作得主宰，方能見理。由是觀之，人之欲格物、致知者，可不敬乎？故程子曰：『入道莫如敬，未有致知而不在敬者。』」纂疏：「能存心，則端莊静一，以爲窮理之本。知窮理，則學問、思辨以致盡心之功。」黄氏洵饒曰：「单立致知、誠意兩章，一以示明善之要，一以示誠身之本。文理若不接續，而血脈相爲貫通。」

所謂誠其意者，毋自欺也，如惡惡臭，如好好色，此之謂自謙，故君子必慎其獨也。惡、好上字，皆去聲。謙讀爲慊，苦劫反。

誠其意者，自修之首也。毋者，禁止之辭。自欺云者，知爲善以去惡，而心之所發有未實也。謙，快也，足也。獨者，人所不知而已所獨知之地也。言欲自修者，知爲善以去其惡，則當實用其力，而禁止其自欺，使其惡惡則如惡惡臭，好善則如好好色，皆務決去，而求必得之，以自快足於己，不可徒苟且以殉外而爲人也。然其實與不實，蓋有他人所不及知而已獨知之者，故必謹之於此以審其幾焉。

（口義）這一章，是解釋經文「誠意」的説話。毋是禁止之辭。自欺是自己欺謾不着實。「謙」字讀做「慊」字，慊是心中快足。快而且足。獨是心上念頭發動，獨自知道去處。大學傳之六章説道經文「所謂誠其意者」，是説人要自修的，既知爲善以去惡，便當實用其力，禁止了那自己欺謾的意思。使其惡惡就如惡惡臭的一般，是眞心惡他，而於惡之所在務要決去；好善就如好好色的一般，是眞心好他，而於善之所在務求必得。這便只是要自家快足於心，初無一毫決外而爲人的意思，所以謂之自慊。然其實與不實，人不及知，我心裏獨自知道。這箇去處雖說隱微，却是善惡之所由分，不可不謹。所以君子在此處，必極謹愼以審其幾，而戒其自欺，不敢有一毫苟且，亦不待發見於聲色事爲之際而後用力也。經文之所謂誠意者，蓋如此。

（輯說）誠意是致知以後事，故章句知爲善以去惡，凡兩言之。朱子曰：「知道善我所當爲，却又不十分去爲善；知道惡不可爲，却又自家舍他不得；這便是自欺。不知不識，喚做不知不識，不喚做自欺。蓋旣知如此，却不肯如此，所以謂之自欺。自欺只是不實，故毋自欺，謂當實用其力。只此一句，便是釋誠意之正義，下面三句反覆申言，只是要意思明白爾。」陳新安曰：「纔說不自欺，則其好善惡惡，只要求以自快自足，如寒而思衣以自溫，飢而思食以自飽，非有牽強苟且姑以爲人之意也。」又云：「自慊是合下好惡時，便是要自慊了，非謂做得善了，方能自慊。自慊正與自欺相應，自慊者表裏如一，自欺是外面如此，心中其實有些不願，此誠僞之所由分也。蓋『此之謂』三字，與他處不同，此以用功言，不以成功言。猶言此纔得自家心裏快足，而謂之自慊。如鑄私錢做官會，此是大故，無狀小人豈自欺之謂耶？此處工夫極細，未曾說到粗處。前後學者說差了，緣兼連下文小人閒居一節看了，所以差也。如有九分義理，雜了一分私意，便是自欺。到得厭然揜著之時，又其甚者。凡惡惡之不眞，爲善之不勇，外然而中實不然，或有爲而爲之，或始勤而終怠，皆不實而自欺之患也。論自欺細處，且如爲善，自家也知得是當爲，也勉強去做，只是心裏又有些便不消如此做也不妨底意思；如爲不善，也知得不當爲而不爲，心中也又有些便爲也不妨的意思，便是自欺，便是虛僞不實矣。」以上數條，反覆深切，大率本於朱子。章句獨知之地，地卽處也。陳氏謂：「此『獨』字指心獨知處而言，如與衆人對坐，自心中發一念或正或不正，此亦是獨處，必謹之於此以審其幾，幾卽周子幾善惡之幾。」朱子曰：「幾者動之微，是欲動未動之間，便有善惡，便須就這裏理會。若到發出處，却怎生奈何得！」問：「知至了如何到誠意，又說毋自欺。」曰：「到這裏方可着手下工夫，不是知至了下面許多一齊掃去，下面節節有工夫在。」章句云：「或己明而不謹乎此，則其所明又非己有，而無以爲進德之基。」或問云：「猶不敢恃其知之已至，而聽其所自爲，故又必謹其獨而毋自欺焉，都是此意。」存疑曰：「毋自欺，是解誠意。如惡惡臭，如好好色，是申毋自欺，此之謂自慊。是足如惡惡臭，如好好色，三句只是一句，言所謂誠其意者，是禁止其自欺也。以惡惡則如惡惡臭然，以好善則如好好色然，這便說是自慊，所以君子只於自己獨知處致謹。但是自欺，卽便禁止，莫得如此。」蒙引以毋自欺爲誠意，以自慊爲意誠，則一是工夫，一是效驗，成兩意矣。看本文「此之謂」三字，可見自慊只是上面意思。欺曰自欺，不是謾人，衹自謾也。慊曰自慊，但要自家快足，不干別人事也。兩「自」字意不同。蒙引謂：「欺，自欺也；謙，自慊也；所以必愼其獨也。」知自之爲自，則知獨之爲獨，却混作同說了。看來不是今人惑於蒙引者甚多，得存疑，此辯可以解矣。淺說：「經文『所謂誠其意者』何謂也？蓋人之常性，莫不有善而無惡，人之本心莫不有好善而惡惡。但其拘於氣稟，蔽於物欲，固有實然不知善惡之所在者，此無足言矣。亦有曾加夫學問之功，以開其心術之蔽，知善之可好而好之矣，而未能無不好者以拒之於內；知惡之可惡而惡之矣，而未能無不惡者以挽之於中。夫既知所好惡矣，而自不肯實用其力，是自欺也。所謂『誠其意』者，毋自欺也。如惡惡也，則必由中及外而無一毫之不惡，有如惡惡臭之眞；如好善也，則必由中及外而無一毫之不好，有如好好色之眞。夫惡惡如惡惡臭，則務決去之以自快足於己，初非爲人而惡之；好善如好好色，則求必得之以自快足於己，初非爲人而好之也，不謂之自慊而何？」

小人閒居爲不善，無所不至，見君子而后厭然，揜其不善，而著其善。人之視己，如見其肺肝然，則何益矣。此謂誠於中，形於外，故君子必愼其獨也。閒，音閑。厭，鄭氏讀爲黶，於簡反[一]。

閒居，獨處也。厭然，消沮閉藏之貌。此言小人陰爲不善而陽欲揜之，則是非不知善之當爲與惡之當去也；但不能實用其力以至此耳。然欲揜其惡而卒不可揜，欲詐爲善而卒不可詐，則亦何益之有哉！此君子所以重以爲戒，而必謹其

[一] 劉傳經堂本無「於簡反」三字。

獨也。

（口義）閒居是沒人看見的去處。厭然是消沮閉藏的模樣。四個形容小人羞愧遮障的情狀。獨，是人所不知而己所獨知之地。彼小人不能愼獨以禁止其自欺之萌。於那獨居的時節，只說沒人看見，把各樣不好的事，件件都做出來。及至見了君子，也知惶恐，却消沮閉藏遮蓋了他的不善，假粧出箇爲善的模樣。只說哄得過人，殊不知人心最靈，自不可欺，我方這樣揜飾，人看得我，已是件件明白，恰似看得那腹裏的肺肝相似。似這等惡不可揜而善不可詐，豈不枉費了那機巧之心，則亦何益之有哉？所以古人說道，善惡實有於中，自然形見於外，正此之謂也。夫不戒自欺而其流弊至於如此，所以君子必先自愼其獨，至此又重以小人爲戒而尤必愼其獨也。

（輯說）朱子曰：「君子、小人之分，却在誠其意處。誠於爲善便是君子，不誠的便是小人。」胡雲峯曰：「傳末章，長國家而務財用之小人，卽此閒居爲不善之小人也。意有不誠，已害自家心術；他日用之，爲天下國家害也必矣。」饒雙峯曰：「閒居爲不善，自欺也；揜其不善而著其善，是又欺人也。自欺與欺人常相因，始爲自欺，終焉至於欺人。此謂誠於中形於外，此『誠』字兼善惡說。」蒙引謂：「誠中形外之理，本兼善惡，但此所引之意，則主惡者言。下條章句雖兼善惡之不可揜，然其意亦主惡者言。」陳新安曰：「上一節毋自欺說得細密，乃自君子隱然心術之微處言之；此一節言小人之欺人，說得粗，乃自小人顯然詐僞之著者言之。無上一節毋自欺而必自慊的工夫，則爲惡詐善之流弊，其極必將至此。所以君子必先自愼其獨，至此又重以小人爲戒，而尤必愼其獨。」按：愼獨謂審其幾之發，以實爲善而去惡。蓋傳者示人下手用功處也。盧玉溪曰：「兩言愼獨，讀上節固當直下承當，讀此節尤當痛自警省。」黃氏洵饒曰：「愼獨卽誠意，此一章之本。」

曾子曰：「十目所視，十手所指，其嚴乎！」

引此以明上文之意。言雖幽獨之中，而其善惡之不可揜如此。可畏之甚也。

（口義）這是門人引曾子平日的言語以發明上文之意。嚴是可畏的意思。曾子平日亦曾說，那幽獨的去處，人只說無人看見，無人指摘，可以苟且，豈知天下之事，有則必露，無微不彰。那爲善於幽獨的，雖不必求知，畢竟人自然曉得；那爲惡於幽獨的，雖要遮蓋，畢竟被人識破，一些事揜不得。莫說無人看見，乃十目之所共視也；莫說無人指摘，乃十手之所共指也。幽獨中之不可揜一至於此，豈不甚可畏乎？卽此言觀之，則惡之實中形外，益可信矣。

（輯說）此節章句「幽獨之中」，卽首節下所謂人所不知而己所獨知之地也，與上條「閒居獨處」不同。盧氏曰：「實理無微顯之間，人所不知而己所獨知之地，卽十目十手共視共指之地。故爲善於獨者，不求人知而人自知之；爲不善於獨者，惟恐人知而人必知之。其可畏之甚如此。」朱子曰：「此是承上文人之視己如見其肺肝之意，不可說人不知，人曉然共知如此。」

富潤屋，德潤身，心廣體胖，故君子必誠其意。胖，步丹反。

胖，安舒也。言富則能潤屋矣，德則能潤身矣。故心無愧怍，則廣大寬平，而體常舒泰，德之潤身者然也。蓋善之實於中而形於外者如此，故又言此以結之。

（口義）這是說能愼獨的好處。潤是華美，廣是寬大，胖是舒展的意思。若夫善之實中而形外者，又當何如哉？彼財積於中，叫做富，富則自然用度克裕而華美其屋；意誠於內，叫做德，德則自然篤實輝光而華美其身。蓋有德的人，心裏沒些愧怍，自然廣大寬平，而其發於四體，亦自然從容舒展，身心內外之間渾然是箇有德的氣象，所謂「德潤身者」如此。然德自誠意中來，所以爲學的君子，必愼獨以誠其意，好善則如好好色，惡惡則如惡惡臭，必到那自慊的去處，則德全而有潤身之效矣。這一章是爲學工夫極緊要處。蓋「克念作聖，罔念作狂」、「與治同道」、「與亂同事」，都在這一念上分，是箇初發動的機栝，誠不可不愼也。

（輯說）朱子曰：「富潤屋以下，是說意誠之驗如此。心本是闊大底物事，只因愧怍，便卑狹，被他隔礙了，所以體不得安舒。無愧怍，是無物欲之蔽，所以能廣大。」陳三山曰：「上説小人實有是惡，故其惡形見於外。此説君子實有是善，故其善亦形見於外。」饒氏曰：「此章乃大學一篇緊要處，傳者於此説得極痛切。始言謹獨誠意之方也；中言小人之意不誠，所以爲戒也；終言誠意之效驗，所以爲勸也。」

右傳之六章，釋誠意。經曰：「欲誠其意，先致其知。」又曰：「知至而后意誠。」蓋心體之明，有所未盡，則其所發，必有不能實用其力，而苟焉以自欺者。然或已明而不謹乎此，則其所明又非己有，而無以爲進德之基。故此章之指，必承上章而通考之，然後有以見其用力之始終，其序不可亂而功不可闕如此云。

朱子曰：「許多病痛，都在『誠意章』一齊説了，下面有些小病痛，亦輕可。此章最緊切，若透過此一關，便駸駸進於善，而決不下陷於惡矣。」饒氏曰：「此章雖專釋誠意，而正心、修身之要，實在於此。故下二章，第言心不正身不修之病，而不言所以治病之方。以已具於此章故也。」又曰：「誠意不特爲正心之要，自修身至平天下，皆以此爲要。故程子論天德與王道，皆曰『其要只在謹獨』。」黄氏曰：「自『格物』至『平天下』爲大始終，其間兩條相爲始終，又各條自爲始終，其序不可亂，其功不可闕，正謂此也。此見文理接續，血脈貫通處。」

大學直解　卷之下

所謂修身在正其心者，身有所忿懥，則不得其正；有所恐懼，則不得其正；有所好樂，則不得其正；有所憂患，則不得其正。程子曰：「身有之『身』當作『心』。」忿，弗粉反。懥，敕值反。好、樂，並去聲。忿懥，怒也。蓋是四者，皆心之用而人所不能無者。然一有之而不能察，則欲動情勝，而其用之所行，或不能不失其正矣。

（口義）這一章是解釋經文正心、修身的説話。身有的「身」字當作「心」字。忿懥是心裏怒惱恐懼，是心裏畏怕；好樂是心裏喜好；憂患是心裏愁慮。「有所」是那一件事在心裏執着，如不當怒而怒，或雖當怒却又怒的過了。着這一件惱怒的事横在胸中，便是有所忿懥，下面三句都是此意。大學傳之七章説道，經文所謂「修身在正其心」者，蓋言心是一身的主宰，而人有這箇心，則必有喜怒懮懼的用。喜怒憂懼未發叫做中，固無那不正可説的；發而皆中節叫做和，也沒有甚麼不正處。惟其感物之際，或不能察，則欲動情勝，而此心之用方纔有不得其正者，如有所忿懥，是不察而偏滯於忿懥一邊，便忿懥不得其正；有所恐懼，是不察而偏滯於恐懼一邊，便恐懼不得其正；有所好樂，是不察而偏滯於好樂一邊，便好樂不得其正；有所憂患，是不察而偏滯於憂患一邊，便憂患不得其正。這喜怒憂懼是心之用，喜怒憂懼不得其正，是卽心之不得其正也。

（輯説）有所忿懥，偏於怒也；有所好樂，偏於喜也；有所怒懼憂患，偏於憂懼也。朱子曰：「大學格物、誠意，都已鍊成。到得正心、修身章，都易了。意有善惡之殊，意或不誠，則易於爲惡；心有偏正之異，心或不正，則爲物欲所動，未免有偏處，却未必爲惡。」所謂「有所」，是被他爲主於內，心反爲他動也。心纔繫於物，便爲所動。繫於物者有三般：

一期待，一偏重，一留滯。淺說謂「留滯」在「有所」之後，恐非。蓋傳曰「有所」者，正謂其發之偏重而留滯於中，便是爲他動了。聖人之心瑩然虛明，隨感而應，此心元不曾有這物事，只是不以此動其心。學者未到不動處，須是執守其志，卽下節章句所謂「敬以直之」也。朱子云：「今人多是纔怒時，雖有可喜事來，亦不喜；纔喜時，雖有可怒事來，亦不復怒，便是蹉過事理了。」存疑謂：「此語可體有所不得其正之意，可見有所病痛，却重在留滯上。」黄氏云：「須是涵養此心，未應物時湛然虛靜，如鑑之空，如衡之平；到得應物之時，方不差錯。當喜而喜，當怒而怒，當憂而憂，當懼而懼，恰好則已，更無過當。本是要人知四者之用，當從無中發出，故先推說前一層工夫。胡雲峯遂謂此章工夫兼存養、省察，誤矣。蓋喜怒憂懼，都就心之動處說，只是要人省察。若存養，却是靜中工夫。」眞氏謂：「未應物時，須涵養此心是也。」而此章所言，乃感物而應之時，故章句喫緊說兩箇「察」字，正是教學者下手用功處。

心不在焉，視而不見，聽而不聞，食而不知其味。

心有不存，則無以檢其身，是以君子必察乎此而敬以直之，然後此心常存而身無不修也。

（口義）這是承上文說。夫心旣爲一身之主，必得其正而無不在，是然後衆體從令，各供其職。若有忿懥恐懼、好樂憂患，心便被那一件事牽引去了，不在這裏，則眼雖看着，也如不見；耳雖聽着，也如不聞；口雖喫着飲食，也不曉得是甚麽滋味。蓋目之於視，耳之於聽，口之於味，皆言身之用；而所以視，所以聽，所以知味者，皆心也。故心一不在，雖視、聽、食味至切近處尚不能辨，况出入起居、應事接物之際，豈能得其理乎？這是身便不修如此。

（輯說）心不在，是以知覺言。問視而不見，聽而不聞，只是說知覺之心，却不及義理之心。朱子曰：「纔知覺，義理便在此；纔昏，便不見了。心若不存，一身便無主宰。敬是常要存此心在這裏。直是直上直下，無纖毫委屈。」存疑謂：「直之，卽是去其有所而使之正也，敬是直之底工夫。」饒雙峯曰：「四不得其正，言心不正也。視不見以下，言身不修也。聲、色、臭、味，事物之粗而易見者耳。心之精神、知覺；一不在此，則於粗而易見者已不能見，况義理之精者乎！傳者蓋借粗以明精耳。」陳新安曰：「朱子於此又下一『察』字，且曰『敬以直之』，以足大學本文未言之意，提出正心之要法，以示萬世學者。」

此謂修身在正其心。

（口義）這是結上文兩節的意思。卽此看來，可見心不能正者，必不可以修身也，所以説修身在正其心。正心云者，卽養於未發之前了，尤必察於這方發的時節而敬以直之，務使此心湛然虚明，隨事順應而喜怒憂懼各中其則，則身無不修，而家國天下皆從而理矣，豈特視聽食味之間能得其正而已哉！

（輯說）胡氏云：「事之方來，念之方萌，是省察時節；前念已過，後事未來，是存養時節。存養者，存此心本體之正；省察者，惟恐此心之用或失之不正而求以正之也。如此説不妨，要之，只本體不偏於未發之先，妙用不留於已發之後，兩言而已矣。」

右傳之七章。釋正心修身。

此亦承上章以起下章。蓋意誠則眞無惡而實有善矣，所以能存是心以檢其身。然或但知誠意而不能密察此心之存否，則又無以直内而修身也。自此以下，並以舊文爲正。

朱氏公遷曰：「伯兄克復云：『大學經言正心，兼體用言；傳言所以正心之道，是專以用言。』而熊勿軒乃謂此章直指心之全體，非傳者之意。」

所謂齊其家在修其身者，人之其所親愛而辟焉，之其所賤惡而辟焉，之其所畏敬而辟焉，之其所哀矜而辟焉，之其所敖惰而辟焉。故好而知其惡，惡而知其美者，天下鮮矣。辟，讀爲僻。惡而之惡、敖、好，並去聲。鮮，上聲。

人，謂衆人。之，猶於也。辟，猶偏也。五者，在人本有當然之則；然常人之情惟其所向而不加察焉，則必陷於一偏而身不修矣。

（口義）這一章是解釋經文「修身齊家」的說話。「之」字解作「於」字。辟是偏。大學傳之八章說道，經文所謂「齊其家在修其身」者，蓋言一家的根本在我一身。此身與人相接，情之所向，各有箇當然的道理。但人多任情好惡，不能加察，所以陷於一偏而身不修也。如骨肉之間，固當親愛，然父有過，也該諫諍；子有過，也該教訓。若只管任情去親愛，更不察親愛的正理是如何，這親愛便偏了。卑污之人，固當賤惡，然其人或有可取處，也不該全棄他，有可教處，也不該終絕他。若只管任情去賤惡，更不察賤惡的正理是如何，這賤惡便偏了。畏是畏懼，敬是恭敬，人於尊長固當畏敬，然自有箇畏敬的正理。若是不察其理，或有過於畏懼，有過於恭敬，不合乎中，這畏敬便偏了。哀矜是憐憫的意思，困苦的人固當憐憫，然自有箇哀矜的正理。若是不察其理，或有不當憐憫處，也只管去憐憫他，却又成了姑息，這哀矜便偏了。敖惰是簡慢的意思，平常的人，簡慢些也不爲過，然亦有箇敖惰的正理。若是不察其理，或有不當簡慢處，也只管去簡慢他，却又流於驕肆，這敖惰便偏了。人情陷於一偏如此。所以好一箇人，只見他件件都是好的，就有不善，也不知了；惡一箇人，只見他件件都是不好的，就有善，也不知了。若是所好的人，却能知其惡；所惡的人，却能知其美，這是平日能用窮理正心的工夫，到箇至明至公的去處，而臨事更加詳察，纔能如此。似這等人世上少有，所以說鮮矣。

（輯說）朱子曰：「正心修身兩段，大槩差錯處皆非在人欲上，皆是人合有底事，如在官街上差了路。忿懥等是心與物接時事，親愛等是身與物接時事。」淺說謂：「自其主乎心而有所繫累，則以言心之病；自其發於事而有所偏向，則以言身之失。」或疑敖惰非好事，朱子說：「敖惰比賤惡爲輕。既賤惡得，如何却不得敖惰？只須檢點，不可有過當處。」又曰：「五者各自有當然之則，只不可偏。如愛其人之善，若愛之過，則不知其惡，便是因其所重而陷於一偏。惡惡亦然。下面人莫知其子之惡，莫知其苗之碩；上面許多偏病不除，必至於此。」熊勿軒曰：「親愛、畏敬、哀矜，指所愛之一人言有此三等；賤惡、敖惰，指所惡之人言有此二等。偏於愛，則不知其人之惡；偏於惡，則不知其人之善；上下文相互照應如此。」按：親愛五者，錢氏謂卽處家之道。竊疑此處且泛說。下面「人莫知其子之惡」二句，方是說到家上去。上章言但知誠意而不能密察，此心容有不正之病，至於此章則不然。所以只言常人一偏之病，以見情之所向，又不可以不加察也。

故諺有之曰：「人莫知其子之惡，莫知其苗之碩。」諺，音彥。碩，叶韻，時若反。

諺，俗語也。溺愛者不明，貪得者無厭，是則偏之爲害，而家之所以不齊也。

（口義）諺是俗語。苗是田苗。碩是茂盛。夫情既陷於一偏，這便是身不修了，則其害當如何哉！所以俗語說，人之溺愛者不明，他的兒子雖是不肖，也不知道，只說是好。貪得者心無厭足，他的田苗雖是茂盛，也不見得，只嫌不茂盛。偏之爲害，一至於此，此家之所以不齊也。

（輯說）饒雙峯曰：「之其親愛等而辟者，言身之不修也。莫知其子之惡，言家之不齊也。大意謂惟其溺於一偏，故好不知其惡，惡不知其美。惟其身不修，故家不齊。」當看兩「故」字。盧玉溪曰：「子之惡，苗之碩，皆就家而言。」說約謂：「此或只說家之所以不齊之端，『所』以字可玩。與前章心不在焉節，便判作身不修一例。」按：「人莫知其子之惡」、「苗之碩」，章句謂：「偏之爲害如此，是尚能正倫理、篤思義而齊其家乎？」故結之曰「家之所以不齊也」。存疑、淺說，俱欠分曉。纂序曰：「前註云，身無不修也，是正說；因下此謂修身云云，是正結也。此節注云家之所以不齊也，是反說；因下此謂身不修云云，是反結也。蓋預將兩末節結意連上注說，故兩末節下皆不復注一字，可見。

此謂身不修，不可以齊其家。

（口義）卽此偏之爲害上看來，可見欲齊家者，必須先修其身。所以說身不修，不可以齊其家。蓋家之不齊，大抵由於身之不修；而身之不修，則以情有所偏耳。若果好惡狥於一偏，事皆任意，却要感化那一家人，使其無小無大，都在倫理之中，而無有參差不齊者，豈可得哉！

（輯說）黄氏洵饒曰：「此獨反結者，修身是明明德工夫緊要處。」變文應經文修身也。問：「如何修身專指待人而言。」朱子曰：「修身以後，大槩說向接物待人去，又與只說心處不同。要之，根本之理則一，但一節說闊又一節去。」按：章句於上章言察，言密察，此章又言加察。蓋自誠意以後工夫，只是要處處省察。至治國、平天下，地步思闊，但須照管得到。照管，卽察也。饒氏謂省察工夫自誠意章謹獨而發，得之矣。

右傳之八章。釋修身齊家。

熊氏曰：「心卽正而猶有待於修身者，內外夾持、動静交養工夫無一節可闕也。」或問小註：「人蓋有意誠而心未正者，故於忿懥等，誠不可不隨事而排遣；有心正而身未修者，故於好惡間，誠不可不隨人而節制。『齊家』以下，皆是教人省察用功。」

所謂治國必先齊其家者，其家不可教而能教人者，無之。故君子不出家而成教於國。孝者，所以事君也；弟者，所以事長也；慈者，所以使衆也。弟，去聲。長，上聲。

身修，則家可教矣。孝、弟、慈，所以修身而教於家者也。然而國之所以事君事長使衆之道，不外乎此。此所以家齊於上而教成於下也。

（口義）這是解釋經文「齊家」「治國」的說話。大學傳之九章說道，經文「所謂治國必先齊其家者」謂何？蓋家乃國之本。若不能修身以教其家，使一家之人有所觀法，却能教訓那一國的人，使之感化，決無此理。所以治國的君子，不出修身以教家，使一家皆盡其道。而標準之立，風聲之及，那一國的人自然感化，也都各盡其道而教成矣。所以然者何也？蓋國家雖異，其理則同。如善事其親之謂孝。然國之有君，與家之有親一般，這事親的道理，卽是那事君的道理。善事其兄之謂弟，然國之有長，與家之有兄一般，這事兄的道理，卽是那事長的道理。撫愛卑幼之謂慈，然國之衆百姓每與家之卑幼一般，這撫愛卑幼的道理，卽是那使衆百姓的道理。夫孝、弟、慈三件是君子修身以教於家的，然而國之所以事君、事長、使衆之道，不外乎此。此君子所以不出家，而教自成於國也。

（輯説）傳釋「齊家」「治國」，而章句首言修身者，推本之論也。小註云：「因家不可教而推家所以可教之由，實自修身始。」朱子曰：「上面説不出家而成教於國，下面便説所以教者如此。此三者便是教之目：孝者所以事君，弟者所以事長，慈者所以使衆。此道理皆是我家裏做成了，天下人看着自能如此，不是我推之於國。」陳氏云：「在我事親之孝，卽國之所以事君者；在我事兄之弟，卽國之所以事長者；在我愛子之慈，卽國之所以使衆者。蓋分雖殊，理則一也。」胡雲峯曰：「修身以上，皆是學之事。齊家、治國，方是教之事。所以此章首拈出『教』之一字，然其所以爲教者，又從身上説來。孝、弟、慈，所以修身而教於家者也。獨舉三者，蓋從齊家上説。一家之中有父母，故曰孝；有兄長，故曰弟；有子弟僕隸，故曰慈。事君、事長、使衆，方從治國上説。」存疑曰：「『君子不出家而成教於國』，此是探本之論。教國尚有許多事，未必只在家中，其化就行於國，要其化之行，則本於此。」按：孝、弟、慈，所以修身而教於家者，只是立標準，所謂「動化爲本」也。後而求諸人、非諸人，則推吾自治以治民，方是胥教誨。如條教法令之施，賞善罰惡之政，皆是。存疑謂「教國尚有許多事」者，蓋指此而言。

康誥曰：「如保赤子。」心誠求之，雖不中，不遠矣。未有學養子而后嫁者也。中，去聲。

此引書而釋之，又明立教之本不假強爲，在識其端而推廣之耳。

（口義）這一節是承上文説。見孝、弟、慈之理，人心原有不待強爲的意思。康誥是周書篇名。赤子是初生的兒子。然這孝、弟、慈，都是人心所原有，無待於強爲的。而求其最易曉者，則莫如慈之一端。武王作書告康叔説，爲人君者，保愛那百姓，每當如慈母愛那初生的小兒一般。夫初生的小兒不會説話，要保愛他，怎能曉得他的意思，只是爲母的愛子之心誠切懇至，以其誠切懇至之心而忖度赤子之意，雖不一一都合着，也差不遠矣。然這箇保赤子之心，人人皆有，不學自會。

幾曾見爲女子，先學會了撫養孩兒的方法，然後纔去嫁人？可見，由於自然而不待於強爲也。夫慈幼之心，卽由於自然，則孝弟之心，亦未有不出於自然者。但能識其端而推廣之，則教之本，由是立矣。

（輯說）如保赤子，「如」字要輕看。存疑謂傳者引書之意，只是說慈幼，不是說保民當如保赤子，便看得仔細。朱子曰：「孝弟雖人所有，能守而不失者，鮮矣。惟保赤子，罕有失者，故特卽人所易曉者以示訓。」陳三山曰：「赤子有欲，不能自言，慈母獨得其所欲，雖不中亦不遠者，愛出於誠，彼己不隔，以心求之，不待學而後能也。」胡雲峯云：「大要只在『心誠求之』一句上。舉其慈之出於天者，庶可以觸其孝弟之於天，孝弟亦在乎誠而已。誠者，眞實無妄之謂也。」此節明立教之本，只是且說「動化爲本」，未便說到推上。金仁山云：「章句本章首『教』字，三者俱作教說，不作推說。」陳新安云：「立教之本，總言孝、弟、慈。傳者引書只言慈幼，章句乃總三者言之。蓋因慈之良知良能，而知孝弟之良知良能，皆不假於強爲，只在識其端倪之發見處，而從此推廣去耳。所謂端者，明德之發見爲孝、弟、慈是已。」

一家仁，一國興仁；一家讓，一國興讓；一人貪戾，一國作亂；其機如此。此謂一言僨事，一人定國。僨，音奮。

一人，謂君也。機，發動所由也。僨，覆敗也。此言教成於國之效。

（口義）這一節是言教成於國之效。仁是以恩相親，讓是以禮相敬。一人指君說。貪是好利。戾是背理。機是機關發動處。僨是覆敗。夫立教之本，固出於自然，而教成於國之效，則何如乎？若在上德君子，果能盡孝慈之道而以仁教於家，使一家之中父慈子孝，懽然有恩以相親，則一國之爲父子的，得於觀感，也都興起於仁矣；能盡弟之道而以讓教於家，使一家之中兄友弟恭，秩然有禮以相敬，則一國之爲兄弟的，得於觀感，也都興起於讓矣。是則所謂不出家而教自成於國者也。向使一人不仁不讓，好利而取民無制，背理而行事乖方，則一國之人也都做效而悖亂之事，由此起矣。夫一國之仁讓，由於一家；一國之作亂，由於一人。可見上以此感，則下以此應，其機關發動處，自然止遏不住有如此。所以古人說道，一句言語差失，便至於害事；人君一身行得好時，便能安定其國，正此之謂也。爲人上者，可不戒貪戾以絶禍亂之端而躬行仁讓以爲定國之本哉？

（輯說）仁讓是本上孝、弟、慈言。貪則不讓，戾則不仁。饒雙峯曰：「上言不出家而成教於國底道理，此言不出家而成教於國底效驗。」陳新安曰：「一家仁讓而一國仁讓，家齊而國治也。一人貪戾而一國卽作亂。身不修，則家國卽不齊不治也。機者弩牙，矢之發動所由，譬仁讓之興，其機由一家；悖亂之作，其機由一人。故總斷云，其機如此。『一言僨事』結作亂句，『一人定國』結興仁讓句。」吴季子曰：「天地之間，惟感應爲甚速。我以此感而彼以此應，如矢赴的，瞬息不留，是之謂機。仁讓貪戾，其一國之機與！」按：仁讓必型於一家，方能一國化；貪戾纔出於一人，便至一國亂。蓋善必積而後成，惡雖小而可懼，古人之深戒也。或問說得最警發。

堯舜帥天下以仁，而民從之；桀紂帥天下以暴，而民從之。其所令反其所好，而民不從。是以君子有諸己而后求諸人，無諸己而后非諸人。所藏乎身不恕，而能喻諸人者，未之有也。好，去聲。

此又承上文一人定國而言。有善於己，然後可以責人之善；無惡於己，然後可以正人之惡。皆推己以及人，所謂恕也，不如是，則所令反其所好，而民不從矣。喻，曉也。

（口義）帥是帥領，令是政令，恕是推己及人的道理，藏是存，喻是曉喻。此承上文說。所謂一人足以定國者，亦以一國的德化政令，都出於一人之身耳。在昔堯舜之爲君，存的是仁心，行的是仁政，是以仁帥領天下也。那時百姓，看着堯舜的樣子，也都感化，相親相讓而從其爲仁。桀紂之爲君，存心慘刻，行政殘虐，是以暴帥領天下也。那時百姓，看着桀紂的樣子，也都效尤，欺弱凌寡而從其爲暴。卽此看來，可見人君一身，是百姓的表帥，上行下效，理勢自然。若使人君所好的是暴，而出令以教天下者却是仁，這便是所令反其所好了，那百姓每誰肯從他。惟其如此，所以在上位的君子，雖教人爲善去惡，是其職分，而必先求諸其身。自家有這善，然後去責成人，使他動勉於善；自家無這惡，然後說人不是，使他改正其惡；這是推己及人，恕之道也。然後人肯順從我，我纔能喻得人。若自家不能有善而無惡，却要責人之善，正人之惡，這便是存於己身者不恕了。如此而能曉喻人，使之從我爲善而去惡，決無此理。所以說未之有也。

（輯說）問：「此章言治國，乃言帥天下以仁；又似說平天下，言有諸己；又似說修身，何也？」朱子曰：「聖賢之文簡暢，身是齊、治、平之本。治國平天下，自是相關，豈可截然不相入？」「尋常人，若有諸己，又何必求諸人；無諸己，又何必非諸人。至於大學之說，是有天下國家者，勢不可以不責他。大抵治國者禁人惡，勸人善，便是求諸人、非諸人。」金氏曰：「治國者必有法制號令，以禁民爲非而律民之善。雖桀紂之世，亦所必有，但其好則不若此，故民從其所好，不從其所令，所以治國者在反求諸己，乃政令之本。」饒氏曰：「無善而欲責人，有惡而欲禁人，是無己可推而欲及人也。此章雖釋『齊家治國』，然自一人貪戾以下，皆歸重人主之身，此乃反本窮原之論。」按：「恕」字之義，曰如心，曰推己，其實只是一意。蓋如，比也。謂比自己心上推去也。此章是如治己之心以治人之恕，下章是如愛己之心以愛人之恕。或問曰：「人之爲心，必當窮理以正之，使其所以治己愛己者皆出於正，然後可卽是推之以及人。」盧玉溪謂：「治己愛己，皆出於正。是盡己之忠，卽是推之以及於人，是推己之恕。忠者體，明德之事；恕者用，新民之事。此章言治國，下章言治國平天下，皆明明德之推而恕之事也。」陳新安謂：「大學傳至治國平天下章方言恕，觀此言恕，則隱然見修身以前之當言忠矣。蓋惟忠而後，所如之心，始得其正也。」推己及人之恕，新民之事也。然恕之本，却在身，若身不修則無己可推，將以何者及人？故云所藏乎身不恕，是傳者明言治家國之本在修身也。

故治國在齊其家。

通結上文。

這一句是通結上文。看來一身之舉動，一家之趨向所關；一家之習尚，一國之觀瞻所繫。若不能修身以教於家，必是不能成教於國。故人君要治那一國百姓，不必遠求，只在乎修身以齊其家而已。蓋齊家之道，卽是那治國之道也。

詩云：「桃之夭夭，其葉蓁蓁；之子於歸，宜其家人。」宜其家人，而后可以教國人。夭，平聲。蓁，音臻。

詩，周南桃夭之篇。夭夭，少好貌。蓁蓁，美盛貌。興也。之子，猶言是子，此指女子之嫁者而言也。婦人謂嫁曰歸。宜，猶善也。

（口義）前面釋齊家治國之意已盡，此以下又引詩詠歎之以足其意。詩周南桃夭之篇。夭夭是少好貌。蓁蓁是美盛貌。之子指出嫁的女子。婦人以夫爲家，故謂嫁曰歸。宜是善，然這齊家治國之義，言之不足而咨嗟詠歎之，其莫如詩乎！詩人說，那桃樹夭夭然少好，其葉蓁蓁然美盛。是子當是時而歸於夫家，必能事舅姑以孝，事夫子以敬，處妯娌以和，待下人以惠，而一家之人，無不相宜者。夫家國一理也，爲人君者必能處得一家的人箇箇停當，如此詩所謂宜其家人，然後可以教那一國的人，使之各有以宜其家人也。不然，一家的人且不相宜，何以教國人乎！

詩云：「宜兄宜弟。」宜兄宜弟，而后可以教國人。

詩，小雅蓼音六蕭篇。

（口義）詩是小雅蓼蕭篇。詩人又說一家之中，有長於我的是兄，我能盡其恭敬而善事之，感得爲兄的，也常常愛我，這便是宜兄。有少於我的是弟，我能盡其友愛而善撫之，感得爲弟的也常常敬我，這便是宜弟。夫齊治一機也，爲人君者必能善處自家的兄弟，如此詩所謂宜兄宜弟，然後可以教那一國的人，使之亦有以宜其兄弟也。不然，自家的骨肉尚不能容，又何以教國人乎！

詩云：「其儀不忒，正是四國。」其爲父子兄弟足法，而后民法之也。

詩，曹風鳲音尸鳩篇。忒，差也。

（口義）詩是曹風鳲鳩篇。儀是禮儀。「忒」字解做「差」字。四國是四方之國。詩人又說，人君一身所行的禮儀，沒有一件差錯，便能表正那四國的百姓，而爲下民之觀法。夫教國不異於教家也，爲人君者必是自家爲父能慈，爲子能孝，爲兄能友，爲弟能恭，所行的件件都足以爲人的法則，如此詩所謂其儀不忒，然後百姓每皆取法他。父也能慈，子也能孝，兄也能友，弟也能恭，而四國無不正也。不然，自家一身自有差錯，又何以正國人乎！

（輯說）盧氏曰：「父子兄弟足法，儀之不忒也。民法之，四國之正也。」陳氏曰：「足法，家齊而可以示法於人也。民法之，國人取法於己也。」

此謂治國在齊其家。

此三引詩，皆以咏歎上文之事，而又結之如此。其味深長，最宜潛玩。

（口義）這一句是既引三詩以咏歎上文的事，而又總結之如此。觀這三詩所言，雖有不同，皆是說治國在修身以齊其家之意。然則人君欲治其國者，可不先齊家以爲之本哉！

（輯說）達說云：「此謂指三引詩而言，勿再惹孝、弟、慈等。」陳三山曰：「古人凡辭有盡而意無窮者，多援詩以吟詠其餘意。」吳季子曰：「連引三詩，不厭重復，所以反覆詠歎，發越言外深長之味，使人諷之口而得之於心也。」觀此三說，再看或問，則凡引詩之意可見，而詩之爲用亦得矣。盧氏曰：「此章言治國甚畧，言齊家甚詳，所以明齊家之道卽治國之道。以人同此心，心同此明德故也。」

右傳之九章，釋齊家治國。

章內凡說家處，俱要本修身來；說身處，則齊家跟說。蓋孝、弟、慈，及仁、讓字，帥字，俱屬君子身上說，可見家爲國之本。前五節通結齊治之事，后四節申結齊治之事。

所謂平天下在治其國者：上老老而民興孝，上長長而民興弟，上恤孤而民不倍，是以君子有

絜矩之道也。長，上聲。弟，去聲。倍，與背同。絜，胡結反。

老老，所謂老吾老也。興，謂有所感發而興起也。孤者，幼而無父之稱。絜，度也。矩，所以爲方也。言此三者，上行下效，捷於影響，所謂家齊而國治也。亦可以見人心之所同，而不可使有一夫之不獲矣。是以君子必當因其所同，推以度物，使彼我之間各得分願，則上下四旁，均齊方正，而天下平矣。

（口義）這一章是解釋經文治國平天下的說話。下「老」字是指父母，上「老」字是盡事父母之道；下「長」字是指兄長，上「長」字是盡事兄長之道。興，是有所感發而興起也。恤，是憐愛。孤，是幼，幼而無父之稱。倍是違背。絜是度矩，是爲方的器具，俗呼曰曲尺，用去量東量西，便是絜矩。能使物方，故借「絜矩」二字來用。大學傳之十章說道，經文所謂平天下在治其國者謂何？但卽國之治本於家之齊者觀之，便見得天下之平，本於國之治矣。如上能老吾的老，而盡孝之道以教於家，則那一國的人，也都觀感而興起於孝。上能長吾的長，而盡弟之道以教於家，則那一國的人，也都觀感而興起於弟。上能恤自己的孤，而盡慈之道以教於家，則那一國的人，也都觀感興起，如君上一般樣，恤孤而無有違背之者矣。這孝、弟、慈三件，上行下效如此，可見人之所爲心者無不同也。一國之人心，旣無異於一家；則天下之人心，又豈有異於一國，而獨不知所興起乎！然上之人，乃或不能察他的心，而失其所以處他的道，則那興起者或不得遂，而反有不均的慨歎，所以君子察其心之所同。因此上有箇絜矩之道，就推自家的心以度人。使人都得隨分以自盡，而莫不遂他那興起的善端，是則不惟有以化之，而又有以處之也，天下豈有不平者乎！蓋工人爲方，必度之以矩；君子處物，必度之以心；這心卽是君子的矩也。

（輯說）朱子曰：「老老、長長、恤孤，方是就自家切近處說，所謂齊家也。民興孝、興弟不倍，是就民之感發興起處說治國，而國治之事也。上行下效，感應甚速，可見人心所同者如此。是以君子有絜矩之道也。此句方是引起絜矩事，下面方說絜矩而結之云，此之謂絜矩之道。」又曰：「『是以』二字是結上文，猶言君子爲是之故。所以有絜矩之道，先說上行下效，到絜矩處是就政事上說。」又曰：「能使人興起者，聖人之教化也；能遂其興起之心者，聖人之政事也。」矩者，心也。我心所欲，卽他人所欲。我欲孝、弟、慈，必使他人皆如我之孝、弟、慈，不使一夫之不獲方可。只我能如此，他人不能如此，卽是不平矣。絜矩只是前面正心、修身底推而措之。盧玉溪謂：「明德至善，吾心本然之則也。」胡雲峯謂：「人心同有此天則，卽吾心之所欲以爲施於人之則，故曰絜矩。絜矩正是恕的事。」蒙引謂：「恕有二義，此所謂恕，以愛己之心愛人之恕也，重在及人上。上章所謂恕，以治己之心治人之恕也，重在修己上。治人之恕，謂必自盡其孝、弟、慈，而後責人以孝、弟、慈也。愛人之恕，謂我既得遂其孝、弟、慈，亦將使人得遂其孝、弟、慈，其實一也。」又云：「本文三『民』字，指國人言。章句『人心』二字，則通指天下人心也。或問中『人心』二字亦然。」或問云：「前章專以己推而人化爲言，此章又申言之以見人心之所同而不能已者如此。是以君子不惟有以化之而又有以處之也，二『之』字皆指天下之人言也。」按：上之人盡孝、弟、慈，而民便興起，可見人同有此明德而易化也。是以君子有箇絜矩底道，使平其政以處之，使他各得老其老，長其長，幼其幼，而無一夫之不獲。這便是明明德於天下，便是新民之止至善。

所惡於上，毋以使下；所惡於下，毋以事上；所惡於前，毋以先後；所惡於後，毋以從前；所惡於右，毋以交於左；所惡於左，毋以交於右。此之謂絜矩之道。惡、先，並去聲。

此覆解上文「絜矩」二字之義。如不欲上之無禮於我，則必以此度下之心，而亦不敢以此無禮使之。不欲下之不忠於我，則必以此度上之心，而亦不敢以此不忠事之。至於前後左右，無不皆然，則身之所處，上下、四旁、長短、廣狹，彼此如一，而無不方矣。彼同有是心而興起焉者，又豈有一夫之不獲哉！所操者約，而所及者廣，此平天下之要道也。故章內之意，皆自此而推之。

（口義）這一節是覆解上文「絜矩」二字之義。惡是憎惡，心裏不欲的意思。絜矩之義何如？蓋人之所處有在我上面的，有在我下面的，有在我前後、左右的，其心都是一般。假如上面的人，以無禮使我，我所不欲也，便以我的心度量在下面的人，知他的心與我一般，亦不可以此無禮使之。如下面的人以不忠事我，我所憎惡也，便以我的心度量在上面的人，知他的心與我一般，亦不敢以此不忠事之。以此心往前後度量，或在我前面底人，我惡其以不善待我，便不以前人之加於我者而先加於後；在我後面的人，我惡其以不善待我，便不以後人之及於我者，而施及於前。以此心往左右度量，或在我右邊的人，我有所惡，便不以此心交於左；在我左邊的人，我有所惡，便不以此交於右。這是推己度物，體之無不周，舉此加彼，施之無不當。上下四旁，均齊方正，如工人之制方器，度之以矩，而無有不方的一般，所以叫做絜矩之道。是道也，所以操者約，而所及者廣，誠平天下之要道也。

（輯說）朱子曰：「上下、前後、左右，都只一樣心，只是將那頭折轉來比這頭。己欲立而立人，己欲達而達人，是兩摺說，只以己對人言。若絜矩，則上之所以待我，我又思以待下之人，是三摺說。」又云：「上下、前後、左右，做九〔二〕箇人來看便見。蓋上下譬如君民，前後譬如交代官，左右譬如東西隣，而我在其間，便是九〔三〕箇人。」吳季子曰：「曰上、曰下、曰前、曰後、曰左、曰右，接之之境也。曰使、曰事、曰先、曰從、曰交，處之之道也。於接之之境，思處之之道，以此準彼，視彼猶此，務使上下、四旁，均齊方正，而無缺然不滿之處，是之謂絜矩。所惡於上，卽是矩；毋以使下，卽是絜矩。節節皆有箇絜矩意，但未是以盡矩之義。必合上十二句看，方見得上下四旁，長短廣狹，彼此如一處。」胡氏曰：「須看『是以有此之謂』六字。人之心本無間於己，是以有絜矩之道；己之心能不間於人，此之謂絜矩之道。」又云：「只一『矩』字，此心所操者約；加一『絜』字，此心所及者廣。」蒙引謂：「只是我一人之心耳，推之東海而準，推之西海而準，推之南北海而準，所謂守約而施博者也。」陳新安曰：「下文節節提掇能絜矩與不能絜矩者之得與失，皆是自此一節而推廣之。」許東陽云：「此段專釋『絜矩』之義。」蒙引謂：「亦不過形容絜矩之意義如此，非實就有天下者分上事說。」又云：「上下四旁，

〔二〕「九」字劉傳經堂本作「七」字。
〔三〕「九」字劉傳經堂本作「七」字。

長短廣狹，彼此如一，只是說出箇絜矩模樣。若以正意言，則自天子以至於庶人，各得隨分以盡其孝、弟、慈之道。不我有而爾無，不此厚而彼薄，便是下文所謂彼同有是心而興起焉者，又豈有一夫之不獲是也。」

詩云：「樂只君子，民之父母。」民之所好好之，民之所惡惡之，此之謂民之父母。樂，音洛。只，音紙。好、惡，並去聲，下並同。

詩，小雅南山有臺之篇。只，語助辭。言能絜矩而以民心爲己心，則是愛民如子，而民愛之如父母矣。

（口義）詩是小雅南山有臺篇。只是語助辭。夫平天下之道，莫要於絜矩。蓋徵諸詩乎！詩人說，在上位可樂的君子，即是百姓每的父母。詩之美諸侯如此，夫君子居民之上，有君之尊，何以叫做父母。蓋言君子能絜矩，而以民心爲己心。如民之所好，便與之同好，而使之必遂；民之所惡，便與之同惡，而使之必去。眞是心誠求之，愛民如子矣。民以父母親之，正此謂也。這是能絜矩的其效如此。

（輯說）許氏曰：「此段言能絜矩之效。所好如飽煖安樂，所惡如飢寒勞苦。」黄氏曰：「公好惡，得衆得國。」

詩云：「節彼南山，維石巖巖，赫赫師尹，民具爾瞻。」有國者不可以不慎，辟則爲天下僇矣。

節，讀爲截。辟，讀爲僻。僇，與戮同。

詩，小雅節南山之篇。節，截然高大貌。師尹，周太師尹氏也。具，俱也。辟，偏也。言在上者人所瞻仰，不可不謹。若不能絜矩而好惡徇於一己之偏，則身弑國亡，爲天下之大戮矣。

（口義）詩是小雅節南山之篇。師尹是周太師。辟是偏僻。「僇」字與刑戮的「戮」字同意。詩人說，望着那南山截然高大，而上面的石頭，巖巖然堆起。如今尹氏做着太師，其勢位之赫赫顯盛，便與那高山一般，百姓每也都瞻仰着他。却乃好惡不公，罔上行私，以致天下之亂。詩之刺尹氏如此即此可見有國而在人上者，既爲民所瞻仰，必須常常謹慎，凡事要合乎人心。若是不能絜矩，而好惡只徇一己之偏，民所好的，不從民便；民所惡的，不肯體恤。致有那天下之人，都生怨恨，必然眾叛親離，而身與國家不能保守，爲天下之大僇矣。這是不能絜矩的其害如此。

（輯說）許氏曰：「此段言不能絜矩之害。」黄氏曰：「私好惡，失眾失國。」

詩云：「殷之未喪師，克配上帝；儀監于殷，峻命不易。」道得眾則得國，失眾則失國。喪，去聲。儀，詩作宜。峻，詩作駿。易，去聲。

詩，文王篇。師，眾也。配，對也。配上帝，言其爲天下君，而對乎上帝也。監，視也。峻，大也。不易，言難保也。道，言也。引詩而言此，以結上文兩節之意。有天下者，能存此心而不失，則所以絜矩而與民同欲者，自不能已矣。

（口義）詩是大雅文王篇。喪是失。師是眾。配是對。上帝是天。「儀」字，詩作「宜」字。監是看着他的意思。峻是大。不易是說難保。「道」字解做「言」字。卽此好惡公私上看來，可見得失之機，所爭甚細。故詩人說，如今殷家失了天下，就是我周家得了。當初殷家祖宗不曾失了眾人的時節，也曾受天眷命。君王天下能與天作對來，只因他的後世子孫行的不好，失了人心，那天命便去了。今而後，我周家的子孫，就宜看着殷家的事，以爲警戒，不可像他子孫行的不好。這上天峻大之命，去留無常，豈是容易保守的！此言也，正是說能絜矩而好惡同民，得了那眾人的心，便爲民父母而得國。不能絜矩，而好惡狥己，失了那眾人的心，便爲天下僇而失國。絜矩能否少異，而國之得失頓殊如此。蓋信乎峻命之難保也，有天下者，苟能常存此心，則所以絜矩而與民同欲者，自不能已矣。

（輯說）饒雙峯曰：「未喪師，則克配上帝，是得眾則得國，能絜矩而爲民父母者也。喪師則不能配上帝，是失眾則失國，不能絜矩而辟則爲天下僇者也。」許氏曰：「得眾得國，結能絜矩之效；失眾失國，結不能絜矩之害。」盧氏曰：「天命之去留，判於人心之向背；人心之向背，又在君之能絜矩與否而已。」吴季子曰：「絜矩謂何？以己之心度眾之心，而從其所欲也。眾心卽天心，天心卽天命。從違去就，如反復覆手，保而有之，不亦難乎！故曰『峻命不易』。知其不易，則雖欲不絜矩，亦不可得矣。」胡氏曰：「此節是就好惡言絜矩。」

是故君子先愼乎德。有德此有人，有人此有土，有土此有財，有財此有用。

先愼乎德，承上文不可不謹而言。德，卽所謂明德。有人，謂得衆。有土，謂得國。有國則不患無財用矣。

（口義）是故是承上起下之辭。愼是謹愼。德卽經文所謂明德。財是貨財。用是用度。凡天命人心之得失，皆由於能絜矩與不能如是。所以在上位的君子，知有國者得失所關，事事固都該謹愼，務與民同欲，而尤先要格物、致知、誠意、正心、修身的工夫，以謹愼在己之德。蓋德者，絜矩之本也。苟德有未愼，則理有未明，而無以通天下之志，安能知那千萬人的心卽是我一人的心？心有未正，而無以勝一己之私，又安能將我一人的心便爲那千萬人的心？此愼德之所以當先也。先愼乎德，則理明心正而絜矩之本立矣。既這樣有了德，那百姓每箇箇都感化歸順，豈不是有人？既這樣有了人，那百姓每所住的地方，處處都屬我管轄，豈不是有土？既這樣有了土，那土地中所出的諸般貨物，自然都來貢獻，豈不是有財？既這樣有了財，那國家所需的諸般用度，自然足以供給，豈不是有用？蓋君德既愼，則民心自歸，其得衆、得國而有財，固理之必然者也。

（輯說）德卽明德。所以愼之，亦只格、致、誠、正以修其身而已。下文章句釋大道，謂修己、治人之術。「修己」二字應此有德，則能絜矩，所以得衆而得國。故釋有人有土，與上面相應。饒氏曰：「此有人等『此』字，『此』猶『斯』也。」朱子曰：「爲國絜矩之大者，又在於財用，所以後面只管說財。」陳新安曰：「此章言財用始於此，財用之有本於愼德而有之，非私有也。」存疑曰：「此是承上文有國者不可不愼說人、財、用來，有國者不可以不愼，而愼之所當先者，則在於德也。能謹德則能絜矩，由是有人有土而不患無財用矣。」

德者本也，財者末也。

本上文而言。

（口義）這一節是本上文而言。本是根本，末是末梢。夫有德則有人、有土而有財用。可見德是爲國的根本，第一緊要，而在所當重者也。財雖日用之不可闕，而爲有德者所自致，是乃爲國的末務，譬如樹木的枝梢一般，在所輕者也。

（輯說）「本末」二字要開看，與經文本末不同。蒙引曰：「不可說德爲財之本，財爲德之末。此一節起下『本末』字，承上意，故曰本上文，非結上文也。」

外本內末，爭民施奪。

人君以德爲外，以財爲內，則是爭鬭其民而施之以劫奪之教也。蓋財者人之所同欲，不能絜矩而欲專之，則民亦起而爭奪矣。

（口義）爭民是使民爭鬭。奪是教民劫奪。若或將這德看做外面的事，不思謹慎，將那財來看做切己的事，專去聚斂，百姓每見在上的如此，也都做效，人人以爭鬭爲心，劫奪爲務，就如在上的教他一般，所以說爭民施奪。蓋財是人心所同欲的，不能絜矩而欲專之，則民亦起而爭奪矣。

（輯說）朱子曰：「民本不是要爭奪，惟上之人以德爲外而暴征横斂，民便效尤，相攘相奪，是上教倡他如此。」許氏曰：「言當修德而絜矩，取民財有制。」

是故財聚則民散，財散則民聚。

外本內末故財聚，爭民施奪故民散，反是則有德而有人矣。

（口義）由是觀之，可見義與利不兩立，得於此則失於彼。惟其外本內末，所以財聚於上；這財雖聚了，那百姓每却相爭相奪，而都離心於下，未有財聚而民亦聚者也。若是內本外末，則必財散於下；這財雖散了，那百姓每却相親相愛而都歸心於上，未有財散而民亦散者也。

（輯說）許氏曰：「散財，不是要上之人把財與人，只是取其當得者而不過。蓋土地所生，只有許多數目，上取之多，則在下少。」

是故言悖而出者，亦悖而入；貨悖而入者，亦悖而出。〔二〕

悖，逆也。此以言之出入，明貨之出入也。自先謹乎德以下至此，又因財貨以明能絜矩與不能者之得失也。

（口義）言是言語。悖是違悖不順理。貨是財貨。惟財聚民散如是。故民之散者，財也不得終聚，就如言語一般，若將不順道理的言語加於人，人定也把那不順道理的言語來回我，是悖而出者，亦必悖而入也。若那財貨是暴征橫斂，不順道理取將進來的，終須下人侵畔，也還以不順道理奪將去，是悖而入者，亦必悖而出也。這是財貨不能絜矩的，其害如此。

（輯說）或問：「君有逆命，則民有逆辭；上貪於利，則下人侵畔。兩開說，是分釋句義、章句。此以言之出入明貨之出入。側重下句，是合明節旨。」陳三山云：「言與貨，其出入雖不同，而皆歸諸理，其爲不可悖，一也。」許東陽云：「此段是不能絜矩，取於民無制之害。」朱子曰：「此章大槩是專從絜矩來。蓋財者，人之所同好也，而我欲專其利，則民有不得其所好者矣。大抵有國有家，所以生起禍亂，皆是從這裏來。」問：「絜矩如何只管說財？」曰：「畢竟人爲這箇較多。所以生養人，只是這箇；所以殘害人，亦只是這箇。」按：自先愼乎德至此，凡五條。蒙引謂：「只是一意反覆」，卽章句所云「因財貨以明能絜矩與不能者之得失」是也。吳氏曰：「愼德而有人有土，與財散民聚，能絜矩者之得也；內末而爭民施奪，與財聚民散，悖入悖出，不能絜矩者之失也。」

康誥曰：「惟命不于常。」道善則得之，不善則失之矣。

道，言也。因上文引文王詩之意而申言之，其丁寧反覆之意益深切矣。

（口義）前面說先愼乎德，則有人有土，是能絜矩的；外本內末，則悖入悖出，是不能絜矩的。這一節又總結其意。康誥是周書篇名。命是天命。「道」字解做「言」字。卽此本末、內外上看來，可見得失之幾，所爭尤微。故武王作書告康

〔二〕「亦悖而出」劉傳經堂本後有「悖，布內反」句。

叔說，惟是上帝之命，或去或留，不可爲常。此言也，正是說能愼德絜矩而善，便有人有土而得了這天命，所謂得眾得國者此也；不能愼德絜矩而不善，便悖入悖出而失了這天命，所謂失眾失國者此也。善不善小異，而命之得失頓殊如此。愈信乎峻命之不易而難保也。有天下者，其可不益厲此心，兢兢然愼德以盡絜矩之道哉。

（輯說）饒氏曰：「此『得失』字串前『得失』字，以德爲本則善，善則得眾得國矣；以財爲本則不善，不善則失眾失國矣。」盧氏曰：「有德則能絜矩，是謂之善，所以得人心在此，所以得天命亦在此；無德則不能絜矩，是謂不善，所以失人心在此，所以失天命亦在此。人心歸則天命歸，人心去則天命去，是天命之不常，所以爲有常也。此引康誥之書，以結前五節之意，與前引文王詩相應。『命不于常』，卽峻命不易之理。『善則得，不善則失』，卽得國失國之意。此所謂善，卽止至善之善。」按：或問云：「以天命之重而致其丁寧之意。」章句云：「其丁寧反覆之意益深切矣，有天下者可不深自警省哉！」胡氏曰：「此節是就財用言絜矩，若好惡不能絜矩，在己自私，不可以平天下；財用不能絜矩，瘠民自肥，亦不可以平天下。欲平天下者，不可不深自警省也。」

楚書曰：「楚國無以爲寶，惟善以爲寶。」

楚書，楚語。言不寶金玉而寶善人也。

（口義）此兩節是明不外本而內末之意。楚書是楚國史官記事的書。寶是貴重的物。這本末、內外之得失，不但徵於康誥已也，卽晉楚亦有言之者。楚書中說，昔楚國王孫圉聘於晉，晉定公享之。大夫趙簡子鳲〔一〕配玉以相禮，問他說你楚國的白珩猶在乎，其爲寶也幾何矣？王孫圉對說，我楚國不以白珩爲寶，只以觀射父、左史倚相二善人爲寶。蓋觀射父能作訓辭，取重於諸侯；左史倚相能讀古書，練達典故，使主君能保先世之業，故楚國寶之。若夫白珩，先王之玩也，何寶焉？夫楚之所寶，不在金玉而在善人，是能不外本而內末者矣。

〔一〕「鳲」字劉傳經堂本作「鳴」字。

之意。

（輯說）鄭註：「楚書，楚昭王時書也。」

舅犯曰：「亡人無以爲寶，仁親以爲寶。」

舅犯，晋文公舅狐偃，字子犯。亡人，文公時爲公子，出亡在外也。仁，愛也。事見檀弓。此兩節又明不外本而内末之意。

（口義）舅犯是晋文公的母舅，名狐偃，字子犯。亡人指晋文公說。在先晋文公做公子時，避驪姬之難，逃出在外，故稱亡人。後來又徧歷曹、衛、齊、楚，至於秦國。到秦國時他父親獻公薨逝，秦穆公勸晋文公興兵復國，以爲晋君。舅犯教文公對說，我出亡之人，不以得國爲寶，只以愛親爲寶。若是有親之喪而無哀傷思慕之心，却去興兵爭國，便是不愛親了，雖得國不足爲寶也。夫晋之所寶，不在得國而在仁親，是亦不外本而内末者矣。

（輯說）寳者，指財而言，是就財上說來。盧氏曰：「不以金玉爲寶而以善人爲寶，不以得國爲寶而以愛親之道爲寶，是能内本而外末者也。」此依章句，只作結上文理財極是，凡言引下用人者皆不可從。

秦誓曰：「若有一个臣，斷斷兮無他技，其心休休焉，其如有容焉。人之有技，若己有之；人之彥聖，其心好之，不啻若自其口出，寔能容之，以能保我子孫，黎民尚亦有利哉！人之有技，媢疾以惡之；人之彥聖，而違之，俾不通，寔不能容，以不能保我子孫，黎民亦曰殆哉！」个，古賀反，書作介。斷，丁亂反。媢，音冒。

秦誓，周書。斷斷，誠一之貌。彥，美士也。聖，通明也。尚，庶幾也。媢，忌也。違，拂戾也。殆，危也。

（口義）秦誓是秦穆公誓告羣臣的說話。斷斷是誠一之貌。技是才能。休休是平易寬弘的意思。彥是俊美。聖是通明。不啻解做不但。尚是庶幾。媢疾是妬忌。違是拂戾。殆是危。然豈特財貨當絜矩，不狥一己之私哉？至於用人亦然。故周書中秦穆公說，我若有一个臣，斷斷然真實純一，他也不逞己的才能，其心休休焉，平易正直，廣大寬弘，恰似物之至大者，於物無所不容的一般。但見人有才能的，則心裏愛他，如自己有才能相似；見人之俊美通明的，則其心喜好之肫肫懇切，不但如其口中稱揚之語而已，這等的人實是能容受天下的有才有德者，沒有虛假，由此君子在位，展布効用，把國家的事件件都做得好，方纔能保我的子孫，使長享爵土；保我的黎民，使長享太平，而社稷受無窮之福矣，不庶幾有利於國哉！若是箇不良之臣，只要逞自己的才能，全無斷斷之誠，休休之量，見人有才能的，恐他強過自己，便妬忌憎嫌；見人是箇俊美通明的，便百般計較，拂抑阻滯，使他不得通達。這等的人，心私量狹，實是不能受天下的有才有德者。由此君子喪氣，小人得志，把國家的事，件件都做壞了。如何能保我的子孫使他長久，又如何能保我的黎民使他安樂？亂亡之禍，將於是而致矣，不亦岌岌乎危殆哉！夫國家之治亂，繫於大臣之公私如此，則任用大臣者，可以知所擇矣。

（輯說）休休，易直好善之心。曰如有容，其量之大不可得而測，亦不可得而名言也。蒙引謂：「卽是休休處有容也，不可分爲二意，其曰其如有容者，心之容物無形，此蓋以物之有容者狀之之辭。」陳三山曰：「聖字，專言之，則爲衆善之極，對衆善而言，則止於通明之一端。」孔疏云：「愛彼美聖，口必稱揚而薦達之，其心愛之，又甚於口。蓋好善有誠，而口不足以盡其心也。」吳季子曰：「能保，則曰以能保；不能保，則曰以不能保。以之爲言，猶左氏所謂凡師能左右之曰以，言皆由乎此也。」許氏曰：「此專言爲政者好惡之公私，尚亦有利哉！以上一截，言絜矩而公心，好人；以下一截，言不能絜矩而以私心，惡人。」陳新安曰：「有容者，能絜矩而人所同好者也；媢疾者，不能絜矩而人所同惡者也。人君能好有容者而用之，惡媢疾者而舍之，是又絜矩之大者。」盧玉溪亦言：「有容者能以天下之才德爲己之才德，人君用此人，其有益於國家可知；媢疾者不能以天下之才德，爲己之才德，人君而用此人，國家豈不危殆？所謂人主在擇一相者此也，此又絜矩之先務也。」蒙引曰：「如有技者、彥聖者，皆民之所好也，而我亦好之，是好民之所好也，則絜矩不在我乎！」下文反看講此一節，須承此意，方是更有得失之意。

唯仁人放流之，迸諸四夷，不與同中國。此謂唯仁人爲能愛人，能惡人。迸，讀爲屏，古字通用。

迸，猶逐也。言有此媢疾之人，妨賢而病國，則仁人必深惡而痛絕之。以其至公無私，故能得好惡之正如此也。

（口義）放流是發遣。迸是驅逐的意思。四夷是四方夷狄之地。信如那妬賢疾能的人，若是用他在位，善人必受其害；縱是不用，只與他同處在一國，他也會造讒結黨，傾害善人。不可不遣之遠去，但人君牽於私意，姑息了他，所以國家終受其禍。獨是仁德之君，至公至明，見得這樣人爲害不淺。卽便放棄流徙之，驅逐在四夷邊遠地面，不與他同住在中國，以爲善人之害。似這等深惡痛絕，必除根而後已。卽此惡之一端，見其好惡之得正，正是孔子所謂惟仁人能愛人，能惡人也。蓋仁人者私欲不萌，而天下之公在我。故能親君子絕小人，而使天下後世皆蒙其利，是非所謂民之父母者乎！蓋好惡之極其公，而能絜矩的如此。

（輯說）或問云：「仁人獨深惡乎，媢疾者以其有害於善人，使民不得被其澤，而流禍之長，及於後世而未已也。此極言媢疾之害，以明仁人之能惡人，則其能愛人也，亦可見矣。故又引孔子之言以總結之。」朱氏公遷曰：「聖賢之好惡，大抵好君子而惡小人，此其所以爲正也。」陳北溪謂：「此是公其好惡而能絜矩者，蓋言好人之所同好，惡人之所同惡也。」盧氏謂：「此承上節下一截而言，媢疾之人待之宜如此，謂之能惡人可也，而謂之能愛人何也？」蓋小人不去，則君子不進去；小人不能絕之，則雖進君子而不能安之。去小人，固所以進君子；絕小人，乃所以安君子。吾之威在媢疾之人，吾之恩在天下後世矣。惟吾心純乎天理之公，故吾之好惡與天下爲公。此仁人之所以能愛惡人也。

見賢而不能舉，舉而不能先，命也；見不善而不能退，退而不能遠，過也。命，鄭氏云：「當作『慢』。」程子云：「當作『怠』。」未詳孰是。遠，去聲。

若此者，知所愛惡矣，而未能盡愛惡之道，蓋君子而未仁者也。

（口義）「命」字當作「慢」字。過是過失。然亦有明知是箇能利國家而可愛的賢人，却不能舉用；或雖舉用又遲疑延緩，不能早先用他。這是以怠忽之心待賢人了，豈不是慢？明知是箇妨賢病國而不善可惡的人，却不能退黜；或雖退黜又優柔容隱，不能迸諸遠方，這是以姑息之心待惡人，豈不是過？　如此者，也知道所愛所惡了，却不能盡那愛惡之道，蓋君子而未仁者也。

（輯說）上面仁人放流者，章句指媢疾之人言。　然則此所謂賢，便是休休有容者。　所謂不善，便是媢疾而妨賢病國者。朱子曰：「先是早的意思，是不能速用之。」陳新安曰：「舉不先，未盡愛之道；　退不遠，未盡惡之道。　上文能愛惡，仁人也；　此不能盡愛惡之道，所以爲君子而未仁者也。」

好人之所惡，惡人之所好，是謂拂人之性，菑必逮夫身。菑，古災字。　夫，音扶。　拂，逆也。

好善而惡惡，人之性也；　至於拂人之性，則不仁之甚者也。　自秦誓至此，又皆以申言好惡、公私之極，以明上文所引南山有臺、節南山之意。

（口義）前面說仁人能愛人能惡人，是盡絜矩之道的；　見賢不能舉而先，見不善不能退而遠，是未盡絜矩之道的。这一節是說不仁之人，與絜矩相反的。　拂是違拂。　菑是菑害。　逮是及。　若彼不仁之人者，於不善而爲人所共惡的，却乃喜其便己之私，反去信用他，這便是好人之所惡。　於賢而爲人所共好的，却乃嫌其拂己之欲，反去踈棄他，這便是惡人之所好。夫好善惡惡，乃人生的常性。　今好人之所惡，惡人之所好，如是便叫做違拂了人的常性。　既拂人性，必失人心；　既失人心，必失天命；　將見喪家敗國，而菑害必及其身，所謂爲天下僇者是也。　蓋好惡之極其私，而不能絜矩的如此。

（輯說）人之常性，有善而無惡；　其本心，皆好善而惡惡。　若好人所惡，惡人所好，既失其本心，便是拂了人的常性。所以爲不仁之甚。　或問曰：「不仁之人，阿黨媢疾，有以陷溺其心，故其好惡戾於常性如此，與民之父母能好惡人者正相反。　使能勝私而絜矩，則不至於是矣。」盧氏曰：「自秦誓至此，凡四節。　秦誓一節，見君子、小人之分；　次節，言用舍之能盡其道者；　又次節，言用舍之不盡其道者；　此節，則言用舍之全去其道者；　皆因絜矩之義而申言好惡、公私之極，以明平天下之要道也。」胡氏曰：「此節是就用人言好惡。」存疑亦謂：「註申言好惡云云，蓋以上文所引南山二詩，是大槩说好惡所該者廣。此則專就用人上申言好惡、公私之極。蓋好惡之公私，固關於國之興、喪，而用人一事其關繫爲尤大。自古國家莫不以得人而興，失人而亡。此上好惡一偏，則其餘皆偏。雖欲與民同好惡，亦不可得矣。故傳者專就用人一事，申言好惡、公私之極，以明上文所引南山有臺、節彼南山之意也。」蒙引曰：「此章或就理財言，或就用人言，其實只要得能絜矩與不能絜矩者之得失意見耳。用人，也有絜矩之能否；理財，也有絜矩之能否。」又曰：「此兩段亦爲申言耳，總是絜矩之意，層見疊出。」

是故君子有大道，必忠信以得之，驕泰以失之。

君子，以位言之。道，謂居其位而修己治人之術。發己自盡爲忠，循物無違謂信。驕者矜高，泰者侈肆。此因上所引文王、康誥之意而言。章内三言得失，而語益加切，蓋至此而天理存亡之幾決矣。

（口義）君子是有位的人。此謂治國平天下之君子。道是居其位而修己治人的方法。忠是發己自盡。信是循物無違。驕是矜高。泰是侈肆。即此好惡、公私之極上看来，可見得失之幾，愈細愈微。所以平天下的君子，既居其位，便自有箇修己治人的大道，其得其失，只看他存心何如。蓋必忠以盡己而不欺，信以循物而無僞，則一心之中，渾然天理，至明至正，而好惡皆極其公，便是得了這箇大道，所謂能慎德絜矩而善者此也，則人心天命不即此而得乎！若或驕焉而矜高少誠，泰焉而侈肆多妄，則一心之中，物欲障塞，不明不正，而好惡皆極其私，便是失了這箇大道，所謂不能慎德絜矩而不善者此也，則人心天命不即此而失乎！蓋忠信驕泰，只是一箇心，心乎忠信，乃天理之所以存；心乎驕泰，乃天理之所以亡。存亡得失，雖相去甚遠，而其幾則決於此矣。有天下者其可不益加惕厲，思所以慎德絜矩，而無負乎其位哉！

（輯說）蒙引曰：「此章上兩箇『君子』皆不釋，獨於此，釋曰『以位言之』。」又曰：「道謂居其位而修己治人之術。凡兩舉位字何故？」曰：「君子者，有天下國家者也。有箇天下國家，便有箇所以處這天下國家底法則在，是君子有箇君子底大道。總是上文君子，但語意畧不同。其釋大道，必兼修己言者，君子治人者也，治人終離不得修己。故釋新民章，必先之以盤銘言自新。而自釋齊家治國以下，皆必以修己之事爲言，此理萬古不能易也。」愚按：章句謂道修己治人之術，修己是明明德事，卽上文所謂慎德也；治人是新民事，卽上文所謂絜矩也。忠信指君子存心處説，只是箇誠實無僞，不誠則無物，故大道必忠信以得之，驕泰以失之，驕泰乃忠信之反也。饒雙峯云：「此『得失』字，又串前兩段『得失』字而言。由上文觀之，固知得衆得國而又知善則得之矣。然所以得此善者，亦曰忠信則得善之道，驕泰則失善之道矣。」存疑謂：「總承南山有臺以下，所言得失説来者，正是此意。」發己自盡爲忠，循物無違爲信。但有些箇未盡己之心，而或違於物，便是不忠信。凡事都是不誠實，如何能修己，又如何能治人，這便是驕泰以失之。驕，矜高少誠心，與發己自盡正相反；泰，侈肆多妄行，與循物無違正相反。忠是信之本，爲體；信是忠之發，爲用。可見忠信只是一箇心。信雖驗於事，却是從實心發出來。此所謂忠信与論語主忠信同，只是箇實心做實事。蓋所以明明德新民，而得乎修己治人之道者也。諸家便看做忠恕之忠，却與章句不合。饒雙峯又云：「忠信卽是誠意，不特爲正心修身之要，而又爲治国平天下之要，然則格物致知，獨不須忠信乎？竊意『忠信』二字，當貫格致至於平天下，是箇徹頭徹尾工夫，章内三言得失而語益加切。」朱子曰：「初言得衆失衆，再言善則得不善則失，已切矣。終之以忠信驕泰，分明是就心上説出得失之由以決之，忠信乃天理之所以存，驕泰乃天理之所以亡。」蒙引謂：「善不善，切於得衆失衆；忠信驕泰，又切於善不善。」胡氏曰：「前兩言得失，人心天命存亡之幾也；此言得失，吾心天理存亡之幾也。」吴季子曰：「大学至此，則又窮原反本而歸之於心，忠信、驕泰皆心之所爲也。蓋凡己當为之事，必求以盡之，一息不能自已者，忠之謂也；凡物當然之理，必循而行之，一毫不敢有違者，信之謂也。忠也信也，萬善之基，而絜矩之本也。」本文「得失」二字，緊承大道説。得大道則得善之道，失大道則失善之道，又是串前「得失」字而言。

生財有大道，生之者衆，食之者寡，爲之者疾，用之者舒，則財恒足矣。恒，胡登反。

吕氏曰：「國無遊民，則生者衆矣；朝無幸位，則食者寡矣；不奪農时，則爲之疾矣；量入爲出，則用之舒矣。」

愚按：此因有土有財而言，以明足國之道，在乎務本而節用，非必外本內末，而後財可聚也。自此以至終篇，皆一意也。

（口義）生是生發。疾是急忙的意思。舒是寬緩。然人君往往不能察夫得失之幾者，則以利蔽其心耳。不知有土此有財，生財亦自有箇正大的道理。蓋貨物皆產於地，若務農者少，則地力不盡，財如何能生，必嚴禁那游惰的人等，使都去務農，這是生之者衆；廩祿都出於民，若冗食者多，則未免虛耗，也如不生一般，必裁革那濫設官員，使無或冗食，這是食之者寡。農事各有時候，若任意差使，便誤了他農事，財如何能生。須省事輕徭，使及時田作而不至於遲誤，這是爲之者疾。財用當有定規，若不務撙節，必窘財用，也如不生一般。須量入爲出，使多寡得宜而不至於速盡，這是用之者舒。夫生之衆，爲之疾，則有以開財之源，而其入也無窮；食之寡，用之舒，則有以節財之流，而其出也有限。閭閻不困於聚斂，而府庫日見其盈餘，常常足用而不至於缺乏矣。這是經國久遠的規模，非一切權宜之小術可比，所以謂之大道也。然則有國者，豈必外本內末而後財可聚耶！

（輯說）饒氏曰：「財者，末也。財雖是末，亦是重事。若要生財亦自有箇大道理，生衆至用舒，此四者不可缺一，乃生財之正路，外此皆邪徑也。」吳季子曰：「聖賢議論雖高而不虛，雖正而不迂，既聞狥財之非，則必曉之以生財之道。其言有大道者，蓋謂此有正大之理，非必以私意小智，巧爲聚斂之術也。知正大之理，自可以生財，則所憂者不在乎財匱，而言利之徒，不得乘此以投其隙矣。不然，窘於調度，則雖財聚民散，不遑恤也；迫於費用，則雖悖入悖出，不暇問也。大抵崇本節用，乃百王不易之常道也。」章句云：「此因有土有財而言，以明足國之道，在乎務本而節用。」存疑謂：「是卽前言財用而申言之，以補其未盡之意。」前面只言財不可聚，然財亦国家重務，一日所不可缺者，故又言生財大道，以足上文未盡之意。

仁者以財發身，不仁者以身發財。

發，猶起也。仁者散財以得民，不仁者亡身以殖貨。

（口義）發是生發興旺的意思，是故仁德之君，知道那生財的大道。只要使百姓富足，不肯專利於上，由是而天下歸心，而安處富貴、崇高之位，這便是捨了那財貨，來發達自己的身子，所謂外末而財散民聚者此也。若彼不仁之君，不知那生財的大道，只要聚財於上，不管百姓每貧苦，由是天下離心，而必有敗國亡身之禍，這便是捨着自己的身子，去生發那財貨，所謂内末而財聚民散者此也。

（輯說）朱子曰：「仁者不是特地散財，買人歸己，只是不私其有，人自歸之而身自尊，是言財散之效如此；不仁者只務聚財，不管身危亡也。」許氏云：「此言仁者外末，不仁者内末。」饒氏云：「財散民聚，此以財發身；財聚民散，此以身發財。蓋卽前節當修德而絜矩，取民財有制之意。」「仁者」句，申言財散民聚之意；「不仁」句，申言財聚民散之意。前言民散則財亦不終聚，故下節亦言民聚則財亦不終散。此亦前後文理接續，血脈貫通處。散財得民，是此節要旨。若泛講善用財以成功業，則與「仁」字無關切矣。「仁者」二字漫置不得。

未有上好仁而下不好義者也，未有好義其事不終者也，未有府庫財非其財者也。

上好仁以愛其下，則下好義以忠其上；所以事必有終，而府庫之財無悖出之患也。

（口義）上是君上，下指百姓說。事如從役犯難皆是，終是成就的意思。此承上文說仁者以財發身何如。蓋君之愛民，仁也；民之忠上，義也。上不好仁，而下不好義者有矣。若爲人上者，崇本節用，輕徭薄賦，而好仁以愛其下，則那百姓每便都感激愛戴。如人子之於父母，手足之於腹心，各輸忠悃以自效矣，豈有不好義以忠其上者哉！下不好義，固有不終其君之事者。今下旣好義，則事使之分明而愛戴之情切。把君上的事，就如自己的家事一般，皆爲之踴躍趨赴而竭力以圖成矣，豈有有始無終，使不能成就者哉！下不好義而人心離畔，固有不能保其府庫之財者。今下旣好義，則民供給於下，而君安富於上，把庫的財貨就如自家的財貨一般，皆爲防護看守，而長保其所有矣，豈有爭奪悖出，使不能安享者哉！下之好義而忠於上者如此，此則仁者以財發身之效也。爲人上者，顧可棄仁不好，而妄取民財以專利乎！

（輯說）問：「如何上仁下便義？」朱子曰：「只一箇道理。在上便喚做仁，在下便喚做義；在父便謂之慈，在子便謂之孝。」或問云：「此以財發身之效也。」蒙引謂：「承上文言仁者以財發身之必然也。」盧氏謂：「此所謂循天理，則不求利而自無不利者也。」吴季子曰：「上文既示人以生財之道，俾其知不必聚斂，此又開陳利害以警之；俾其知不可聚斂，聖賢惓惓之意，至此而益切矣。」又云：「此節大意是申決上文發身之意，只合云上好仁，則必有其財耳，而傳文故作三疊。」

孟獻子曰：「畜馬乘不察於雞豚，伐冰之家不畜牛羊，百乘之家不畜聚斂之臣，與其有聚斂之臣，寧有盜臣。」此謂國不以利爲利，以義爲利也。畜，許六反。乘、斂，並去声。

孟獻子，魯之賢大夫仲孫蔑也。畜馬乘，士初試爲大夫者也。伐冰之家，卿大夫以上，喪祭用冰者也。百乘之家，有采地者也。君子寧亡己之財，而不忍傷民之力，故寧有盜臣，而不畜聚斂之臣。此謂以下，釋獻子之言也。

（口義）孟獻子是魯國的賢大夫。畜是畜養。馬四匹爲乘。古時爲大夫的，君賜之車，得用四馬駕之。畜馬乘是初試爲大夫者也。察是料理的意思。伐是鑿而取之。伐冰之家，是卿大夫以上喪祭得用冰者。百乘之家，是諸侯之卿有采菜地十里，可出兵車百輛的。魯大夫孟獻子亦見及此矣，說道畜馬乘的人家，已自有了俸祿，不當又理論那雞豚小事，以侵民之利。伐冰的人家，俸祿越發厚了，不當又畜養那牛羊，以侵民之利。至於百乘的人家，他的俸禄用度，既有百姓每的賦稅供給，不當又畜養那聚斂之臣，額外設法，以奪取民財。比擬有聚斂財貨之臣，寧可有盜竊府庫之臣，蓋盜臣止於傷己之財，而聚斂之臣則至於傷民之命，其何忍畜之以爲民害耶！孟獻子之言如此，這正是說有國者不可專利於己，而以利爲利；只當公利於民，而以義爲利也；蓋義之所安，卽利之所在，是雖不求利而自無不利矣。

（輯說）朱子曰：「如食俸禄之家，又畜牛羊，却是與民爭利。便是不絜矩。所以道以義爲利者，義以方外也。」或問小註云：「只萬物皆得其分，便是利。」許氏曰：「言上人當絜矩，不可侵下之利。雖養雞豚之小利，尚不可與民爭，而況爲君者專事聚斂以虐民乎。」蒙引曰：「不畜聚斂之臣，或以此兼用人言非也。須看此謂國不以利爲利，以義爲利句。下文雖有必自小人之說，亦只是言小人壞之於前，雖君子亦不能善其後，以明以利爲利之害耳。」故章句曰：「此一節深明以利爲利之害，而重言以結之也。」

長國家而務財用者，必自小人矣。彼爲善之，小人之使爲國家，菑害並至。雖有善者，亦無如之何矣。此謂國不以利爲利，以義爲利也。長，上聲。「彼爲善之」，此句上下，疑有闕文誤字。

自，由也，言由小人導之也。此一節，深明以利爲利之害，而重言以結之，其丁寧之意切矣。

（口義）上一節言爲國者，當以義爲利也，此又言求利之有害也。長國家是一國的君長。「自」字解做「由」字。「彼爲善之」一句，疑有闕誤，其義未詳。菑是天菑，害是人害。若以利爲利，則非惟無利，而其害且有不可勝言者。蓋人君既長國家，便當以義制利，而乃有專務財用者，豈是那爲君上的本意！要這樣做，必定有等好利的小人，欲借此以希寵於進，乃倡爲富國之說以導之，是以外本内末而財用之務，自此始矣。似這等小人，若使他得治國家，則必以聚斂爲長策，以掊克爲善謀，而剥民之膏血，以奉人主之欲。由是民窮財盡，怨怒號呼，傷天地之和，生離畔之心，天菑人害，紛然並至，到這時節，雖有善人君子，也救不得了。求利之害如此，所以說有國者不可以利爲利，但當以義爲利也。蓋以義爲利，則是能絜矩；而以利爲利，則是不能絜矩矣。合而觀之，可見治平之要，只是一箇絜矩。絜矩之事不止一端，而其大者，則在用人理財，用人理財皆與民同，不私一己，便是絜矩。然其本則曰慎德，曰忠信，人君誠能忠信，以慎德而絜矩，則用人理財皆盡其道。而凡有孝、弟、慈之願者，無一夫之不獲，而天下平矣。

（輯說）盧氏曰：「財者，天所生而民所欲。事聚斂，則失人心而干天怒，故菑害並至，菑由天降，害自人作。既已並至，此時雖用君子，亦晚矣，無救於禍矣。所謂狥人欲，則求利未得而害已隨之者，此也。國不以利爲利，以義爲利。上所言，就理上說，固足明絜矩之當務；下所言，就利害上說，尤足明絜矩之不容不務。言愈丁寧，過人欲存天理之意，愈深切矣。夫此章之終，復致嚴於義利、理欲之辯者，乃大學反本窮源之意，卽本心存亡之幾，決天下治亂之幾，正以明德、新民，皆當止於至善也。」菑害並至，無如之何。許氏謂：「菑如日食星變，水旱蝗疫，皆是。害如民心怨叛，寇賊姦宄，兵戈變亂，皆是。」或問曰：「怨已結於民心，則非一朝一夕之可解矣，聖賢深探其實而極言之，欲人有以審於未然，而不爲無濟於事之悔也。」吳季子曰：「由此觀之，則國家不以利爲利，而以義爲利，昭昭矣，大學重言以結之。其垂戒也，不亦嚴乎！學大學者，其謹於義利之辯云。」蒙引曰：「前條國不以利爲利，而以義爲利，只是義之所安卽爲利，未便是以爲利之害處，而照見爲義之利也。畜馬乘之不察雞豚，伐冰之不畜牛羊，百乘之不畜聚斂之臣。君子之心，只是以義之不可而不爲，非是計到爲利之害而不爲也。」故章句云：「君子寧亡己之財，而不忍傷民之力。」或問曰：「仁者之心，至誠惻怛云云也。至此節必自小人一條，方是深明以利爲利之害，而重言以結之。」按：章句自「生財有大道」，以至終篇，是一意。故蒙引直以「兼言用人爲非」，而存疑亦云：「此兩節是復卽財用而申言之，以致丁寧之意。」彼爲善之，諸家多從章句闕疑，或以鄭註彼君也，謂彼反以小人爲善，終屬牵强。

右傳之十章，釋治國平天下。此章之義，務在與民同好惡而不專其利，皆推廣絜矩之意也。能如是，則親賢樂利各得其所，而天下平矣。凡傳十章：前四章統論綱领指趣，後六章細論條目工夫。其第五章乃明善之要，第六章乃誠身之本，在初學尤爲當務之急，讀者不可以其近而忽之也。

陳氏曰：「此章之義甚博，大意則在於絜矩。其所以說絜矩之道，卒不過好惡、義利之兩端。」蒙引謂：「兩端言好惡一端，義利一端，不可說是或好利而惡義，或好義而惡利也。」存疑謂：「好惡指南山有臺、節南山及秦誓四節，義利指君子先愼乎德以下，及生財有大道以下，能如是則親賢樂利各得其所，而天下平矣。」盧氏曰：「絜矩所以明明德於天下，親賢樂利，各得其所，而天下平，則明德明於天下，而無不止於至善矣。」朱子曰：「絜矩章專言財用，繼言用人，蓋人主不能絜矩者，皆由利心之起，故狥己欲而不知有人，此所以專言財用也。人才用舍，最繫人心向背，若能以公滅私，好惡從衆，則用舍當於人心矣，此所以繼言用人也。」饒氏曰：「大學一書多说好惡，誠意章說如好好色，惡惡臭；齊家章說好知其惡，惡知其美』；治國章說所合反其所好；平天下章說民之所好好之，民之所惡惡之，與好人所惡，惡人所好，畢竟天下道理不過善惡兩端。初言格物、致知時，便要分別此二件分明。自誠意以後，只是好其所當好，惡其所當惡而已。」又曰：「此章大要不過用人、理財二事，自先慎乎德以下是說理財，自秦誓以下是說用人，自生財有大道以下又說理財，二事反覆言之。」許氏曰：「此章大意治天下在乎絜矩，而絜矩於用人、理財處爲要，然得失之幾，全在忠信、驕泰上。發於心者忠，接於物者信，則事皆務實。曰好善惡惡，皆得其正，而能盡絜矩之道，存於心者驕矜，行之以侈肆，必不能絜矩而讒諂聚斂之人進矣。故忠信、驕泰，治亂之原也。」蒙引曰：「『絜矩』二字，是此一章之大綱；而『得失』二字，又是眼目所在。蓋三言得失而意益深切，此最可以喚醒有天下者，惰慢安肆之心。」而朱子亦甚有味於其言，而爲後人喫緊道之矣。故於「殷之未喪師」條，註曰云云；於「惟命不于常」，註曰云云；至篇末「君子有大道」條，則又曰云云。大抵國之得失，一判於衆之得失而已耳；衆之得失，又判於一人之善不善而已耳；一人之善不善，又只判於一念之忠信、驕泰而已耳。則夫有天下國家者，可不知所務哉！嗚呼，此堯舜之所以兢兢業業，一日二日萬幾也；禹之所以臨兆民，若朽索之馭六馬也；湯之所以慄慄危懼，若將隕於深淵也；文王之所以小心翼翼，無斁亦保也，武王之所以不敢泄邇忘遠也。大學爲萬世開太平，況此章爲有天下者設，安得不諄諄於其所以得失之際，以爲保邦制治之規也哉！愚按：章內三言得失而語益加切，本是要喚醒有天下者，惰慢安肆之心也。惟朱子深得傳者之意，而蔡氏又深得朱子之意，故其言警發如此，有天下者奈何不敬。〔二〕

〔二〕此段之後劉傳經堂本另有一段：「國朝吾關中講學諸前輩，以朝邑王仲復先生爲第一。先生生平著述甚富而板多失存，往見復齋録愛之甚，問其板，則已不可復得，惟小學句讀記、大學直解、太極圖解三書板尚在。同治戊辰，吾邑劉君敏英俱購得之，已刷印小學，復欲廣直解。此書原序已詳，惟讀者勿以世俗科舉之意求之，務明其義，究其藴而反於身焉，斯不負先生矣。十月晦日三原賀瑞麟」

劉傳經堂藏版（板）

太極圖集解

朝邑王復齋著

太極圖集解

關中王建常復齋甫著
後學趙蒲校梓

聞之朱子曰：「先天之數，自一而二，自二而四，自四而八」，以爲八卦「太極之數，亦自一而二，自二而四，加其一以爲五行，而遂下及於萬物」。此言先天、太極其義一也。夫太極，理也，理一而已矣。其自一而二，陰陽非即兩儀乎？自二而四，陽中有陰，陰中有陽，非即四象乎？而加一以爲五行，則八卦亦不外是矣。蓋乾日、兌月、離星、震辰，即五行之在於天者也；巽石、坎土、艮火、坤水，即五行之在於地者也。經世曰：「八卦之體備，而天地之體備；天地之體備，然後能變化生成萬物也。」然則五行之下遂，及於男女萬物，又豈有異哉？余固矇昧，乃敢竊取朱子之意，集太極圖解而即列先天於其前，以便參觀云。

先天八卦圖

此伏羲氏八卦次序也。伏羲氏蓋五帝之首，觀河圖畫卦，其初只是一陰一陽所謂易也。孔子乃從中推出箇太極來，曰「易有太極」。

八卦	一乾	二兌	三離	四震	五巽	六坎	七艮	八坤
四象	太陽		少陰		少陽		太陰	
兩儀	陽				陰			
	太極							

（繫辭傳曰：「易有太極，是生兩儀。兩儀生四象，四象生八卦。」邵子曰：「一分爲二，二分爲四，四分爲八也。」說卦傳曰：「易，逆數也。」邵子曰：「乾一，兌二，離三，震四，巽五，坎六，艮七，坤八。自乾至坤，皆得未生之卦，若逆推四時之比也。」）

【按：先天、太極，原是一理；八卦、五行，亦無二致。嚴氏槐亭曰：「不言八卦，則不知五行之氣，即日月星辰、水火土石之氣。不言五行，則不知日月星辰、水火土石之氣有溫熱中涼寒五者之殊。」邵子言「八卦生萬物」，周子言「五行生萬物」，然八卦生萬物，即五行生萬物，辭異而理同。】

太極圖

朱子曰上一圈即是太極但挑出在上

太極一圈便是一畫只是撒開了引教長一畫

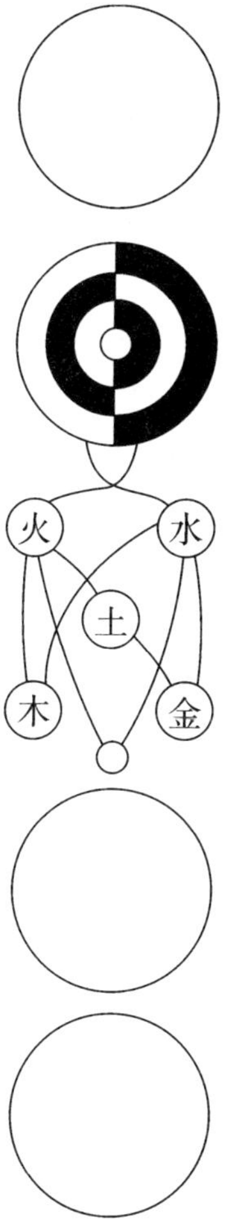

此宋儒周子之所作也。周子名周敦實，字茂叔，後改敦頤，家世道州濂溪上。博學力行，聞道甚早。襟懷飄灑，雅有高趣，猶樂佳山水。晚年卜居盧阜，築室臨流，寓以濂溪之號。

繫辭傳曰：「易有太極」。「太」者，無以加之；稱「極」，取樞極、根極之義也。蓋此理爲陰陽五行之樞紐，男女萬物之根柢，恁地渾淪極至而無以復加，故曰「太極」。周子默契於心而作圖。所謂「立象盡意，剖析幽微」者，此也。其所著又有易說、易通。易說世無傳者，易通即今通書，其言亦皆此圖之藴耳。學者不玩其圖而驟讀通書，則亦茫然不知所統攝矣。

小圈子在陰陽中見其不離，在上見其不雜，其實一而已矣。非小圈外別有一圈爲太極也。又曰：水火木金土，五箇小圈子即五行各具一太極也。其下一小圈子，乃理氣妙合而無間也。又下一大圈子，乃氣化生出男女牝牡雌雄，而各具一太極也。又最下一圈子，乃男女已生之後，形交氣感，化生萬物，而各具一太極了。

朱子圖解

○此所謂無極而太極也。無極者無形，太極者有理也。無極而太極，只無形而有理，一句話說盡。○朱子曰：「極是道理之極至。總天地萬物之理，便是太極。」○太極只是極至，更無去處了。至高、至妙、至精、至神是沒去處。濂溪恐人道太極有形，故曰「無極而太極」。是無形之中，有箇極至之理。○無極而太極，不是太極之外別有無極。無中自有此理。此「而」字輕，無次序故也。○「無極而太極」只是一句，如「沖漠無朕」，畢竟是上面無形象，然却實有此理。圖上自分曉。○無極是有理，而無形如性，何嘗有形。太極是陰陽五行之理，皆有不是空底物事。若是空時，如釋氏說性相似。○老子之言有無，以有無爲二。周子之言有無，以有無爲一。○以理言之，則不可謂之有；以物言之，則不可謂之無。所以動而陽，靜而陰之本體也。動靜非太極，太極是所以動靜之理，故曰本體。○朱子曰：「天地之間，只有動靜兩端，循環不已，此之謂易。而其動其靜，則必有所以動靜之理，是則所謂太極者也。」○無極而太極，人都想像有箇光明閃爍底物在那裏，却不知本是說無這物事，只是有箇理能如此動靜而已。然非有以離乎陰陽也。朱子曰：「太極生陰陽，理生氣也。陰陽即生，則太極在其中，理復在氣之內也。」○所謂太極者，便只在陰陽裏。所謂陰陽者，便只在太極裏。今人說是陰陽上，別有一箇無形無影底是太極，非也。即陰陽而指其本體，不離乎陰陽而爲言爾。太極不離乎陰陽，却不可說陰陽即是太極。太極是所以動靜陰陽之本體。從陰陽中剔出，在上見其原，自不雜也。○問：「即陰陽而指其本體，不雜乎陰陽而言之。是於道有定位處，指之否？」朱子曰「然。一陰一陽之謂道，亦是此意。」○性猶太極也，心猶陰陽也。太極只在陰陽之中，非能離陰陽也。然至論太極，則太極自是太極，陰陽自是陰陽。惟性與心亦然。所謂一而二，二而一也。○纔說太極便帶着陰陽。纔說性便帶着氣。不帶着陰陽與氣，太極與性那裏收附，然要得分明，不可不拆開說。○程子云：「論性不論氣，不備。論氣不論性，不明。」而某於太極圖解，亦云：「所謂太極者，不離乎陰陽而爲言，亦不雜乎陰陽而爲言。」○太極無方所，無形體，無地位可頓放。若以未發時言之，未發却只是靜。動靜陰陽，皆只是形而下者。然動亦太極之動，靜亦太極之靜。但動靜非太極耳，故周子以無極言之。○謂之無極，正以其無方所形狀。以爲在無物之前，而未嘗不立於有物之後；以爲在陰陽之外，而未嘗不行於陰陽之中；以爲通貫全體，無乎不在，則又初無聲臭影響之可言也。

，此太極之動而陽，靜而陰也。太極是理，動靜是氣。動而生陽，動便是太極之動；靜而生陰，靜便是太極之靜。理即在乎氣中也。○問：「太極兼動靜而言？」朱子曰：「不是太極兼動靜，太極有動靜也。」○問：「動靜是太極，動靜是陰陽，動靜是理，動靜曰如此，則太極有模樣？」曰：「無。」○問：「太極理也，理如何動靜，有形則有動靜。太極無形，恐不可以動靜言？」曰：「理有動靜，故氣有動靜。若理無動靜，則氣何自而有動靜乎？」○問：「太極動而生陽，有這動之理，便能動而生陽否？」曰：「有這動之理，便是動而生陽；有這靜之理，便是靜而生陰。既動則理又在動之中，既靜則理又在靜之中。」曰：「動靜是氣也，有這理爲氣之主，氣便能如此否？」曰：「是也。既有理便有氣，既有氣則理又在乎氣之中。」○問：「理在先，氣在後？」曰：「理與氣本無先後之可言，但推上去時，却如理在先，氣在後相似。」又問：「理在氣中，發見處如何？」曰：「如陰陽五行錯綜，不失端緒，便是理。若氣不結聚時，理亦無所附着。」○太極動而生陽，靜而生陰，不是動後方生陽。蓋纔動便屬陽，纔靜便屬陰。動而生陽，其初本是靜，靜之上又須動矣。所謂動靜無端，今且自動而生陽處看去。○太極分開只是兩箇，陰陽括盡了天下物事。○未發之前，太極之靜而陰也；已發之後，太極之動而陽也。其未發也，敬爲之主而義已具；其已發也，必主於義而敬行焉，則何間斷之有哉？中○者，其本體也。上以流行言，謂太極有動靜；此以本體言，謂太極含動靜也。朱子曰：「兩邊生者，即是陰根陽，陽根陰，這箇有對。從中出者，無對。」○太極只是天地萬物之理，未有天地之先，畢竟先有此理。動而生陽亦只是理，靜而生陰亦只是理。○無極者只是說這道理。當初元無一物，只是有此理而已。此箇道理便會動而生陽，靜而生陰。者，陽之動也，陽動即所謂動而陽。○太極之用所以行也；者，陰之靜也，陰靜即所謂靜而陰。○太極之體所以立也。朱子曰：「太極自是涵動靜之理，却不可以動靜分體用，蓋靜即太極之體也，動即太極之用也。」陰中之陽者，陽動之根也；陽中之陰者，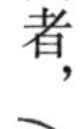陰靜之根也。朱子曰：「太極未動之前，便是陰。陰靜之中，自有陽之根；陽動之中，自有陰之根。動之所以必靜者，根乎陰故也；靜之所以必動者，根乎陽故也。」○陰陽只是一氣，陰氣流行即爲陽，陽氣凝聚即爲陰，非真有二物相對也，此理甚明。

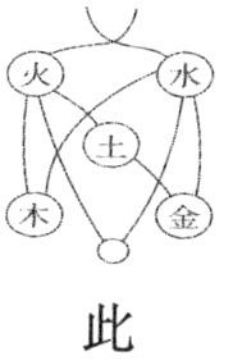

此陽變陰，合而生水、火、木、

金、土也。問：「陽何以言變，陰何以言合？」朱子曰：「陽動而陰隨之，故言變合。」○陽變陰合，初生水火。水火氣也，流動閃爍，其體尚虛，其成形猶未定；次生木金，則確然有定形矣。水火初時，自生木金，則資於土，五行之屬皆從土中旋生出來。○天地生物，先其輕清，以及重濁，天一生水，地二生火。二物在五行之中最輕清。金木又重於水火，土又重於金木。╲者，陽之變也；╱者，陰之合也。

水陰盛故居右，火陽盛故居左。左爲陽位，右爲陰位。木陽穉故次火，金陰穉故次水，土沖氣故居中。朱子曰：「就原頭定體上說，則未分五行時，只謂之陰陽；未分五性時，只謂之健順。及分而言之，則陽爲木火，陰爲金水，健爲仁禮，順爲義智。」○問：「陰盛何以居右，陽盛何以居左？」曰：「左右但以陰陽之分耳。」又問：「木陽穉故次火，金陰穉故次水，豈以水生木、土生金邪？」曰：「以四時之序推之可見。」而水火之╳交系於上，水火交相系屬於左右之上。陰根陽，陽根陰也。水爲陰根，於陽動。火爲陽根，於陰靜。○朱子曰：「水質陰而性本陽，火質陽而性本陰。水外暗而內明，以其根於陽也。火外明而內暗，以其根於陰也。太極圖陽動之中有黑底，陰靜之中有白底是也。橫渠言『陰陽之精，互藏其宅』，正此意也。」○火中有黑，陽中陰也；水外黑而中却明者，陰中陽也。故水謂之陽亦得，火謂之陰亦得。○黃氏巖孫曰：「通書云：『水陰根陽，火陽根陰』。註：『水陰也，而生於一，則本乎陽。火陽也，而生於二，則本乎陰。』正圖書相表裏之意。」又云：「五殊二實，亦當與此參觀。」水而木，木而火，火而土，土而金，金而復水，如環無端。如環之轉無端而不已。五氣布，四時行也。木主春，火主夏，金主秋，水主冬，土則寄旺於四時，四時以行也。○朱子曰：「陰陽，氣也，生此五行之質。天地生物，五行獨先。地即是土，土便包容許多金、木之類。天地之間，何事而非五行？五行陰陽，七者袞合，便是生物底材料。五氣順布，四時行焉。金、木、水、火分屬春、夏、秋、冬，土則寄旺四季。如春屬木，而清明后十八日即是土寄旺之時。每季寄旺十八日，共七十二日。惟夏季十八日土氣爲最旺，故能生秋金也。以圖象攷之：木生火，金生水之類，各有小畫相牽聯，而火生土，土生金獨穿乎土之內，餘則從旁而過，爲可見矣。」

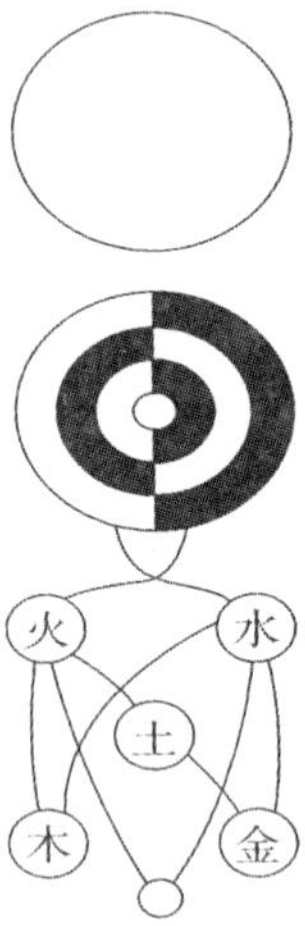

五行一陰陽。五行之運，只一陰陽之理。○朱子曰：

「五行，一陰陽也。舍五行無別討陰陽處。如甲、乙屬水，甲便是陽，乙便是陰。丙、丁屬火，丙便是陽，丁便是陰。不須更說陰陽，而陰陽在其中矣。」○總而言之，只是陰陽。分而言之，有五。○勉齋黃氏曰：「未有五行，只得喚做陰陽；既有五行，則陰陽在五行之中矣。」五殊二實，其名則有金、木、水、火、土，五者之殊，其本則不外乎陰陽二氣之實。無餘欠也。北溪陳氏曰：「分而爲五，非有欠；合而爲二，非有餘。」「陰陽一太極。」陰陽之運又只一太極之理。○朱子曰：「自見在事物而觀之，則陰陽函太極；推原其本，則太極生陰陽。」精粗本末，太極爲精，陰陽爲粗；太極爲本，陰陽爲末。無彼此也。只是一理，無彼此之間。太極本無極，上天之載，無聲臭也。無聲可聞，無臭可接。○朱子曰：「太極云者，合天地萬物之理而一名之耳。以其無器與形，而天地萬物之理無不在是，故曰『無極而太極』；以其具天地萬物之理而無器與形，故曰『太極本無極』。是豈離乎生民日用之常，而自爲一物哉？」○問：「無極太極，本非二端？」曰：「『無極而太極』，而無極之中，萬象森列，不可謂之無矣；『太極本無極』，則太極之體，沖漠無狀，不可謂之有矣。」○「『五行一陰陽，陰陽一太極』，則非太極之後別生二五，而二五之上先有太極也。『無極而太極，太極本無極』，則非無極之後別生太極，而太極之上先有無極也。」○「『五行一陰陽也，陰陽一太極也，太極本無極也』。此當思無有陰陽而無太極底時節。若以爲止是陰陽，陰陽却是形而下者；若專以理言，則太極又不會與陰陽相離。正當沉潛玩索，將圖象意思抽開細看，又復合而觀之。某解此云：『非有離乎陰陽也，即陰陽而指其本體，不雜乎陰陽而爲言也。』此句自有三節意思，更宜深考。通書云：『靜而無動，動而無靜，物也；動而無動，靜而無靜，神也。』當即此兼看。」五行之生，各一其性，其性各一，如火燥、水濕、金剛、木柔、土實之類。氣殊質異。其氣既殊，其質亦異。○朱子曰：「氣是那初稟底，質是成這模樣子底。」各一其○極，無假借也。自然而然，非有所假借也。○朱子曰：「纔生五行，便被氣質拘定，各爲一物，亦各有一性，而太極無不在也。」○問：「先生答書言：陰陽五行之爲性，各是一氣所稟，而性則一也。兩『性』字同否？」曰：「一般。」又曰：「同者理也，不同者氣也。」又曰：「他所以道『五行之生，各一其性』。」又問：「莫是木自是木，火自是火，而其理則一？」曰：「且如這光也，有在硯蓋上底，也有在墨上底，其光則一也。」○問：「『五行之生，各一其性』，理同否？」曰：「同，而氣質異。」曰：「既說氣質異，則理不相通。」曰：「固然。仁非義不得，義非仁不得。」○「氣質之性只是此理墮在氣質之中，故墮氣質而自爲一性也。」周子所謂「各一其性」者，向使元無本然之性，則氣質之性從何處得來？○問：「『五行之生，各一其性』，『五性感動，而善惡分』，此『性』字是兼氣質言之否？」曰：「性離氣稟不得。有氣稟，性方存在裏面；無氣稟，性便無所寄搭了。稟得氣清者，性便在清氣之中，這清氣不隔蔽那善；稟得氣濁者，性又在濁氣之中，爲濁氣所蔽。『五行之生，各一其性』，這又隨物各具去了。金、木、水、火、土，雖曰『五行各一其性』，然一物又各具五行之理，不可不知。康節曾細推來。」○問：「五行均得太極否？」曰：「均。」曰：「人具五行，物只得一行？」曰：「物亦具有五行，只是得五行之偏者耳。」

此無極二五所以妙合而無間也。問：「氣之所聚，理亦聚焉。然理終爲主，此即所謂妙合也。」朱子曰：「然。」○乾男坤女，乾屬陽，父道也，故成男；坤屬陰，母道也，故成女。以氣化者言也。此以氣之變化不可見者而言。各一其性，乾健坤順，故男剛女柔，各具一性。而男女一太極也。○萬物化生，以形化者言也，此以形之變化可見者言。各一其性，飛、潛、動、植各具一性。而萬物一太極也。朱子曰：「成男成女，萬物化生，而無極之妙，未嘗不在是焉。太極非是別爲一物，即陰陽而在陰陽，即五行而在五行，即萬物而在萬物，只是一箇理而已。因其極至，故名曰『太極』。」○問：「太極便是人心之至理？」曰：「事事物物皆有箇極，是道理之極至。」或曰：「如君之仁，臣之敬，便是極。」曰：「此是一事一物之極。總天地萬物之理，便是太極。○太極只是箇極好至善底道理。人人有一太極，物物有一太極。周子所謂『太極是天、地、人、物萬善至好底美德』。」○問：「自太極以至萬物化生，只是一箇圈子，何嘗有異？」曰：「人物本同，氣秉有異，故不同。」○此以上引說解剝圖體，此以下據圖推盡說意。惟人也得其秀而最靈。問：「靈處是心抑是性？」朱子曰：「靈處只是心不是性，性只是理。」○知覺是心之靈。則所謂人○極者，於是乎在矣。人心即是太極。然形，陰之爲也；神，陽之發也。朱子曰：「形既生矣，形體陰之爲也；神發知矣，神知陽之爲也。蓋陰主翕，凡斂聚成就者，皆陰爲之也；陽主闢，凡發暢揮散者，皆陽爲之也。」五性，「五常之性曰仁、義、禮、智、信」

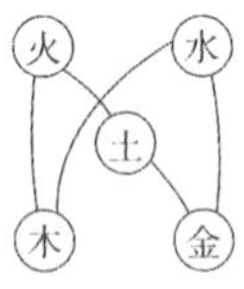

。五行之德也，「木神則仁，金神則義，水神則智，火神則禮，土神則信」，五者之德蓋無不善。朱子曰：「在天，只是陰陽五行；在人得之，只是剛柔五常之性。○其氣便是春、夏、秋、冬；其物便是金、木、水、火、土；其理便是仁、義、禮、智、信。○仁、義、禮、智、信之性，即金、木、水、火、土之理。木仁、金義、火禮、水智各有所主，獨土無位，又爲四行之實，故信亦無位而爲四德之實也。」○問：「仁、義、禮、智之四德又添『信』字謂之五性，如何？」曰：「信是誠實，此四者實有，此仁實有，此義、禮與智皆然。如五行之有土，非土不足以載四者。又如土於四時各寄旺十八日，或謂『旺於戊巳』，然季夏乃土之本宮，故尤旺夏末月合載中央土者，以此故也。」○北溪陳氏曰：「四行無土便都無所該載，猶仁、義、禮、智無信便都不實了，則仁、義、礼、智之實理便是信。信却易曉。仁、義、礼、智須逐件看得分明，又要合聚看得脈絡不亂。」問：「智實知得確定，在五行何以屬水？」曰：「水清明可鑒，似智，又是造化之根本。凡天地間萬物，皆得水方生。只看地下泉脈滋潤，何物不資之以生？亦猶萬事非智不可須知得確定，方能成此。水於萬物所以成始而成終，而智亦萬事之所以成終而成始也。」善惡，男女之分也，朱子曰：「天地之間，陰陽而已。以人分之，則男女也；以事分之，則善惡也。何而不得其類哉？或以善惡爲男女之分，或以爲陰陽之事。凡此兩件相對說者，無非陰陽之理。分陰陽而言之，或說善惡，或說男女，看他如何使。故善惡可以言陰陽，亦可以言男女。」萬事萬物之象也。此三句實從造化上推原來。朱子曰：「二氣五行，化生萬物，其在人者，又如此。」此天下之動所以紛綸交錯而吉凶、悔吝吉者，動之善；凶者，吉之反；悔者，吉之未成；吝者，凶之未成。朱子曰：「吉凶相對，而悔吝在其中。悔自凶而吉，吝自吉以向凶。」所由以生也。惟聖人者，又得乎秀之精一至精而不雜，至一而不二。而有以全乎 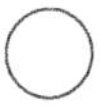 太極之體用者也。朱子曰：「人之所稟又有昏明、清濁之異。故上知、生知之資，是氣清明，純粹而無一毫渾濁，所以生知安行，不待學而能，如堯舜是也。聖人之生，其稟受渾然，氣質清明，純粹，全是此理，更不待修爲，而與天爲一。聖人表裏、精粗無不昭徹。其形骸雖是人，實是一團天理。」是以一動一靜各臻其極，而天下之故常感通於寂然不動之中。蓋中也，仁也，中爲禮。感也。禮屬夏，仁屬春，造化流行發育之象，乃感之事。所謂  陽也，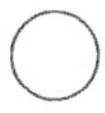 太極之用所以行也。正也，義也，正爲智。寂也。智屬冬，義屬秋，造化揫斂收藏之時，乃寂之事。所謂  陰也，太極之體所以立也。問：「周子言仁義中正亦甚大，今乃自偏言，止是屬於陽動陰靜。」朱子曰：「不可如此，看反覆皆可。」問：「仁、義、礼、智體用之別。」曰：「自陰陽上看下來，仁、禮屬陽，義、智屬陰；仁、禮是用，義、智是體；春、夏是陽，秋、冬是陰。只將仁義說，則春生夏長，仁也；秋斂冬藏，義也。若將仁、義、礼、智說，則春仁也，夏禮也，秋義也，冬智也。仁禮是敷施出來底，義是肅殺果斷底，智便是收藏底。」○北溪陳氏曰：「聖人一心，渾淪太極之全體，而酬酢萬變，無非太極流行之用。學問功夫，須從萬事萬物中串過，奏合成一渾淪大本，中散爲萬事萬物，使無少窒礙，然後實體得渾淪至極者在我，而大用不差矣。」中正仁義，渾然全體，禮、智、仁、義，乃渾然全具之本體。而靜者常爲主焉。靜者，常爲主於中。○朱子曰：「中正仁義，分屬動靜，而聖人則主於靜。蓋正所以能中，義所以能仁。『克己復禮』，義也，義故能仁。易言：『利貞者，性情也』。『元亨』是發用處，必至於『利貞』，乃見乾之實體。萬物到秋冬收斂成實，方見得他本質，故曰『性情』。此亦主靜之說也。」○主靜云者，以其相資之勢言之，則動有資於靜，而靜無資於動。如乾不專一則不能直遂，坤不翕聚則不能發散，龍蛇不蟄則無以奮，尺蠖不屈則無以伸，亦天理之必然也。則人○極於是乎立，謂人之道自此而立。而○太極、陰陽、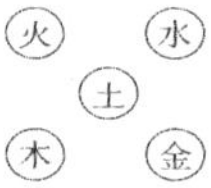五行、天地、日月、天地之大，日月之明。四時、鬼神四時之運行，鬼神之變化。有所不能違矣。自不能違乎此。君子之戒謹恐懼，所以修此而吉也；吉以得福言。小人之放僻邪侈，所以悖此而凶也。凶以取禍言。○朱子曰：「太極首言性命之源，用力處却在修吉悖凶，其本則本於靜。」○小而言之，飢食渴飲，出作入息；大而言之，君臣、父子、夫婦、朋友，無非是天地之事，只是這一箇道理。所以君子修之便吉，小人悖之便凶。這事物機關一下撥轉後，便攔它不住，如水車相似，才踏發這機便住不得。所以聖賢一日二日萬機，兢兢業業，如臨深淵，如履薄冰。只是大化恁地流行，隨得是便好，隨得不是便遏他不住。「存心養性」，所以事天也；「夭壽不貳」，「修身以俟之」，所以立命也。天、地、人之道，三才之道。各一○太極也。朱子曰：「太極只是天地萬物之理。在天地則天地中有太極，在萬物則萬物中各有一太極。」陽也，剛也，仁也。陰陽以氣言，剛柔以質言，仁義以理言。所謂陽也，物之始也。陰也，柔也，義也。所謂陰也，物之終也。問：「仁是柔，如何屬剛？義是剛，如何却屬柔？」朱子曰：「仁、陽、剛是一樣意思，義、陰、柔是一樣意思。蓋仁本是柔底物事，發出來却剛。但看萬物發生時，便恁地奮迅，出來有剛的意思。義本是剛底物事，發出來却柔。但看萬物肅殺時，便恁地收斂憔悴，有柔底意思。」又問：「楊子云『於仁也剛，於義也柔』，如何？」曰：「仁體柔而用剛，義體剛而用柔。」曰：「此豈所謂陽根陰，陰根陽耶？」曰：「然。」此所謂易也，而三極之道立焉，實則一○太極也，其分雖有三者之殊，實則同一太極。○朱子曰：「極，至也。三極，天、地、人之至理。三才各一太極也。」○北溪陳氏曰：「『三極』云者，只是三才極至之理。其謂之『三極』者，以是三才之中各具一太極，而太極之妙無不流行於三才之中也。外此百家諸子都說屬氣形去，差了。如漢志謂『太極函三爲一』，乃是指做天、地、人三個氣形已具而渾淪未判底物。老子說『有物混成，先天地生』，此正是指太極。莊子謂：『道在太極之先。』所謂太極，亦是指三才未判、渾淪底物，而道又別是一箇懸空底物，在太極之先，則道與太極分爲二矣。不知道即是太極；道是以理之通行者而言，太極是以理之極至者而言，何嘗有二理耶？」故曰：「易有太極。」變易中有極至之理。○朱子曰：「易者，陰陽之變，太極者，其理也。」北溪陳氏曰：「易只是陰陽變化，其所以爲陰陽變化之理，則太極也。」之謂也。此陰陽之中，指出本體而言之者也。○朱子曰：「太極之義，正謂理之極致耳。有是理，即有是物，無先後次第之可言。故曰『易有太極』，則是太極乃在陰陽之中，而非在陰陽之外也。○易，變易也，兼指一動一靜、已發未發而言之也。太極者，性情之妙也，乃一動一靜、未發已發之理也。故曰『易有太極』，言即其動靜闔闢而皆有此理也。○周子說太極，和陰陽衮說。易中便擡起說。周子言：『太極動而生陽，靜而生陰。』動時便是陽之太極，靜時便是陰之太極。蓋太極即在陰陽裏。如『易有太極，是生兩儀』，則先從實理處說。若論其生，則俱生，太極依舊在陰陽裏。但言其次序，須有這實理，方始有陰陽也，其理則一。○『易有太極』者，象數未形而其理已具之稱，形器既具而其理無朕之目。」○勉齋黄氏曰：「太極只是至極之理，不可形容。聖人只說到一陰一陽處住，只是箇一陰一陽底道理。所以天地寒暑、晝夜生死，千變萬化都只是一樣。分而言之，則一物各具一陰陽；合而言之，則萬物總具一陰陽耳。」

按：太極圖上面一箇大圈子，即下陰陽中那小圈子挑出來在上。這圈子只是箇空底，元來無形無象。然下面陰陽五行、男女萬物之理都已包於其中。所謂「無極而太極」者，此也。○其第二箇圈子從中分之，左邊是陽動，其底子黑，陽中陰也，爲靜之根；右邊是陰靜，其底子白者，陰中陽也，爲動之根；裏面一箇小圈子，便是太極，所謂「動而陽、靜而陰之本體」也。其在中者，不離乎陰陽也；挑出在上者，不雜乎陰陽也。○陽根陰，陰根陽，一陰一陽互爲其根，而生出水、火、木、金、土。左右、上下而土居中者，即河圖一、二、三、四、五，爲五行生之序也。蓋天一生水，地二生火，故水根陽而爲陰，盛以居右上。天一生水，地六成之水，陰也，生於天一，是爲根陽。陽變助陰而生水，故曰「陰盛」。火根陰而爲陽盛，以居左上。地二生火，天七成之火，陽也，生於地二，是爲根陰。陰合助陽而生火，故曰「陽盛」。天三生木，地四生金。故木爲陽穉，居於左下而次火。天三生木，地八成之。蓋陽變得陰而生木，則木爲陰中之陽，故曰「陽穉」。金爲陰穉，居於右下而次水。地四生金，天九成之。蓋陰合得陽而生金，則金爲陽中之陰，故曰「陰穉」。土則生於天五者也，故爲沖氣而居中。天五生土，地十成之土。蓋陰陽和會所生，故曰「沖氣」。水位右上，火位左上，木位左下，金位右下，而土無定位，故寄居於四位之中。其黑文之引，自木而之火，春化夏也；自火而土而金，夏化秋也；自金而水，秋化冬也；自水而復木，冬化春也。五者循環相因不已，是則行之序也，亦如那河圖左旋然。○太極陰陽生五行之序，與先天卦位相似；其五行自相生之序，却與那後天相似。蓋先天爲陰陽對待之體，後天爲陰陽流行之用。圖則合先後天而爲之者也。○這中間五箇小圈子，箇箇都是那上面一箇大圈子，乃五行各具一太極也。○其下一箇小圈子便是真精妙合，而男女萬物都是從此中生出，蓋變化無窮之源也。○又到底兩箇大圈子，一箇是氣，化生出男女、牝牡、雌雄，而各具一太極也；一箇是男女已生之後，形交氣感，化生萬物而各具一太極也。○看來這下面兩箇大圈子，亦都是那上面一箇大圈子，乃男女萬物各具一太極也。那上面一箇大圈子，便已包著這下面兩箇大圈子在內，乃男女萬物統體一太極也。○朱子曰：「太極圖只是一箇實理，一以貫之。蓋太極，實理也，而陰陽五行、男女萬物，只是這箇道理貫通去，無間隔，無虧欠也。」○敬軒薛先生曰：「周子太極圖說一字一句之義，皆貼在圖上。」又曰：「學者須細心體翫三四十年，庶可知其妙，非用力於時日淺近者之可窺也。」

國朝吾關中講學，諸前輩以朝邑王仲復先生爲第一。先生生平著述甚富，而板多失存。往見復齋録，愛之甚，問其板，則已不可復得，惟小學句讀記、大學直解、太極圖集解三書板尚在。同治戊辰，吾邑劉君毓英俱購得之。已刷印小學，復欲廣直解。此書原序已詳，惟讀者勿以世俗科舉之意求之，務明其義，究其藴而反於身焉，斯不負先生矣。十月晦日三原賀瑞麟。

乙亥重九　潛溪敬□元

復齋録

劉述荆堂藏板　王仲復先生著

光緒元年初春壬戌開雕

潛溪精舍野人敬藏　民國二十四年九月上浣□于清麓書局

復齋録自序

敬軒薛先生讀書録，引張子「心開卽記，不思還塞」之語，乃云：「讀書至心有所開處，隨卽録之，蓋以備不思而還塞也。」余固蒙昧，於讀書時，心亦未嘗不偶有所開，而還塞者數矣，故備其塞而録之，以時復思繹焉云爾。關中王建常謹識。

復齋録卷目

卷一
凡一百七十二條
卷二
凡一百八十七條
卷三
凡一百四十二條
卷四
凡一百五十七條
卷五
凡一百一十四條
卷六
凡一百八十四條

國朝自稼書陸先生，以程朱之學倡明東南，而明季陽儒陰釋之説，始不足以惑世。然當時非無名儒鉅公，要多不脱姚江之藩籬。獨其卓識定力，辨明守固如稼書者，桐鄉則有楊園張先生，朝邑則有仲復王先生。兩先生與稼書，雖其出處之異，南北之隔，不及一見，而道無或殊。楊園歿後，稼書讀其遺書，乃歎爲「篤實正大，足救俗學之弊」。則書已著，而知者多，近且從祀孔廟。若先生弢迹渭濱，閉戶不出，間或重其真隱高蹈，而其學之精醇，蓋未有真知之者。聖學不明，卑者既汩溺於淺陋固滯，而其高者又薰灼於詖淫邪遁，視先生不啻逕庭。無怪乎先生之著述，日以湮晦，而後生晚進，或並其名姓，而莫之傳也。豈先生之不幸哉，抑士習大都可知矣。先生歿近百年，而澄城張蘿谷先生，知先生者也。謂先生之學，在明三百年，敬軒、敬齋後，無其倫比。其復齋録較之讀書、居業二録，何多讓焉。又曰：「敬軒集中多述朱子成説。然有德之言，自然温厚和平，意味深長。其大節尤在不爲勢屈，雖臨死而不撓。非所守者固，所養者深，能如是乎！仲復集中亦多述先儒成説。然有德之言，自然研究詳明，切近平實。其大節尤在隱不求名，雖老死而不悔。非所見者定，所居者安，能如是乎！」嗚乎！知言哉！關中大儒盩厔李二曲，與先生並時。其學以陽明爲宗，名至爲九重所知。而先師桐閣先生，獨謂先生純正在二曲之上。先生著書甚多，復齋録尤先生爲學之旨要存焉。板已失在，劉秀才季昭復鋟以公同志，其異於今之士歟！予服膺先生久，謂先生之功，尤在尊程朱以斥陸王。間啟告今學使吳縣清卿吳公，宜以先生奏請從祀，如稼書、楊園例。極蒙嘉諾，行見先生之學顯明於世。是録之刻，並使天下學者有以知先生之從祀爲非誣也。校訖附著其説如此。光緒二年二月既望，賀瑞麟謹識。

復齋録　卷一

凡一百七十二條

關中王建常仲復著
三原賀瑞麟復齋校
劉質慧季昭栞

自古聖賢，皆以心地爲本。若心地上差錯，便是根本不立。

心爲一身之主，以提萬事之綱。故學者先須就心上做工夫，養得此心清明、專一，能做主宰，以是醻酢萬變，方會不差。

朱子云：「心者人之神明。心之形，圓外竅中，中方一寸，是爲神明之舍。具衆理而應萬事。」此語與張子心統性情相似。

張子又言：「合虚與氣，有性之名；虚以理言。合性與知覺，有心之名。」性從理來，不離氣；知覺從氣來，不離理。都説得好。

心比性則微有迹。性是理，心屬氣，氣便有些迹，比氣則自然又靈。心固屬氣，却是氣之精爽，故自然靈。陳北溪謂「因理與氣合，便會靈」也是如此。

心以「虚靈」二字言，則虚是體，靈是用。以「虚靈知覺」四字言，則虚靈是體，知覺是用。

心之能爲性情主宰者，以其虚靈知覺也。此心之理，炯然不昧，亦以其虚靈知覺。黄勉齋分作兩樣看。雖淺深各自不同，要須是持敬，方能如此。敬便束得這箇虚靈知覺住。

夫子言心「操則存，舍則亡，出入無時，莫知其鄉」者，只要見得這是箇最難把捉底的物事，不可頃刻而失其養也。

學者存養得此心常在這裏，方好讀書窮理。其所窮底，亦纔有箇安著處，纔是自家底物事。

程子說「心要在腔子裏」，其工夫只是箇主敬。人纔敬時，則身在此，心便在此。人有四百四病，皆不由自家，只是心須教由自家。

「格物致知」，此心也；「克己復禮」此心也；「齊家治國平天下」，此心也；以至「贊化育，參天地」，亦只是此心。北溪謂此心「可以爲堯舜。參天地，格鬼神，雖萬里之遠，一念便到；雖千古人情。事變之秘，一照便知。雖金石至堅，可貫；雖物類至幽至微，可通」。是極言心之妙用如此。故爲學莫先於存心，而存心莫要於主敬。朱子曰：「『敬』之一字，眞聖門之綱領，存養之要法。一主乎此，更無內外、精粗之閒。」去聲其示人者切矣。

「主一無適之謂敬」。主一便是敬，心無適便是主一。主一只是專一，不之東，又不之西；不之此，又不之彼。程子所以學到聖處者也，只是箇「主一無適」，養得其心純熟精明爾。陳北溪曰：「程子謂『主一之謂敬，無適之謂一』，文公合而言之曰『主一無適之謂敬』，尤分曉。」

程子言：「動容貌，整思慮，則自然生敬。」朱子言「敬」，只是內無妄思，外無妄動。此表裏交致之功也。

謝上蔡說：「須去却不合做底事，則於敬有力。但是不合做底事，皆足以敗敬，故必一齊掃去。」

先儒發明「敬」字雖甚詳，然大要只是箇主一。主一兼內外。內而思慮整齊，主於一也；外而容貌端莊，亦主於一也。主一貫動靜。靜而存主不懈，主於一也；動而醻酢不亂，亦主於一也。心體通有無，該動靜。故工夫也須如是。

主一非滯於一事之謂，是隨事專一之謂也。若理會此事，而心留於彼，則滯矣。主一只是做這一事，心便專在這一事上。如做這一事未了，又要做那一事，便心下千頭萬緒。

主一之敬，與坐禪入定者不同。程子說：「心自是個活底物事，如何執定。教平聲他不思，只是不可胡亂思。」不胡思亂想，這便是主一，便是敬。若彼面壁靜坐，斷絕思慮，是空其心也，非聖賢存養之道。

主敬甚難。散漫不得，拘迫也不得。故程子以「必有事焉，而勿正，心勿忘，勿助長」爲「敬」。敬齋胡先生曰：「硬把捉，便是恭而不安。只常切提撕檢束，不令平聲放弛，乃操存之道。所謂『必有事焉』者也。」必有事焉者，敬之謂也。若曰「其心儼然，常若有所事」云爾。

心之本體，自是箇虛靈不昧底，只緣意亂欲汩，便昏了。敬則閑邪存誠，却要養得這箇心體如初恁地。

心下熱鬧，卽看道理不出，且須靜坐。這也只是箇「主一無適」。

靜坐時，收拾得這箇心湛然在此，不散亂，不困頓，窮理應事，便是有力。

問：「靜時有思慮乎？」敬齋曰：「無。」「有心乎？」曰：「有，而未動也。」曰：「何謂之有？」曰：「操也。」曰：「操則動矣。」曰：「操只是把緊不放縱之謂。事物未交，思慮未萌，不可謂之動。」曰：「人操其心乎？心自操乎？」曰：「人操卽心操。我主一無適，卽心主一無適。且主一無適卽是操，非此外別有所謂操也。」曰：「主一無適用意否？」曰：「既曰主一，卽用意也。」「聖人亦用意否？」曰：「聖人自然用意，非勉也。」此段凡七問七答，非存養實體於己者，孰能辯晰如是。

容止輕重，辭令疾徐，其所繫非小。

說話急緊，多是氣躁。氣躁，心焉煙得靜。須習教從悤容，方是能變化氣質。

「靜中私意橫生，此學者之通患。當以敬爲主，而深察私意之萌多爲去聲何事，就其重處，痛加懲窒。久之自當見效。」這是晦翁夫子喫緊爲人處。省察克治之功，莫切於此。

人之氣稟各異，其病痛不得一般。只要自家察識得，便自克治，再無別方。

朱子曰：「人須是掃去氣稟私欲，使胸次虛靈洞徹。」

敬軒二十年治一「怒」字，尚未消磨得盡，可見七情惟怒爲難制。易損象，先「懲忿」於「窒欲」者，蓋爲此也。

許魯齋言「須於盛怒時，堅忍不動」，是懲忿之初，用力自克如此。若程子所謂「第於怒時遽忘其怒，而觀理之是非」，則懲之深矣。至於隨怒隨休，心不少動，此顏子之不遷而克己之效也。

孔子言「窒欲」，孟子言「寡欲」，周子曰「無欲」。「無」由於「寡」，「寡」由於「窒」，故學者以「窒欲」爲要。問：「欲何以窒？」曰：「程子云『學貴善思』，思則可以窒欲。凡人之爲物誘者，未之思也。」

「所欲不必沈溺，只有所向便是欲」，「窒亦非眞有箇孔穴去塞了，但遏絕之使不行耳」。此是程朱示人最切處。

今之學者，多是爲名，若做切己工夫，則名心自消。程子曰：「爲名與爲利，清濁雖不同，然其利心則一也。」取名者，賊心；名過實者，有殃。

凡事之由我者，有義在；其不由我者，有命在。守義安命，省多少勞擾。

聖賢之學，只是箇眞知實踐。

朱子云：「手動足履，須是見得他合當恁地。手容恭，便是手合當恁地；足容重，便是足合當恁地。」

「敬，德之聚也」。薛先生謂：「如心敬，則凝聚得德在心上；貌敬，則凝聚得德在貌上。以至耳目口鼻之類，無不皆然。」蓋盡性踐形之要，只是這一箇「敬」字。故敬則凝聚得此理常在；若是不敬，則心亡理亡，徒有箇軀殼而已。

有欲則不剛。朱子謂：「凡人纔貪一件物事，便被這物事壓得頭低了。」書以自警。

人須是一切世味淡薄方好。淡薄則心不汩於欲，可以明志，可以立行。

無欲則進退由我，人不得而制。

敬軒言：「忍所不能忍，容所不能容，惟識量過人者能之。」竊思量生於識，識生於學，惟學進，則識與量並進。

「凡深藏者必重器，而淺露者必賤物。」今士習日下，能玩味斯言而知所自重者鮮矣。

朱子說：「心雖主乎一身，而其體之虛靈，足以管乎天下之理；理雖散在萬物，而其用之微妙，實不外乎一人之心。」這是要人先曉得箇內外無閒，精粗一致，方好去爲學。至其用工夫時，須是存心窮理，二者並進交資，方學得不差。

無思時要不如死灰，只是箇常惺惺；有思時不要邪，便須敬以直之。

「聖人應萬事，天地生萬物，直而已矣。」

心本具乎衆理，理有未明，則心便有蔽，便有欠缺處，故曰「盡其心者，知其性也」。

「仁者，心之德，愛之理；　義者，心之制，事之宜；　禮者，天理之節文，人事之儀則。智則函天理動靜之機，具人事是非之鑒。」此等字義都是兼體用而釋之，其該貫精確，自非眞能知性者説不到這裏。視漢儒訓詁，則霄壤矣。

人纔説無心，便流於異。程子謂「只當云無私心」，却説得好。

「公則一，私則萬殊。『人心不同如面』，只是私心。」同便是天心。

「致知在乎所養」，是未知之前須先存養此心，方能致知。既知之後，又要存養，方能不失。「養知莫過於寡欲」，欲寡則心有所養，而知益明，守益固。

「未能誠者，由敬以入誠。」敬，主一也；　主一而無間斷，則誠矣。

小説中載趙公以黑白豆記善惡念之起，今且以是爲法，看一日内，善念之起幾何，惡念之起幾何。其惡念之起，即從而除去之；　善念之起，即從而培養之。這便是省察，便是克己復禮。

存養是調護本原，省察消除病患，二者皆當以敬爲主。

「不一其内，無以制其外；　不齊其外，無以養其中；　靜而不存，無以立其本；　動而不察，無以勝其私。」

「心無主宰，靜也不是工夫，動也不是工夫。靜而無主，不是空了天性，便是昏了天性，此大本所以不立也；　動而無主，若不猖狂自恣，便去逐物徇私，此達道所以不行也。」只敬便是這心自做主宰處。故致中和，非常存戒懼慎獨工夫不可。

「一息不敬，心便出入。」「心在焉則謂之敬。」「如坐時，心便在坐上；　行時，心便在行上」；　著衣喫飯時，心便在著衣喫飯上。

致知力行，工夫雖切要，然猶有時，惟存養不可斯須間斷。故曰：「主敬之功貫始終，一動靜，合内外。」

敬齋曰：「端莊整肅，嚴威儼恪，是敬之入頭處。提撕喚醒，是敬之接續處。主一無適，湛然純一，是敬之無間處。惺惺不昧，精明不亂，是敬之效驗處。」説「敬」字初終功效，最爲詳切。

心常存，固是事不苟而言不易發。然言行不謹而心能存者，亦寡矣。故説話覺得不是，便莫説；　做事覺得不是，便莫做。却是從外面點檢收拾，所以養其中也。

「九德」是變化氣質之方，「九容」「九思」是存養心性之方。

目之逐物最能喪德，故諺云「開眼便錯」。而「四勿」以視爲先者，蓋爲此也。

聖人教子張爲學，第一件在慎言。學者須是一言不妄發，則庶乎其寡過矣。

巧言令色則鮮仁。「正顔色，出辭氣」，却是求仁，只爭箇爲己、爲人爾。爲己者，「事事都是自家合做底。如此方可，不如此定是不可」。爲人者，「看做甚事，都只是爲別人。雖做得好，亦不關己」。朱子說此是正路頭處，須先辯別始得。

以辭色說人，聖賢恥之。

胡敬齋謂：「顔子四勿，涵養省察都在裏。」蓋未視聽言動時，便涵養；方視聽言動時，便省察。隨視聽言動上，查看非禮，是省察工夫；視聽言動不逐非禮去，又是涵養工夫。

「懲忿如摧山」，要猛；「窒欲如防水」，要密。

周子言「無欲」，程子言「主敬」。惟主敬自然無欲。故薛先生曰：「心纔敬，則人欲消，則天理明。」

怒發不及持，還是不敬。敬則涵養熟而心氣和平。

人固有生來無怒者，如劉文饒。雖居倉卒猝，未嘗疾言遽色。明道程子，終日怡悅，未嘗見其忿厲之容，皆是他性度如此。然性度之美不易得，而涵養之功所當勉也。

朱子自言「氣質有病，多在忿懥」。及其德盛仁熟，却似生來無怒底一般。這是「涵養得恁地別」。敬軒說「往時怒覺心動，近覺隨怒隨休，而心不爲之動矣」，也是他涵養之功。

呂伯恭少時性氣粗暴，嫌飲食不如意，便敢打破家事。後因病中讀論語有省，遂終身無暴怒。其勇於自克如此。

學者要變化氣質，只各察其所偏。而最重者矯之，便是下手處。故程子曰：「多驚多怒多憂，只去一事所偏處自克。克得一件，其餘自正。」

私意纔萌，便斬斷。

「聖人之心，明鏡止水。」靜坐時，亦須想見是眞箇如此。如明鏡止水，物來不亂，物去不留，言主於一也。只是聖人之心，却自然。

程子言：「未出門時，此『儼若思』也。」又云：「未接物時，只主敬，便是爲善。」敬軒謂：「皆發先聖所未發。」便見得他有功於聖門甚多。

「促迫褊窄，淺薄浮躁，非有德之氣象。」余因是自省，欲深，欲重，欲和，欲緩，欲寬，欲厚。

朱子說「敬」字，似一箇「畏」字，只是有所謹畏。常常如此，氣象自別。

張子云：「言有教，動有法，晝有爲，宵有得，息有養，瞬有存。」朱子謂：「此語極好。君子『終日乾乾』，不可食息閒，亦不必終日讀書。或靜坐存養，亦是。」又曰：「學者常喚令此心不死，則日有進。」其發明親切，最宜深玩。

常存常養，勿正勿助。

心存方會讀書，讀書亦可以收攝此心。

讀書之法，「熟誦精思，切己省察」。

易曰：「敬以直內，義以方外。」饒雙峰謂二者皆學者切己之事。苟非有誠意以爲之，則敬非眞敬，而其爲敬也，必疎略；義非實義，而其爲義也，必駁雜。「蓋不誠無物」，故敬義尤須實心做將去。此說最精。

禮曰：「毋不敬。」須是如此，纔涵養得熟。

孟子說：「無暴其氣。」如思索太勞，喜怒失節，躁動多言，久立遠視，與力所不及而勉強爲之者，皆自暴其氣也。故「學者須事事節約，莫教過當，也都是養氣之道」。

「浩然之氣」，生於「集義」。「集義」，只是事事尋箇是處。

「敬以直內，義以方外」，便有「浩然之氣」。

今人多不會讀書，須是書中所言，句句都見於日用行事之閒，方叫做會讀書。

四子，六經之階梯；近思録，四子之階梯。

小學綱領簡要，條目精密，皆切於人倫日用，身心性情。故許魯齋使無大小，都自小學入。

程子言「敬」字，可補小學之闕。而今既有其書，還須從小學，習成箇「敬」字。

大學爲入德之門，小學又爲入大學之門。學不由此，是入門便差。

小學中涵養本原，既是純熟。及到大學，便從格物致知做起，故曰「只就上面點化出些精彩」。

小學是存心養性之書，大學是窮理盡性之書。

自小學、大學不明，學者高則入於空虛，卑則流於功利。

敬齋云：「今人未曾識得聖賢作用，便要建功立業，如何不入權謀功利。」這是卑者，便流於此。

格物當從易處下手，克己却從難處下手。

「明德」只是箇心，心之本體虛靈不昧而得之於天，所以叫做「明德」。惟「虛」，故具衆理，是性是體；惟「靈」，故應萬事，是情是用；「不昧」，只是申言其明爾。

理虛空無形，氣流通而靈。虛主理言，靈兼氣言。然氣本於理，故惟虛會靈；理不離氣，故惟靈妙虛。

人生得天地之理，理只是此理；得天地之氣，氣便謂其正且通者。惟太極之理，與二五正通之氣，妙合而無閒去聲。故其方寸之閒如字，虛靈空洞，萬理具足，所以謂之明德。若物雖亦得天地之氣以爲體，得天地之理以爲性，然氣得其偏塞，則理亦因而閒去聲隔，所以其心壅蔽昏昧，而不可以言明德。是則人與物之大分去聲所由判也。而章句言「氣禀所拘」，却是就人類中又分如字別出箇清濁美惡來。

初因氣禀之拘，而人欲遂誘，卽因人欲之蔽，而氣禀益偏。或問所謂「二者相因，反覆沈痼」者如此。

明德發見於日用之閒，無時無數，只要人察識得，從此便推廣將去。所謂「因其所發而遂明之」者也，以復其初，只是還他本明之體，而非有所作爲於性分之外也。

「因其所發而遂明之」，正朱子教人下手用功處。此一句最是喫緊。

或問云：「大學一篇之指，總而言之，不出乎八事；而八事之要，總而言之，又不出乎此三者。此（愚）所以斷然以爲大學之綱領而無疑也。」盧玉溪謂：「『明明德』是下文『格物、致知、誠意、正心、修身』之綱領，『新民』是下文『齊家、治國、平天下』之綱領，『止至善』總『明德』『新民』而言，又八者逐條之綱領。要而言之，則『明明德』又爲三者之綱領。」其註「敬」爲聖學始終所由成，曰：「朱子『敬』之一字，則又『明明德』之綱領也。」這是他善發明或問處，便是善發明聖經處。

章句云「心不妄動」，是「內欲不萌」。或問云「無以動其心」，是外物不搖，所謂「靜固靜，動亦靜也」。「靜」是就心上說，「安」是就身上說。身心相應，心靜了，身自是安穩。在這裏也安，在那裏也安。故曰「所處而安」，又曰「無所擇於地」。直解將「安」字亦說「向心裏來」，與章句、或問都不合。

「處事精詳」，全在日用之閒，從容閒閑暇上。

「知止」，是見得某事合當如此做，某事合當如彼做。「能得」便是隨事做到那恰好處，即「事理當然之極」，所謂「至善」也。

「新民」，謂推其自明者以及人，只是使家國天下之人，皆明其明德而已。蓋此德人所同得，非有我可得而私，故於人之舊染而污者，則必惻然思有以新之。新之兼善教善政說。

「至善」，事理當然之極，即得之在己與民者。得之於天，而見於日用事物之閒，莫不各有本然一定之則，「只是箇無過不及」。存疑云：「以明德新民語事理，是統言之；以仁敬孝慈信語事理，是析言之。其實一也。」

「止至善」，包「明德」「新民」言。朱子曰：「己也要止於至善，民也要止於至善」，「在他雖未能如是，在我之所以望他者，則不可不如是也」。說得極好。

吳氏言：「止至善，爲明德、新民之標的。極盡天理，絕無人欲，爲止至善之律令。」【愚按：章句既曰「必其有以盡夫天理之極，而無一毫人欲之私」。或問又云「其所以去人欲而復天理者，無毫髮之遺恨」，可見明、新、止至善，其要只是箇去欲復理。苟非以敬爲

主，將有去欲，而欲或闇滋復理，而理或旋汩者矣。此「敬」之一字，所以尤爲聖學始終之要也。】

朱子曰：「『定』『靜』『安』『慮』『得』五字，是功效次第，不是工夫節目。纔知止，自然相因而見。」

「明明德於天下」，謂「使天下之人，皆有以明其明德」。「使」字內，便包自明其德而推以新民之意。朱子恐人錯認了，故又於或問詳之。是要見得平天下者，非徒求之法制禁令之末也。「人皆有以明其明德」，所謂「各誠其意，各正其心，各修其身，各親其親，各長其長」是也。

自明是體，新民是用，合自明新民，該貫於「明明德於天下」之一言，則是極其體用之全而舉之矣。

「正心」只是箇「敬以直內」。心該動靜，敬亦該動靜。靜時便敬以存養，動時便敬以省察。湛然虛明，靜時，正也；物來順應，動時，正也。

「意」字有思量運用之義。如好惡，是情思量運用；要去好惡，便是意。情是自然發出來底，意便有箇主向。「意者，心之所發。」既知爲善去惡，而心中發出意思來，便眞箇要恁地去，是則實其心所發也。

「去人欲，復天理」，只在這箇「誠意」上，故曰「最是一段緊要工夫」。

朱子釋「心」字曰：「人之神明，具衆理而應萬事。」於「知」字又曰：「心之神明，妙衆理而宰萬物。」物，猶事也。蓋心體原自神明，知即是此心神明之用。故理具於心，而妙之則在知；事應以心，而宰之亦在知。此知之所以貴於致也。心如一潭水，水之波光照物，便是知。此喻最切。

或問云：「天下之道二，善與惡而已矣。」「善者，天命所賦之本然；惡者，物欲所生之邪穢。」苟知不能致，則無以見夫善惡之眞，將有錯認人欲作天理者，意却如何得誠。故欲誠意者，必先有以致其知。

「聖人稟氣至清」，合下便知。到底大賢亞於聖人，皆不須致。自此而下，其本心之靈雖莫不有知，然氣稟清濁不同，或明於此，而暗於彼，或通於彼，而塞於此。故必加推致之功，使其所知無有不盡，則表裏洞然，而吾心之全體大用無不明矣。

「格物」，謂「窮至事物之理，欲其極處無不到」。「極處」是言那物理十分盡頭處，格至也；下又云「到」，則「格」字之義愈明白的確。信乎！非朱子不能定也。蒙引云：「格物工夫，要不出博學、審問、慎思、明辯四者。」其說蓋本於或問。而存疑乃謂「不過以心而思索物理」。思到通時，則此心洞然，而知在我矣，却失之偏。

朱子說：「十事格得九事通透，一事未通透，不妨；一事只格得九分，一分不通透，最不可。須窮盡到十分處。」這是箇格物一定之法，不依此則物終不可得而格。

窮究事物之理，到盡頭處，便有箇是，有箇非。「是底便是天理，非底便是人欲」。自身心上，以至日用應接，只如此體察，便都見得實。

「格物」是大學入門第一步工夫。這裏若做不徹，更無進步處，故曰「本領全在這兩字上」。

程子言：「入道莫如敬，未有能致知而不在敬者。」朱子言「未知則敬以知之，已知則敬以守之。」吳季子亦云「格物致知之學，自持敬入。」可見這箇敬字，是聖學底骨子。古人功夫雖多，要莫切於此。

「格物致知」，所以啟其明之之端也。「誠意」「正心」「修身」，所以致其明之之實也。「齊家」「治國」「平天下」，所以廣其明之之功也。

格致誠正修身，是自家去人欲、復天理。齊治平天下，是要大家都去人欲、復天理。

經文不言「知致」，而謂之「知至」，便見得物格後，無復致知工夫了。自「知至」以下，卻節節有工夫在。所以章句下「可得」二字，蓋知已至矣，於意猶須致謹。意已誠矣，於心猶須密察。心已正矣，於身猶須檢制。身已修矣，於家國天下亦要處處照管得到。但工夫一節易似一節耳。

自「誠意」至「平天下」，其序皆不可亂，而功皆不可闕。盧氏謂序不可亂，則不可躐等而進。功不可闕，則不可半途而廢。

八條括盡聖學天德王道。〇大道之要在是，至治之澤亦在是。

上下文都說「明德」，中間却說「明命」，何也？蓋自天之與於我者言之，則曰「明命」；自我之得乎天者言之，則曰「明德」。故或問謂：「明德非他，卽天之所以命我也，而至善之所存也。」又曰：「天卽人，人卽天，其理一也。」

「日新工夫」，要不出存養、省察，而二者皆只以敬爲主，故曰「成湯工夫，全在『敬』字」。

傳言文王之「止至善」，其大目有五：曰「仁、敬、孝、慈、信」。總來只是一箇「敬止」。「敬止」者，無不敬，而安所止也，自是聖人事。若學者欲止於至善，則非持「敬」不可。然持「敬」熟後，至於不須著力也，與聖人一般。朱子曰：「敬是徹上徹下工夫。雖做到聖人田地，也只是放這『敬』不下。」

「仁、敬、孝、慈、信」，體之於己，便是「明明德」止於至善；推之於人，便是「新民」止於至善。蓋人我無二理，大學一篇之本旨也。

「學」謂講習討論之事。既講之，又重習之，復討論之，精而益求其精，直要知到那十分處。自修者，「省察克治」之功。「省察」，求有未善；「克治」，去不善以從善。密而益求其密，亦要行到那十分處。所以君子「恂慄」「威儀」之敬，便是文王「緝熙敬止」之敬。而爲盛德至善者，實由於此。

說約云：「十傳自『綱領』『條目』外，獨釋物有本末者，前以三傳並列，似乎其言一槩。故爲別示體要，尤信由明而新。可謂深得傳者之旨。」

天下有一物，必有一理。人心之靈於此理亦不至全然無知，須卽其所知一二分，直推究到那十分處，方是至乎其極。此「極」字卽事理當然之極，所謂「至善」也。

「萬物各具一理，而萬理同出一原。」朱子謂：「物物各具此理，而物物各異其用，然莫非一理之流行者也。」所以說格得多後，自能貫通，只爲是一原。

「表者，人物所共由」，卽所當然之則，天下之達道，而性之各具也。「裏者，吾心所獨得」，卽所以然之故，天下之大本，而性之一原也。學者但遇一物，須是反覆推尋，不惟窮其所當然，亦卽究其所以然。如此既久而脫然有悟，則在物之理與吾心之理，自相會合而無不貫通。所謂「衆物之表裏精粗無不到，而吾心之全體大用無不明」者，意蓋如此。

「問：格物致知之學，與世之所謂博物洽聞者，奚以異？」朱子曰：「此以反身窮理爲主，而必究其本末是非之極摯至，故知愈博而心愈明。彼以徇外誇多爲務，而不覈其表裏眞妄之實然，故識愈多而心愈窒。此正爲己爲人之所以分，不可不察也。」陳潛室謂此是心學。彼是喪志之學，二者正相反。

「誠意」是「致知」以後事，故知爲善以去惡。章句兩言之。而小註又云：「知道善我所當爲，却又不十分去爲善；知道惡不可爲，却又自家舍他不得，這便是自欺。不知不識，喚做不知不識，不喚做自欺。」蓋既知如此，却不肯如此，所以謂之自欺。自欺只是箇不實，故「毋自欺」，謂「當實用其力」。只此一句，便是釋「誠意」底正義；下面三句，亦只申言箇「毋自欺」爾。

凡去惡不勇，爲善不力，外然而中却不然，是外面雖如此，心中其實有些子不願。或有爲而爲之，或始勤而終怠，皆不實而自欺之病也。

自欺最細，如有九分義理，雜了一分私意，猶是自欺；必去盡了那私意，十分純是義理，方纔叫做不自欺。

陳新安謂「纔說不自欺，則其好善惡惡，只要求以自快自足，非有牽強苟且、姑以爲人之意也」，是矣；又云「自謙正與自欺相對」，却不是。

按：存疑「自欺」「自謙」兩「自」字意不同。蒙引乃云：「欺，自欺也，謙，自謙也，所以必慎其獨也。」知「自」之爲自，則知「獨」之爲獨，却混作同說了。今人不能辯其非，而惑者甚衆，只看存疑，便分明。

「獨知之地」，指心獨知處而言。必謹之於此，以審其幾。「幾」即周子幾善惡之「幾」，是欲動未動之間，便有箇善，有箇惡，便要於此處加謹省察，以去其惡而實爲善。若待到發出來時，公私邪正，是非得失，便天壤懸絕，却怎麼斡轉得。

「慎獨」是毋自欺下手做工夫處，故傳者「一則曰慎獨，再則曰慎獨」。盧玉溪謂：「讀上節，固當直下承當；讀此節，尤當痛自警省。」必如此方是會讀誠意傳者。

不知不識底，叫做「愚人」；鑄私錢做官會底，叫做「惡人」；這揜其惡，詐爲善，而自欺以欺人底，叫做「小人」。胡雲峰謂：「傳末章長國家而務財用之小人，即此閒居爲不善之小人也。意有不誠，已害自家心術，他日用之，爲天下國家害也必矣。」此君子底人，所以「必先自慎其獨，而至此重以小人爲戒，而尤必慎其獨也」。

「格物爲夢覺關」，「誠意爲人鬼關」。過得這兩箇關，方纔是君子路上一箇人。就二者論重輕，則「誠意」尤重，「誠於爲善，便是君子；不誠底，便是小人」。

朱子曰：「許多病痛，都在『誠意』章，一齊說了，下面有些小爲病痛，亦輕可。此章最緊切，若透過此一關，便駸駸進於善，而決不下陷於惡矣。」又曰：「人固有終身爲善而自欺者。不特外面，有心中欲爲善，而常有箇不肯底意思，便是自欺也。須是要打疊得盡。蓋意誠而後心可正。過得這一關後，方可進。」此說亦最緊切。

心之體原來是箇正底，意誠後，既無累乎心者。其靜時只慢慢底養者，亦可無些子不正，但恐動而或繫於物，猶未免有偏處耳。所以「忿懥、恐懼、好樂、憂患」，傳都從那心之動處說起。惟其動而不自省察，遂至失其本然之正。故章句言「察」、言「密」，「察」亦只是動時工夫。

心纔繫於物，便爲所動。繫於物者有三般：一期待，一偏重，一留滯。淺說以「留滯」爲在「有所」之後，恐非。蓋傳曰：「『有所』者，正謂發之偏重而留滯於中，其心反不能做主，這便是爲他動了。聖人之心，瑩然虛明，隨感而應。此心元不曾有這物事，只是他不爲所動。」如學者未到不動處，須是「執持其志」，下節章句所謂「敬以直之」是也。陳新安曰：「朱子於此，又下一『察』字，且曰『敬以直之』，以足大學本文未言之意；提出正心之要法，以示萬世學者。」

「親愛五者」，錢氏謂即「處家之道」。竊疑此處且泛說，下節「人莫知其子之惡」二句，方是說到家上去。

章句於上章言「察」，言「密察」，此章又言「加察」。蓋自「誠意」以後工夫，只是要處處省察。至「治國、平天下」，地步愈闊，但須照管得到，照管即「察」也。饒氏謂：「省察工夫，自『誠意』章謹獨而發，得之矣。」

程子論「天德」「王道」，皆曰「其要只在『謹獨』」，此二字直是緊切。

自「格物」至於「修身」，只是一箇「忠」字；「齊家」以後，只是一箇「恕」字。「絜矩」，亦恕也。

「孝、弟、慈，所以修身而教於家者」，只是「立標準」。所謂「勸化爲本」也，後面「求諸人」「非諸人」，則推吾自治以治民，方是「胥教誨」，如「條教法令之施，賞善罰惡之政」，皆是。

【按：「恕」字之義，曰「推己」，曰「如心」，其實只是一箇意思，蓋「如，比也」，謂「比自己心上推去」也。】此章是「如治己之心以治人之恕」，下章是「如愛己之心以愛人之恕」。或問云：「人之爲心，必嘗窮理以正之，使其所以治己愛己者，皆出於正，然後可卽是推之以及於人。」盧氏謂：「治己愛己，皆出於正，是盡己之忠；卽是推之以及於人，是推己之恕。」忠者，體明德之事；恕者，用新民之事。此章言「治國」，下章言「治國平天下」，皆「明明德」之推，而恕之事也。玉溪發明或問「親切類如此」。

或問云：「前章專以己推而人化爲言，此章又申言之，以見人心之所同而不能已者如此，是以君子不惟有以化之，而又有以處之也。」兩「之」字皆指天下之人言。「化之」卽「己推而人化」，捷如影響者。天下人同此心，心同此「孝、弟、慈」而自不能已也。「處之」是絜矩之事。民既感發而興起，又平其政以處置他，使他各得老其老，長其長，幼其幼，而無一夫之不獲也。這便是「明明德於天下」，便是「新民，止於至善」。

大道謂「修己治人之術」，必忠信以得之。「忠信」二字，直貫「格致」以下至於「治平」。而饒雙峰說「忠信」卽是「誠意」，不特爲「正心修身之要」，而又爲「治國平天下之要」。然則「格物致知」獨不須忠信乎？若程子所云「立誠意以格之」，此「誠」字說較淺。朱子謂與經文「誠意」不同，「只是確定其志，朴實去做工夫」，正此傳所謂忠信是也，雙峰却說得深了。

傳者於統論綱領中說出箇「敬」字，又於細論條目中說出箇「慎」字，看來「慎」亦「敬」也。故大學一篇之要，只在這箇「敬」字上。程朱兩夫子諄諄言「敬」，固不爲無本。而胡敬齋說：「『敬』是大學底骨子，若無『敬』，一部大學做不成。」其亦有見於此與！

大學爲諸經之綱領，則諸經皆大學條目也。大學既明，便無不可讀之書。

「爲學莫先於立志。」如夫子固生知安行之聖人也，其自言進德之序，乃曰「吾十有五而志於學」。蓋所謂「學」，便是大學之道，志則念念在此而爲之不厭，況其下焉者乎？

凡學者立志，須是直要爲天下第一等人，做天下第一等事。所謂第一等事，盡性盡倫是也。所謂第一等人，希聖希天是也。

「士志於道而恥惡衣惡食」者，朱子謂：「有這般半上落下底人也，志得不力，若果能專心致志，則自然內重而外輕，得深而誘小，尚何衣食美惡之足較哉！」

夫子以「不食不寢而思」爲無益，是爲徒思而不學者言也，如學者思索義理，須是到那終日不食、終夜不寢處，始得。管仲曰：「思之思之，又重思之。思之而不通，鬼神將通之。非鬼神之力也，精神之極也。」程子謂：「循其言，可以入道。」信然。

朱子曰：「爲學之道，莫先於窮理。窮理之要，必在於讀書。讀書之法，莫貴於循序而致精。而致精之本，則又在於居敬而持志。」又云：「涵養、致知、力行，便是出涵養做頭，致知次之，力行又次之。而三者要當以敬爲本。」蓋「敬」者，所以提撕此心，使常惺惺，乃心之主宰而聖學所以貫動靜、徹始終者也。

張子言：「未能立心，惡思多之致疑。」朱子謂：「此說甚好，便見有次序處。若思慮紛然，趨向未定，莫有箇主宰，如何地講學？」陳潛室亦云：「立心者，持敬之謂。先立箇主人翁了，方做得窮理格物工夫。」這卽是「涵養出頭，致知次之」之意。

自秦漢以來，諸儒都不識這箇「敬」字，直至程朱，方說得親切。如「主一」是「敬」字底註解，「無適」又是「主一」底註解，便教學者有箇著力處。

「敬」字工夫，乃聖門第一義，徹頭徹尾，不可頃刻間斷。如一念不存，也是間斷；一事有差，也是間斷，纔間斷便是不敬。蓋「敬」，則常令自家思慮，專一在此，遇事時如此，無事時也如此。

今人每日只鶻鶻突突過了，心不曾收拾得在裏面，只是箇不敬。敬則常喚醒此心便是，若㤭地拘迫，則亦不能入矣。

予自志於學後，夢中常見二程子、晦翁朱子，其問答大約不外一箇「敬」字。一夕，朱子亟語常曰：「養之，養之。」其示我深切矣。時庚午季夏，上弦午夜。

復齋録　卷二

凡一百八十七條
關中王建常仲復著
三原賀瑞麟復齋校
劉質慧季昭栞

學者，學道而已。故近思録編太極圖説於首，正是要人先識得箇道之大本大原，心中有所嚮往底意思。月川曹先生謂「學欲至乎聖人之道，須從太極上立跟脚」，蓋深有得於此爾。

朱子云：「太極者，象數未形而其理已具之稱，形器已具而其理無朕之目。」説太極者，連篇累牘，惟此二語，約而盡矣。

「『無極而太極』，無形而有理也；『太極本無極』，有理而無形也。此專以『理』言，故曰『有無爲一』；老氏謂『無能生有』，是以理爲無，以氣爲有，故曰『有無爲二』。」

「太極動而生陽」，是且從動處説起，動以前却有箇静，故曰「一動一静，互爲其根」。「一動一静」，卽一陰一陽也。先儒説「性」是「太極」，確不可易。或以心言，心屬氣，理氣固不相離。性不離乎心，卽太極不離乎陰陽也，然太極却不雜乎陰陽，則性亦不雜乎心。蓋性者，萬理之總名，本沖漠無朕，而事物之理莫不完具，是卽所謂「無極而太極」也。

太極就在陰陽裏，性就在心裏。心有動静，卽陰陽也，動静無端，陰陽無始。

「誠，無爲」「天命之謂性」「未發之中」，人心之體也，卽是太極。「幾，善惡」「五性感動而善惡分」「已發之端」，人心之用也，卽陰陽之象。「德：愛曰仁，宜曰義，理曰禮，通曰智，守曰信」，此因用以明體，所謂「五常之德」也，卽五行之性。誠，卽「人生而靜，天之性也」，本善無惡；幾，是動之微，便有箇善，有箇不善。朱子曰：「天理、人欲之分，只爭些子，故周先生只管說『幾』字。然辯之又不可不早，故横渠每說『豫』字，『幾』字說得警發，『豫』字尤緊切。」

月川言：「事心之學，須在『萌』上著力。念頭萌動處，所謂幾也，於此著力，便是慎獨之學。」薛先生亦言：「如靜中一念之刻，卽非仁；一念之貪，卽非義；一念之慢，卽非禮；一念之詐，卽非智。此君子所以必慎其獨也。」獨者，己心獨知處也。亦不止是靜中，卽如群居時，心裏一念萌動，或善或不善，必然自家曉得。這也是獨處便須遏絕了那不善底念頭，方是能慎。

「獨坐防心」，一念不可妄動；「群居防口」，一言不可輕發。其要只是一箇主敬。

心纔敬，便在這裏，常常敬，便常在這裏。薛先生說：「斯須苟且，卽非敬。」敬齋說：「『敬』，只是常常不敢放肆，事事不敢輕忽」，都說得親切。

主敬工夫析而言之，有「恐懼戒謹」底意思，有整頓收拾底意思，有喚醒照顧底意思，有剛決堅忍底意思。總而言之，則只是一箇「操」字。

仁、義、禮、智、信，五者皆性也，故曰「自然完具」。然信只實有此仁、義、禮、智便是。蓋義理之全體本質，不可得而分析者，故孟子只言「四端」，不及信。

伊川說：「四德之元，猶五常之仁。元統四德，仁統五常也。偏言則一事，專言則包四者。」偏言則仁與義對，只是愛之理，故曰「仁是體，惻隱是用」；專言則包仁、義、禮、智四者，是爲心之德，故曰「未發是體，已發是用」。

朱子云：「仁存諸心，性之所以爲體也；義制乎事，性之所以爲用也。然以其性而言之，則皆體也；以其情而言之，則皆用也；以陰陽言之，則義體而仁用也；以存心制事言之，則仁體而義用也。」此等字義，經程朱恁地分析說了，自是易理會，但要人隨處看得切實耳。

程子云：「心定者，其言重以舒；不定者，其言輕以疾。」蓋言心聲也。心能靜專，則言不妄發，發必審重而和緩；若是紛擾，則言必妄發，發必輕浮而急躁。然心常愛動，如何方得他定？亦只是箇持敬而已。

「敬中有誠立明通。」義敬則心志專一，不二不雜，非誠立而何？義理昭著，不昏不塞，非明通而何？程子言：「君子修己以敬，聰明睿知，皆由是出，以此事天饗帝。」又曰：「主一之謂敬，一者之謂誠。」眞氏謂：「主者，念念守此而不離之意也。及其涵養既熟，此心湛然不待主而自一，即所謂誠也。」又云：「敬而後能誠，非敬則無以爲誠也。」

「持敬」謂「明天理，絶人欲」，看來只是一套事。能養得天理在這裏，恁地光明，自然人欲無由而生。蓋天理得於有生之初，雖有時昏蔽，而實未嘗息滅，只就自家日用、起居、語默、飲食、應事接物之閒，逐一體察，便自見得。既見得了，便須從此旋旋存養；久之，天理純熟則人欲不復萌動矣。若於天理不曾養得，就要斷絶人欲，即一時降伏得下，少閒却又發作，恐不濟事。如或欲多底人，反覆沈痼，亦須先著力克去那人欲，人欲漸漸消釋，方纔得天理光明，然非百倍其功不能，是在勉強而已。

靜坐時，或思索義理，這也是存養中工夫。若徒持敬，而不以義理來浸灌，却未免硬把捉爾。

學在知其所有，又養其所有。心之所有者，只是此理。不知怎樣養得，不養却又昏了。

道，猶路也，未行時，須先識得；既識得了，又須行得，方實在這箇路上。朱子曰：「知行常相須。論先後，知爲先；論重輕，行爲重。」

所行不合道理，還是見得不甚分明，未有知之眞而不能行者。談虎色變，鳥喙不食，喻眞知也。

言無益，不如勿言；行無益，不如勿行。司馬氏病其未能也。學者惡可不省。

「和順積中，英華發外」，要先在心上做工夫；「發禁躁安，內斯靜專」，也要在言上做工夫。

「窮理只是尋箇是處」。朱子說「須是於其一二分是處，直窮到十分是處」，以足上蔡未言之意。

孟子說「求放心」，是要人收拾得此心，常在這裏，方好領他去學問窮理。苟理有未明，是非眩惑而執守不定，則亦無以養其心矣。故程子曰：「涵養須用敬，進學則在致知。」朱子謂他下「須」字、「在」字，便是要齊頭著力。無事時且存養在這裏，提撕警覺，不要放肆；到講習應接時，便當思量義理。

「敬」與「知」，是先立底根脚。胡先生曰：「程朱開聖學門庭，只主敬窮理，便教學者有入處。」

「存心，是存其心體之本然者；窮理，是窮夫事理之當然者。」

「操存涵養，不可不密」，然亦不可拘迫。「進學致知，不可不寬」，然亦不可散漫。

「心屬火」，是非善惡，本自炤見，只是不可「欺心」。

天卽理也，一念違理，便是欺天。

學始於不欺「闇室」。

「不爲昭昭信節，不爲冥冥惰行。」君子人也。

「學問須是警省」，不然便惰。

纖惡必除，善斯成性；察惡未盡，雖善必粗。此「省察克治」之功，貴乎密而益密也。南軒云：「纔省了，便克；既克了，又省。當如循環然。」朱子亦言：「學者之於善惡，須要於兩夾界處攔截分曉，勿使纖惡間絶善端。動靜日用，時加體察，持養久之，自然成熟。」

「矯輕警惰」，是變化氣質切要處。朱子謂：「如覺得言語多，便用簡默；意思疎闊，便加細密；輕浮淺易，便須深沉厚重。」推是類而悉矯之，則氣質變矣。

爲學須先辯得義利分明。「凡無所爲而爲之，便是義；有所爲而爲之，便是利。」天理人欲，同行異情，類如此。程子曰：「所謂利者，不獨財利之利，凡有利心，便不可。如作一事，須尋自家穩便處，皆利心也。聖人以義爲利，義安處，便是利。」又云：「大凡出義則入利，出利則入義。天下之事，惟義利而已。」

蔡虛齋云：「天下之善，凡有心爲之，皆惡也。故此輩人，全不足取。」此說固善，但「有心爲」之「心」字，却有病，當作去聲「爲」字。程子説：「雖公天下事，若用私意爲之，便是私。」何等的確。

好高尚異，學者所當深戒。程子曰：「古之學者，優柔厭飫，有先後次序；今之學者，却只做一場話説，務高而已。如人游心於千里之外，然自身却只在此。」

只存心養性，道便在此。道理須常常胸中流轉。

朱子言：「自古聖賢相傳，只是理會一箇心，心只是有一箇性，性只是有箇仁義禮智。」又云：「百行萬善總於五常，五常又總於仁，求仁只是『主敬』『求放心』。」晝夜相承只管提撕。説得來直恁切要，便教學者有箇著力處。

仁，只是生理之具於心者。心逐物於外，遂不能存此生理而失之。纔敬，則心便爲主於中，生理便在這裏。若究其極，則仁道之大，非全體而不息者不足以當之。

「天地之大德曰生。」人生得天地之德以爲德，這便是仁，故曰「惻隱之心，生道也」。

「心如穀種，生之性便是仁。」仁只是人心中箇生理，常生生不息，恁地活。此其所以「包四德，貫四端」，而「爲衆善之長」也。

仁體事而無不在，凡事須是仁做箇骨子。人而不仁，更理會甚事？

「人者，天地之心也。」「爲天地立心」，只是要愛人。涵養中自有窮理工夫，窮其所養之理；窮理中自有涵養工夫，養其所窮之理。此理在天爲命，在人爲性而具於一心，見於萬事萬物。窮者，窮此而已，養者，養此而已。

仁、義、禮、智，「天之與我者」。無時無處而不見其端，只緣人不自察識。此端纔見，旋被物欲汩了。故孟子「知皆擴而充之」一語，爲萬世「盡性至命」之要法。

伊川云：「天，專言之，則道也；分言之，則以形體謂之天，以主宰謂之帝，以功用謂之鬼神，以妙用謂之神，以性情謂之乾。」自古聖賢言天，多是各就一端説，未有彙而言之分明、詳盡如程子者。

康節言：「天依地，地附天，天地自相依附。」又云：「天依形，地附氣。」蓋天只是氣，地便有箇形質。天包地外，是氣依乎形也；地處天中，是形附乎氣也。形非附氣不立，氣則依形而運，是天地自相依附也。這只是以形體言之如此。

「陽爲君子。」天地間不可一日無陽，卽不可一日無君子之道。

「陽無可盡之理，纔絕於上，便生於下。」是當十月時，陽已生；及冬至，一陽之體既成而復動於下，不是待到冬至日，方纔生也，故十月謂之「陽月」。

「動之端，乃天地之心」，言「天地生物之心」動時纔見，易曰復其見天地之心，意蓋如此。

程子以鬼神爲「造化之迹」，張子又謂「二氣之良能」。蓋天地所以爲造化者，不外乎陰陽二氣。以其流行著見而言，則曰「迹」；以其自然如此流行而言，則曰「良能」。其理都是一般，而横渠説較精。

「神，伸也；鬼，屈也。」二氣之屈伸往來，是他自然會恁地，故謂之「良能」。

天地間日月、晝夜、風雷、雨雪以至山川、人物、草木之類，無非陰陽流行之可見者，這都是鬼神，故曰「造化之跡」。

朱子説：「風雨雷電初發時，神也；及至風止雨過，雷住電息，鬼也。初發時，氣之來而伸也，故曰『神』；收斂後，氣之反而歸也，故曰『鬼』。以功用謂之『鬼神』，亦是此意，功用卽『迹』也。」

明道言：「上天之載，無聲無臭，其體則謂之『易』，體，猶質也，非體用之體。其理則謂之『道』，其用則謂之『神』。」伊川言：「以妙用謂之『神』。」横渠云：「一，故神。自註：『兩在，故不測』。」間嘗思之，「『易』者，一陰一陽之謂也。」其所以然之理，便是道。道，卽太極也。「道一而已。」時而陽，便在陽中；時而陰，便在陰中。以爲在陰也，而未嘗不在陽；以爲在陽也，亦未嘗不在陰。其妙用如此，故謂之「神」。「神」以言乎其不可測也。要之，只是箇一，故神。至哉，言乎！

「一，故神」，寂然不動，感而遂通，不行而至，不疾而速。

「一，故神」，上下四旁，隱顯内外，精粗巨細，一時俱到，所謂「一以貫之」者也。

「一，故神」，神也者，妙萬物而爲言者也。

天地之氣，一陰一陽而已，「游氣」只是那陰陽摩盪出來底。蓋氣之粗濁者，人物形質，都是這箇凝聚而成，所謂「氣之用」也；陰陽兩端，則氣之本也。蓋「陰陽循環」，常行無已，故「立天地之大義」；「游氣紛擾」，參錯不齊，故「生人物之萬殊」。

一陰一陽，只管如此運轉，便是所以生人物者。張子却從其中分析出箇「游氣」來，直恁精密。

「無非教也」，二氣游行，萬物化生，皆是天之以理示人處。朱子謂：「教，便是說理。」「道理都從氣上流行」，雖至粗底物，無非是道理發見，天與聖人皆然。

「天體物而不遺」，故聖人顧諟天之明命。

君子當終日對越在天，蓋「終日乾乾」，「存其心，養其性，所以事天也」。

「性出於天」，萬物之所同得，故謂之「一原」；其各具者，卽其同體者也。「天人一理」，人性之仁、義、禮、智，便是天道之元、亨、利、貞。不是譬如說。

「形而上爲道，形而下爲器。器亦道，道亦器。」元不相離。離器言道，便入於異端空虛。

醫書以手足痿痺爲不仁，明道謂「最善名狀」。「仁者天地萬物爲一體」。「至仁，則天地爲一身，而天地之間，品物萬形爲四肢百體。夫人豈有視四肢百體而不愛者哉？聖人，仁之至也，獨能體是心而已。」蓋手足不仁，氣不流通也；氣纔不流通，便是自家底手足，也與自家都不相干了。仁者惟此心無不流通，故天地萬物皆吾一體。所謂「最善名狀」者，如此。

「仁者以天地萬物爲一體。」纔有私意，便間隔。無私則公，公則流通貫徹，無所不到，故曰「公者，所以體仁」。

天地生物，有理卽有氣。人生得此氣以成形，而理卽具於其中，所謂性也。性固是箇善底，其有不善底，亦難道不是性，只是性被那氣質捩轉了。

「氣質之性，便只是這箇天地之性，却從那裏過。要全天地之性，須是變化了那不美底氣質方得。」此程張之說，爲最有功於聖門。

爲學須到那德勝其氣、性命於德處，方是眞能變化氣質者。

人生而靜以上不容說，繼之者善也。纔說性時，已不是性，謂其「落於氣質中」也。孟子只管說性善，却是就氣質中挑出那本體而言。

明道云：「中者，天下之大本。」天地間亭亭當當、直上直下之正理，是指不偏不倚而言，乃未發之中。惟「敬而無失」最盡。朱子謂：「只敬而無失，便不偏不倚，只此便是中。」又云：「所謂致中者，纔有些子偏倚便不可，須是常在那中心十字上立。譬如射，雖射中紅心，然在紅心邊側，亦未當，須是正當紅心之中，乃爲中也。此非常存戒慎恐懼工夫不可。」伊川云「事事物物，皆天然有箇中在那上」，是指無過不及而言，乃時中之中，纔安排著，則不中矣。

屈伸往來，是自然之理。屈者自屈，伸者自伸，不是將那已屈了底，再來而做伸也。信得及時，便知始終生死，都是理自如此。釋氏輪廻之妄，不辯而明。

陰陽剛柔，虛實動靜，晝夜寒暑往來，人物生死，皆可於鼻息間驗之。

伊川「性卽理也」一語，發前聖所未發，遂爲萬世言性之宗。

「在天爲命，在物爲理，在人爲性，主於身爲心。」此等字義，皆自二程說明。

才之清濁出於氣，故有善有不善；性出於天，天卽理也，故無不善。

「情者，性之動也。」有這箇性，便發出這箇情；因這箇情，便見得這箇性。所以孟子言性善，只說其情，則可以爲善。蓋性無形可見，自是箇難說底，只看他四端之無不善，便見得其性之善矣。此言情之從性中流出來者，原只是箇善底，其或有不善，乃遷於物而然耳，非情之正也。

張子「心統性情」一語，亦前聖所未發，其有功於聖門最大。後來諸儒說心、說性情，千言萬語，要皆不外乎此。

「心統性情」，有統體、統攝二義：如「性者，心之體也；情者，心之用也」，仁義，性也。孟子言「仁義之心」，便見得性爲心之體，惻隱羞惡，情也；孟子言「惻隱之心」「羞惡之心」，便見得情爲心之用。此是統體之義，言心「總包乎性情也」。心一也，有指體而言者，「寂然不動」是也；有指用而言者，「感而遂通」是也。「寂然不動」是性，「感而遂通」是情，所謂「總包乎性情也」。如「心者，性情之主也」，仁、義、禮、智，性也；惻隱、羞惡、辭讓、是非，情也；以仁愛，以義惡，以禮讓，以智知者，心也。此是統攝之義，言心「主宰乎性情也」。性只是理，情是流出運用處。心之知覺，卽所以具此理而行此情者也，故曰「主宰」。

朱子言：「人多說性方說心，看來當先說心。」蓋先說箇心，便教人識得箇性情底總腦，教人知得箇道理存著處。若先說性，却似性中別有一箇心。橫渠「心統性情」極好，顛撲不破。而今乃有不以「心統性情」爲然者，自家底一箇心，也不曾識得，更說甚麼道理。

心主宰性情，兼動靜說。「未動爲性，已動爲情，心則貫乎動靜而無不在焉。」靜中若無主宰，此性便昏了；動時若無主宰，情則易流於不善。然心如何自做得主宰，只是箇『敬』而已。朱子曰：「人纔敬時，心便在身上了。」孔子說：「操則存。」如「居處恭，執事敬，與人忠」，「言忠信，行篤敬」，「出門如見大賓，使民如承大祭」，能行「恭、寬、信、敏、惠」於天下，皆操存之事也。

靜中有物，亦只是箇操持主宰。程子見人靜坐，便稱善學。朱子謂：「須是臨事接物時，常如坐時，方好。」「體用一源」，蓋靜中萬理具備，是函得動之理，故謂之體；動時事得其理，是著乎靜之理，故謂之用。體用只是一箇物，故曰「一源」。尹和靖言：「動靜一理。」伊川曰：「試喻之，適聞鐘響。」尹曰：「譬如未撞時，聲固在也。」敬軒謂：「是卽心未感時理已存，陰未動時陽已具，皆『動靜一理』也。」竊思「動靜一理」，而其動也，必本乎靜。如天地之化，非秋冬閉藏，春夏便無緣長茂。人心非寂然無欲而靜，則亦安能醻酢萬變而使動之皆得其中哉！所以濂溪有「主靜」之說，言「聖人只是箇主靜，便自有動底道理」。蓋必體立而後用有以行也。

「惟心該誠、神，備體、用，故能寂而感，感而寂。」「體用一源，顯微無閒。」這是最善名狀心體者。但氣稟不齊，惟聖人之心，合下便如此，氣清而無欲故也。學者須是「居敬窮理，克己存誠」，以復其初，方能如此。然雖有安勉難易而成功則一者，只緣這箇心體元來如是，不以聖凡爲偏全耳。

「人心道心，只是一箇心。」只知覺不從天理上發端，便是人心。人心亦未便是惡，但以其出於形氣之私，易流於不善，故謂之「危」。「人心如卒徒，道心如將。」只人心常節制於道心，則危者安矣。

「飢而思食，寒而思衣，此人心也。如就思量合當食與不食，合當衣去聲與不衣，便是道心。」人心雖聖人不能無，然聖人道心爲主，而人心無不聽命，却自是不危。朱子曰：「如鄉黨所記飲食、衣服，本是人心之發，在聖人分上，則渾是道心也。」

「道心卽在那人心上發見，如飢而思食，人心也。古有飢餓瀕死而不食嗟來食者，這是何心？」北溪謂：「便是就裏面道理上發來，是道心卽見於人心上也。然其嗟也可去，其謝也可食，此等處理義，又隱微難曉，惟是識見十分明徹，方辯別得。」這却是發明曾子之意。後世却有衣凍死者，事與此相似。

「一陰一陽之謂道。」自開闢至混沌，混沌仍復開闢也，是箇一陰一陽。只就開闢邊說，也是箇一陰一陽。言陰陽，便無所不包，任是甚麼物事，都不能外這箇陰陽，而道卽在於其中。

康節觀易詩「一物原來有一身，一身還有一乾坤」，言陰陽無物不有，卽太極無物不具也。

氣有聚散，理無聚散。敬軒譬之鳥載日光而飛，日光雖未嘗離鳥背，而實未嘗與之俱往。此亦一驗也。

有理卽有氣，理無盡，氣亦無盡。

物生，氣纔盈卽反。可見這箇屈伸往來，無時刻止息。

「陽已復生，物極必反。」「動靜無端，陰陽無始。非知道者，孰能識之。」

「凡有動皆爲感，感則必有應。所應復爲感，所感復有應。」大而寒暑往來，小而鼻息出入，都是如此。

西銘「狀仁之體」，極其廣大；至說做工夫處，却是細密切實。故學者求仁，莫要於此。

仁人事天，遠而難知；孝子事親，近而易見。西銘是以其易者明其難者。朱子曰：「事親底道理，便是事天底樣子。」

西銘中分爲兩段：前一段說人是天地之子，以明萬物與我爲同體。後一段方纔說事天實在底道理。所謂「事天」者，只是箇順天理而已。如「知化則善述其事，窮神則善繼其志」，此是自然順乎天理者。所謂「樂天」之事，聖而踐形惟肖者也。如「不愧屋漏爲無忝，存心養性爲匪懈」，此是不敢違乎天理者。所謂「畏天」之事，賢而求踐夫形者也。自是以至終篇，反覆發明，無非此意。

程子言：「西銘，明理一而分殊。」朱子謂：「通體是一箇理一分殊，一句是一箇理一分殊。」依此看來，信乎「一言以蔽之」矣。楊龜山疑西銘近於「兼愛」，及聞程子「理一分殊」之說，方纔豁然。

西銘有箇直劈下底道理，謂逐句直下看，便見得理一；又有箇橫截斷底道理，謂當中截斷看，便見得分殊。

西銘前一節，是推親親之厚，以大無我之公；後一節是因事親之誠，以明事天之道。

分殊而推理一，以止私勝之流，仁之方也，是西銘一篇之本旨。

不知理一，則自私而害仁；不知分殊，則無別而妨義。西銘乃合仁義體用而言之者。分之殊，固未嘗不具於理一之內，而理之一，亦未嘗不貫乎分殊之中也。

西銘本不是言「孝」，只是借「孝」譬喻出仁來。然仁孝之理，原未嘗有異，故曰「名虛而理實」。

尹和靖言西銘備載人「與天地同體」，「顏子『克己』，便是能盡此道。」「克己」二字，蓋西銘一篇之要也。朱子言：「西銘教人做工夫處，只在敬而恐懼，能常如是，則這箇道理自在。」看來「敬」之一字，尤爲緊要。蓋敬久則無己可克，不敬則雖欲克己，而亦不可得也。

西銘備言仁體只是此理，渾然無間。學者識得這箇意思，以誠敬存之，而常常涵泳體驗，斯「日用之間，莫非天理之流行矣」。

「己欲立而立人，己欲達而達人」，天下莫非己也。

無故而輒斬一木，殺一獸，便是不仁不孝。

學不由小學，大學入，終無基本。

小學中窮理正心、修己治人之要，都已備具。雖做到大學成，也不外是。

一部大學，不外「明明德」三字。

「至善」，太極之別名。蓋太極者，萬理同出之一原，卽所謂「至善」，而不外乎吾心與事物者也。然必歷盡事事物物之太極，方盡得吾心體統之太極。

「至善」，謂「事理當然之極」，又曰「天理之極」，其實只是此「明德」。得之於天，而見於日用事物之間，莫不各有箇當然之極，這便都是「天理」。盡夫「天理之極」，卽盡夫「事理當然之極」也。

「心者，身之所主也」，敬則收拾得心常在此，是「敬」又爲心之主。程子云：「中有主則虛，虛謂外邪不能入。」而心得其正也。又云：「中無主則實，實謂物來奪之。」而心不得其正也。然則心之正與不正，亦在乎敬肆之間而已矣。

心之所發有未實者，只爲欲雜乎其中。敬則無欲，無欲則實。

這箇道理，若窮不至，則所見不眞。外面雖爲善，而內實爲惡，此是從物不格。推究到那意不誠處，要見得這格物一節是喫緊。

古人必養之於小學內者，正欲於那所養之中，而「因其所發，以啟其明之端也」。

「格物」「致知」是窮此理，「誠意」「正心」「修身」是體此理，「齊家」「治國」「平天下」是推此理。雖分三節看，總之只是一箇理。蓋此理散在萬物而具於一心，在我在人，都是一般。故窮之物者，窮此而已；體於身者，體此而已；推於人者，推此而已。

吳季子謂：「文王持此敬者，所以求至善之地而止之也。」「持」字、「求」字都下得忒重，不知聖人殊自然，必如章句「無不敬而安所止」，方是貼聖人身分上說。

「格物致知」，是大學初頭用功處，其傳豈可闕而不備！故朱子既取程子之意以補之，而復輯其説於或問中，凡十有六條，學者必合而讀之，庶可知所用力矣。

爲善爲到底，去惡去之盡，只是要自家快適充足，不干别人事。

「心廣體胖」，只是箇無欲。

眞西山云：「須是涵養此心。未應物時，湛然虛靜，如鑑空衡平，到得應物之時，方不差錯。當喜而喜，當怒而怒，當憂而憂，當懼而懼，恰好則已，更無過當。」其意本是要人知四者之用，當從無中發出，故先推説前一層工夫。胡雲峰遂謂：「此章工夫，兼存養省察。」誤矣！蓋喜、怒、憂、懼，都就心之感物而動處説，只是教人省察。若存養，却是靜中工夫，眞氏所謂「未應物時須涵養此心」是也。但傳元不曾説到這裏。

朱氏述伯兄克履云：「大學經言『正心』，是兼體用言。傳言所以正心之道，是專以用言。」其説據經、傳皆合。熊勿軒乃謂「此章直指心之全體」，恐失傳者之意。

「君子有大道」，謂「修己治人之術」。「修己」是「明明德」事，即上文所謂「慎德」也；「治人」是「新民」事，即上文所謂「絜矩」也。「忠信」指君子存心處説，只是箇誠實無僞。不誠則無物，故大道「必忠信以得之，驕泰以失之」。驕泰乃忠信之反也。饒雙峰云：「此『得失』字，又串前兩段『得失』字而言。」存疑謂：「總承南山有臺以下，所言『得失』説來者，亦是此意。」

「發己自盡爲忠，循物無違謂信。」但有些箇未盡己之心，而或違於物，便是不忠信。凡事都是不誠實，如何能修己，又如何能治人？這便是「驕泰以失之」。「驕矜高」，少誠心，與「發己自盡」正相反。「泰侈肆」，多妄行，與「循物無違」正相反。

「忠是信之本」，爲體；「信是忠之發」，爲用。可見忠信，只是一箇心。信雖驗於事，却是從實心中發出來。

「章内三言『得失』，而語益加切。」初言「得衆失衆」，以人言也；再言「善則得，不善則失」，以身言也，其語較前爲已切矣；末梢言「忠信以得，驕泰以失」，是又窮源反本而歸之於心，故曰「語益加切」。

「至此而天理存亡之幾決矣。」天理卽是大道，其存亡之幾則決於心之忠信與驕泰。朱子曰：「『忠信』『驕泰』分明是就心上說出得失之由以決之。」胡雲峰曰：「前兩言得失，人心、天命存亡之幾也；此言得失，吾心、天理存亡之幾也。」

存疑云：「『忠信』只是明明德，『絜矩』是新民事。」蒙引亦把「忠信」做修己工夫，對「絜矩」「推以及人」說，皆與章句不合。章句蓋言這箇「忠信」，乃所以「明明德」「新民」，而「得失」，「修己治人之道」者也。

一部大學完結到「忠信」二字上，「忠信」只是箇實心做實事。曾子平生得力在此。

諸經以大學爲綱領。大學既通，而後讀諸經，方曉得某處是說「格物、致知」，某處是說「誠意、正心、修身」，某處是說「齊家、治國、平天下」。故朱子嘗言：「某一生只看得這箇文字透。」常雖不敢言透，然亦不敢草草看過，凡篇中所録，特其要者，詳具大學輯說。

敬軒云：「諸儒解經多入外意，惟朱子只主本意，而無泛論。」敬齋云：「朱子註四書詩傳，先訓釋文義，然後發明其正意；又旁引議論，以足言內之意；或發明言外之意。」愚按：敬齋前二句與薛先生所論，通指易詩四書註言；後二句乃專指論孟集註言。集註凡推說正意外之餘意，必加一圈間隔之。然餘意雖置圈外，而與正意互相發明，亦必不可闕者。非諸儒泛然入外意類也。

許東陽曰：「凡圈內本註，皆是依經文說，無一字閒漫無來歷。讀者須仔細把註字一一體貼經文看，不要作剩字放過。」此是讀朱子書之要法。

朱子發明四書諸經，本是以聖賢之學教後世。而今讀傳註者，只好作時文，以干利祿，却與之背馳矣。

伊川始說出箇「無妄之謂誠」，朱子又加「眞實」二字。「真實無妄」，有以理言者，「誠者，物之終始」是也；有以心言者，「不誠無物，誠之爲貴」是也。天理惟「真實無妄」，故其所生者，無一物之不實；聖人之心惟「真實無妄」，故其所爲者，亦無一事之不實。

「忠恕」兩箇字，自學者至於聖人，都是離不得，但有生熟安勉之分耳。

「聖人責己感處多，責人應處少」，「己施之而已」。

躬自厚，可進於忠； 薄責人，可行乎恕。「其責己也，重以周； 其責人也，輕以約」，亦是此意。

「方長不折，啓蟄不殺」，推之可以盡仁。曾子戰兢一生，至將易簀時，方敢說箇「而今而後，吾知免夫」。甚矣！不虧體之難也。

「剛，謂堅強不屈」，言不屈於慾也。神龍惟有慾，是以人得求其慾而制之。剛者無慾，故常伸於萬物之上。

聖人「惟酒無量」。陳新安謂：「學者當以有量，學聖人之無量。」必如此，方纔是善學聖人。今人之嗜酒沉湎而藉口無量者，實孔子之罪人也。

梁惠王問利國，其意只在富強，孟子乃言仁義以正之。聖賢本領，開口便見； 彼合從宗連衡紅之徒，成何人品，濟得甚事。

只求不愧於天，何怨之有； 只求不怍於人，何尤之有。

「一天人，通義命」，這纔是學。

六得吟：「眼能識得，耳能聽得，口能道得，手能做得，身能行得，心能記得。六者盡，能與天同德。」

明道云：「凡人纔學，便須知著力處； 既學，便須知得力處。」苟不知此，學猶未學。

「小學書是做人底樣子。」陳克菴句讀發明養正作聖之義，甚有功於小學。

學者要這箇道理十分透徹，無有不盡處，須是從頭至尾，拌生盡死，去理會始得。若無頭無尾，不能如聖賢言語，恁地做工夫，終是不徹。

「窮理以此心爲主」，心若把捉不定，走東走西，如何得到那理明義精處。

人心出入無時，莫知其鄉。北溪謂：「惟敬便存在這裏。不走作，不散漫，常惺惺，恁地活。」又曰：「程子說人心做工夫處，特主一『敬』字。蓋以此道理貫動靜，徹表裏，一始終，本無界限。閒靜無事時也用敬；應事接物時也用敬。心在裏面也如此，動出外來做事也如此。初頭做事也如此，做到末梢也如此。此心常無間斷，纔間斷便不敬。」按：發明「主一爲敬」者雖多，而精切詳明，未有如北溪此條者也。

持敬之功，只是日用間。纔覺物欲來，便把緊，不要隨他去；纔覺妄念動，便打滅，不要接續他；纔覺怠慢衰颯，便提起，不要放過他。

敬只是收拾得箇心「常在腔子裏」。故朱子曰：「未説道有甚底事，分自家志慮，只是觀山玩水也煞引出了心，那得似教他常在裏面好。如世上許多閒物事，一切都絕意，雖似不近人情，要之，如此方好。」

天地之心，只是箇一動一靜。故人之爲心，亦只是如此。「靜以涵動之所本」，動以著靜之所存。一動一靜，互爲其根，敬義夾持，不容間斷。

問：「靜中常用存養。」朱子曰：「説得有病，一動一靜，無時不養。」又云：「動靜，都收斂此心在一事上，不胡亂思想，東去西去，便是主一。」「故程子説：『學到專一時方好。』蓋專一，則有事無事皆是如此。」此段這一句是緊要處。「涵養須用敬」，惟敬便涵養得此心常在；「進學則在致知」，又致其知於學問思辯之際。則其靜也，湛然虛明，便是未發之中；其動也，泛應曲當，便是中節之和。而道之體用，眞不外乎吾心矣。「靜時也做工夫」，卽「自戒懼而約之，以至於至靜之中」。「愈嚴愈敬」，是爲「致中」。「動時也做工夫」，卽「自慎獨而推之，以至於應事之處」。「愈精愈密」，是爲「致和」，由是「天地位，萬物育」。章句所謂「學問之極功，聖神之能事」如此。而或問又云：「此固有非始學所當議者。然射者之的，行者之歸，亦學者立志之初所當知也。故中庸開卷之首言，必至此而後已，其指深矣。」

朱子曰：「主敬存養。雖説必有事焉。然未有思慮作爲，亦靜而已。所謂靜者，固非槁木死灰之謂。而所謂必有事者，亦豈求中之謂哉。」羅仲素令學者靜中觀喜怒哀樂未發時作何氣象，而求所謂中者用之。程子謂求則是有思也，思則是已發也。蓋

「敬」有活敬死敬，「靜」也有活靜死靜。所爭只毫釐間，須自家以驗之，方見得實是恁地。或以主敬存心爲最難。日覺得間斷，便已接續，何難之有。「操則存，舍則亡。」只在「操舍」兩字之間，要之只消一個「操」字。若此意成熟，雖操字亦不須用。因思黄勉齋稱朱子「心不待而存。」故其言親切的當如此。

學莫貴於自得，自得則所守不變，至老愈堅。故程子常愛杜元凱語「若江海之浸，膏澤之潤。渙然冰釋，怡然理順，然後爲得也。」

余亦常愛朱子語，天下無不可說底道理，只有一箇「熟處說不得」。「未熟時，頓放這裏又不穩帖，頓放那邊又不是。到那熟處，頓放這邊也是，頓放那邊也是，七顛八倒，無不是。所謂『居之安，則資之深；資之深，則左右逢其原』。」譬如梨柿生時，酸澀喫不得；到熟時，自是一般甘美。相去大遠，只在熟與不熟之間。夫所謂「熟處說不得」者，卽「俟夫默識心通，自然而得於己」之意也。學必貴乎自得如是。

孟子言仁，在乎熟之而已矣。尹氏謂「日新而不已」，則熟。又言「睟面盎背」，是由「仁義禮智根於心」。可見這箇道理，須從裏面流出來方好。

日用工夫，大要察之念慮心術之微。驗之出入起居之際，體之應事接物之間，必一一盡合道理，不愧不怍，方是切實。朱子曰：「此心此理，元無間斷虧欠。只須隨處提撕，隨處收拾，隨時體究，隨事討論。但使一日之間，整頓得三五次，理會得三五事，則日積月累，自然純熟，自然光明矣。」此條說日用做工夫處，愈精密，愈切實。學者宜服膺而勿失也。

伊川曰：「『性』字不可一槩論。『生之謂性』，此訓所禀受也；『天命之謂性』，此言性之理也。」今人言天性柔緩，天性剛急，俗言「天成」，皆生來如此，「此訓所禀受也」。若性之理也，則無不善。曰：「天者，自然之理也。」故又曰：「論性不論氣，不備；論氣不論性，不明，二之則不是。」

朱子曰：「論天地之性，則專指理言；論氣質之性，則以理與氣雜而言之。」「所貴乎學者，以其能變化氣質也。」今人多爲氣質所拘，而不得爲賢爲聖者，只是不知學問。

張子説：「形而後有氣質之性，善反之，則天地之性存焉矣。」如「博學、審問、慎思、明辨、篤行」，於此五者，果能千百其功，則雖愚必明，雖柔必强。所謂「反之者，其道莫善乎是」。

呂東萊謂：「變化氣質，方可言學。」朱子以爲「學乃能變化氣質耳。若不讀書窮理，主敬存心，而徒切切計較於昨非今是之間，恐亦勞而無補也。」

「人爲學，須是要知得這箇徹底是，那箇徹底不是，則這心裏方有所主。」又曰：「而今只理會下手做工夫處，莫問他氣稟與習，只是是底便做，不是底莫做。一直做將去，任你氣稟物欲，我只是不恁地。如此，則氣習不期變而變矣。」

據北溪説：「命，一字二義。有以理言者，有以氣言者，所謂以理言者，非有離乎氣，只是就氣上指出箇理，不雜乎氣而爲言。如『天命謂性』之類是也。」若就氣言，卻亦有兩般。一般説貧富貴賤、壽夭禍福，乃就受氣之短長厚薄不齊上論。如死生有命，與莫非命也之類是也。是命分之命。一般又就稟氣之清濁美惡不齊上論。是説人之智愚賢不肖。如仁之於父子之類，是也。其以理與氣言命。可謂明且盡矣。

程子又云：「天有五氣，故凡生物，莫不具有五性，居其一而有其四。至如草木也，其黄者，得土之性多；其白者，得金之性多。」此説亦最精密。

張右訥云：「先儒變化氣質之説，蓋在學者身上。若鄙質變化，多在座側也。」

右訥氣清，於此理儘有見得到處，只是實地上欠工夫。讓伯質剛毅，勇於力行，然道理本原處，却未甚分曉。子衣資敏學博，少時頗豪放，到六旬後，方漸漸收斂，近裏著己。

王山史溫恭君子也，生來不曾一冷語冰人。

復齋録　卷三

凡一百四十二條

關中王建常仲復著
三原賀瑞麟復齋校
劉質慧季昭栞

白鹿洞規，提綱撮要，無不該貫。自古聖賢教人者，教此而已；人之學爲聖賢者，學此而已。明人倫以至修身、處事、接物，其詳具於小學。學、問、思、辯、篤行之序，中庸或問自分明。

自古無不孝底聖賢。孔子獨以孝稱帝舜、閔子騫者，只爲他處人倫之變而能不失其常。這便是事繼母、處異兄弟見成底樣子。

孝之大要有四：「養體、養志、致愛、致敬」，就中惟「養志」爲最重。實是能養志，則愛與敬俱盡，而養體不足言矣。故曰「事親若曾子者，可也」。

父母莫不欲子聰明成立，此公心也，便是天理。若必要如此，便是私，便是人欲。

處兄弟者，無論賢愚順逆，只是要盡敬盡愛，自我施之而已。

「象憂亦憂，象喜亦喜」，此大舜天理人情之至也。漢景帝不殺梁王，其庶幾乎！唐太宗推刃同氣，則天理滅矣。

羅氏言「天下無不是底父母」，朱子言「臣子無說君父不是底道理」，皆大有功於人倫。

君必堯舜自期，方謂之聖君；臣必期君堯舜，方謂之賢臣。其道只是箇「爲人君止於仁，爲人臣止於敬」。

司馬氏自言：「某事親，能不欺而已。」其事君也，亦然。

「國亡與亡」「忠臣不事二君」「從一而終」「烈女不更二夫」，此古今之大義，炳如星日者。漢光武廢后，白圭之玷也。宋仁宗亦然。

「男正位乎外，女正位乎內。」母后臨朝，非禮非義也。自漢以來，家法得其正者，惟皇明而已；帝女從一而終，亦漢唐所不及者。

武氏篡唐改周，先儒謂當廢爲庶人而戮之，以爲女主僭亂之戒，深得春秋之義。范純夫，學於程門者。其修唐鑑，於中宗廢遷之後，每歲必書帝在某所，以合春秋「公在乾干侯」之文。故朱子感興詩曰：「侃侃范太史，受説伊川翁。春秋二三策，萬古開群蒙。」

堯以天子友匹夫而不爲詘，舜以匹夫友天子而不爲僭。須如此，方纔是朋友人倫之至。后世如漢光武與嚴子陵、唐肅宗與李長源，其猶有古風乎！然以爲盡道，則未也。

天子之子與凡民俊秀者同入大學，古之道也。

朋友有過，「忠告而善道」，聖人之教也。程子謂「必使誠意交通，在於未言之前，然後言出而人信之」，是又發明聖人言外之意。

人於朋友，故當擇而後交。然或既交，而見有不善，則情意亦自當疎。但疎之以漸，而不可明言其故。古人絕友，令其可交，忠厚之道也。

曲禮曰：「君子不盡人之歡，不竭人之忠，以全交也。」

「曲禮、少儀、内則，固皆小學之支流」，而「欲物我兩盡，則必自曲禮入」。張子深得其旨。

文中子居家，不暫舍周禮，言「先師以王道極是也」。而蔡九峰乃云：「首末未備，周公未成之書也。」愚謂既經周公手，自是聖人之書。雖有未備，亦王者所必取法也。若何休直以六國陰謀視之，則謬甚矣。

聖人述史三，謂詩、書、春秋，三者同出於史也。一自孔子述之，便都成經，其功則倍於作矣。

「易以道陰陽」。只「陰陽」兩箇字，括盡了一部易經。

樂記：「天高地下，萬物散殊，言質之具，不可以強同，此「造化示人以自然之礼制也」。而禮制行。」是申言「禮者，天地之序也」。「流而不息，合同而化。」言氣之行，不容以獨異。此造化示人以自然之樂情而樂與。是申言「樂者，天地之和也」。反覆發明，只要人見得這箇禮樂，都出於天地自然之理，是合當如此。「樂者敦和，厚其氣之同。率神陽之靈。而從天。」「達其氣之伸而行於天」，言樂可以敦厚其和而發達乎陽之所生也。「禮者別宜，辯其質之異。居鬼陰之靈而從地。」「斂其氣之屈而具於地」，言禮可以辯別其宜而安定乎陰之所成也。「故聖人作樂以應天，助天生氣。制禮以配地。合地成物。禮樂明備，天地官矣。」官，猶主也。言天之生物，地之成物，各得其職也。却是言禮樂之功效，又能贊化育如此。

中庸說到「致中和」處，便說「天地位，萬物育」者，天地萬物，本吾一體。故吾之心正，而天地之心亦正；吾之氣順，而天地之氣亦順。理是實理，事也是實事。只看伊訓：「古有夏先后，方懋厥德，罔有天災，山川鬼神，亦莫不寧，暨鳥獸魚鱉咸若。」其明驗也。

趙清獻公：「晝之所爲，夜必告天。」司馬溫公：「平生所爲，未有不可對人言者。」竊思天人一理，不可對人言者，卽不敢告天者也。而司馬氏爲較實。

隨事觀理，卽理應事，是日用最親切工夫。胡先生曰：「日用間事事省察，從天理上行，纔覺有私，便克去。」程子曰：「隨事觀理，而天下之理得矣。天下之理得，然後可以至於聖人。」

天下事事，皆有一箇中道，纔著些意見氣力，便不中矣。

「心下忙時多得倦，目前便處卽爲私。」讓伯以是來質。予曰：「心忙目便，病根原來在此，既自見得，便須著力斬斷，方是實能克己。」

私意纔萌，便昏昧，便擊鬩。君子胸中，明瑩灑落，如霽月光風，只是箇無私。

勿與人論是非，人有言者勿應。管幼安曰：「潛龍以不見成德」，言非其時也。或云：「獨不聞明道程子之言乎？『若合開口時，要他頭，也須開口』，須是『聽其言也厲』。」某曰：緊要只在這箇「時」字上。時合默而默，時合語而語。人之語默因乎時，皆中道也。

是非非是，愚也；是是非非，智也。孔子見人一是，忘其百非。惟聖者能之。

或謂「立言」，當求先儒所未言者。敬軒曰：「孔子大聖，猶述而不作，況後學不述古聖賢之言，而欲創立己說乎？」近見好異者，往往肆其胸臆，穿穴鑿空，離經畔道。曰：「吾惡夫蹈襲前人也」，而不知其見棄於孔子矣。

「學問之事，固非一端，而其道只在求乎放心」，此孟子開示切要之言也。朱子謂：「『求放心』，不須注解，只日用十二時中，常切照管，不令放出。」其示人益切矣。

「必有事焉，而勿正，心勿忘，勿助長。」此「集義養氣」之節度也。程子借用爲「主敬存心」底節度。實能如是，心便自然常存，而天理流行矣。故曰「與鳶飛魚躍，同活潑潑地。」

敬軒言：「生於程、朱後者，何幸如之！以四書有成說，而大道明也。」夫道明於四書，成說如此，後人不肯熟誦精思，而實體之於身，却是大不幸。

敬齋言：「自孔孟以後，道莫大於程朱。故其所著經傳，實能發明聖學，切於學者。今有一等溺於空虛底，好簡捷而厭其煩。務記誦底反惡其多，務訓詁底不過借以爲口說。惟實窮理力行者，能識其精切詳明也。」【按：前三等人，皆是不識傳注精切詳明者，故非流於俗，便入於異。若夫窮理力行，某願與學者共勉之。】

「異端」之名，始見於論語。當時有老聃、楊朱、墨翟等，皆爲異端。故集註言「如楊、墨以括之」。若佛氏之害，乃自東漢明帝時流入中國。程子謂：「其言比楊、墨，尤爲近理，所以其害爲尤甚。」朱子謂：「楊、墨只是硬恁地做『爲我』『兼愛』，做得來也淺。佛氏最有精微動人處，從他說愈深，愈害人。」蓋是時，儒學亦多溺於禪者，故程、朱兩夫子，皆斥其似是之非如此。

朱子云：「學者往往多歸異教者，蓋爲自家這裏工夫欠缺，奈何這心不下，又無好藥方治得，遂入彼去。」所謂「好藥方」，蓋不外「存心」「窮理」二者。存心於端莊静一之中，窮理於學問思辯之際，便是下手調治處。

「存心窮理」「交資互發」，正吾儒與佛氏所以不同處。佛氏只把捉得心在這裏，空蕩蕩底便了；吾儒「存心」，正要他去思索道理。所以吾儒常實爲有用，異端常虚爲無用。

要斷絶學者邪路，不入於異端，須先教以小學，使他在「敬身明倫」上做實地工夫，則空虚之説自不能惑矣。

小學綱目圖是某自寫出來底，冠於篇端，令學者展卷便見得這箇書統貫精密，與大學相爲表裏。

朱子云：「修身大法，小學備矣；義理精微，近思録詳之。」敬齋謂：「今更有聖賢出，其説不過於大學、論、孟、中庸。此後，書莫過於小學、近思録。學者能於此處，真知實踐，他書不讀，無憾也。」此乃胡先生示人切要處。愚謂學者不能如是，讀書雖多，亦不中用。然既能如是，而又以次讀得他書，更好。

程子説：「學者先讀語、孟，如尺度權衡。以此量度鐸事物，自然見得長短、輕重。」夫事物之尺度權衡，義理是也。學者於語、孟二書，果能熟讀玩味，見得這箇義理十分透徹，天下尚有不可處之事哉？

四書、五經、性理皆有大全，將先儒諸家語彙在一處，俾學者便於參考。然刪繁舉要，則猶有待。

今人鮮能通經者，科舉害之也。天下競爲辭章，以博一第。故自少卽讀聖人書，白首而不知一言爲可用。欲其通經也，不亦難乎？

能行，便是會讀書。今人多不會讀書，謂其不能行耳。然天下事，未有不先知之而能勉以行之者。「知行相須」常如此。

朱子曰：「今人於魯論二十篇，尚不能耐煩讀得，又豈能辨得死而後已，如許長遠工夫耶？」

「天壽不貳，修身以竢之。」聖賢立命之學，只是如此。

上蔡自言「病痛盡在『矜』字」。看來這箇病痛甚大，學不長進，多坐此。朱子謂：「知得如此是病，卽便不如此是藥，更無別方。」

「學者閒時都會說道理當如何，只是臨事時，依前是他那本來面目出來，都不如閒時所說者。」這是說人被那氣質局定了。若要變化時，須是用百倍之功，或作或輟，終不濟事。

「人不自知其病者，是未嘗去體察警省也。」余每讀古人書，聽今人說話，必悚然內自省察，其庶幾有以知吾之病也與。

學者治心猶治疾然。省察者，視脉而知疾也；克治者，用藥以去疾也；存養，則調理護惜，以杜乎未形之疾者也。

「日用親切第一工夫」，「只是應事接物、思慮隱微之間每每加察：其善端之發，慊於吾心而合於聖賢之訓，則勉勵而力行之；其邪志之萌，愧於吾心而戾於聖賢之訓，則果決而速去之。」此亦朱夫子之說。語屢出而意益加密，其示人至深切矣。

聖人作經，本是要明道。學者必先明道，纔可治經。所謂「道者，率性而已」。性只是箇「仁、義、理、智」。這四箇字看得十分透時，方見得每日所讀經籍，字字句句無非此理之發見。如是，方經無不可通，而道亦可傳。若不先明道，即讀盡五經，也是枉然。

宋以前，五經未有成說，固是難看。而今程、朱諸儒都已說得分明了，只是要把他傳註，一一體貼經文看，久之融會貫通，自然有得於心。

讀經須先看他本註，本註有不合於經處，方可參看諸家。只要見得經文語脈是如何，指意是如何，這便是讀經底一箇總門庭。五經又各自有一箇門庭，如易明陰陽，書道政事，詩理性情，春秋正名分，禮謹節文，是也。

易本是以筮教人。大傳所謂「開物成務」者，正謂此也。故本義只言象占，而理自在其中。胡敬齋不以爲然，誤矣。

朱子解易，只是作卜筮之書，必依此說來，方不失羲、文作易之本意。後人未曾曉得他本意是如何，便要先說義理，到底與易不相干。

朱子曰：「卦爻之辭，本爲卜筮者斷吉凶而具訓戒。至彖、象、文言之作，始因其吉凶、訓戒之意，而推說其義理以明之。後人但見孔子所說義理，而不復推原文王、周公本意。因鄙卜筮以爲不足言，而其所以言者，遂遠於日用之實，類皆牽合委曲，偏主一事而言，無復包含該貫、曲暢旁通之妙。」故今欲凡讀一卦一爻，便如占筮所得，虛心以求其辭義之所指，以爲吉凶，可否之決。然後考其象之所以然，而求其理之所當然者。推之於事，使上自王公，下至民庶，所以修身治國，皆有可用。按此條發明三聖之意，而推廣卦爻之用，視彼「牽合委曲，偏主一事」者，不啻霄壤矣。故敬軒曰：「朱子解經，只主本意，而無泛論。」

易只是虛設箇象，以明吉凶，而義理皆在其中。蓋天下之理，若正說出，便只作一件用。惟以象言，則當卜筮之時，看是甚事都來應得。故曰：「看易，只靠定象去看，便滋味長。」

程子說：「有理而後有象，有象而後有數。凡物有此理，便有此氣；有此氣，便有此象數，則氣之分限節度處也。易因象以知數，得其理，則象數在其中矣。」朱子謂：「固是如此，然溯流以觀，却須先見象數的當下落，方說得理不走作，不然事無實證，則虛理易異差也。」蓋程子從源頭上說下來，謂象數都在理中，故只言理，而不瑣瑣於象數。朱子乃欲因流以見源，謂理就在象數中，故令學者先看得象數分明，有箇下落，恐其離象數言理，或流於空虛耳，不是謂程子說理有走作處也。

看易須是知時，知時則六爻人皆可用。然「貞」之一字，比時尤爲緊切。所謂六十四卦，三百八十四爻之樞紐也。朱子云：「易中都是貞吉，不曾有不貞吉；都是利貞，不曾說不利貞。」蒙引謂：「貞則凶，害；反爲吉，利。不貞則吉，利；反爲凶，害。凡言吉利者，雖無『貞』字，理則自貞中來也；凡言凶害者，雖無『不貞』字，理則自不貞中來也。」蓋易只是教人爲君子之書。故張子曰：「易爲君子謀，不爲小人謀。」「居則觀其象而玩其辭，動則觀其變而玩其占。」此先師示人學易之要法也。朱子謂：「易，大槩欲人恐懼修省，非必待事而占方有所戒。只平居玩味，看他所說道理，於自家所處地位合是如何。」其發明又最親切，學者須是常常如此玩味，方實有益於己。

易不比詩、書，他是說盡天下後世無窮無盡底事理，只一兩字，便是一箇道理。苟非潛心積慮，反覆玩味，期以數十年之功，安能眞見得他恁地。

解經之法，著不得自己一毫意見，只要看他本文語脈是如何。朱子說：「且如解易，只是添虛字去迎過意來，便得。今人乃去添他實字，却是借他做己意說了。說千說萬，與易全不相干。」又云：「某之易簡略者，當時只是略搭記。兼文義，伊川諸儒皆說了。某只就語脈中，略牽過這意思來。」卽此觀之，可見本義之精，非諸儒所可及也。其解詩亦然。詩傳槩不依那舊時說，只是就詩人語脈中，點透出這箇意思，而其理亦無不曲暢旁通者。蓋詩人之言本平淡，若於上面只管添義理，便窒塞了他。故傳只是添虛字，去迎過意來，與解易同。朱子嘗自言：「詩傳，只得如此說，不容更著語，工夫却在讀者。」

烝民首四句，孔子就中只添四箇字，其義便曉然。可見明道說詩，亦只轉却一兩字，點平聲掇地念過，便教平聲人省悟，蓋得孔子之意者也。

「不以文害辭，不以辭害志。以意逆志，是爲得之。」此孟子所爲善說詩也。橫渠云：「置心平易，然後可以言詩。涵泳從容，則忽不自知，而自解頤矣。」是亦得孟子之意者。

詩者，人心之感物而形於言之餘也。心之所感有邪正，故言之所形有是非。讀詩者須是辯其言之是非，以求其心之邪正。善者師之，而惡者改焉，方叫做會讀詩。

朱子曰：「聖人有法度之言，如春秋、書、禮是也，一字皆有理。如詩亦要逐字將理去讀，便都礙了。」又云：「伊川詩解，到小雅後極好。蓋是王公大人好生地做，都是識道理人言語，故他裏面說得儘有道理，好仔細看。非如國風或出於婦人、小子之口，但可觀其大槩也。」又云：「诗如今恁地註解了，自是分曉，易理會，但須是沉潛諷詠，玩味義理，咀嚼滋味，方有所益。聖人說詩可以興。須是讀了，有興起處，方是讀詩；若不能興起，便不是讀詩。」已上凡三條，皆是晦翁夫子示人讀詩切要處。所謂工夫，却在讀者此也。

讀詩不可於名物上尋義理，然義理亦每每有在名物上者。可見執一槩之說，專一曲之見，未有能通經者也。

詩三百篇，大要只是教人正性情，審言行，以修身及家，達於天下而已矣。

邵子曰：「須信畫前元有易，自從刪後更無詩。」

尚書序多與經意不合，非孔門之舊，明矣。故蔡氏解書，都不曾黏定他序說，與詩傳不依小序同。

朱子論書古文：「豈有數百年壁中之物，不訛損一字者？」只是說今人直作全書解，必不是。而吳臨川乃云：「古文二十五篇，非眞孔壁所藏」，可乎？朱子所謂「體製意度，不類西漢人文字者」，亦只是指那安國底傳與序而言。吳遂謂：「二十五篇，體製如出一手，而平緩卑弱，不類先漢以前之文。」直是大謬。

大抵書有不必解者，有須著意解者，有略須解者，有不可解者。不可解則闕之，可也。後人却要一齊都解，是以多強通，則鑿之失，卽蔡氏傳，亦未能脫此。

書言道統之要，只是一箇「中」字。言傳心之法，只是一箇「敬」字，曰「欽」，曰「恭」，曰「慎」，曰「兢業」，曰「畏」，曰「寅畏」，曰「祗懼」，皆言「敬」也。

言「天地之性」與「氣質之性」，皆始於商書。若有恒性，「天地之性」也；習與性成，「氣質之性」也。

「克明峻德」，便是「明明德，止於至善」。「親睦」至「時雍」，便是「新民，止於至善」。大學之本末、先後，固具堯典中矣。湯誥曰：「惟皇上帝，降衷於下民。若有恒性，克綏厥猷惟后。」中庸首三句，爲一篇之綱領者，蓋亦本諸此。

書中聖人動輒言天，是他直見得這箇天，常在眼前。所以君子之學，無時無地，不自恐懼修省也。

朱子說：「學者須是有業次」，「且如讀堯舜典，『曆象日月星辰』，『律、度、量、衡』，『五玉、五禮』之類，禹貢山川，洪範『九疇』，須一一理會令透。今人只做得秦漢以下工夫，無人就堯舜三代源頭處理會來。」又云：「如二典、三謨等篇，義理明白，句句是實理。堯之所以爲君，舜之所以爲臣，皐陶、稷、契、伊、傅輩所言所行，好綢繆玩味，體貼向自家身上來，其味自別。」竊思不獨於尚書宜然，諸經皆須如是去讀，方實有得於己。

「不以舜之所以事堯事君，不敬其君者也；不以堯之所以治民治民，賊其民者也。」這是孟子讀典、謨等篇，實見得不如此，便是慢君害民，不仁甚矣。

須求二帝、三王之心，以究修、齊、治、平之道，固是讀尚書底大要，然考世變之説，亦不可廢。

「曆象日、月、星、辰」，集傳謂：「『曆』，是紀數之書；『象』，是觀天之器。如下篇『玉、衡』之屬。」「辰」，以日、月所會，分周天之度，爲十二次也。蓋天以二十八宿秀爲體。二十八宿，環列北極垣外，其相距，度分凡三百六十五度四分度之一，便是周天之度，分爲十二次。次，卽所謂宫也。月與日一年十二會。正月會娵訾亥宫，星室壁。二月降婁戌宫，星奎婁。三月大梁酉宫，星胃昴。四月實沉申宫，星畢觜參。觜今漸移參後。五月鶉首未宫，星井鬼。六月鶉火午宫，星柳星張。七月鶉尾巳似宫，星翼軫。八月壽星辰宫，星角亢。九月大火卯宫，星氐房心。十月析木寅宫，星尾箕。十一月星紀丑宫，星斗牛。十二月玄枵子宫，星女虚危。要之，星與辰一也。舉其人之所見爲星，論其日月所會謂辰。辰只是二十八宿，分爲十二次爾。

「璿璣玉衡」，猶今之渾天儀也。其儀始於劉宋太史丞錢樂，鑄銅爲之，衡長八尺，孔徑一寸，璣徑八尺，圓周二丈五尺強，轉而望之，以知日、月、星、辰之所在。歷代因之，而法漸密。至趙宋時，乃爲儀三重。其在外者，曰「六合儀」。平置黑單環，上刻十二辰，子、丑、寅、卯、辰、巳、午、未、申、酉、戌、亥。八干，甲、乙、丙、丁、庚、辛、壬、癸。四隅東、西、南、北四角。在地之位，以準地面而定四方。環下有五足，足立十字平準。側立黑雙環，背刻去極度數，北極出地三十六度。極南六十七度，爲夏至之日道；又二十四度，爲春、秋分之日道；又二十四度，爲冬至之日道。南下去地三十一度而已。南極入地下亦三十六度，蓋天見地上者，共一百八十二度半強，其在地下亦然。以中分天脊。直跨地平，使其半入地下，而結於其子午，以爲天經。斜倚赤單環，背刻赤道度數，二十八宿相距度分之數，卽周天度數也。以平分天腹。横繞天經，亦使半出地上，半入地下，而結於其卯酉，以爲天緯。三環表裏相結不動。其天經之環，則南北極皆爲圓軸，虚中而内向，以挈三辰四遊之環。以其上下四方，於是可考，故曰「六合」。次其内，曰「三辰儀」。側立黑雙環，亦刻去極度數。外貫天經之軸，環外當極處，各有直距貫軸孔中。内挈黄、赤二道。其赤道則爲赤單環，外依天緯，亦刻宿度，而結於黑雙環之卯酉。其黄道則爲黄單環，亦刻宿度，而又斜倚於赤道之腹，以交結於卯酉，而半入其内，以爲春分後之「日軌」；半出其外，以爲秋分後之「日軌」。又爲白單環，以承其交，使不傾墊。下設機軸，以水激之，使其日夜隨天，東西運轉，以象天行。南北極持其兩端，天與日、月、星、辰斜而同轉。以其日、月、星、辰，於是可考，故曰「三辰」。其最在内者，曰「四遊儀」。亦爲黑雙環，如「三辰儀」之制，以貫天經之軸。其環之内，則兩面當中，各施直距。外指兩軸，而當其要腰中之内面，又爲小竅，以受玉衡要中之小軸，使衡既得隨環東西運轉，又可隨處南北低昂，以待占候者之仰觀焉。以其東西南北，無不周徧，故曰「四遊」。此其法之大略也。

渾天儀圖

略

沈括云：「舊法規環，一面刻周天度，一面加銀丁。蓋以夜候、天晦不可目察，則以手切之也。」古人以璿飾璣，疑亦爲此，今則以銅丁爲之。近聞西極人，造此器最是精緻，其能正三百年不修之曆。蓋觀於象者，審矣。

「律、度、量、衡」，集傳説得大段亦分明，其詳具某律吕圖説。

易曰：「洛出書，聖人則之。」言自一至九者，洛書之本數而出於天者也；禹乃於其一、二、三、四，則之爲「五行」「五事」「八政」「五紀」；於其中五，則之爲「皇極」；於其六、七、八、九，則之爲「三德」「稽疑」「庶徵」「福極」，所謂「洪範九疇」，爲治天下之大法者，其綱如此。

諸家沿孔氏傳，皆以「皇極」爲「大中」。至朱子，始辯其非，謂：「『皇』是天子，『極』是極至，言『皇建此極』也。」其義方分明的確。

洛書「九數」，而五居中；洪範「九疇」，而「皇極」居中。蓋疇雖有九，而其樞則只在乎「皇極」，故序四疇於其前者，「皇極」之體所以立也。「本之以五行，敬之以五事，厚之以八政，協之以五紀」，這都是結裹箇「皇極」。序四疇於其後者，「皇極」之用所以行也。「又之以三德，明之以稽疑，驗之以庶徵，勸懲之以福極，」又都是維持這箇「皇極」。首尾都歸於「皇極」上去，一言以蔽之矣。

「『九疇』本於洛書」，朱子以其位與數推之，可謂明且盡矣。而或者槩言「禹敘『九疇』」，而不悟其中含洛書之文，至以洛書爲不經無據之誕說。陳氏譏其不精於洪範之學也。宜哉！

朱子以二「五行」之「一」，爲次第之辭，與前章不同。蓋前章「初一」之「一」，乃洛書本文之數也。餘皆倣此。傳云：「此以下，『九疇』之目也。」陳氏謂：「箕子於此，將衍『五行』之疇，而先以一『五行』之辭總之，蓋目中之綱也。」愚按前章，是大禹則洛書而敘之者，所謂「九疇」之經也。自此至於篇終，皆箕子所衍之辭，所謂「九疇」之傳也。先經以明其綱，後傳以詳其目，則洪範可得而讀矣。

春秋定天下邪正，爲百王不易之大法，固孔子經世之書也。及觀孟子序孔子於群聖之後，而特舉此一事，則又爲傳心之要典；然說理莫辯乎春秋，是又格物窮理之經也。程子曰：「春秋一句即一事，是非便見於此，乃窮理之要。」

楊氏說：「春秋正是聖人處上聲置事處。如字。他經言其理，此則明其用。」蓋他經如藥方，春秋似用藥治病。聖人之用，全在此書。所謂「致治去聲之法，垂於萬世」者，是也。

朱子言：「春秋皆亂世之事，聖人一切裁之以天理。」蓋聖人之心，渾然天理，故凡正名辯分，褒善貶惡之類，無一非天理之發見。信乎！春秋非聖人莫能修也。

胡五峰亦云：「天理人欲，莫明辯於春秋。聖人教人消人欲，復天理，莫深切於春秋。」其即所謂「遏人欲於橫流，存天理於既滅」，而人心之所以不死也與。

漢儒知春秋者，莫如董子。其言曰：「有國者，不可以不知春秋，前有讒而不見，後有賊而不知；爲人臣者，不可以不知春秋，守經事而不知其宜，遭變事而不知其權。爲人君父而不通春秋之義者，必蒙首惡之名；爲人臣子而不通春秋之義者，必陷簒弒之禍。」這都是他識得那綱領處。

唐儒知春秋者，莫如韓子。其言曰：「中國而用夷禮，則夷之。」深得春秋謹嚴之旨。薛先生說：「春秋謹嚴，不止於謹華夷之辯。字字謹嚴，句句謹嚴，全篇謹嚴。」又云「辭雖謹嚴，而意實忠厚」，却發明得聖人之心。如此，其於春秋觀其深矣。

朱子嘗言：「春秋只是據他有這箇事，據他載得恁地。而今却要去一字兩字上，理會褒貶，恐聖人之意不如此。」此蓋爲說春秋者，妄生條例，過於穿鑿而言之爾。聖人固不解恁地細碎，然隨事立義，亦每有褒貶，即在一兩字中者。如說他全無這箇意思，那魯史所載事自是實，聖人却筆削了箇甚麼。

或問朱子論春秋：「『孔子只據事直書』，是非有意立某字含某意，及至作綱目，却又全是以一字藏褒貶，何也？」蔡虛齋曰：「如子殺父則爲弑，無罪而殺其臣則爲殺，有罪則爲誅，正是據事直書也。若全無此意，則夫子又何用筆削魯史爲？蓋正緣魯史舊文不足以爲褒貶、勸戒，故取而修之耳。」此說與管見略同，録之以爲證云。

禮記有述聖門緒餘者，有集群書精要之語者，又有自古流傳得許多格言者，是誠千百世之軌範也。然其間亦多漢儒一時傅會之說，必欲盡信而追復之，恐不免泥古之失。

且如周室班爵禄之詳，在孟子時，已不可得，豈有漢文帝之王制，反得其詳乎？其不可盡信也，明矣。表記、樂記之言，多純正，程子以爲「近道」，信然。

「中心安仁，天下一人而已」，是言安仁者之難得也。下此，則不敢不勉。「鄉向道而行，忘其身之老也，不知年數之不足也。俛俯焉日有孳孳，斃而後已。」用力於仁者，蓋如是。

程子曰：「六經之言，在涵蓄中默識心通。」又云：「『默而識之』，乃所謂學也，惟顔子能之。」

敬軒云：「存諸心者不雜，見於行者不雜，措諸事業者不雜，形諸文辭者不雜，斯謂之眞儒。」蓋四者必純乎仁、義、禮、智，方是不雜。如或出入於異端術數、世俗功利，則雜矣。甚矣！眞儒之不易得也。

風俗之美惡由人心，人心之邪正由教化。宋之教化明於上者，蓋諸儒力也。只看航海時，陸秀夫猶日書大學章句進講，儼然正笏，如立治去聲朝。而張世傑與數十萬人，皆甘心溺死，不忍叛去，豈非一代儒者講學之效乎？今日人心大壞，也是無眞儒講學，故至此。

程子說：「言學，便以道爲志；言人，便以聖爲志。」竊思人要到聖人地位，非學以致道不得。「人皆可以爲聖人，而君子之學必至於聖人而後已。不至於聖人而已者，皆自棄也。」

朱子說：「聖人教人，如一條大路，平平正正，自此直去，可以到聖賢地位。只是要人做得徹，就如路程，限定一千里，即走到九百九十里，猶是不徹。要徹始徹終，直到那地頭處纔是。」又云：「做得徹時，也不大驚小怪，只是私意剝落淨盡，純是天理融明爾。」蓋千聖萬賢，皆不過如斯而已矣。

聖賢地位，固未易到。苟能如程、朱兩夫子所言，腳踏實地做將去，亦必無不可到之理。

「仁義不假外求，聖人可學而至。」須體驗得實是恁地。

李敬齋自言：「吾於學問，雖未能周盡，然幸於大本有見處，此心常覺泰然，不爲物所潰耳。」某嘗竊謂近是。

敬齋言：「道理本原，只在『天命之謂性』上，萬事萬物之理，皆從此處流出；工夫本原，只在『主敬存心』上，致知力行，皆靠住這裏做去。」此是先生說得至切至要處。學者實能體驗，放自家身上來，自然理日以明，行日以篤，不患不到聖賢地位也。

小學內篇，於立教冠以「天命率性」，於稽古冠以「性善」，至外篇，又以「物則民彝」冠之者。蓋以此書所輯，一言一行，無非事物一定之則，日用當然之道，而要皆出於「天命」「民彝」之至善。故於大本大原，數數提掇，使人知書中許多道理，都是我性分之所固有，職分之所當爲，而各俛焉孳孳以從事，則所謂繼絕學，明世教，而有功於天下萬世。信不誣矣。

朱子嘗言：「古人於小學小事中，便皆存箇大學大事底道理。在大學，只是推將開闊去，向來小時做底道理存其中。」正如坯素相似，及做小學書，便是這樣編次。似坯素然，那大學許多底道理，便已都在裏面了。故陳北溪曰：「雖至大學之成，亦不外是。」

「敬」字是一部大學底骨子，小學底骨子亦然。

學者心纔外向，便是走了，便是不敬。

「静坐久之，一念不免發動，當如何？」朱子曰：「也須看一念要做甚麼事。若是好事，合當做底事，須去幹了。或此事思量未透，須著思量教了。若是不好底事，便不要做。自家纔覺得如此，敬便在這裏。」又曰：「静坐理會道理自不妨，只是討要静坐則不可。」便是要坐禪入定。蓋所謂静者，只是打疊得心下無事，則道理自出。道理既出，則心下愈明静矣。只看此二條，便見得吾儒静坐與異端不同處。此二程所以多令學者静坐也。

静中有動，是思量道理，涵養本原；動中有静，是物各付物，泛應曲當。故朱子說：「事物之來，順理而應，則雖動亦静。若不順理而應，則雖塊然不交於物以求静，心亦不能得静也。」

學者多間雜思慮，「須是静坐，方能收斂」。蓋惟静時專一，則動時順理；「動時能順理，則無事時能静」，二者交相爲用，固如此。

「君子無終食之間違仁。」非惟終食而已也，雖造次必於是；非惟造次而已也，雖顛沛必於是。蓋存養之功，惟一節密似一節，方成得箇君子。

凡人須以聖賢爲己任，聖賢亦只是做得人當爲底事盡。故朱子曰：「自古無不曉事情底聖賢，亦無不通變底聖賢，亦無關門獨坐底聖賢。聖賢無所不通，無所不能，那箇事理會不得？今若只理會得門内事，門外便了不得。所以大學首便說格物致知爲甚要，便是要無所不格，無所不知，方能意誠、心正、身修，推而至於家齊、國治、天下平，自然滔滔去。都無窒礙。」「學者須是立定此心，泛觀天下之理，精粗巨細，無不周徧，下梢打成一塊，亦只是一箇物事，方可見於用。」

明道言「修辭立其誠」，謂能修省言辭，便是要立己之誠意。若只是修飾言辭爲心，只是爲僞也。伊川言：「志道懇切，固是誠意。若迫切不中理，則反爲不誠。」只換一兩箇字，誠僞便判然不同，直恁精細。

朱子曰：「『天生烝民，有物有則。』有一箇物，便有一箇道理。所以大學之道，教人去事物上，逐一理會得箇道理。

若理會一件未得，直須反覆推究研窮。行也思量，坐也思量；早上思量不得，晚間又把出思量；晚間思量不得，明日又思量。如此，豈有不得底道理？若只略略思量，思量不得，便掉了，如此千年也理會不得。」此窮理格物之功，朱子都說盡了，須是恁地著實下工夫方得。若只作一場話說，也是枉然。

有人言惟恕上合著心。伊川云：「謂著心勉而行恕，則可；謂著心求恕，則不可。」蓋「恕」是自有之理，不待求而後得。辯別「恕」上著心可不可，只在行與求兩箇字。所謂「銖分毫析」者，此也。

韓持國常患在下者多欺。明道曰：「欺有三：有爲利而欺者，則固可罪；有畏罪而欺者，在所恕；事有類欺者，在所察。」此仁人之言也，凡爲人上者，皆當三復。

伊川見一學者忙迫，問其故，曰：「欲了幾處人事。」伊川曰：「某非不欲周旋人事者，何嘗似賢急迫？」由是觀之，則程子之所養可知也。

伊川說：「行禮不可全泥古，當視時之風氣。風氣自與古不同，須有損益。」又云：「禮之本，出於民之情，聖人因而道之耳；禮之器，出於民之俗，聖人因而節文之耳。如聖人復出，必因今之衣服器用而爲之節文。其所謂『貴本而親用』者，亦在時王斟酌而損益之耳。」明道說：「斟酌去取古今，恐未易言，須尺度權衡在胸中無疑，方可處之無差。」又云：「王者制作時，用先代之宜世者。今也法當用周禮，自漢以來然也。」古今異宜，不惟人有不便，至於風氣亦自別也。日月星辰，皆氣也，亦自別。

哲宗元祐初，太皇太后垂簾輔政。時伊川以布衣被召，上奏，論經筵三事：「其一，以上富於春秋，輔養爲急，宜選賢德以備講官，因使陪侍宿直，陳說道義，所以涵養氣質，薰陶德性。其二，請上左右內侍宮人，皆選老成厚重之人，不使侈靡之物、淺俗之言接於耳目；仍置經筵祗應內臣十人使伺，上在宮中動息，以語講官，其或小有違失，得以隨事規諫。其三，請令講官坐講，以養人主尊儒重道之心，寅畏祗懼之德。」按：自秦漢以來，言成就君德，至精至密者，無過於此。是乃萬世經筵之標準也。

程子入侍之際，容貌極莊。時文潞公以太師平章重事，或侍立終日不懈。人以問程子：「君之嚴，視潞公之恭，孰爲得失？」程子曰：「潞公四朝大臣，事幼主，不得不恭。吾以布衣職輔導，亦不敢不自重也。」於此可職時中。

孟子因齊宣不忍殺牛引之，推是心以保百姓；程子因哲宗恐傷螻蟻引之，推此心以及四海。其揆一也。

程子言：「聖人盡道，以其身所行率天下，是欲天下皆至於聖人也。」蓋在他雖未能如是，在我之所以望他者，則不可不如是也。

「欲當大任，須是篤實。」

「凡爲人言者，理勝則事明，氣忿則招佛。」

問：「天與命、性與理四者之別：天則就其自然者言之，「理者，天之體。」命則就其流行而賦於物者言之，「命者，理之用。」性則就其全體而萬物所得以爲生者言之，理則就其事事物物各有其則者言之。到得合而言之，則天卽理也，命卽性也，性卽理也，是如此否？」朱子曰：「然。」「天命猶天道也，以其用而言之，則謂之命。命者，造化之謂也。」

又曰：「聖賢說性命，皆是就實事上說。如言盡性，便是盡得此君臣父子三綱五常之道而無餘；言養性，便是養得此道而不害至微之理、至著之事，一以貫之，無餘欠。」非虛語也。由此觀之，可見性外無道，道外無性。只不能盡得此三綱五常，便是悖其道，悖其性也。

復齋録　卷四

凡一百五十七條

關中王建常仲復著

三原賀瑞麟復齋校

劉質慧季昭栞

堯命舜，只是「允執厥中」一句；舜命禹，又添「人心惟危，道心惟微，惟精惟一」三句。這便是教他做工夫處。自是以來，聖賢相傳之道，「中」焉耳矣。「中」之所以允執者，「精一」焉耳矣。萬世道學之原，實出於此。韓退之論孟子之後不得其傳，只爲後世學者不去心上理會。堯舜相傳，不過「人心道心，精一執中」而已。

程子以「中庸」爲孔門傳授心法。傳心卽傳道也。

堯典始以「欽」字，益稷終以「欽」字，是乃虞庭傳心之要。大學言「愼獨」，中庸亦言「愼獨」，是卽孔門傳心之要。先聖後聖，其心一也。

自孔子以斯文之喪與未喪推之於天，横渠乃云：「此道自孟子後，千有餘歲。若天不欲復明，則不使今人有知者。既使今有知者，則必有復明之理。」晦翁亦言：「道之託於人而行於世者，惟天所畀，乃得與預焉。」卽如有宋時，將生周、程、張、朱諸子，而五星先見於受命之初，則斯道明晦之繫於天也，不愈昭昭哉！

蔡西山言：「天先生伏羲、堯、舜、文王，後又不生孔子，亦不得；後不生孟子，亦不得；二千年後，又不生二程，亦不得。」愚竊續之曰：「後又不生朱子，亦不得。」此道得程朱發明後，如日中天。今人不肯體察而力行之，却旁走斜蹊，自投幽谷，亦獨何心。

爲學亦須識得聖賢氣象是何如，如魯論鄉黨篇，分明寫出一箇孔子。須知他都是不期然而然，所謂「從容中道，聖人也」。

「申申夭夭」，是聖人獨處時氣象；「溫良恭儉讓」，是聖人接人時氣象。學者於此等處，能潛心玩味，則亦可以進德矣。故程子曰：「欲學聖人，須是熟玩聖人氣象。」

聖人即天地也。天地無棄物，故大小善惡，一齊覆載；聖人無棄人，故老安少懷，朋友信之。敬軒謂：「聖人大公無我，眞天地之氣象。」又云：「聖人言人過處，皆優柔不迫，含蓄不露。」此可以觀聖人之氣象，非眞天地而何？

「聖人樂天知命」，其憂世之心，則有感而見於此，又可想聖人憂樂之氣象。

程子說：「聖人固不可得而名狀。若顏子底一箇氣象，吾曹亦心知之。」顏子氣象果何如？只就「克己復禮」處思之，其所謂至明至健者乎！他却自圭角不露，如愚然。

「孟子有些英氣，如顏子便渾厚不同。」蓋以顏子比孟子，則孟子尚粗。晦翁又云：「若使曾子爲邦，想得不似顏子熟。」然則顏子之氣象，亦可見矣。

顏子有自然底和氣，是先於性情上著工夫。人須學顏子，便入聖人氣象。顏子才雖未嘗不高，然其學却細膩切實，所以學者有用力處。濂溪曰：「發聖人之蘊，教萬世無窮者，顏子也。」

朱子說：「曾子是箇剛毅有力量、壁立千仞底人，故得卒傳夫子之道。到子思也恁地剛毅，孟子也恁地剛毅，世衰道微，人欲橫流，不是剛毅有脚根底人，定立不住。」蓋「壁立千仞」者，曾子、子思、孟子之氣象也。

曾子到易簀時，言曰：「吾何求哉？吾得正而斃焉，斯已矣！」程子謂：「且休理會文字，只看他氣象極好。」此時，此心直與行一不義、殺一不辜而得天下不爲者一般。

子思子剛方嚴毅，故能上承曾子，下啓孟子，而大有功於斯道之傳。而今只看他對繆公事士之言，及摽使者於門外而卻鼎肉，是何等樣氣象！

孟子剛明雄辯，以身任道，爲百世之師。雖溫渟淵懿，有未如顔子者，然其學亦到聖人處矣。蓋他天資本是箇英明剛大底，又去「知言」「養氣」上做工夫，故其氣象巖巖如泰山然。

程子云：「孔子，元氣也；顔子，和風慶雲也；孟子，泰山巖巖之氣象也。」此最善形容聖賢者，所謂「有德之言」是也。故張范陽曰：「自非以身體之，安能別白如此？」

「濂溪胸中灑落，如光風霽月」，爲善形容有道氣象。蓋周子之學，以誠爲本，故其胸懷表裏如此。朱子謂：「若心有一毫私吝心，何處更有此等氣象？」是卽所謂「心廣體胖」也。敬齋乃云：「終帶了些清高意思」，却看得偏了。

周子每令二程尋「孔顔樂處」。只他灑落，如光風霽月，便是孔顔之樂。故朱子贊其像曰：「風月無邊，胸懷灑落，猶光風霽月，浩無邊岸。庭草交翠。」生意無息，猶庭前之草，翠色交加。敬軒謂：「風月無邊，以言乎遠，則不禦也；庭草交翠，以言乎近，則靜而正也。」知濂溪矣。

明道說話，「自然灑落明快」，朱子云：「明道說底話，恁地動彈流轉。」其氣象亦自可見。敬軒曰：「明道著述極少，先儒謂其作用近聖者，言其氣象也。」

程子明道「胸懷洞然，徹視無間」，「終日端坐，如泥塑，接人則渾是一團和氣。」像贊曰：「揚陽休噓，氣之沖和，如陽氣之噓物。山立，貌之端嚴，如山嶽之屹立。玉色色之溫慄，如玉色之不變。金聲。聲之洪暢，如金聲之不絕。元氣之會，渾上聲然天成。是皆貞元之氣，會合而生，德性渾全，出於天成，不假人力也。瑞日祥雲，仰其德者，如瑞日祥雲之間見。和風甘雨。被其德者，如和風甘雨之著物。龍德正中，厥施斯普」易乾文言，九二「見龍在田」何謂也？子曰：「龍德而正中者也」。本義云：「正中者，不潛而未躍之時也。」易傳云：「見於地上，德化及物，其施已普也。」

程子伊川「氣質剛方，動遵禮義」。其言卽事明理，質愨精深。像贊曰：「規圓矩方，繩直準平。允矣君子，展也大成。此詩小雅車攻篇之辭，引此以贊。信乎！其爲君子也；誠哉！其爲大成也。布帛之文，菽粟之味。言文章見於世，猶布帛然，雖無文繡之施，實民生之不可闕；意味根於理，猶菽粟然，雖無膏粱之珍，實民食之不可無。知德者希，孰識其貴？」熊氏曰：「此篇贊詠伊川氣象端嚴之態，履道立言之正。」今明道、伊川往矣，其像亦不復得見。讀晦翁贊辭，則兩夫子宛在眼前。因備録之，欲常對有道氣象爾。

張子曰：「二程從十四五時，便鋭然欲學聖人。」呂滎陽曰：「二程之學，以聖人爲必可學而至，而已必欲學而至於聖人。」朱子曰：「明道、伊川之學，以大學、論語、孟子、中庸爲標指而達於六经，使人讀書窮理，以誠其意、正其心、修其身，而自家而國，以及於天下。其道坦而明，其説簡而通，其行端而實。是蓋將有以振百代之沉迷而納之聖賢之域。其視一時之事業辭章、論議氣節，所繫孰爲輕重，所施孰爲短長？當有能辯之者。」【愚按：孔孟而後，啓百世入聖門庭而俾人不惑於他歧者，始自二程固矣。又三復朱子之言，其重且長，於「事業辭章、論議氣節」，不益彰明較覺著哉！】

橫渠持身謹嚴，教人以禮。思既有得，雖中夜必取燭以書。像贊曰：「精思以通其微。力踐，以造其極。妙契疾書，中夜妙合於心，取燭速記所得。訂頑之訓，示我廣居。」訂頑後改西銘，其狀仁之體昭著。開示學者，最爲深切。熊氏曰：「此篇贊詠橫渠力學精思之功，入道進德之勇。」

張子十五年，學「恭而安」不成，是他自驗「見不曾熟」。若熟時，便是聖人氣象。而今且不須計較熟與未熟，只恁地持守教謹嚴。久之，當自會長進。

張子理會道理，既得於心，則必命辭斷事，直須有箇下落。朱子説：「近看得橫渠用功，最親切，真是可畏。」又云：「曾子剛毅，立得牆壁在，而後可傳之子思、孟子，伊川、橫渠甚嚴。若天資大段高，則學明道；若不及明道，則且學伊川、橫渠。」

明道明快溫涫，可比顔子。伊川初年嚴毅，晚濟以寬平，可比曾子。橫渠剛毅似孟子，但不及孟子寬弘舒泰。

伊川才不及孟子。孟子才雖高，却不及伊川深沉節制，説得來，亦不似他精密。若到出手做時，孟子又較活絡。

朱子自題其畫像曰：「從容乎禮法之場，動而此身，優遊於天理準則之地。沉潛乎仁義之府。聚也，靜而此心，存養於實理渾涵之天。是予蓋將有意焉，而力莫能與及也也。佩先師之格言，奉前烈之遺矩。惟闇然而自修，或庶幾乎斯語。」此篇辭氣雍容，於道雖若不敢直任，然其日新又新，不能自已之實，亦自不可揜矣。非全體聖人者，而能若是乎？

朱子心度澄朗，瑩無渣滓，其於義理，直索窮究到底。嘗言：「孔子天地間甚事不理會過？若非許大精神，亦呑許多不得。」其自道也與！敬軒曰：「孔子得堯舜三代之事實、文章，乃可以致刪定。朱子得濂、洛、關中師弟子之議論、著述，乃可以成傳註。」故「孔子集群聖之大成，朱子集群賢之大成。」其揆一也。

李果齋曰：「先生之道之至，原其所以臻斯域者。」亦曰：「主敬以立其本，窮理以致其知，反躬以踐其實。而敬者又貫通乎三者之間，所以成始而成終也。」又曰：「道之在天下，未嘗亡也，而統之相傳，苟非其人，則不得而與預。自孟子沒千有餘年，而後周、程、張子出焉。歷時未久，浸失其眞，及先生出，而後會濂、洛之正傳，紹鄒魯之遺緒，起斯文於將墜，覺來裔於無窮，雖與天壤俱敝，可也。」薛敬齋曰：「使堯、舜、禹、湯、文、武、周、孔、顔、曾、思、孟、周、程、張子之道昭然明於萬世，而異端邪說莫能雜者，朱子之功也。」元人詩曰：「不宗朱氏元非學」。善哉言乎！

自堯舜以來，道之託於人而傳者，至孟子沒而遂泯焉。厥後千餘年歲，二程子出，始有以接乎孟氏之傳。而繼二程者，子朱子其人也。國朝三百年間，誦法朱子者，雖不爲不多，然其尊之之至而能眞知實踐以得其傳，薛敬軒、胡敬齋而已。兩先生氣象壁立，是皆剛毅有力量底人。而薛較寛舒，其言又平正溫潤。某之所爲心焉嚮往者，端在茲矣。

康節心胸，廣大快活，其議論皆内聖外王之道。故程子曰「振古之豪傑也」。敬軒却說：「明道未嘗以聖學正門庭許康節者，想來只爲他見得大，於聖門下學而上達底事，不曾著工夫耳。」

程子言：「康節空中樓閣。」朱子言：「其四通八達，須實地上安脚更好。」蓋康節只是有些不實處，便不同於聖門。然其學包括宇宙，終始古今。朱子亦未嘗不以「人豪」贊之。且易盡非得他不明，豈可以其少或不實而過爲貶絕哉？

敬軒曰：「邵子論天地始終之數，乃前聖所未言者。」又云：「發明大易象數之原始，於邵子繼之者，朱子也。」至論斯道之傳，康節亦得與焉者，職此故爾。

朱子謂：「程門諸人力量、識見，比之横渠、康節，皆趕不上。」此定論也。

康節詩云：「水流任急境常靜，花落隨頻意自閒。」即此可見邵子底氣象。陳紫峰曰：「胸中光霽，則無往而不從容也。」

朱子後，見得此道分明者，西山眞氏而已。其大學衍義推廣聖學天德王道，大有功於萬世。虞邵菴曰：「大學衍義之書，本諸聖賢之學，以明帝王之治。據乎已往之迹，以待方來之事。有天下國家者，誠反覆於其言，則治亂之别、得失之故、情僞之變其殆庶幾無隱者矣。」

某嘗謂程朱從祀，當在四配之次。及讀敬軒、敬齋二先生語録，都是如此說。可見秉彝好德，人心同然，後世當必有舉而行之者。

漢四百年，識正學者，董子。唐三百年，識正學者，韓子。孟子之後，知王霸之分者，董子。周、程、張、朱子之前知孟子者，韓子。觀二子，具恁地見識，借使游聖人之門，或得似程朱者而親炙之，則其所造，諒不僅如當日已也。然韓又較優於董。董去聖未遠，佛教亦尚未流入中國。若韓之時，異端顯行，百家並熾，而後於孔孟已千有餘歲矣，却能卓然有見。非賢者而何？

退之氣質，明敏剛方，卓然自立。其論道統相傳之正，秦漢以來，學者所未及。雖「博愛」「三品」之說，亦未盡瑩然，大體明白純正，乃程朱所深許，謂之「孟子後，絶無僅有之大儒。」不信然乎？

尹和靖凡百嚴整，有常遇飲酒聽樂，但拱手安足處，終日未嘗動。論者儗胡敬齋於和靖，想他也是恁地嚴整。

曹月川說：「吾輩做事，件件不離一『敬』字，自無大差失。」以此見得月川之學，亦是「主敬」爲本。

呂與叔深潛縝密。朱子謂與叔「本是箇剛底氣質，涵養得到，所以如此。若不剛，終是不能成。」

呂和叔文章，不作於無用。其任道擔當，風力甚勁。

朱子序蔡西山新書，有云：「不爲浮辭濫說，以汩亂於其間，亦庶幾乎得書之體者。」今人著書雖富，而得其體者蓋鮮矣。

或以「弗著述」問章楓山，楓山曰：「先儒之言盡矣，刪其繁蕪，可也。果能見得先儒底繁蕪處而裁削之，便是善著述者。」

敬軒說：「程朱外諸儒性理雜論，尤當大著酌眼力，以辯其眞是眞非。」又云：「以世儒之論，折衷於程朱之言，其是非一見而判然矣。」看來只折衷於程朱，便是辯其眞是眞非之要法。

張子教人，道：「夜間自不合睡。」他做正蒙時，或黙坐至曉。後人無他許大精力，文字却怎麼似得他？

天地變化，至著至速者，目爲鬼神。惟其至著也，故云「造化之跡」；惟其至速也，故云「二氣之良能」。

陰陽是氣，氣之靈處，便是鬼神。北溪謂：「靈，只是自然屈伸往來，恁地活爾。」

人與天地，只是這一箇氣。故呼吸笑語，寒暑風雷，都是陰陽相感，便都是鬼神。蓋「凡氣之伸者，皆屬陽，爲神；凡氣之屈者，皆屬陰，爲鬼也」。

樂記：「明則有禮樂，幽則有鬼神。」言其理一也。朱子曰：「在聖人制作處，便是禮樂；在造化功用處，便是鬼神。」

「天地之間，一氣而已」；一氣之運，分陰分陽，便叫做「二氣」。蓋陽消處卽爲陰，實非兩箇物事也。

「物生始化曰魄。既生魄，陽曰魂。」蓋「天一生水，地二生火」，故人在胎中初成形時，只是一點水，這便是魄。其中有些暖氣，會動彈，便是魂。魂屬陽，魄屬陰，故先有魄，而後有魂。

魂魄雖分先後，却不相離。有這魄，便有這魂；無這魂，則魄亦不能自存。

「陰精陽氣，合而成人。」陽之靈爲魂、爲神，陰之靈爲魄、爲鬼。故曰：「人者，陰陽之交，鬼神之會。」

敬軒云：「鬼神者，天地陰陽之靈；魂魄者，人身陰陽之靈。」此所謂「鬼神、魂魄」，是分天地與人而言之也得。北溪云：「陰陽二氣，會在吾身之中。凡屬陽者，皆爲魂、爲神；凡屬陰者，皆爲魄、爲鬼。」此所謂「鬼神、魂魄」，是只就人身上言之也得。

勉齋云：「人生惟精與氣。精之神爲魄，氣之神爲魂。所謂神者，以其主乎形氣也。合魄與魂，乃陰陽之神，左傳：『心之精爽，是爲魂魄。』而理實具乎其中。是以靜則爲仁、義、禮、智之性；動則爲惻隱、羞惡、恭敬、是非之情。胥此焉出也。」此又是從人稟受處，合「精氣魂魄」與「心統性情」而言之，最爲精密。

朱子言：「草木之生自有箇神，在人則心便是。所謂『形既生矣，神發知矣』是也。」或云「以其靈而有知有覺而言，故謂之魂魄。」敬軒謂「靜中之識曰魄，動中之靈曰魂。」此語最精，頗似橫渠。

體魄自是二物，魂氣亦有精粗。北溪謂：「如口鼻呼吸是氣，那靈處便屬魂；視聽是體，那聰明處便屬魄。」竊思精氣，周流充滿於一身之中，呼吸視聽，特指其發而易見者言耳。

要知魂魄底母子，坎離、水火便是，如呼吸活動、視聽聰明，乃魂魄之用也。呼吸、活動屬魂，而鼻之知臭、口之知味却是魄；視聽、聰明屬魄，而耳目之中皆有暖氣，却是魂。人動時魂爲主而未嘗無魄，靜時魄爲主而亦未嘗無魂。可見這箇魂魄元不相離。

「動、靜」兩箇字，括盡了魂魄。魂主發，魄主存；魂有爲，魄有守。魂日長一日，魄合下便定。能思量運用都是魂，能聰明強記都是魄。如日火外影非無魄也，而魂爲主，動也；金水內影，非無魂也，而魄爲主，靜也。月之黑暈爲魄，此是一定底；其光則魂之發也，却或圓或闕，亦似有動靜之義。

眞西山曰：「人之少壯也，血氣強，故魂魄盛，此所謂『伸』；及其老也，血氣既耗，魂魄亦衰，此所謂『屈』也。既死，則魂升於天以從陽，魄降於地以從陰。所謂『各從其類』也。」

人生魂凝魄聚，來而伸也，故爲神；死則魂升魄降，往而屈也，故爲鬼。若只以生言之，則魂爲神陽也，魄爲鬼陰也；只以死言之，則以魂之升者爲神，魄之降者爲鬼。

聖人言「敬鬼神而遠之」，分明是說有，彼硬不信者，亦未之思爾。

朱子言二程初不說無鬼神，但無而今世俗所謂鬼神耳。

人死，質既壞矣。或云有所見聞者，程子謂「不是目病，便是心病」，這是以常理斷之如此。

風雨露雷，日月晝夜，朱子謂「是明白、公平、正直之鬼神」。至如「嘯梁觸胸」「聚散無常」之類，也謂之鬼神者，蓋鬼神有大有小，有正有邪，有明有暗，無非此屈伸、往來之理，只是要人看得活。

春秋傳載伯有爲「厲」。伯有，鄭大夫，名良霄。程子言：「別是一般道理。」朱子言：「謂非死生之常理。蓋人死則氣散，理之常也。」伯有乃氣未當盡而強死，故不遽散而爲厲。此亦不可謂理之所無，但非其常耳。如今遭刑銜冤，與年少暴死者，其氣也，或鬱結而成妖孽，然亦終於一散。朱子謂：「似打麪做糊，中間自有結成小塊核底，久之漸漸也自會散。」此喻甚近而易曉。

「託生」也不是常理。或強壯之人，無疾而卧死，氣偶不散，又湊著那生氣却再生。亦間有僧道，養神鍊精，聚得不散而然者。今人偶見其能言前生事，便說人死都會託生，必無此理。敬齋曰：「歸根返元，輪廻之說，是不識造化也。」

易大傳曰：「精氣爲物，游魂爲變。」言「陰精陽氣，聚而成物，神之伸也；魂游魄降，散而爲變，鬼之歸也。」死生之說，如是而已矣。

人生，「氣日至而滋息爲神」，既壯以後，則「日反而游散」，是神而鬼也。死則氣散而歸爲鬼，子孫祭祀，誠敬却復能來饗，是鬼而神也。但未死以前，則神爲主；既死之後，則鬼爲主。

問：「聖人凡言鬼神者，皆只是以理之屈伸者言也。祭義乃云：『其氣發揚於上，爲昭明焄蒿悽愴。』既只是理，則安得有所謂氣與昭明者哉？」朱子曰：「如子所論，是無鬼神也。鬼神固是以理言，然亦不可謂無氣。所以先王祭祀，或以燔燎，或以鬱鬯，以其有氣，故以類求之爾。」又云：「鬼神若是無時，古人不如是求『七日戒』『三日齋』，或求諸陽，或求諸陰，須是見得有。」又云：「古人誠實，於此處直是見得幽明一致。如在其上下左右，非心知其不然，而姑爲是言以設教也。」朱子之言，固如此。今學者因其言以求先王制禮之意，也須是實見得「有此理，便有此氣」，則於祭祀時，齋戒誠敬，自有不能已者矣。

北溪説：「人與天地萬物，皆是兩間公共一箇氣。子孫與祖宗，又是就公共一氣中有箇脈絡相關繫，尤親切。」惟其親切如是，所以祭則必享。陳氏可謂深得制禮本原之意。

勉齋曰：「祖考之氣雖散，而所以爲祖考之氣，未嘗不流行於天地之間。祖考之精神雖亡，而吾所受之精神，卽祖考之精神。以吾受祖考之精神，而交於所以爲祖考之氣，神氣交感，則洋洋然在其上，在其左右。蓋有必然而不能無者矣。」感通之義，黄氏説得最切實。

天地之氣，日生無窮。雖後來之氣，非復前此之氣，然却通只是一箇氣。蓋氣之在天地者，自子而午而亥。雖有不同，要之，只是這箇一元之氣。就如氣之在人身者，自少而壯而老，雖有不同，要之，只是元來一箇氣而已。祖考當初原從這氣生出來，而今雖已消散，而天地之根於理而日生者，固浩然而無窮，便是他那箇，亦浩然而無窮也。所以子孫祭祀極其誠敬，又能感召得他氣聚在此。

祖考底魂魄，都能屈而復伸。朱子謂：「他來則俱來，如祭祀報魂報魄，求之四方上下，便是皆有感格之理。」焫蕭祭脂，所以報魂；灌用鬱鬯，所以報魄，故曰「合鬼與神，教之至也」。眞氏亦云：「爲人子孫者，盡誠致敬以求之，則魂魄雖離，而可以復合。」是皆言屈中之伸，理實如此。

祖考魂魄，固是來則俱來，却非有一物積於虛空中，以待子孫之求也。惟自家底精神，便是祖考底精神，故能盡誠致敬，亦自合聚得他那魂魄在此。到祭後，誠敬既解，他又忽焉散了。

本從一源中流出，初無間隔，只是一箇氣。天地萬物，都從這裏流出來。無論祖宗、妻子外親，但是我所當祭底，其精神魂魄，莫不感通，本無間隔故也。

子孫與祖宗，只是一箇氣。「自厥初生民，氣化之祖相傳到此，只是一箇氣。」故當祭祀時，聚得自家底精神，便聚得我祖宗底精神，祖宗有不來歆者乎？人與天地萬物，只是一箇氣。故天子祭天地，諸侯祭封内山川，大夫祭「五祀」。但是我合當祭他，他那氣便集在我身上，天地、山川、五祀，有不來歆者乎？朱子曰：「皆是自家精神抵當得他過，方能感召得他來。如諸侯祭天地，大夫祭山川，便沒意思了。」

「神不歆非類」，子孫是祖宗底遺體，是爲一家骨肉之類，所以有感必應。如今祭孔夫子，必於學宫，亦是以類感通之意。

理氣元不相離，有此理便有此氣，故鬼神之氣通與不通，只看理之相關與否。如古聖賢既往，似未易感格，而我能行其道，傳其心，便是理與他相關，故氣亦能與他相通。程子云：「心所感通者，只是理。」正謂此也。

朱子言：無子孫底，其氣亦未嘗亡也。如今祭「句鉤芒」，既合當祭他，便有此氣。論詩三后在天云：「便是又有此理，既有此理便有此氣。」問：「想是聖人稟得清明純粹之氣，故其死也，其氣上合於天。」曰：「也是如此。世間道理，有正當易見者，又有變化無常，不可窺測者。如此，方看得這箇道理活。」蓋「這箇道理」惟看得恁地透時便活。

鬼神只是箇一氣屈伸。分而言之，則有天神地祇、人鬼之別。神便是氣之伸，這是常在底；鬼便是氣之屈，這是已散了底。「祇」本「示」字，以有迹之可示，山川草木是也。夫神祇、人鬼分屈伸而言，固是如此，然三者之中，又自各有箇屈伸陰陽，一一推之便見。

問：「祭天地山川而用牲幣酒醴者，只是表吾心之誠耶，抑眞有氣來格也？」朱子曰：「若道無物來享時，自家祭甚底？肅然在上，令人奉承敬畏，是甚物？若道眞有雲車擁從而來，又妄誕。」這都是他看得活處，也是他透處。

「五祀」之神，莫非陰陽之所爲。戶竈屬陽，門行屬陰，中霤兼統陰陽。中霤亦土地神之類。許氏曰：「土主中央，神在室。」就一祀之中，又自有陰陽也。【按：五祀之祭，天子、諸侯、大夫皆歲徧。見於曲禮，而月令云：「春祭戶，夏祭竈，季夏祭中霤，秋祭門，冬祭行。」是則所謂「歲徧」也。祭五祀者，爲其有居處、出入、飲食之用，所以報德也。其後，漢立「五祀」，乃參考商制曰：「一戶、二竈、三門、四井、五中霤。」至於魏晉，江左亦皆從之。而隋唐又取月令之說，以「行」易「井」。迨李林甫詔修月令，乃始復「井」而去「行」。蓋井非人家國，可得廢者也。通典曰「井不輕於竈，行不惟冬。」白虎通云：「祀，井是也。」】

程子言：「人之魂氣既散，無主則不依。」朱子言：「古人自始死，招魂復魄，立重設主，便是常要接續他些子精神在這裏。」又云：「復，不獨是要他活，是要聚他魂魄，不教散了。聖人教人子孫，常常祭祀，也是要去聚得他。」後世此禮不明，親沒多不爲之立主。即有主者，亦不知奉承享祀。至或香案凝塵，神位欹側，不孝不敬，莫大乎是。

祭祀無尸則不享。朱子謂：「古人立尸，是將生人生氣去接他。」蓋求神之道，莫切於此。後世直以尊卑之勢，而不復用尸，可勝歎哉！

先生制禮，教人子孫齋戒祭祀，正是要感得他魂魄俱來。所謂「廟則人鬼享」者，此也。蔡虛齋乃云：「父祖已散之氣，終無復聚之理。但人時時思之，則必有以致其如在之誠。而宗廟之立，祭享之儀，齋戒之禮，自有不容已者。然亦豈能必其來享與否哉？」又云：「此但可與仁人孝子言，不可與薄夫俗子道，正爲恐得罪於古人耳。」明知其得罪古人，而故爲是不仁不孝之說，此吾之所不解也。因思黃氏有言曰：「學者但知世間可言可見之理，而稍幽冥難曉，則一切以爲不可信。是以其說率不能合於聖賢之意也。」其虛齋之謂與！

聖人有三慎：第一件是齊。蓋誠之至與不至，神之饗與不饗，皆決於此，可不謹乎？

「散齋七日，致齋三日」，是祭義一段最切要處。

合有底，如父母祖宗，是合當祭者，從而有之，則有。直是將做箇活底去祭他，便得他洋洋在上。合無底，如閒神野鬼，既無當祭之理，自是無了，便從而無之，只是心不嚮他。

可者，不使人致死之。當祭底，不要人做死人看平聲待他，此所以爲「仁」。不可者，不使人致生之。不當祭底，不要人做生人看待他，此所以爲「智」。

你氣一正而行，則彼氣皆散。「彼」指閒神野鬼說。只緣人心不正，感得那邪氣來聚。一正，便都散了。

狄梁公名仁傑毀淫祠千七百餘所，其鬼亦不能爲害。朱子謂：「緣是他見得無這物事了。」而今有多少新生底神道，只緣衆人心邪嚮他，他便盛。若是王道修明，則人心正；人心正，斯無鬼邪矣。

興雲致雨者，山川也；或禱廟而雨，是適然爾。程子謂：「却於山川外土木人身上討雨露，土木人身上有雨露耶？」此語喚醒人不淺。

今人祭甚麼廟神，都是非其鬼而祭之，却不知淫祀無福，雖諂何益？

眞氏言，「今人只以塑像、畫像及幽暗不可見者爲鬼神，殊不知山峙川流、日照雨潤、雷動風散，乃分明有跡之鬼神。」這箇鬼神，都是陰陽之氣，屈伸往來於兩間，而萬物賴之生成者。程子所謂「天地之功用」，朱子所謂「明白、公平、正直」之鬼神也。

鬼神只是一氣之屈伸往來。「天地間無非此氣」，即無非鬼神，故人心一動，鬼神便知。「人心纔動，必達於氣，便於那屈伸往來者相感通。」其善惡禍福之感應蓋有不爽者。

書言：「天道福善禍淫。」孔子傳易言：「積善之家，必有餘慶；積不善之家，必有餘殃。」敬軒謂：「善惡分明，有降祥降殃之報。閒有不然者，非常理也。」

斛山楊先生曰：「讀詩書二經，見古人口口只說天道可畏，違之便有禍。」

詩云：「永言配命，自求多福。」蓋人能常常思量，要合乎天理，則多福之集，都是自家求之，而無待於外者。

或以「須得堯夫先知之術」問朱子，朱子曰：「吾之所知者，『惠迪吉，從逆凶』；『滿招損，謙受益』。若是明日晴，後日雨，吾又安能知耶？」【愚按：論語「十世可知」之問，子張本是要知來，而聖人只言其既往者以明之。其所以爲前知者，非若後世讖緯術數之學昭然矣。故伊川與堯夫同里巷，世間事無所不論，惟未嘗一字及數。朱子蓋與伊川意同，而堯夫之異於聖學，不亦可見乎？】

「學之正，習之熟，說之深，而不已」，然後君子。「君子者，成德之名。」蓋始於爲士，學而至於聖人地位也。

論語首篇言忠信，大學末章亦言「忠信」，此是孔門工夫第一親切處。故程子曰：「忠信而出，忠信而入，爲學之本也。」

「誠」，指全體說；「忠信」，指人用力處說。盡得忠信，便是誠。

天理自是真實無妄，故聖人從生至死，無一念之不實，無一事之不實。且如地基虛時，怎能建百尺樓臺？聖人若不是恁地實，如何得到那高明配天處？

「誠」字固是中庸之樞紐，然始言「戒懼而慎獨」，終復言「慎獨而戒懼」，其緊切處，尤在乎此。蓋須是「戒懼慎獨」，方能入於「誠」也。

朱子曰：「夫子之所志，顏子之所學，子思、孟子之所傳，盡在論語。」故學者不可不盡心焉。

楊龜山謂：「孟子千變萬化，只說從心上來。」得其要矣！「天地以生物爲心」，豈惟民哉？卽一獸一禽、一草一木，皆可見天地之心，故「君子親親而仁民，仁民而愛物」。

濂溪不除庭草，謂「與自家意思一般」。明道窗前草不芟，「欲常見造物生意」；又時看盆魚，「欲觀萬物自得意」。「仁者天地萬物爲一體」，於此可見。

動物有血氣，其好生惡死，固與人無異。植物雖無血氣，然戕賊之，便不復悦懌，亦似有知者。故程伊川於哲宗戲折柳枝，曰：「方春發生，不可無故摧折。」蓋亦養君仁心之一端也。

敬軒說：「伊川經筵疏，皆格心之論。」又云：「伊川爲講官，以三代之上望其君。從與否則在彼而已，其肯自貶其道以徇之哉？竊思程子嘗言：「人之於朋友，修身誠意以待之，疏戚在人而已，不可巧言令色，曲從苟合，以求人之與己也。

文中子言：「諸葛亮無死，禮樂可興。」這是以王佐許孔明。程子言：「孔明有王佐之才，道則未盡，以其必求有成而取劉璋。非行一不義而得天下不爲之正也，聖人寧無成耳！」這却是至明至正底議論，孟子後所僅見者也。

「仁人者，正其誼不謀其利，明其道不計其功。」敬齋謂：「學者能以此立心，便廣大高明，充之，則是純儒；推而行之，卽純王之政。」蓋天德王道，其要只在乎此也。

「伯夷傳得孔子而名益彰」。朱子駁之曰：「伯夷當初何嘗指望孔子出來發揮他？」方是深知伯夷底心，那史遷如何看得到這裏。

敬齋以臨川三十年前好用功之言，爲阻學者進路，乃云：「居仁三十後，工夫方親切。」張橫渠三十後，纔遇二程。今常亦年至三十，纔遯跡爲學，寧直前此好用工夫耶！

楊斛山三十歲，始問業於韓先生苑洛。苑洛稱其力行可畏。卒成純儒。

學記云：「時過然後學，則勤苦而難成。」學固是要及時，然朱子卻說要二十歲覺悟，便從二十歲立定腳跟做去。如三十歲覺悟，亦然。便年八九十歲覺悟，亦只據現定劄住硬寨做去，則人亦無不可學之時。若不能立地發憤，而藉口時過難成，是果於自棄，其爲不仁甚矣。

呂與叔六月中閒居危坐，伊川稱其敦篤。又言進伯可愛，老而好學，理會直是到底。

或問馬先生谿田：「如何斯可謂之好人？」谿田曰：「學曾子之『三省』，體顏子之『四勿』。行有不得，如孟子之『三反』。」是乃撮聖賢工夫之要而言之也。人能眞箇如此，便是顏、曾、孟子復出，不謂之好人而何！

敬齋曰：「做當今一箇好人，須是壁立千仞。」

道之在天地間者，未嘗一日亡也，然必待其人而後行。惟這箇人不可常得，所以其傳不無或絕或續爾。

黃氏云：「道原於天，具於人心，著於事物，載於方策。明而行之，存乎其人。」蓋人不能明此道、行此道，道雖存，而其傳絕矣。苟能明能行，則傳雖絕，而可以復續。但不知當吾世，而亦或有續焉其人否耶？

「不知命，無以爲君子。」人須是信得命，及不爲那利害、死生所惑，方能尋向上去，到得君子底地位。如信不及時，趨利避害，偷生畏死，却枉了做小人。

謝上蔡「平生未嘗干人，在書局亦不謁執政。或勸之，對曰：『他安能陶鑄我？自有命在。』」若不是他這上面著實做工夫來，怎能直信得恁地？

「順理行將去，從天分付來。」這便是行法以竢命底註脚。

既樂天理，又知天命，故不憂。惟聖人能之。

黄勉齋言：「學問須是就險難窮困處試一過，眞能不動，方是學者。」因思程子，亦嘗說：「善學者，臨死生而色不變，痛疾慘戚而心不動。由養之有素也。」「能盡飲食言語之道，則可以盡去就之道；能盡去就之道，則可以盡死生之道。飲食言語，去就死生，小大之勢一也。」竊思道謂「事物當然之理」，理無大小，小大之理，元只是一般。「理無終窮，學無止法。」故夫子自言：「發憤忘食，不知老之將至。」曾子言：「士，仁以爲己任，死而後已。」朱子曰：「學者若有絲毫氣在，必須盡力。除非是無了此氣，口不會說話，方纔休也。」及至屬纊前一日，猶改誠意傳章句一兩字，果如其言。

張子曰：「人多言安於貧賤，其實只是計窮力屈，才短不能營畫耳。若稍動得，恐未肯安之。須是誠知義理之樂於利欲也，乃能。」蓋實能安貧賤者，只知講明義理而謹守之，以無愧乎天之所以與我者而已，他何求哉！

凡人爲學，須是於舊習之能否，世俗之毁譽，身計之休戚窮通，一切不掛念，方能底於有成。

「仁、義、禮、智」四箇字，須常在眼前。

「學者須是胸懷擺脱得開」，此說甚好。

李延平結茅山裏水竹間，謝絕世故。餘四十年，食飲或不充而怡然自得。朱子嘗言：「人若著些利害，便不免開口告人，却與不學之人何異？向見李先生說：『若大段排遣不去，只思古人所遭患難，有大不堪者，持以自比，則亦可以少安矣。』始者甚卑其說，以爲何至如此？後來臨事却覺有得力處，不可忽也。」某方三十時，丁國變，卽謝絕世故。啖薺讀書，至年近八十，又值連歲饑饉，或日不舉火，而此心泰然，未嘗啓口告人者，亦幸聞朱子述其師之說爾。語子孫曰：「歲饑義不干人，爾曹當不憚奔走販粟，以節家用。老來惟讀書待斃而已。」

堯舜相傳，只是箇「精一執中」。至孔顔授受，却說箇「博文約禮」。「約禮」底工夫深，則「博文」底工夫愈明；「博文」底工夫至，則「約禮」底工夫愈密。二者交進而互相發也，與那「精一」一般。

張南軒說：「濂溪當時舉世不知，惟程大中知之。」可見無分毫矜誇，此方是朴實頭下工夫底人。蓋周子繼孔孟不傳之緒，固是他天資出人，而其得力處尤在乎此。故朱子亦云：「只他這所學，從合下直到後來，所以有成。」

羅氏仲素上接伊洛之正脈，下再傳而得紫陽，爲萬世宗師，其功不在周子下。

朱子曰：「聖門日用工夫，甚覺淺近。然推之，理無有不包，無有不貫，及其充廣，可與天地同其廣大。故爲聖，爲賢，位天地，育萬物，只此一理而已。」這是徹上徹下、徹頭徹尾語。自非工夫從淺近直做到那充廣處，安能說得恁地？所謂「有德者之言」是也。

伊川說：「有有德之言，有造道之言，有述事之言。有德者止言己分事。造道之言，如顏子言孔子，孟子言堯舜，止是造道之深，所見如是。」自孔孟後至二程，纔見此等議論。

「元氣會則生聖賢。」「三代之時，生多少聖人。後世至今，何故寂寥未聞？蓋氣自是有盛則必有衰，衰則終必復盛。若冬不春，夜不晝，則氣化息矣。」

呂氏言：「法由此立，命由此出，聖人也；行法以竢命，君子也。」程子言：「求之有道，得之有命，中人以下也。」又云：「中人以下，於得喪之際，不能不惑，故有命之說，然後能安。若上智之人，更不言命，惟安於義；借使求則得之，然非義則不求，此樂天者之事也。」尹和靖亦言：「命爲中人以下說。若聖人，只有箇義。行一不義，殺一不辜，而得天下，皆不爲也。奚以命爲？」「上智之人安於義，中人以下安於命，乃若聞命而不能安之者，又其最下者也。」

程子言：「聖人非不知命，然於人事不得不盡。」朱子言：「人固有命，只是不可不『順受其正』，如『知命者不立乎巖墻之下』。人事盡處便是命。」又云：「如『桎梏而死』，喚做非命不得。蓋緣他當時稟得箇乖戾之氣，便有此，然謂之『正命』不得。故君子戰兢，如臨深履薄。蓋欲『順受其正』者，而不受其不正者也。」

西室所聞云：「聖人氣數順，無横逆死。學入聖域，其數亦隨氣斡轉。」伊川謂「學而至聖，爲奪造化」者，以此。

伊川歸自涪州，氣貌容色髭髮皆勝平昔。門人問：「何以得此？」伊川曰：「學之力也。」蓋所謂「學者，學處患難貧賤也」。惟其養深積厚，故無人而不自得如是夫。

「人之於患難，只有一箇處置，盡人謀之後，却須泰然處之。有人遇一事，則心心念念不肯捨，畢竟何益？若不會處置了，放下，便是無義無命也。」

蹇，便是處蹇之道。困，便是處困之道。道無時不可行。

「王道與儒道同，皆通貫天地，學純則純王純儒也。」

明道見神宗，論人才，上曰：「朕未之見也。」明道曰：「陛下奈何輕天下士？」上聳然曰：「朕不敢，朕不敢。」然當時聖賢就在眼前，却不曾認得，而信用王安石，以致禍亂。故曰「治天下有道，親賢遠奸」，明而已矣。

孟子自言：「我四十不動心。」伊川謂：心之躁者，不熱而煩，不寒而慄；無所惡而怒，無所悅而喜，無所取而起。君子莫大於正其氣，欲正其氣，莫若正其志。其志既正，則雖熱不煩，雖寒不慄；無所怒，無所喜，無所取。去就猶是，死生猶是。夫是之謂「不動心」，故曰「凝然不動，便是聖人」。

「天不生仲尼，萬古如長夜。」蓋言五帝、三王之道，向無孔子，後人去何處討箇分曉？迄今繼往聖，開來學，使道統之正，昭昭然若日之中天者，此孔子之功也。「孔子以萬世爲土」，蓋言自古帝王，有天下之士者，皆不過一世而已。今海內郡縣，無大無小，莫不有至聖先師底廟庭，世世釋菜者，此孔子之報也。其功大者，其報遠，理固如此。

程子說：「凡言王氣者，實有此理。不論美惡，須是有氣艷，方生是人。至如闕里，有許多氣艷，故此道之流傳，以至今日。」看來夫子之功大報遠，是氣也如此。

復齋録　卷五

一百一十四條

關中王建常仲復著
三原賀瑞麟復齋校
劉質慧季昭棨

聖人作經，只是言天地間自然之理；　先儒底傳註，亦只發明自然之理以解之。蓋此理本具於人心，所謂「仁、義、禮、智」之性，「惻隱、羞惡、辭讓、是非之情」是也。故讀經者，須是就自家身上看道理，方能見得分明的確，有箇下落。

易有九圖：　河圖、洛書，天地自然之易也；　先天四圖，伏羲之易也；　後天二圖，文王之易也；　卦變圖，孔子之易也。朱子曰：「自伏羲以上，皆無文字，只有圖畫，最宜深玩，可見作易本原精微之意。」

「河圖、洛書相爲經緯，八卦、九章相爲表裏。」陳潛室謂：「天地間，不過一陰一陽，以兩其五行，而太極常居其中。二圖難縱横變動，要只是參互呈見，此所以謂之『相爲經緯、表裏』也。」

讀大傳者謂：「卦疇相爲表裏，則可；　謂作易兼取圖、書，則不可。」

「河出圖，聖人則之。」只河圖，便是伏羲作易底本原。「易有太極，是生兩儀，兩儀生四象，四象生八卦」，正是孔子發明「則河圖」之義。蓋河圖虛其中者，太極也；　奇數二十，偶數二十者，兩儀也；　一六、二七、三八、四九者，四象也；　四實四空者，八卦也。

「河圖之數，不過一陰一陽，陰陽即圖中奇偶也。以兩其五行。蓋一六水，二七火，三八木，四九金，五十土，皆一行各具一陰陽也。」

「河圖之數，五行一陰陽也，陰陽一太極也，太極本無極也。」敬軒云：「河圖乃萬數、萬理、萬象、萬化之源。」至矣。

看來先天四圖，都是從河圖中寫出。

横圖自一而二，二而四，四而八，八而十六，十六而三十二，三十二而六十四，奇偶各各相對，恁地齊整。朱子謂：「皆是天地本然之妙元如此，但略假聖人手畫出來。」蓋其出於聖人者，即是出於天地。聖人一天地也。

圓圖只是就横圖中間拗做兩截。恁地轉來底是奇，恁地轉去底是偶。雖似有些造作，然既成後觀之，其流行對待，亦皆天地本然之妙也。

方圖亦只是取横圖裁定者。圓圖象天流行，中有對待；方圖象地定位，中有對待。在天者一順一逆，卦氣所以運也；在地者有逆無順，卦畫所以成也。

圓者動，而以天地定位爲體，是動中之静也；方者静，而以雷風動散爲用，是静中之動也。惟人心，寂而感，感而寂。「體用一原，動静無間」，亦如此圓然。

邵子說：「先天之學，心法也，圖皆從中起。」天地定位，圓圖之從中起也；雷風動散，方圖之從中起也。這箇起處，都是那五與十所寄之位，便是太極。而萬化萬事，都是從這裏流出，故曰「心法也」。「天向一中分造化，人從心上起經綸。」或問「一中分造化」。朱子曰：「本是一箇，而消息盈虚便生陰陽，事事物物皆恁地有消便有息。」

朱子說：「先天圖只是一箇消息盈虚之理。自復之息，至乾而盈；自姤之消，至坤而虚。消息盈虚，皆氣之流行，而理爲之主也。」

晝夜昏旦，晦朔弦望，春夏秋冬，天地始終，人物死生，古今世變，皆於先天圖見之。後天卦位亦是從河圖中，寫出坎離南北，震兑東西，卽水、火、木、金之位也。

後天八卦位次，雖與先天不同，然六十四卦以乾坤爲首，是取天地定位之意，蓋仍用先天也。

敬軒曰：「自孔子後千餘年，易只曰『周經』。乾『元、亨、利、貞』以下，而伏羲先天四圖，隱而不傳。雖有繫辭，『易有太極，是生兩儀，兩儀生四象，四象生八卦』，及說卦『天地定位，山澤通氣。雷風相薄，水火不相射石。八卦相錯，數往者順，知來者逆』之言，人亦不知謂何。至邵子傳先天圖，自陳希夷於是以繫辭、說卦之言證圖，一一相合，而伏羲作易本原復明。」此說最得。朱子取繫辭、說卦及邵子等語，分註圖下之意。余亦嘗有河圖吟一篇，竊附於後：「道源出河圖，圖義一何廣。奇偶分陰陽，其化曰『維兩』。五行無始終，四序迭來往。妙有太極存，不測亦不爽。何事傳中失，泯泯人惚慌。康節述先天，於焉復指掌。」

河圖、洛書之義，詳於啓蒙。洪範之數，皇極內篇盡矣。

歐陽永叔以河圖、洛書爲不足信。朱子謂：「終無柰顧命、繫辭、論語亦有此言。」竊思永叔亦非不知有此言，蓋圖、書精微之義，他原不曾理會得，只是箇硬不信耳。

據伏羲底卦畫，只一陰一陽便是易。孔子推其本，謂「易有太極」。周子又曰：「無極而太極，陰陽一太極也，太極本無極也。」

太極圖上面一箇大圈子，即是陰陽中那個小圈子挑出來在上。這箇圈子只是箇空底，元來無形無象，然下面陰陽五行、男女萬物之理，都已包於其中。所謂「無極而太極」，此也。伏羲畫卦，自下而上；周子作圖，却從上而下。這上面一圈，便是那「先天一畫」。一畫生出兩儀、四象、八卦；一圈統貫二氣、五行、萬物。

太極陰陽，總是一箇大圈子。從中分之，左邊是陽動，其底子黑者，陽中陰也，爲靜之根；右邊是陰靜，其底子白者，陰中陽也，爲動之根。裏面那箇小圈子，便是太極，所謂「動而陽，靜而陰」之本體也。其在中者，太極不離乎陰陽也；挑出在上者，太極亦不雜乎陰陽也。看來這箇陰陽圈子，也與那先天八卦圖一般，左邊陽動，即自震一陽，歷離兌二陽，以至於乾之三陽，而陽盛則陰生，動極而靜也。右邊陰靜，即自巽一陰，歷坎艮二陰，以至於坤之三陰，而陰盛則陽生，靜極而動也。其陽中黑底，便是那震之二陰，與離兌之各一陰；而陰中白底，便是那巽之二陽，與坎艮之各一陽。「陽根陰，陰根陽」，「一動一靜，互爲其根也」。陰陽生出五行，故五行交繫於陰陽。其水、火、木、金分左右、上下而土居中者，卽河圖一、二、三、四、五，爲五行生之序也。蓋「天一生水，地二生火」，故水根陽而爲陰盛，以居右上。「天一生水，地六成之。」「水陰也，生於天一」，是爲根陽，陽變助陰而生水，故曰「陰盛。」火根陰而爲陽盛，以居左上。「地二生火，天七成之。」「火陽也，生於地二」，是爲根陰，陰合助陽而生火，故曰「陽盛」。「天三生木，地四生金」，故木爲陽穉，居於左下而次火。「天三生木，地八成之。」蓋陽變得陰而生木，則木爲陰中之陽，故曰「陽穉」。金爲陰穉，居於右下而次水。「地四生金，天九成之。」蓋陰合得陽而生金，則金爲陽中之陰，故曰「陰穉」。土，則生於天五者也，故爲沖氣而居中。「天五生土，地十成之。」土，蓋陰陽合會所生，故曰「沖氣」。其黑文之引，自木而之火，春化夏也；自火而土而金，夏化秋也；自金而水，秋化冬也；自水而復木，冬化春也。五者循環，相因不已，是則「行之序」也，亦似那河圖左旋然。這水、火、木、金、土五箇小圈子，箇箇都是那上面一箇大圈子，乃「五行各具一太極」也。其下一箇小圈子，便是眞精妙合，而男女萬物，都從此中生出，蓋「變化無窮之源」也。

太極圖下面兩箇大圈子，亦都是那上面一箇大圈子，乃男女萬物，各具一太極也。一箇是氣化，生出男女、牝牡、雌雄，而各具一太極也；一箇是男女既生之後，形交氣感，化生萬物，而各具一太極也。那上面一箇大圈子，便已包著這兩大圈子在內，乃男女萬物，統體一太極也。

朱子云：「太極圖只是一箇實理，一以貫之。」實理卽是太極。那陰陽五行，男女萬物，許多物事，只是這一箇太極貫通去，無間隔，無虧欠也。

太極之旨：周子立圖於前，爲說於後，既互相發明矣，而通書又與圖相爲表裏，如「誠者，聖人之本」。誠是自然底實理，卽所謂「太極」也。「元亨誠之通」，繼之者善，而陽之動也；「利貞誠之復」，成之者性，而陰之靜也。一動一靜，一賦一受，而太極爲造化之樞紐，品彙之根柢者，悉見於是矣。

「厥彰厥微，匪靈靈謂之心，太極之至靈。弗瑩」，此言理也；「剛善剛惡，柔亦如之，中焉止矣」，此言性也；「二氣五行，化生萬物。五殊二實，二本則一，太極是萬爲一，一實萬分。萬一各正，小大有定」，此言命也。蓋書之發明圖意，最爲深切者，類如斯。

朱子曰：「『無極』二字，乃周子灼見道體，迥出常情，勇往直前，說出人不敢說底道理，令後之學者曉然見得太極之妙，不屬有無，不落方體，眞得千聖以來不傳之秘。」

邵子先天圖說，以坤、復之間爲無極。「無極之前，陰含陽也」，是指自坤反姤說；「有象之後，陽分陰也」，是指自復至乾說。因此有云「無極而太極」亦屬陰靜者，殊不知邵子是以氣言，以氣言，則無極與有象爲二，而無極專屬乎陰靜。周子則專以理言，以理言，則無極太極一物也，而陰陽動靜無不該。其所主各自不同。一牽合，則兩失之矣。此一條辯槐亭漫録。

「太極」本謂理之至極而無以復加，豈其上更有所謂「無極」耶？「無極」只是言此理之無形象耳，纔擡高說，便入於異。毫釐千里之謬，正在此處，不可不變。以下五條答柏林書問。

「太極本無極」。本，猶原也，爲太極原無極也。若作根本說，是這箇太極却從無極中生出來，便分爲二矣。

男女善惡，皆分陰陽而言。出自人者，事有善惡，亦猶出自天者，物有男女。故曰：「善惡，男女之分也。」

天地之道，陽善而陰惡。男，陽類也；女，陰類也。故善惡可言陰陽，亦可言男女。此以男女言者，蓋從上文「乾道成男，坤道成女」說來也。

敬軒云：「周子太極圖說，朱子之解，以心契心者也。」學者當卽朱子之解，以求周子之說。熟讀精思，潛玩默體，期以數十年之功，竢其融會貫通，超然有得於圖象之表，庶幾天人之理，畢貫於一，而其實不外乎吾心矣。而今學者，多不知朱子之解，安能明周子之說？於圖象向不曾識得，又安能超然有得於圖象之表哉？某不敏，從事於斯者，二十餘年矣，雖未能融會貫通，而於朱子之解，無一字一句不究其義而記之者，亦庶幾無違乎薛先生之訓云爾。

天地每成一番混沌，所不死者，有元氣焉。元氣，只是陰陽之氣。當天地混沌，人消物盡時，只有這箇氣，衮來衮去，綿綿不息。是至靜之中，亦未嘗無動也。所以復能生天生地，生人生物，重新開闢一番也。許庸齋說：「混沌時，只是一塊水。水本外陰內陽，而火又伏於其中，如沸湯一般是也。」

「天包地外。」敬軒謂：「不但包乎地外，實行乎地中。」是蓋上下內外、遠近大小皆天也。又謂：「地中之水，皆天氣鬱積流通所生。」此只以人口呵氣成水驗之，便見。

張子云：「天左旋，自東而西，處其中者順之，稍遲則反右矣。」處其中者，謂日、月、五星，亦皆順天左旋，但其行比天稍遲，却似乎逆而右轉，實非右轉也。

朱子云：「天無體，二十八宿便是天之體，隨天而定。」此卽張子所謂「恒星不動，純繫乎天者也」。又云：「日月五星，則皆隨天左轉，而緩急各不同，不隨天而定。」此卽張子所謂「七政之性殊，不純繫乎天，如恒星不動者也」。

敬軒曰：「天轉正如車輪之轉，蓋側轉也。如八月初昏，斗柄指酉，至天將明時看之，則斗柄却指卯矣。以是知天一晝夜側轉一周，而斗柄亦隨天翻轉指卯矣。」

朱子謂：「橫渠說，日月皆是順天左旋。說得好。」蓋天體圓而行健，常一日周三百六十五度四分度之一，又過一度。日行少遲，亦一日一周，起度端終度端而常不及天一度，積三百六十五日四分日之一，天所進過之度，方恰周得本數；日所退之度，亦恰退盡本數。而與天會爲一歲。月行尤遲，一日常不及天十三度十九分度之七，不及日十二度三百四十六分半，至二十七日半強；而一周天與初躔合又行二日有奇，爲二十九日半強。而與日會爲一月，積三百五十四日九百四十分日之三百四十八；而與日會者十二，爲一年。其進數爲順天而左，退數爲逆天而右。曆家以進數難算，只以退數算之，乃謂之「右行」，其實皆左旋也。故曰「張子說得好」。周天之數，三百六十五度四分度之一。每度廣二千九百三十二里七十一步二尺七寸四分，共該一百七萬一千里也。沈存中謂：「天何嘗有度，以日行三百六十五日四分之一而一朞，強謂之『度』，以步日月、五星行次而已。」却說得好。

書傳云：「天左旋，日月麗天亦左旋。」此儒家洞見天道之流行，就地面而順觀之也。詩傳云：「天左旋於地，日月右行於天。」此曆家步占日月之躔次於天度，而逆取之也。然自天度考之，雖成右轉，而自地面觀之，仍是左旋。明於天與地之説，則知左旋右轉雖異而實同矣。

張子云：「日質本陰，月質本陽。」卽所謂「陰陽之精，互藏其宅」也。蓋日，太陽也，而質陰，便是陰之精藏於陽；月，太陰也，而質陽，便是陽之精藏於陰。「日火外影，金水內影」，其理亦與此同。如金、水、星月，受光於火日，是乃陰受而陽施之道也。

日行黄道，月行赤道，而赤道出入於黄道之内外，分爲九道。蓋太陰出入黄道，必歷内外以旋兩道。一序乃成，是以出外爲「陽歷」，入内爲「陰歷」。而四序必歷乎陰陽者，太陰之常道也。南北極，定子午位。又因二極，立赤道，以定卯酉位。北極，瓜之蒂也；南極，瓜之攢花子也；赤道，瓜之腰圍也。【按：所謂「黄道」者，北至東井，南至牽牛，東至角，西至婁是也。南北極之中度最均，此之謂「赤道」，其出入於黄道内外。東曰「青道」，南曰「朱道」，西曰「白道」，北曰「黑道」。道四方各二，并黄道爲九也。日極南至於牽牛，則爲冬至；極北至於東井，則爲夏至；南北中，東至角，西至婁，則爲春秋分月。立春、春分從青道，立秋、秋分從白道，立冬、冬至從黑道，立夏、夏至從朱道。沈存中曰：「日月之行，有遲有速，難以一術御也。故因其難合，分爲數段，每段以一色名之，欲以別算位而已。曆家不知其意，遂以爲實有九道，甚可嗤也。」】

五星者，水、火、木、金、土之精也。木曰「歲星」，平行十二日移一度，一歲移一宫，十二歲一周天。火曰「熒惑」，常以十月入太微垣，受制平行二日移一度，二月移一宫，二歲一周天。土曰「鎮星」，平行二十八日移一度，二十八月移一宫，二十八年一周天。金曰「太白」，水曰「辰星」，皆附日而行，或前或後，平行一日移一度，一月移一宫，一歲一周天。蓋五星皆隨天左旋而不及天。其行西爲順，東爲逆；趨舍而前爲盈，退舍而後爲縮；光而明滅不定曰「動」，光明出而生鋒曰「芒」；芒長四出曰「角」，長而偏出曰「彗」；同舍曰「合」，同宿曰「聚」。

周禮保章氏掌天星，以星土星所主土辨九州之地，所封封域，皆有分星；角亢氐兗州，房心豫州，尾箕幽州，斗牛女揚州，虚危青州，室壁并州，奎婁胃徐州，昴畢冀州，觜參益州，井鬼雍州，柳星張三河，翼軫荆州。以觀妖祥。觀彗孛客星，所犯屬何分野，主何妖祥。

又以十有二歲之相，歲星在木，則火爲相；在火，則土爲相；在土，則金爲相；在金，則水爲相；在水，則木爲相。觀天下之妖祥，五星順度，爲祥；流逆失度，爲妖。以詔救政訪敘事。蓋以所觀者告王，豫修政以救。而訪大時所宜，次序其事也。明高皇帝見一星失次，輒引爲己憂。得此意矣。

史記：「黃帝起消息，正閏餘。」張子謂：「閏餘生於朔，不盡周天之氣，而世傳交食法，與閏異爾，蓋有不知而作者術。」按：周天二十四氣，凡三百六十五日四分日之一。而月有大小，朔不得盡此氣，而一歲日子已足，此閏餘所由生也。交食法謂：「月行十四日九時，而與日對，對則月爲之食。二十九日六時三刻弱，而與日會，會則日爲之食。其十二會，得日三百五十四九百四十分日之三百四十八，而餘十日半有奇。」是其法與閏同術也。

書載：「朞三百有六旬有六日，以閏月定四時，成歲。」蔡傳云：「歲有十二月，月有三十日，三百六十者，一歲之常數也，故日與天會而多五日九百四十分日之二百三十五者爲氣盈。五日有奇爲一候，三候爲一氣。二氣必三十日零五時二刻強，始交後月節氣，合二十四氣。共三百六十五日零二十五刻者，氣盈之溢數也。月與日會而少五日九百四十分日之五百九十二者爲朔虛。十二月有六小盡者，朔虛之虧數也。合氣盈、朔虛而閏生焉，故一歲閏率，則十日九百四十分日之八百二十七；是餘十一日弱三歲一閏，則三十二日九百四十分日之六百單一；五歲再閏，則五十四日九百四十分日之三百七十五。十有九歲七閏，則氣朔分齊，是爲一章也」。十九年閏餘，通得二百單六日六百七十三分，須置七閏，方日月二百三十五會，與天日十有九會平等而無少不及，故爲一章；二十七章爲一會，五百一十三年；三會爲一統，八十一章一千五百三十九年；三統爲一元，四千六百一十七年。章會統元，運於無窮。若不置閏，而至於三失。十二失，則寒暑反易，農桑庶務，皆失其時，故必以此餘日置閏月於其間，然後四時不差而歲功得成矣。

按：積三百六十五日四分日之一而日與天會者，大歲之數也，叫做「足日」；積三百五十四日九百四十分日之三百四十八而月與日十二會者，小歲之數也，叫做「省日」。閏則補三歲之省日，湊爲三歲之足日，是每歲皆成箇三百六十五日零二十五刻也。汪新安又本周禮，以日與天會爲一歲，月與日十二會爲一年，大率三百六十日爲「常數」。一歲多五日有奇爲二十四氣是爲氣盈，而晝夜長短，節氣寒暑，於是定焉。一年少五日有奇爲十二月是爲朔虚，而晦朔弦望，於是定焉。積歲之有餘，就年之不足，而後有閏。三年一閏，尚餘三日有奇；五年再閏，則少五日有奇；積十九年，閏在十二月，則氣朔分齊。大率三十三月則有閏，閏前之月中氣在晦，閏後之月中氣在朔，乃天地自然之理。曆家因其自然，而立積分之數，以合之耳。

合氣盈、朔虚而閏生焉。金仁山謂：「氣盈而失閏，則立春爲正月一日，驚蟄爲二月一日，隨節氣而爲月，累累皆然。當朔不朔，當晦不晦，安得合初一、十五、初八、二十三之晦朔、弦望乎？朔虚而失閏，則只以三箇月爲春，三箇月爲夏，又兩箇三月爲秋、爲冬，隨十二月而爲一歲，累累皆然。而春非春，秋非秋，夏不熱，冬不寒矣。經三十三箇月，則氣盈、朔虚之數積及一月，便合置閏，前閏距後閏，亦三十三箇月。數内大月多，則過數而閏，三十四箇月者有之；大月少，則不及數而閏，三十二箇月者亦有之。閏，所以消其盈而息其虚也。大約經三十三箇月，則消息停當，節氣差移，自然月内無中氣而爲閏焉。」蓋月有節氣、中氣，中氣只在本月。若趲得中氣在月盡或後月之初，便當置閏爾。

或以閏之爲閏謂「天不用之，而人用之」，不知這也是天道之自然。聖人因而裁成之，如説：「天不用閏，便不成造化矣。」

朱子言：「天以剛風旋衮，得地在内不陷。」與岐伯「大氣舉」之説，如合符節。或云：「水泛地，故地不沉；日晝升天，夜入水。」恐非。

邵子曰：「人或告我曰：『天地之外，别有天地。』萬物異乎此天地萬物，則吾不得而知之。」言必無此理也。

五行之理具於圖書啓蒙，發無餘藴矣。

陰陽只是箇寒熱。動時，氣便熱，便是陽；静時，氣便寒，便是陰。熱又有方熱、大熱，寒亦有方寒、大寒。便分木、火、金、水，而土則寒熱之中者是也。

張子云：「凡陰氣凝聚，陽在内者不得出，則奮擊而爲雷霆。」敬軒「嘗令小童燒栗，忽殼破聲爆，因謂熱氣在内不得出，故奮裂而有聲。」是即先儒論雷霆之理，驗之切矣。

又云：「陽在外者不得入，則周旋不舍而爲風。」史伯璿謂：「風，火屬也，故知是陽氣。」火極明處，風必盛，故颶風大作，空中火飛無數，亦一驗也。

「震，一陽在二陰之下，故爲雷；巽，二陽在一陰之上，故爲風。」觀兩卦之象，則張子「風雷」之說益信其有據矣。

雹者，陰陽相搏之氣，蓋戾氣也。朱子云：「『雹』字，從雨從包，是這氣包住，所以爲雹。」漢儒劉向曰：「盛陽雨水，溫煖而湯熱，陰氣脅之不相入，則轉而爲雹。」故沸湯之在閉氣而湛於寒泉，則爲之冰。此其驗也。或云：「蜥蜴含雹。」予初疑之，後來遇一老人，言嘗盛暑入山中，見得蜥蜴無數，潭邊飲水，須臾吐石上，皆成雹冰。方信其不誣矣。

正蒙云：「陰陽之氣和而散，則爲霜雪雨露；不和而散，則爲戾氣曀霾。」朱子謂：「戾氣、飛雹之類，曀霾、黃霧之類，皆陰陽邪惡不正之氣，所以雹冰穢濁，或青黑色。」【愚按：春秋書大雨雹者四。蓋「陰脅陽，臣侵君之象」也，故曰：「聖人在上，無雹。」】

詩小雅云：「如彼雨雪，先集維霰。」霰者，雪之始凝。傳謂：「將大雨雪，必先微溫。雪自上下，遇溫氣而摶，謂之霰。久而寒盛，則大雪矣。」劉向曰：「盛陰雨雪，凝滯而凍寒。陽氣薄之摶而脅之不相入，則散而爲霰。」其說是也。

朱子言：「露只是自下蒸上。」敬齋從程子，以爲「星月之氣」。看來，還從朱子爲是。蓋天久不雨，地乾干便無露；雨多地濕，露便盛，豈關星月之有無耶？至寒則露結成霜。從來是如此說，非始於朱子也。邵子說：「天只有日、月、星、辰四者，地只有水、火、土、石四者。」又云：「雨者，水氣之化也；風者，火氣之化也；露者，土氣之化也；雷者，石氣之化也。水氣蒸則爲雲，雲降則爲雨，凝則爲雪；土氣升則爲霧，降則爲露，結則爲霜。雷生於石，電生於火，有雷則有電。」火出於石也，電與風同爲陽之極也。露自下蒸上，邵子亦是如此說。天官言：「大剛爲火，火之在天則爲日。大柔爲水，水之在天則爲月。少剛爲石，石之在天則爲星。少柔爲土，土之在天則爲辰。故陽燧取於日而得火，火與日一體也。方諸取於月而得水，水與月一體也。自日、月、星之外皆辰也，自水、火、石之外皆土也，是辰與土一體也。」

日月之說，惟朱子考得最精，言：「日月有一定之形影，如丸如毬，乃陰陽之精，運行不息。日速月遲，是以或近或遠。月受日光，體魄常全，受光常滿，本無死生、虧盈，乃人見之有正側不同。正則見其光全，側則見其光缺。日月近則人在下見其側，遠則人在中間見其正。晦而正交，則月揜日，日被月在下面遮了而日食；望而正對，則日射月，月爲日中闇虛所射而月食。」其精如此。【按：月本無闕，但常受光於日。方合朔時，日在月之上，則月面向上者有光，向下者無光，故人不見；初三、四漸離開去，則日在月之旁，故光側，而所見繞如鉤；至十五、六日在地下，其光從地四邊射上，則月面向下而受日之光，故人見其圓滿。此後復漸漸相近，至晦則復合。所謂「近一遠三」者，以周天爲四分，上弦與下弦時，日月相看皆近一分，遠三分也。日月每百七十三日餘而一交於此，方有食。】

日食只是被月在下面遮了。余曾眼見得如此。數年前，雨後日食，視階下潢池中，月正揜日。既而月漸漸移，則日光漸復。於是益信朱子之說爲精。

日者，衆陽之宗，至尊之象。故春秋日食必書，示人君不可忽天變也。朱子云：「日月行天，一歲凡十二會。會而東西同度，南北同道，則月揜日而日爲之食，是皆有常度矣。然王者修德行政，用賢去姦，能使陽盛足以勝陰，陰衰不能侵陽，則日月之行雖或當食，而月常避日，故其遲速高下，必有參差而不正相合者，所以當是而不食也。若國無政，則當食必食。雖日行有常度，而實爲非常之變矣。」然則有天下者，其可專歸於數，不知所以謹天變而深自修省乎？月食雖是陽變陰，然陰不退避，而與陽爭敵，畢竟也不好。

春秋自文至哀，書地震者五。伯陽父云：「陽伏而不能出，陰迫而不能烝。」是說陽伏在陰下，爲陰所迫，不得出而上升，於是有地震。蓋陽微陰盛，君弱臣強之應也。

史載商中宗時，有桑穀共生於朝，一莫大拱。中宗能恐懼修德，而商道復興。高宗祭於成湯之廟，有飛雉升鼎耳而鳴。高宗乃「克正厥事」，而「商用嘉靖」。朱子謂：「古之聖王，遇災而懼，修德正事，故能變災爲祥。其效如此。」

自小學、大學之教不行，高者入於空虛，卑者流於功利。流功利者，十常八九，然其害猶小。功利與聖人之道，是非得失易辯故也。入空虛者，十不過一二，却甚害道，爲其似是而實非，非見道分明者，不足以識破。

程子謂：「老氏論道德而雜權詐。秦愚黔首，申韓刑名，蘇張縱橫，皆原於此。」朱子亦云：「老氏心最毒。其不與人爭者，乃所以深爭之也。故爲其學者，多流於術數，其後兵家亦祖其說。」是皆言他詐術之流禍無窮也。「刑名慘刻，言出於黃老者，無情之極，至於無恩。」直是如此。

仁義具於心，則爲德；見於日用事物，則爲道。老氏言道德而外仁義，故曰「適以滅其道德」。

莊生所謂「自然」，乃棄滅禮法，付之自然。所謂「無爲」，乃沖寞虛靜，遁於無爲。此其所以叛乎道也。自古無爲而治者，莫如舜。然亦未嘗廢了政刑。莊周乃欲「剖斗折衡，使民不爭」，甯有是理耶？

朱子言：「老莊之學，不論義理之當否，而但欲依阿於其間，以爲全身避患之計，是卽程子所謂『閃姦打訛』者。」論老莊之失，程子、朱子曲盡矣。

莊生侮聖人，謂「聖人不死，大盜不息」。釋子侮天地，謂「一粒粟中藏世界」，無忌憚甚矣！

孟子、邵子、莊子天資皆合下大，惟孟子能做「集義、養氣」工夫，遂成亞聖。邵與莊却無禮不恭，而莊爲甚。故敬齋論「反正之漸」：「莊子就規矩準繩，便到邵子，邵子就規矩準繩，至可到孟子。」其難易次第如此。

文中子言：「清談盛而晋室衰，非老莊之罪也。」眞氏言：「清談之弊，正祖於老莊。謂非其罪可乎？」故朱子曰：「文中子其間有見處，也只是老氏。」

敬軒云：「欲知異端得失，亦不可不觀其書。」月川云：「異典不涉獵，無以鑒其似是實非之的。」此皆爲吾學既明者言之也。苟內無定見，而輒讀異端之書，其不爲所搖惑者鮮矣。明道言：「正叔一生，不曾看莊列，非禮勿動、勿視。出於天從與？幼有如是才識！」

明道辯佛氏之失，云：「自謂之窮神知化，而不足以開物成務。言爲無不周徧，實則外於倫理。窮深極微，而不可以入堯舜之道。」可謂明矣！朱子復以吾儒對彼，而辯其得失，曰：「吾儒萬理皆實，釋氏萬理皆空。」吾儒便著讀書，逐一去事物上理會道理，異端便都掃了。只恁地空空寂寂，便道事都了；若將些子事付之，便沒奈何。尤見分曉。程朱之後，闢異端者，莫如敬軒、敬齋兩先生。敬齋闢禪數十條，有直從禪家病根處抉剔者；有明其欺惑人心、貽害萬世者；有與吾儒對言辯其似是而非者；又有原儒學所以流入異教，并開示反正工夫者。其言皆精切詳明，不能盡録，録其尤要者，與同人共講焉。

敬齋曰：「禪家存心有兩三樣：一是要無心、空其心；一是羈制其心；一是照看其心。儒家則内存誠敬，外盡義理而心存。故儒者心存，萬理森然具備；禪家心存，而寂滅無理。儒者心存而有主，禪家心存而無主。儒家心存而活，異教心存而死。然則禪家非是能存其心，乃是空其心、死其心、制其心、作弄其心也。」

問：「佛氏說真性不生不滅，如何？」曰：「釋氏以知覺運動爲性，是氣之靈處，故又要把住此物，以免輪廻。緣他當初，只是去習静坐、屏思慮。静久了，精神光彩，其中了無一物，遂以爲眞空。言道理，只是這箇極玄極妙，天地萬物都是這箇做出來。得此，則天地萬物雖壞，這物事不壞；幻身雖亡，此不亡。所以其妄愈甚。」

「自家大本不立，見得道理不分明，未有不入異教者。」又云：「今日異端，經程朱闢後，本不能害人，是學者不會做工夫，自流入去。病在不於小學、四書、近思録上用功。」又云：「要斷截學者邪路，使不入異端，須教之小學上做，則基本堅實，自無空虛之患。」

敬軒曰：「佛氏之學，有曰『明心見性』者。果能『明心見性』，則必知天下無性外之物，而性無不在，必不舉人倫而外之也。今既舉人倫而外之，則偏於空寂，而不能眞知心性體用之全，審矣。」

「釋子不問賢愚善惡，只順己者便是。」

「好異端者，天資高則淪於空虛，氣稟下則惑於罪福。」

「生死之說，不外陰陽聚散。釋氏聚散亦人耳，安能以已散者爲禍福耶？舉前古皆爲所惑，理之不明也甚矣！」又云：「爲善誠實，則天報之以福。豈有爲不善之人，誦異端之誕言而福可求耶？」

「聖賢惡異端，爲其陷人心，耗財用，貽害之大。」

「學者得如周、程、張、朱之爲人，亦可矣。四子不好佛，而學者乃好之，則是爲人不求如四子之賢，而好佛乃求過於四子也，惑之甚矣！」又云：「正理所見既明，則邪說不能惑。」

敬齋闢異端，多從根本處說；薛先生則兼本末言之，辭不迫切而意已獨至。

佛學之謬，程朱已辯於前，繼之敬軒、敬齋，反覆推論，明且盡矣。今猶有儼然以儒自命，而學乃流於禪者，何其惑之甚耶！

程子云：「僊者，天地間一賊。若非竊造化之機，安能延年耶？」敬軒謂：「亦未有久而不散者。」蓋萬物聚散生死，乃造化自然之理。彼不過竊其機以少延，豈能逃造化哉？

「立人之道，曰仁與義。」不仁不義，則人道已滅。縱使長生久視，亦徒然爾，況生又未易長乎？

佛氏之誕妄而易惑人處，只是那脱離生死、超然常存於世。釋迦却八十二歲而沒，生死彼且不能脱離，況衆人乎？則其說之不足信，明矣。

槐亭明元篇詩曰：「子會生天亥會傷，後邊子會又將方。盈虛消息天難外，何況人生要久長？」

物莫久於天地，然亦有盡者。天地一氣而已，但是氣便有箇盡時。今人得天地之氣以生，其修短已定於受命之初，後來乃欲續之，亦孰從而續之耶？

觀秦皇、漢武，則求僊之效可見矣。觀梁武、宋道君，則事老、佛之效可見矣。

自東漢以來，人君中能毁佛像者，惟周世宗一人；大臣中能毁淫祠者，惟狄梁公一人。至曹月川以學官毁淫祠，是亦古今所絶無而僅有者。嘗考先生學行，爲本朝理學之冠，而未獲從祀孔庭，當事者之過也。

「不停兩鳥鳴，大法失九疇。」「兩鳥」指釋、老而言。今天下惟孔子闕里曲阜一縣，無釋、老祠，無僧道。如有王者起，推而廣之，須是四海九州，皆「廬其居，人其人，火其書」，然後人爲善。

朱子之學，内外合一。雖道問學，而亦未始不尊德性。吴臨川謂其「偏於問學」，是不知朱子者也。議者以吴爲陸氏之學，信然。

敬軒言：「朱子論陸象山之學，具有定論。吴臨川猶左右之，何也？」而今「左右之」者，又不止臨川矣。甚至述其説，自害以害人，謂之罪大，不亦宜乎？

「涵養須用敬，進學則在致知。」眞西山謂：「天下義理，學者工夫，無以加於此。自伊川發出，而文公又從而闡明之。中庸『尊德性，道問學』章，即此意也。」又曰：「操存固，則知識明；知識明，則操存愈固。子朱子之所以教人，大略如此。」

魏了翁曰：「帝王不作，而洙泗之教興。微孟子，吾不知大道之與異端，果孰爲勝負也。聖賢既熄，而關洛之學興。微朱子，亦不知聖傳之與俗學，果孰爲顯晦也。」韓子謂：「孟子之功，不在禹下。」予謂：「朱子之功，不在孟子下。」黄勉齋曰：「由孔子而後，曾子、子思繼其微，至孟子而始著。由孟子而後，周、程、張子繼其絶，至先生而始著。」李果齋曰：「洙泗以還，博文約禮，兩極其至者，先生一人而已。」陳北溪曰：「文公上以達群聖之心，下以統百家而會於一。蓋所謂集諸儒之大成，而嗣周、程之宗統。粹乎！洙泗、濂洛之淵源者也。」合以上眞氏等衆論觀之，則吴臨川之妄愈明矣。

朱子門人得其傳者，當首推勉齋。故朱子嘗喜其明睿端莊，造詣純篤，謂：「斯道有望於直卿者不輕。」董氏詡曰：「勉齋先生得紫陽之正傳，造詣精深。而見於講説者，特簡易明白，的當痛快，讀之使人興起。」可謂知言矣。

勉齋知安慶府時，金人破光山。安慶震恐，勉齋築城，閲士卒，會僚佐，講究防禦之計。城成，有老嫗百歲，二子諸孫與之至府，拜曰：「老婦爲一郡生靈謝。」是歲大旱，勉齋祈，輒雨。其後，金人破黄州，淮東、西皆震，獨安慶安堵。舒人德之，相謂曰：「生我者黄父也。」當宋南渡之衰，而黄氏治舒，上格天，下感人，非至誠而能若是乎？

朱子曰：「自鄒孟氏没而聖人之道不傳，世俗所謂儒者之學，内則局於章句文辭之習，外則雜於老子、釋氏之言。而其所以修己治人者，遂一出於私智人爲之鑿，淺陋乖離，莫適正統，使其君之德不得比於三代之隆，民之俗不得躋於三代之盛。若是者，蓋已千有餘年於今矣。濂溪周子奮乎百世之下，乃始深探聖賢之奥，疏觀造化之原，而獨心得之。立象著書，開發幽秘。辭義雖約，而天人性命之微，修己治人之要，莫不畢舉。河南兩程先生既親見之而得其傳，於是其學遂行於世。士之講於其說者，始得以脱於俗學之陋、異端之惑，而其所以修己治人之意，亦往往有能卓然不惑於世俗利害之私，而慨然有志於堯舜其君民者。蓋三先生者，其有功於當世，於是爲不小矣！」愚謂其功之大，非惟在於當時，實則在於萬世也。今學者誠能因是言，以讀周、程及朱子之書而得其心，則斯道之傳也，不亦庶幾乎？

易言：「日新之謂盛德。」湯之盤銘亦言「日新」。伊川謂：「君子之學必日新。日新者，日進也；不日新者，必日退，未有不進而不退者。惟聖人之道無進退，以其所造者極也」。

仁說録要：自孔門後，學者都不識這箇「仁」字，只把做恩愛說了，故韓文公言「博愛之謂仁」。至於程子，始非之，以爲「仁自是性，愛自是情。以愛爲仁，是以情爲性也。」然自此說一出，其門人又將愛全掉了，遂一向逐高遠去，不知「仁是愛之性，愛是仁之情」。「愛」雖不可以正名「仁」，而「仁」亦豈能離得「愛」乎？至於朱子，乃言：「仁者，愛之理，心之德。」眞西山曰：「所謂愛之理者，言仁非止乎愛，乃愛之理也。蓋以體言之，則仁之道大，無所不包；發而爲用，則主乎愛。仁者，愛之體也；愛者，仁之用也。」以愛出於仁則可，以愛便是仁則不可。故文公以「愛之理」言之，方說得盡。又曰：「『心之德』何也？蓋心者，此身之主而其理則得於天。仁、義、禮、智，皆心之德，而仁又五常之本，故爲人心之全德。然仁之所以爲心之德者，正以主乎愛故也；仁所以能愛者，蓋天地以生物爲心，而人得之以爲心故也。『愛之理，心之德』六字之義，乃先儒所未發而文公始發之，其有功於學者至矣！」陳潛室曰：「愛是情，理是性，心統性情者也。單說『愛』字與『心』字，猶是就情上看，必曰『愛之理，心之德』；方和性在裏面，是愛之所以爲愛而心之所以爲心者也，是之謂仁。」又著說立圖，辯論反覆，而仁之名義，體用功效，始深切著明而無復可疑也。

朱子曰：「愛是惻隱，惻隱是情，其理則謂之仁。心之德，德又只是愛。謂之心之德，却是愛之本柄。愛之理實具於心，心之德發而爲愛。『心之德』是統說，『愛之理』是就仁、義、禮、智上分說。如義便是宜之理，禮便是別之理，智便是知之理。但理會得愛之理，便理會得心之德。」問「仁者，愛之理」，曰：「這一句，只將心、性、情看，便分明。一身之中，渾然有箇主宰者，心也； 具仁、義、禮、智，則是性； 發爲惻隱、羞惡、辭遜、是非，則是情。惻隱，愛也，仁之端也。愛是箇動物事，理是箇靜物事。緣裏面有這愛之理，所以發出來無不愛。」程子曰：「心如穀種，其生之性，乃仁也。」生之性便是「愛之理」。仁是未發之愛，愛是已發之仁。孔門之教，說許多仁，却未曾正定說出。蓋此理直是難言，若立下一箇定說，便該括不盡。且直於自家身分上體究，久之自然通達。程子謂「四德之元，猶五常之仁，偏言則一事，專言則包四者。」須是統看仁如何却包得數者，又却分看義、禮、智、信如何亦謂之仁。大抵於仁上見得盡，須知發於剛果處亦是仁，發於辭遜、是非亦是仁。若未曾識盡全體，到底無定據也。

程子云：「仁道難言，惟公近之。」朱子謂：「公不可與仁並比。看公，只是無私； 纔無私，這仁便流行。」程先生說：「惟公爲近之，却不是近似之近。」又曰：「無私則理無或蔽。今人喜也是私喜，怒也是私怒，哀也是私哀，懼也是私懼，愛也是私愛，惡也是私惡，欲也是私欲。苟能克去己私，廓然大公，則喜是公喜，怒是公怒，哀、懼、愛、惡、欲，莫非公矣。此處煞繫利害。顏子所受於夫子，只是『克己復禮爲仁』。」問「仁」與「公」之別，曰：「仁是本有之理，公是克己工夫極至處。惟公然後能仁，理甚分明。故程子曰：『公而以人體之。』人字只是指吾此身而言。則是克盡己私之後，只就自家身上看，便見得仁也。『公而以人體之』，故爲仁。蓋公猶無塵也，人猶鏡也，仁則猶鏡之光明也。鏡無纖塵則光明，人能無一毫之私欲則仁。然鏡之明，非自外求也，只是鏡元來自有這光明，今不爲塵所昏爾。人之仁，亦非自外得也，只是人心元來自有這仁，今不爲私欲所蔽爾。故人無私欲，則心之體用廣大流行，而無時不仁，所以能愛、能恕。」又曰：「公則仁，私則不仁。未可便以公爲仁，須是體之以人方是仁。公、恕、愛，皆所以言仁者也。公在仁之前，恕與愛在仁之後。公則能仁，仁則能愛、能恕故也。」問「恕則仁之施，愛則仁之用」，曰：「仁之發處自是愛，恕是推那愛底，愛是恕之所推者。若不是恕去推，那愛也不能及物，也不能親親、仁民、愛物，只是自愛而已。」又問：「施與用，如何分別？」曰：「恕是分俵那愛底。如一桶水，愛是水，恕是分俵此水，何處一杯一杓，故謂之施。愛是仁之用，恕所以施愛者。『施、用』兩字，移動全不得。仁是根，惻隱是萌芽，親親、仁民、愛物便是推廣到枝葉處。」

余方叔謂：「無私欲是仁。」朱子曰：「謂之無私欲然後仁，則可；謂無私便是仁，則不可。蓋惟無私欲而後仁始見，如無所壅塞而後水方行。」方叔曰：「與天地萬物爲一體是仁。」曰：「無私，是仁之前事；與天地萬物爲一體，是仁之後事。惟無私，然後仁；惟仁，然後與天地萬物爲一體。『仁只是愛之理，人皆有之。然人或不公，則於其所當愛者反有所不愛；惟公，則視天地萬物皆爲一體，而無所不愛矣。若愛之理則是自然本有之理，不必爲天地萬物同體而後有也。』要在二者之間識得畢竟仁是甚模樣。欲曉得仁名義，須并『義、禮、智』三字看；欲眞箇見得仁底模樣，須是從『克己復禮』做工夫去。」答張敬夫書曰：「程子言仁，本末甚備，今撮其大要，不過數言。蓋曰：『仁者，生之性也，而愛其情也；孝弟其用也；公者，所以體仁。』猶言『克己復禮爲仁』也。學者於前三言者可以識仁之名義，於後一言者可以知其用力之方矣。今不深考其本末指意之所在，但見其分別性、情之異，便謂愛之與仁了無干涉；見其以公爲近仁，便謂直指仁體最爲親切，殊不知仁乃性之德而愛之本，因其性之有仁，是以其情能愛。但或蔽於有我之私，則不能盡其體用之妙。惟『克己復禮』，廓然大公，然後此體渾全，此用昭著，動靜、本末血脈貫通爾。程子之言意蓋如此，非謂愛之與仁了無干涉也；非謂『公』之一字便是直指仁體也。由漢以來，以愛言仁之弊，正爲不察性、情之辨，而遂以情爲性爾。今欲矯其弊，反使『仁』字泛然無所歸宿，而性、情遂至於不相管，可謂『矯枉過直』，是亦枉而已矣。其弊將使學者終日言仁，而實未識其名義，且又並於天地之心、性情之德而昧焉。竊謂程子之意，必不如此。」

問：「謝上蔡以覺言仁如何？」朱子曰：「覺者，是要覺得箇道理。須是分毫不差，方能全得此心之德，這便是仁。若但知得痛癢，則凡人皆覺得，豈盡是仁者耶？上蔡所謂『知覺』，亦只是智之發用處，但惟仁者爲能兼之。故謂仁者心有知覺，則可；謂心知覺謂之仁，則不可。蓋仁者心有知覺，乃以仁包四者之用而言，猶云仁者知所羞惡、辭讓云爾。」問「仁」，曰：「『見孺子匍匐，將入井，皆有怵惕惻隱之心』，這處見得親切。聖賢言仁，皆從這處說。仁雖似有剛直意，畢竟本是箇溫和之物。但出來發用時有許多般，須得是非、辭遜、斷制三者，方成仁之事。及至事定，三者各退，仁仍舊溫和，緣是他本性如此。人但見有是非、節文、斷制，却謂都是仁之本意，則非也。春本溫和，故能生物，所以說『仁如春』。東、西、南、北，地之四方也，而東爲先；元、亨、利、貞，天之四德也，而元爲長。地之東，天之元，時之春，人之仁也。以「生」字說仁，「生」自是上一節事。當來天地生我底意，我而今須要自家體認得。試看一箇物堅硬如頑石，成甚物事？此便是不仁。『藹乎若春暘之溫，汎乎若醴酒之醇。』此是形容仁底意思。」問「求仁」，曰：「看來，『仁』字只是箇渾淪底道理。如大學『致知、格物、誠意、正心、修身』，所以求仁也。中庸『博學、審問、慎思、明辯、篤行』，亦所以求仁也。學者須是求仁。所謂求仁者，不放此心。聖人亦只教人求仁。蓋『仁、義、禮、智』四者，仁足以包之。若是存得仁，自然頭頭湊著，不用逐事安排，故曰：『苟志於仁矣，無惡也。』今看大學，亦要識此意。所謂『顧諟天之明命』，『無他，求其放心而已』。」問：「程子云『敬以直內，義以方外，仁也』，如何以此便謂之仁？」曰：「亦是仁也。若能到私欲淨盡、天理流行處，皆可謂之仁。」

陳北溪曰：「仁有以理言者，有以心言者，有以事言者。以理言，則只是此心全體天理之公，如文公所謂『心之德，愛之理』，此是以理言者也。『心之德』，乃耑言而其體也；『愛之理』，乃偏言而其用也。程子曰：『仁者，天下之公，善之本也。』亦以理言者也。以心言，則只此心純是天理之公，而絕無一毫人欲之私以間之也。如夫子稱回『心，三月不違仁』，程子謂『只是無纖毫私欲，少有私欲便是不仁』，及『雍也，不知其仁』等類，皆是以心言者也。以事言，則只是當理而無私心之謂。如夷、齊『求仁而得仁』，『殷有三仁』，及『子文之忠』『文子之清』，皆『未知，焉得仁』等類是也。若以用功言，則只是『去人欲，復天理』，以全其本心之德而已矣。如夫子當時答群弟子問『仁』，雖各隨其才質、病痛之不同，而其旨意所歸，大槩不越乎此。」余録仁說，而撮其要指曰：「看來四書、五經等篇，字字句句都是古聖賢說仁，都是教人所以求仁也。其後自周、程、張、朱四子以至於諸儒，千言萬語，亦只是發明乎此而已矣。」

癸酉季冬，望日。書於復齋寒窓下。時行年七十有九。

復齋録　卷六

凡一百八十四條

關中王建常仲復著
三原賀瑞麟復齋校
劉質慧季昭栞

尊孔氏者，黜百家；不黜百家，必不能尊孔氏也。如今尊朱氏，而却信從儒佛者流，詎得謂能尊朱氏者乎？

人之心體粹然至善而未嘗有惡。王陽明乃云「無善無惡者，心之體。」他這劈初頭便差了，所以處處皆病。

陽明說：「所惡於上是良知，毋以使下，卽是致知。」【按：此段言絜矩之道，推己及人。分明是說行，他却主知說，亦只緣咬定箇知行合一，每每牽合穿鑿如此，如說「學問思辯都是行，知及之」，「及之」已是行了。直恁牽強。】

陽明所剟朱子問答語，大率是因人氣質、學問之偏而諄諄救正者。其間言：「自家病痛，自家悔改」，無非謙己勉人之意，亦正見得朱子「省身克己」，常若不及處。陽明乃執爲「晚年定論」，以強合己意，而究於良知之說毫無干涉，豈不謬哉？況其所剟又不盡出於晚年，亦何無據甚也！

陽明亦自言：「爲朱子晚年定論，蓋亦不得已而然。雖不必盡出於晚年，固多出於晚年者矣。然大意在委曲調停，以明此學爲重。」夫學至於委曲調停，則其所學亦可知矣。又云：「平生於朱子之說，如神明蓍龜，一旦與之背馳，心誠有所未忍，故不得已而爲此。」人謂陽明「入室操戈」，不其然乎？

「格物」是大學入門第一步工夫。陽明以「爲善去惡爲格物」，是他起脚處便不是了。「毫釐千里之謬」，實自評也。

傳習録云：「於事事物物上求至善，却是義外也。至善只求諸心，心卽理也。此心無私欲之蔽，卽是天理，不須外面添一分。」林次崖謂：「據其說，止至善只是『去人欲，存天理』，不可說於事物上講求，恐落於義外也。不知若不講求，將有錯認人欲作天理，若申生之死孝、子路之死忠者。其言心卽理，又卽性，亦不是。夫心與理、性當有別，謂心爲虛靈知覺則可；謂理爲虛靈知覺，斷不可。性是心所具之理，故曰『心統性情』，豈可謂心卽性哉？」【按：陽明「致良知不用讀書」之說發端於此矣。林氏本經據傳，一一都辯得分曉。】

問：「傳習録謂『博文是約禮工夫，與明善是誠身工夫，格物是誠意工夫一般』，其說然與？」次崖曰：「知行爲兩段事。自古聖人固已言矣，不但程朱也。如曰『知及仁守』，『三知三行』，『始終條例』，皆是分開說也。今謂『博文、致知、明善』卽是行底工夫，依其說，東、西、南、北，俱見窒礙；毛、髮、孔、竅，俱是病痛。安得舍此而信彼哉！」又曰：「彼謂『如知痛，必已自痛了；知寒，必已自寒了』，是謂必行過然後知，則行乃是知之始，却云『知是行之始』。抑何自相矛盾也？」陽明說話每自矛盾，只爲他硬要恁地說，到底理不可誣，不自由，却又說向這裏。然至今猶有人稱述他，竟不可曉。

林氏曰：「孟子時，邪說如許行，至爲詭怪無謂。夫人君治天下許多事，費許多心力，設許多官，猶不能理，況欲與民並耕而治，其勢得乎？今日又有一等人，倡爲『致良知不用讀書』之說，不知天下義理，中間許多曲折微妙，又有似是而非者，惟大聖大賢方見得透徹無差，其餘雖盡力講解，猶不能了，如何只格去物欲便能知得？可怪！可怪！又有一般人信從他，都不可曉。看來天地間，自來有此差異事，有此妖怪人。若許行却是能甘淡泊、受勞苦底人，今爲此說，則全在富貴功利上走，又許行之罪人也。」【愚按：陽明「致良知」之說，蠹壞學術，蠱惑人心，抵今百餘年，其害浸浸未已。又不但如許行詭怪無謂者，乃萬世之罪人也。】

陽明「致良知不用讀書」與「心體無善無惡」「知行合一」等議論，皆邪說也。朱子謂：「邪說害正，人人得而攻之。凡爲吾徒者，不可同致其力哉？」

程朱於佛氏，皆攻之不遺力者，爲其彌近理而大亂眞也。朱子又屢有儒佛之辯，率爲陸象山伯仲而發。近時如陳白沙、王陽明、羅近溪輩，其學皆原於陸。敬軒云：「象山以人讀書爲『義外工夫』，必欲人靜坐先得此心。若如其言，未有不流於禪者。」余看象山已自墮禪中矣。如道當下便是，與克己不是克去己私，別自有箇克處，却又不肯說破，非禪而何？

陳白沙「靜中養出端倪」，與象山「靜坐先得此心」何異？分明都是異端釋氏語。

白沙言：「纔覺，便物有盡而我無盡。」這是他妄想出箇不生不滅底物事來，爲我之眞性。殊不知性無眞假，而氣有聚散，彼安得獨無盡哉？此敬齋所以識其愚也。

入頭處最怕差，亦怕偏。要不偏不差，須是從小學、大學入。

伯夷、柳下惠一清一和，雖皆至於聖，而智不及乎時中者也。是他入頭處就偏了。

惟聖人善通變，時節變了，又自處之不同，此之謂「時中」。

顔子擇乎「中庸」得一善，拳拳服膺；孟子於「四端」，知皆擴而充之；朱子窮理，直是窮到底，做事直是做到底。其用功皆親切如此，眞是大勇。

曾子於聖人之道，竟以魯得之。故學者不怕鈍，只怕粗浮。

子思子之學，見於中庸，其工夫細密切實，百世之師也。

孔子去魯，不顯君相之過；孟子去齊，終不言齊王之失。明道程子分明不容於時，猶謂「己學未至，當時誠意不能動人」。其見幾明決而用意忠厚，一也。

孔子賢於堯、舜，孟子功不在禹下，程子、朱子賢於伊、呂，皆以事功言也。

聖人一言，即全體用。朱子似之。

孔門以求仁爲要，程門亦然。朱子則會孔門、程門之意，而立圖著說。其示學者，最爲深切。

程子於西銘，謂「得此文字，省多少言語。」愚潛玩朱子仁圖，謂「得此圖象，又勝似西銘一篇文字。」

馮恭定公善利圖寫出孔門愼獨之要，以開示後學。洪新安謂：「其理奧而形顯，賢愚僉受其益。直與八卦、洛書、太極三圖，並垂不朽。」蓋亦以功言也。

存心養性，爲所以事天，可見天卽在人心中。凡一動一靜，一語一默，無非天也。故程子云：「言合天人，已剩著一合字。」朱子云：「天未始不爲人，人未始不爲天。」康節詩曰：「天人安有兩般義，道不虛行只在人。」

春秋首書「春王正月」者，蓋明王者奉若天道而統正萬國之義也。程子謂：「王者所行，必本於天，以正天下。而下之奉王政者，乃所以事天也。」明此義則知王與天同大，而人道立矣。可見只此四字，便爲春秋一經之大綱。

孟子說春秋「天子之事也。孔子成春秋而亂臣賊子懼」，這是他直提其綱領處。故胡氏傳只以此爲骨子。朱子曰：「周衰，王者之賞罰不行於天下，諸侯強凌弱，衆暴寡，是非、善惡由是不明，人欲肆而天理滅矣。夫子因魯史而修春秋，代王者之賞罰，是是而非非，善善而惡惡，誅姦諛於既死，發潛德之幽光。是故春秋成而亂臣賊子懼。」

論讀春秋法。張子云：「春秋之書，非理明義精，殆未可學。」程子云：「先識得箇義理，方可看春秋。春秋以何爲準？無如中庸。欲知中庸，無如權。何物爲權？義也。」朱子云：「只是據經所書之事迹，而準折以先王之道。某是某非，某人是底猶有未是處，不是底又有彼善於此處，自將道理折衷便見。只是聖人言語細密，要人仔細斟量考索耳。」又言：「須是己之心果與聖人之心，神交默契，始可斷他所書之旨。」是則窮源反本之論也，讀春秋之法止此矣。

「春秋大義，如『尊君而卑臣』『貴仁義而賤詐力』『内中國而外夷狄』之類，其義雖大，非難見也。其難見者，蓋在於微辭奥義各適乎時措之宜，而非深明乎時中者，未易窺也。或有功而抑，或有罪而宥；或功未就而與，或罪未著而奪；或尊而退之，或卑而近之；或婉其辭，或章其實，要皆得乎義理之安而各當其則。文質之中而不華不俚，寬猛之宜而無過不及，是非之公而無有作好作惡。」此葉氏發明程子傳序之說，正所謂「補其所未圓，白其所未瑩者」，固是有功於程子，亦是有功於春秋。

程子云：「春秋已前，既已立例，到近後來，書得全別，一般事書得別有意思。」胡氏謂：「正例天地之常經，變例古今之通誼。」蓋聖人隨事立義，與化工一般，固是要例類分明，而亦不可以槩觀如此。

春秋災異必書而不書祥瑞者，因祥瑞而自恃，便祥反爲災；因災異而修德，却災可爲祥。聖人示人之意深切矣。綱目書法，大槩倣春秋，如春秋惡楚，綱目惡秦。聖賢之心一也。

蔡氏序書，載二帝三王治天下之大經大法，字字句句，都説歸心上來，是乃一書之至要也。後世人君，有志於古帝王之治道者，可不求其心哉？

「惇典，庸禮」，治天下之大經也；「命德，討罪」，治天下之大法也。古帝爲治之道，大率不外乎此。「三風十愆」，萬世君臣之大戒。

伊尹以「德、仁、誠、敬」告君，皆歸於人君治一心。召誥「敬德」之言不一而足，則古大臣正君之本，於是可見。

洪範「初一曰五行」，敬軒謂：「於後八時無不包者」。五行一陰陽也，陰陽一太極也，太極本無極也，則天下之理，豈有外於此者哉？

朱子云：「五行質具於地，而氣行於天。以質而語其生之序，則曰『水、火、木、金、土』；以氣而語其行之序，則曰『木、火、土、金、水』。」董介菴謂：「水、木、土三者，皆陽之所生；火與金二者，皆陰之所生。對而言之，爲二氣；析而言之，爲五行。五行之質形於地，是爲潤下之水，炎上之火，曲直之木，從革之金，稼穡之土，五行之神；運於天則爲春、夏、秋、冬。土寄旺於四季，而名曰『沖氣』。五行一陰陽也，陰陽一太極也。理必寓乎氣，氣不離乎理也。」其發明可謂精矣。

「五行有聲、色、氣、味」。聲謂「宮、商、角、徵、羽」，色謂「青、黄、赤、白、黑」，氣如微熱、大熱、微寒、大寒、寒熱中之類，味則此章所言是也。又如五行之質存於人身者，爲「心、肝、脾、肺、腎」；五行之神含於人心者，爲「仁、義、禮、智、信」。其在物也，亦然。

五事以類配五行。蓋人之始生，惟精與氣爾。精之凝爲貌，故貌澤便是水；氣之出爲言，故言揚便是火；精之顯爲視，故視散便是木；氣之藏爲聽，故聽收便是金；其主宰爲思，故思通便是土。是則以類相配而序在其中矣。恭、從、聰、明、睿，爲五事之德者言，此皆形色中天性之本然也；　肅、乂、哲、謀、聖，爲五德之用者言。此又學問之極功，「盡性」「踐形」之事也。然「敬則五事皆得」，而能盡性以踐形；　「不敬則五事皆失」，性不盡而無以踐形。故皇極之要在五事，五事之要只在「敬」之一字而已。

「八政各有攸主而總以農」之一言者，蓋其所以因乎天者，皆其所以厚民生也。

五紀分而言之，四經一緯。歲、月、日、星、辰者，經也；　推步歲、月、日、星、辰之數以爲曆者，緯也。統而言之，則五者皆爲天時之紀。紀，維也，亦有理底意思，蓋分理天時而經緯不紊者也。

「『皇建其有極』者，言人君以其一身，而立至極之標準於天下也。『斂時五福，用敷錫厥庶民』者，言人君能建其極，則爲五福之所聚，而又有以使民觀感而化焉，則是又能布此福而與其民也。『惟時厥庶民於汝極，錫汝保極』者，言民視君以爲至極之標準而從其化，則是復以此福錫其君，而使之長爲至極之標準也。」朱子此條恰合經之語脈指意，而確不可易。集傳於上三句從師說，是矣；　下二句却取父說，恐誤。

「『無偏無詖』一節，正是說皇極底體段。曰『王之義』，又曰『道』，曰『路』，曰『王道蕩蕩』，又曰『平平』，曰『正直』，只是一箇皇極。恁地反覆贊歎說：　『會合於君所建之有極』，是結『遵義』六句；　『歸宿於君所建之有極』，是結『蕩蕩』六句。」蔡氏以其歌詠協音、反覆致意爲詩之體。其味深長，讀者當熟玩之。

「三德者，皇極之用。」其正直之用，一經也；　剛柔之用，四權也。四權之中，其二是政以治之，威福、予奪、抑揚、進退，時措之宜也。其二是教之自治，氣稟過柔者，當以剛治之；　氣稟過剛者，當以柔治之。蓋其用雖殊，而使之皆歸於中，則一也。故傳曰：　「所以納天下民俗於皇極者如此。」

卜筮實是問鬼神。只緣人謀未免有心，有心未免有私，故假蓍龜以驗其卦兆。蓋蓍龜至公無私。惟龜筮皆從，庶足驗吾無一毫之未盡；　若龜從而筮不從，或龜筮其共違，則是於理必有所未盡。雖天下舉以爲然，不知又自有不然者，故稽疑一疇，必以龜筮爲主。而筮短龜長，雖卜筮並用，尤必以龜爲重。自夫子極著蓍卦之德，却蓍重而龜書不傳，則後世決大疑者，只有此箴而已。夫箴必擇人，人必至公無私，方可。

肅、乂、哲、謀、聖，是休之本；五者之時，則休之徵也。狂、僭、豫、急、蒙，是咎之本；五者之恒，則咎之徵也。朱子謂：「固不是如漢儒必然之說謂：『行此一事，即有此一應』，而王荊公却要一齊都不消說感應，這也不得。」又云：「統而言之，一德修則凡德必修，一氣和則凡氣必和。固不必曰『肅自致雨，無與於暘；乂自致暘，無與於雨』，但德修而氣必和矣。分而言之，則德各有方，氣各有象。肅者，雨之類。乂者，暘之類。求其所以然之故，固各有所當也。肅是嚴整，便有滋潤底意思，故時雨若應之。乂是條理，便有開明底意思，故時暘若應之。哲是昭融，便有和暖底意思，故時燠若應之。謀是藏密，便有寒結底意思，故時寒若應之。聖是通明，便有爽快底意思，故時風若應之。咎徵亦然，必如朱子此說，方是看得這箇道理活。蓋天下之際甚微，王安石執拗，漢儒未達，故皆不足與語此。

「周末無寒歲，秦亡無燠年。」大抵周失之豫怠，故恒燠若應之。秦失之急迫，故恒寒若應之。此咎徵之最著者也，他可類推。林氏云：「氣一失和，則必自省其咎而反其休。故庶徵曰念，謂人君所當用以省驗者也。」

庶民，衆星之象也。其取證與上王省三句不同。朱子云：「二十八宿，還繞日月行道之側，故月行必經歷之。經於箕則多風，歷於畢則多雨。蓋二星各有所好，月經行其處，順時當候，則陰陽和而風雨時應。」言無差忒也。【愚按：星非眞有嗜好，只是氣類相感；月亦非眞有順從，只是行度所次。今曰「好」、曰「從」，乃假設以喻人事，見民之情性莫不有所好。上之人信能體悉區處，從其所好，則人心順而和氣致祥，就如風雨時應云爾。】

陳東齋謂：「五福之目，雖至第九疇而列；而五福之本，則已於第五疇而基，故五福以『攸好德』爲根本。」蓋「壽、富、康寧、考終命」，全五行之氣也；而「攸好德」，則全五行之理。所以說諸福之本，皆在於此。

「福、極」通天下而言。蓋皇極既建，則斂福以錫民，使天下皆享五福而不知六極。此乃治道之極功也，故九疇以是終焉。朱子曰：「人主不以一身爲福極，而以天下爲福極。民皆仁壽，堯、舜之福也；民皆鄙夭，桀、紂之極也。」說得好。

孟子見齊王，先攻其邪心。明道程子勸神宗，防未萌之欲。朱子對孝宗，首言「誠意正心」。蓋君心既正，然後天下之事可從而理也。

正君心以正朝廷，正朝廷以正百官，正百官以正萬民，一正君而國定矣。

「皇建其有極」，王道之本也，禮、樂、刑、政都從這裏出。

敬齋論教養人才、選建官僚及務農講武，皆條理明備，是深心於治道者。伊川說：「某接人治經論道者亦甚多，肯言及治體者，誠未有如子厚。」今余論敬齋，亦如此云。

井田，民食所自出，固不可不復，且興學校，合兵農，廣儲蓄，都從此做將去，是乃王政之始也。或問：「郡縣可行井田乎？」敬齋曰：「可。」曰：「王莽何以不能行？」曰：「莽以小人而竊君子之器，覆亡不暇，能行王政乎？」餘則先儒之論已悉。

封建不可行於三代後者，時勢然也。惟李斯、張子房看得這箇時勢分明。故封建變爲郡縣，始自秦而漢因之，以至於今。當今之世，君無禹、湯、文、武之功德，而復行封建，是速亂也。

明道程子論學制最爲有本：「治天下者，要得賢才，正風俗，其道莫善於此。」朱子云：「上之人曾不思量，時文一件，舉子自是著急，何用更要教？設學校，却好教他理會本分事業。」本分事業，即明道學制中所言者是也。

宋之銓法爲「挨踰平排法」，科舉爲「信來法」。此法至今不變，所以名實混淆，賢、不肖並進，天下如何得治？

古者以田賦出兵，自兵、民既分之後，民盡力以養兵，而兵常患乎不足。先儒謂「惟唐府兵」，猶得寓兵於農之意，蓋近古之良法也。【今按：國朝衛所之制，即是此法。其弊乃至於弱而無兵，是豈補偏救弊不得其人與？抑其法猶未至於盡善也？復古之說，宜乎敬齋諄諄矣。】

役民之法二：一是僉民。丁壯輪流官府應役，謂之「差役」，此原本周官古法也。一是令民。計丁出錢，征收在官，雇人應當，謂之「免役」，此王安石所變新法也。【按：「免役之害，十倍於差」，司馬公言之猶未盡也；而蘇子瞻謂「二害輕重略等」，其謬甚矣。】

今之稅實輕於什一，但斂之無法，與不均耳。

夫子言政刑之效不如德禮者，只爲當時不用德禮而專恃政刑爾。夫政刑固不可專恃，然有德禮而無政刑，雖堯舜亦不能平治天下。故集註推其意，謂「政者，爲治之具；刑者，輔治之法；德、禮則所以出治之本也。」蓋必德以道之，而布其具於政；禮以齊之，而厲其法於刑。斯本末相資，而天下可治矣。

唐虞三代之治也不難復，只要一箇聖人出來做天子，則以德行仁，舉而措之而已。程子說：「三代之治決可復，不以三代爲治者，終苟道也。」又云：「三代之治，順理者也。兩漢以下，皆把持天下者也。」「把持天下」，言只是箇霸術，卽所謂「漢，霸之兄；唐，霸之弟」也。龜山言：「堯舜所以爲萬世法，率性而已。所謂率性，循天理是也。用計用數，假饒立得功業，只是人欲之私。」蓋王道，天理也；霸功，人欲也。純乎天理而不以一毫人欲之私雜之，便是堯舜氣象。

文中子說：「二帝、三王不得見，舍兩漢安之？」是欲棄王而霸也；又以仁、義、公、恕稱『七制之主』，是欲抗霸於王也。謂之『好大欲速』，不信然與？」七制之主，皆兩漢立文武之功業者，高祖、孝文、孝武、孝宣、光武、孝明、孝章。元經於陳之亡，書曰「晉、宋、齊、梁、陳亡」，謂「晉衣冠文物之舊，君子不欲其先亡，故具五以歸其國也。」這般言論，意思却好。

天子之子，合冠而議封，知治而受職，古之道也。

「改元立號，非古也。」皇明不改元，其有見於此乎？如年號始於漢武，辛丑建元元年事雖非古，然足以別世代，亦可以義起者。

封禪徒夸天下，起於秦漢之侈心。唐宋尤而效之，亦可怪也。善夫！林逋詩曰：「茂陵它日求遺稾，猶喜曾無封禪書。」

「吏而登仕，勞而進官。」文中子謂：「秦之餘酷。古者士登乎仕，吏執乎役，祿以報勞，官以授德。」元人不師古而師秦，其陋甚矣。

「人不里居，田不井受，終苟道也。」故程、張論治，亦莫不以井田爲急。而張子推先王之遺法，明當今之可行，尤粲然備具。吕和叔習聞其説於横渠者也，又撰次爲圖籍，曰：「如有用我，舉而措之而已。」

「通其變，天下無弊法；執其方，天下無善教。」通而不執，非時中之君子，其孰能與於斯？

「古之史也，辯道；今之史也，耀文。古之文也，約以達；今之文也，繁以塞。」論古今史文得失，只用幾箇字，便已了了。

孔子曰：「諫有五，吾從其諷。」「言之無罪，聞之以誠」，其諷之謂乎？

文中子雖多格言，然亦不無出入。如心迹判之説，程子明謂：「其亂道，而後世猶有述之者，何其惑之甚也！」周公之心，固是至公，其相成王，以冢宰攝政，迹亦非私。仲淹乃謂：「外不屑天下之謗而私其迹，内實達天下之道而公其心。」此猶是心迹判之説也，豈知周公者乎？

斛山曰：「若説『事姑委曲，我心自別』，卽自欺也。」

南唐烈祖問隱士王樓霞：「何道可致太平？」對曰：「王者治心、治身，乃治國家。今陛下尚未能去飢嗔、飽喜，何論太平！」夫飢嗔，飽喜，亦只是未能治其心耳。心正則無欲，無欲則何嗔喜之有？斯言可謂得致治之本矣。惜乎！烈祖不能深省也。

國家治亂存亡，其機只在君子、小人之進退。爲人主者親君子遠小人，固是要明，尤要能斷。如郭公善善而不能用，惡惡而不能去，只是箇不斷，遂至於亡。豈非萬世之永鑒乎？

讀史者謂：「周以仁義立國。其亡也，如痿痺之人而長年高壽，以元氣未遽盡也。」惟宋亦然。彼強如秦，很如元，非無元氣之人而一疾暴亡者乎？夫仁義國之元氣也，有國者自斲其元氣，哀哉！

秦人焚書坑儒，銷天下兵器，而卒亡於斬木揭竿，未嘗讀書者。詠史詩曰：「山東兵起秦灰冷，劉項原來不讀書。」

「催科不擾，催科中撫字；刑罰不差，刑罰中教化。」親民者當三復此言。

易曰：「言有序，悔亡。」賈誼雖有高才鴻文，而失進言之序，故不免見棄於外。欲其悔之亡也，得乎？

敬軒言：「馬融從祀宜黜，爲其絳帳女樂，代權奸作奏，害忠良，大得罪於名教故也。」

王景略願無以晉爲事，許魯齋不對伐宋之謀。其心一也。

陳希夷，五代隱君子也。或以方外目之，謬甚。

邵康節隆冬盛暑，閉門不出，曰：「非退者之宜也。」

金仁山、許東陽，師弟子也。當宋元之際，屏跡金華山中，著書講學，終身不出。其所著，蓋皆得朱子之傳者，亦可謂百世師矣。

郭稺仲同某隱居爲學，銳然以聖賢自期。惜乎！志未竟也。

張讓伯枏登第後，詣吾門，固請受業，其志安一去趕上橫渠。著質言若干卷，刊於巴中。不幸四十三歲而沒。

周子示人學聖之要，曰：「一。一者，無欲也。」蓋心纔有欲，便千頭萬緒。無欲則靜，虛也，是一；動，直也，是一。所謂「虛」者，此心湛然，無一物繫累也。纔虛便明，明則道理透徹，故通。所謂「直」者，知覺循理而發，無纖毫委曲也。纔直便公，公則物我不分，故溥。夫明通公溥，由於無欲，而無欲須是「自持敬入」。故朱子曰：「敬則欲寡，寡之又寡，以至於無，則靜虛動直，而聖可學矣。」「『一者，無欲』，話頭高，常人如何便得無欲？故伊川只是説箇『敬』字，教人有箇下手處。」

程朱之後，言敬莫詳於胡敬齋。人謂敬齋是一「敬」字做成，惟其身有之，故其言之親切而有味如是夫。

張子說：「學不能推究事理，只是心粗。如顏子未至於聖人處，亦猶是心粗。」可見這箇心粗病最大，因書以自警。

朱子言其師李延平「少年豪勇，夜醉，馳馬，數里而歸。後來養成徐緩，雖行二三里路，常委威蛇移緩步，如從容室中也」。又云：「尋常人出近處，必徐行；出遠處，行必稍急。先生出近處也如此，出遠處亦只如此。尋常人叫一人，叫之一二聲不至，則聲必厲；先生叫之不至，聲不加於前也。又如坐處壁間有字，某每常亦須起頭一看。先生方其坐時，固不看也。若是欲看，則必起就壁下視之。其不爲事物所勝，大率若此。」【按：此都是日用間極細極輕、沒緊要底事。然工夫做到這裏，却愈精愈密，却是涵養之最善者。可以爲法。】

河圖之數一與六共宗而居乎北，二與七爲朋而居乎南，三與八同道而居乎東，四與九爲友而居乎西，五與十相守而居乎中。此數自河圖始也，而理在其中矣。

則河圖者，「虛其中爲太極」，而先模寫箇一畫，由是一分爲二，二分爲四，四分爲八，八分爲十六，十六分爲三十二，三十二分爲六十四。是則六十四卦一陰陽也，「陰陽一太極也」，「太極本無極也」。自太極至於六十四卦，只是箇一生二。所謂「加一倍法」者，此也。

自太極生出六十四卦、三百八十四爻，而所生之卦爻，莫不各有一太極焉，如「月落萬川，處處皆圓」相似。

先天四圖，皆邵子傳自希夷陳氏者。朱子謂：「其所該甚廣。易中一字一義，無不自其中流出。」是乃作易之本原也。

橫圖是卦畫之序。伏羲作易，只是如此。圓圖乃規此而爲之。是則所謂「卦氣之運」也。說卦傳云「數往者順，知來者逆」，正是發明圓圖。自震至乾，爲數往之順；自巽至坤，爲知來之逆也。又云「易逆數也」，却是發明橫圖。自乾至坤，皆得未生之卦也。

圓圖坤、復之交，陰生陽也；乾、姤之際，陽生陰也。陰陽兩端，循環不已，而實理流行於其中，此邵子所謂「天根月窟閒來往，三十六宮都是春」也。其坤卦純陰中，已有復卦陽動之幾；乾卦純陽中，已有姤卦陰靜之幾，則周子所謂「一動一靜，互爲其根」也。

兩儀、四象、八卦以至於六十四卦、三百八十四爻，皆天地間自有此象。康節所謂「畫前之易」也。

易有「交易」「變易」兩義。「交易」爲體，以定位而言天地、上下、四方是也。在圓圖上，即乾、坤、坎、離之定位。「變易」爲用，以流行而言晝夜、寒暑、往來是也。在圓圖上，卽卯、酉、子、午之流行。然本義釋書之所以名易者，有此二義，却只是以伏羲所畫底卦言。卦爻之陰陽相間，便是「交易」；卦爻之陰陽相因，便是「變易」。要之，在卦爻者，實本於圓圖；而在圓圖者，又本於天地也。蓋天地間陰陽是自然之易，卦畫奇偶，不過摸寫那陰陽底象而已，故亦叫做「易」。至於文王、周公、孔子之書，都是發明這六十四卦、三百八十四爻底義藴，乃易之辭也。

朱子曰：「易者，交錯代換之名。卦爻之立，由是而已。聖人作易，因陰陽之實體，爲卦爻之法象。」蓋易未作時，卦爻之法象，已在天地間；及易既作，則陰陽之實體却在卦爻中矣。

卦爻是易之體，蓍策是易之用。「交易」大抵主卦爻言，而體中有用；「變易」大抵主蓍策言，而用不離體。「體用該貫」者，易也。

敬軒云：「六十四卦只是一奇一偶，但因所遇之時、所居之位不同，故有無窮之事變。如人只有一動一靜，但因時位不同，故有無窮之道理。」蓋吾人日用間不是靜便是動，其動靜只隨自家底時位而合乎理之當然者，卽易道也。

卦凡六爻，皆是虛位，而九、六周流於其間。或吉或凶，只緣他所值底時位不同，便如此。故學易須是知時識勢。然未有吉而不貞、不貞而吉者，則守正又其要也。

六爻此應，有正有不正，便是吉凶、悔吝所自分。故知易者，必愼所與。

敬軒言：「易之爲教，大槩欲人敬愼。雖吉事亦不敢易去聲而爲之。如大壯乃陽壯之時，占者『吉亨』，不言『可知』，而必曰『利貞』，是卽敬愼之意。」其說本於朱子，乃提出易中大要來示人。蓋敬則貞，貞則吉亨可保。不敬則反是。所以聖人千言萬語，只是要人敬愼爾。

陰陽消長，君子、小人進退，皆易也。「順之則吉，違之則凶。」

朱子論學易之法：「只平居玩味，看他所說道理，於自家所處地位合是如何。」間嘗玩味蠱上「不事王侯，高尚其事，志可則也」；乾初「潛龍，勿用，陽在下也」；遯上「肥遯，无不利，无所疑也」；「聖人之情，見乎辭矣」。

易之象數明於康節，義理盡於伊川，而朱子本義兼之。敬軒謂「三夫子皆有功於易」者，此也。

本義義理雖亦不能出程傳，然簡約精密而深得聖人作易之旨，故從事於易者，只當以是爲主。

象數、文字、義理，都始於伏羲氏卦畫。朱子所謂「上古聖神繼天立極，而道統之傳有自來者」，蓋指此而言也。三才之道，陰陽、柔剛、仁義，雖各異其名，而實則同一太極也。聖人全體太極，故曰「與天地合其德」。「與天地合其德」者，言聖人盡健順、五常之性，無間於天地、陰陽、五行之理也。此是至命之學。

陰陽固是迭爲消長，然聖人於陽之復，便喜見乎辭；於陰之姤，却略而不言。扶陽抑陰之意，於是可見。

治極生亂，亂極復生治，亦只是箇消息盈虛之理。

康節詩曰：「好花看到半開時。」非知易者，其孰能與於斯？

李文靖云：「聖人戒於方盛之時，人主當防未萌之欲。」此言先明道、康節而發，亦可謂知易者矣。

「幾者，動之微，吉凶先見者也。」所以曾子、子思只管說「慎獨」。

孔子「仕止久速，各當其可」，易道也。

朱子方與諸生講論，有報罷祠者，略起視之，復坐，講論如初，辭色更爲和平。這是他見大心泰，一切得失自動他不得也。

伊川嘗渡漢江，船幾覆而正襟安坐。這便是「顛沛必於是」。

羅一峰剛毅不可及，當是孟子、伊川門戶中人。章楓山云：「一峰氣魄大，感動得人。」吳康齋責其子曰：「秀才恁地懶惰，只此如何到伊川門下？又如何到孟子門下？」看來康齋也是箇剛毅底人。

涇野呂先生羈丱時，卽有志聖賢之學。不妄語，不苟交，雖炎暑不廢衣冠，但他所著底經說却不似先儒。竊恐學者反因此生疑耳。

斛山著雖甚少，而明白純實，人無間然。

敬軒言：「人有才而露，只是淺，深則不露。方爲一事，卽欲人知，淺之尤者。」近見得這樣人極多。士習淺露，一至於此。

陳侍御茂烈云：「儒有向上工夫，詩文特土苴耳。」此至論也。

朱子嘗與人言：「禹貢說三江及荆、揚間地理，是吾輩親眼見者，皆有疑；至北方卽無疑，此無他，是不曾見耳。」蓋當時南北分裂，江南諸儒說北方山水往往不合者，職此故也。

如山西之汾水，集傳謂「東入於河」，其錯人皆知之，無容辯也。如伊水自盧氏縣悶頓嶺發源，屬今河南府，傳以爲出自上洛縣南熊耳山，是他從海經之誤。又云：「伊水至洛陽南入洛，瀍水入洛，則在偃師縣。」却是顛倒說了。今敖瀍分明傍府城東門，南入於洛；而至偃入洛者，乃伊也。此則略須辯者。至於陝西之漆水，出自扶風者。東經永壽縣界，至耀州南，合沮水東南流，至交口入於渭。交口屬今臨潼縣，在華州之西。集傳既云「漆、沮二水合於耀州南」，而下面却說「自同州朝邑縣入渭」。後人不能考其實，因此遂將自朝邑入渭底洛水，都認做漆、沮了。此則辯不可不明者。

三代下窮河源者，自漢張騫始，所見疑如山海經相似。後此則唐薛元鼎，其說却與騫不同。集傳是之，而不知其猶未的也。至元都實爲招討使入吐蕃訪之，乃得其源於積石山西北，曰「星宿海」。河初出海時，其色白，東北分九泒流，旋合爲一，始渾濁。流一千四百餘里，至崑崙西南，循山麓東行，折北轉西，過崑崙背，又折一向東北流。經積石關至蘭州，共四千五百餘里。此河入中國之始也，過蘭仍東北流，至靈州西南，折北千餘里，轉東行，東至受降城，始折而正南，流至華陰東潼關，通計九千餘里。東折至大伾，又北折由洚水、大陸至碣石入於渤海。此禹貢所載河故道也。今乃南徙，分三道入淮。一自蘭陽東南流，由杞縣、甯陵、歸德、符離橋、清河口入；一自甯陵南入渦口，經亳州、蒙城、懷遠、荊山口入；一自儀封北折，經黃陵、崗梁、靖口，出徐州小浮橋、清河縣入。此近世河南徙新道也。夫河既失其故道如此，而讀禹貢者猶欲執經以求瀕河山澤、貫河支流，不亦難乎？惟自洛汭以上，山水名稱、迹道，古今如一云。

朱子曰：「學問不止於一事一路上理會。」此說極好。

尹和靖說：「經雖簡約，有益學者，但推說不去，不能大發明。故在經筵進講，少開悟啓發之功。蓋人主不比學者，可以令他去思量，須要有反覆開導推說處，使人主卽自警省。如孔子答哀公、顏子好學之問，與答季康子詳略不同，此告君之法也。」這是朱子論和靖爲講官未盡其道，而提出聖人告君不易之大法，以示萬世進講經筵者。

伊川程子在經筵，每進講必博引廣喻，以曉悟人主。和靖親炙伊川，而當經筵不能推説如是者，窮理之功少故也。

謝上蔡爲人英果明決，嘗宰德安府之應城。胡文定以典學使者行部過之，不敢問以職事，顧因介紹請以弟子禮見。入門見吏卒植立庭中，如木偶人，肅然起敬，遂稟學焉。

輔漢卿在都城俗學聲利場中，而能閉門自守，味衆人之所不味，其志識高遠如此。

問：「下學莫只是就切近處求否？」朱子曰：「也不須恁地揀。今日撞著這事，便與他理會這事；明日撞著那事，便與他理會那事。萬事只是一理，不成只揀大底、要底理會，其他都不管？」

或謂：「『主一』不是主一事，如一日萬機，須要並應。」曰：「一日萬機，也無並應底道理，須還他逐一件件理會，但只是聰明底人却見得快。」問：「方應此事未畢，而復有一事至，則當如何？」曰：「也須是做一件了，又理會一件，亦無雜然而應之理。但甚不得已，則權其輕重可也。」以上三條，皆窮理應事之方，其要只是箇「主一」。

王制：「七十不與賓客之事，八十齊喪之事弗及也。八十拜君命，一坐再至。足一跪而首可至地。九十使人受使人代受不必親拜也。」

會典：「凡朝見，稽首、頓首、五拜，乃臣下見君上之禮。先拜手稽首，四拜後，一拜，叩頭，成禮。叩頭，頭叩地者三。稽首四拜者，百官見東宮、親王之禮。其見父母，亦行四拜禮。其餘官長及親戚朋友相見，止行兩拜禮。」

大朝行十二拜禮。始上陞御，四拜；至宣制，四拜；至舞蹈山呼皆以三爲節，四拜。

余有祭禮愼行録一冊，大要以家禮爲主，而參以會典。非敢僭踰損益也，只是禮之所在，愼而行之焉耳矣。

人不可一日不學，不學則老便哀，便是自棄。

程子曰：「爲令之職，必使境內之民凶年饑歲免於死亡，飽食逸居，有禮義之訓，然後爲盡。」今關輔歲饑，死亡者幾萬人矣，於是感而録此。

伊尹之耕於有莘，傳説之築於傅巖，天下之事，非一一而學之，天下之賢才，非一一而知之，明其在己而已。蓋能理會得在己者，便理會得天下者。其道一也。

孟子言：「聖人治天下，使有菽粟如水火。菽粟如水火，而民焉有不仁者乎？」【注：謂禮義生於富足。天理如是，人情也如是。程子言：「吾未見嗇於財而能爲善者也。」此則爲富不仁之徒，民斯爲下矣。】

程子以徇流俗爲非隨時，知事合正，嚴毅獨立，乃是隨時也。所謂「隨時處中」者，蓋如此。若只流俗是徇，則入於鄉原矣。

「聖賢以和氣生，須和氣養。常人之生，亦籍外養也。」又曰：「眞元之氣，氣之所由生，不與外氣相雜，但以外氣涵養而已。若魚在水，魚之性命非是水爲之，但必以水涵養，魚乃得生爾。人居天地氣中，與魚在水無異。至於飲食之養，皆是外氣涵養之道。出入之息者，闔闢之機而已。所出之息，非所入之氣，但眞元自能生氣；所入之氣，止當闔時隨之而入，非假此氣以助眞元也。」

「人之有寤寐，猶天之有晝夜。陰陽、動靜，闔闢之理也。如寤寐，須順陰陽始得。」又曰：「人寐時血氣皆聚於內，如血歸肝之類。」今人不睡者多損肝。

乙酉孟秋，既望之夜，夢空中八卦當吾廬而現，環其傍彩雲如繡，又有二龍上下於其東。予危坐仰視而指點之，既覺其象猶宛在目前，而心胸開豁，情性悦懌，有不知舞之蹈之者。

誠者，天德也，合内外之道也。至「參天地，贊化育」，亦只是一箇「誠」而已。「不誠則無物」。

自孟子後，得聖人之誠者，濂溪周子、二程子明道、伊川與横渠張子、考亭朱子。

孟子言：「養心莫善於寡欲，欲寡則心自存。」荀子乃言：「養心莫善於誠。」濂溪謂：「荀子元不識誠。」明道曰：「既誠矣，心焉用養也？已不識誠，又不知所以養。」

「誠自然能敬，未及誠時，却須敬而後能誠。誠則敬矣，敬則誠矣。」

明道說易：「乾卦言聖人之學，坤卦言賢人之學。惟言『敬以直內，義以方外，敬義立而德不孤』。至於聖人，亦止如是，更無別途。」蓋敬義夾持，徹下徹上工夫也。又云：「『終日乾乾』，大小大事，却只是『忠信所以進德』爲實下手處；『修辭立其誠』爲實修業處。『忠信所以進德』者，何也？閑邪則誠自存，誠存斯爲忠信也。如何是『閑邪』？非禮而勿視、聽、言、動，邪斯閑矣。」伊川亦云：「視、聽、言、動一於禮之謂仁。」其本可一言而蔽之，曰「思無邪」。

「『思無邪，毋不敬』，只此二句，循而行之，安得有差？有差者，皆由不敬、不正也。」

伊川說：「主一之謂敬，主，有意在一者之謂誠。」眞西山云：「敬是人事之本，學者用功之要。至於誠，則達乎天道矣。」此又誠與敬之分也。

伊川說：「孔子之道，發而爲行。如鄉黨之所載者，自誠而明也。由鄉黨之所載而學之，以至於孔子者，自明而誠也。及其至焉，一也。」這是他造道之言，也是他有德之言。

明道說：「自明而誠，雖多由曲致，然亦有自全體中便誠者。雖亦是自明而誠，謂之曲致則不可。」卽此可見他資禀高，不曾大段用工夫，故其自言如是。

橫渠說：「關中學者，用體漸成俗。」伊川言：「自是關中人剛勁敢爲。」橫渠又云：「秦俗之化，先自和叔有力，亦是士人敦厚。」

伊川曰：「學莫貴於知言，道莫貴於識時，事莫貴於知要。」

「見攝生者而問長生，謂之大愚；見卜者而問吉凶，謂之大惑。」蓋吉人行與吉會，凶人行與凶會。吉凶在己，何用卜爲？若夫「死生有命，夭壽不貳」，孔孟之示人已切矣。

人有語導氣者，問伊川曰：「君亦有術乎？」曰：「吾嘗夏葛而冬裘，飢食而渴飲，節嗜欲，定心氣，如斯而已矣。」斯蓋無術之術也。

呂與叔以氣不足而養之。伊川謂：「此猶只是自養求無疾，如道家修養亦何傷？若須要存想飛昇，此則不可。」謝上蔡言：「吾嘗習忘以養生。」明道謂：「施之養生則可，於道則有害。習忘可以養生者，以其不留情也。學道則異於是。『必有事焉，而勿正』。」看來是非、可否之分，只爭毫釐間。學者能由此類推而明辯之，則庶乎其不差矣。

二程言「當時不雜」者，張橫渠、邵康節以其不惑於佛學也。朱子言：「以今觀康節，亦不可謂不雜。」却爲他只是以術處置得這事，如張子房相似。所以明道又說：「要之，不可以治天下國家。」

明道謂：「西銘之言，極純無雜，秦漢以來，學者所未到。」伊川亦謂橫渠「道儘高，言儘醇，自孟子後，學者都無他見識」。

橫渠嘗曰：「爲天地立心，爲生民立極，爲前聖繼絕學，爲萬世開太平。」真西山謂：「此是先生以道自任之意」。

朱子說：「明道渾然天成，不犯人力；伊川工夫造極，可奪天巧。」又云：「其道雖同，而造德各異。」問：「明道、濂溪之言俱高，不如伊川精切。」曰：「明道說話超邁，不如伊川說得的確。濂溪也精密，不知其他書如何，但今所說些子，無一字差錯。」

「橫渠說做工夫處，更精切似二程。二程資禀高，潔淨，不大段用工夫；橫渠資禀有偏駁夾雜處，他大段做工夫來。」

邵康節病革亟，自言：「試與觀化一遭。」橫渠言：「觀化他人便觀得，自家却如何觀得化？」明道亦有言：「嘗看他詩，纔做得識道理，却於儒術未見所得。」這便是未嘗以聖學正門庭許他處。

程子伊川疾革，門人進曰：「先生平日所學，今日正要用。」伊川力疾微視，曰：「道著用，便不是。」說要用，便是兩心。而今只看他此時此語，便見得學到聖處者，其所得却自不同。尹和靖曰：「先生之學本於至誠，其見於言動事爲之間處中有常，疏通簡易，不爲矯戾，不爲狷介，寬猛合宜，莊重有體。或說匍匐以弔喪，誦孝經以追薦，皆無此事。衣雖紬素，冠襟必整；食雖簡儉，蔬飯必潔。太中年老，左右致養無違。以家事自任，悉力營辦，細事必親。贍給內外親族八十餘口。」又曰：「先生於書無所不讀，於事無所不能。」此亦只是說箇大槩，其詳具於年譜。謝上蔡曰：「先生才大，以之處大事，必不動聲色，指顧而集矣。」

伊川自言：「吾四十歲以前誦讀，五十以前研究其義，六十以前反覆紬繹，六十以後著書。」只此一條，亦百世之師也。

張子謂明道「救世之志甚誠切，亦於今天下之事，儘記得熟」。

朱子言：「某自十四五時讀程子書，至今四十餘年，但覺其義之深，指之遠，而近世紛紛所謂文章議論者，殆不足復過眼。」余因是竊歎，今人局於俗學之陋，能如朱子這樣讀二程書者，天下鮮矣。

南軒讀程子書，謂「何其理之該而不偏，辭之平而有味也！」亦是他深有得於心，而歎美之如此。

樂循禮之謂君子。朱子說：「若勉強，只是知循禮，非是樂也。纔到樂時，便是循禮爲樂，不循禮爲不樂，自不須勉強也。若夫聖人不勉而中，不思而得。此又是上一等事。」

程子說：「學禮文却只是一時事，要可以風百世，須是明道。」

學之名同，而所學不同。有訓詁之學，有辭章之學，有儒者之學。朱子謂：「欲通道，則舍儒者之學不可。」蓋儒學者，始乎爲士所以學而至於聖人之事也。

朱子知南康軍，曰：「首下教三條：一、以役煩稅重，求所以寬恤之方。二、俾士人鄉老教戒子弟，使修孝弟、忠信之行。三、俾父老推擇子弟之志學者，詣學。」又立濂溪祠，以二程配，別立五賢堂，陶靖節、劉西澗父子、李公澤、陳了齋復白鹿書院。約聖賢教人爲學之大端條列，以示學者。

復齋録後跋

復齋録刻既成，學使吳公將有奏請從祀之舉，而先爲大書隸文題先生墓，曰「清理學眞儒復齋王先生之墓」。清麓先生致書朝邑友人党先生宰潮訪其後嗣及墓所，而以刻石屬質慧，質慧固樂爲之。既而党書來，言其後嗣貧甚，墓地亦質於他人。質慧謂當贖出。党復搜得先生遺文數篇，有先生自撰墓誌銘。質慧因録簡末，以爲讀先生書者，知人論世，庶得其梗概云。

光緒丙子季春朔旦劉質慧謹識

附先生自撰墓誌銘

渭埜王仲子，名建常，字仲復，復齋其別號也。少治舉子業。及壯，丁國變，掛冠杜門，讀濂、洛、關、閩書，發憤爲聖賢之學。但氣昏質弱，雖孜孜五十六年，而訖無所成。臨終，乃書此誌墓，系以銘曰：「存心養性，獨有志於往聖；守分安貧，幸不辱乎吾身。」

復齋餘稿

復齋集序

渭埜先生，明季隱君子也。其隱也，豈放意山林而以煙霞老歲月者與？鄒、魯而上，濂、洛而下，無世不論，無人不友。則内之英腴自足潤及百世，且挺立峭於丹壁而步履嚴於玉尺；則外之儀刑又足以振及百世。先生百世之人也，而好輕脱者未知威重學固，且以爲刻書求異耳聞。〔二〕嘗出詩文以示予，予讀其文而闡道似考亭，頌其詩而怡情五柳，是不與好繁弦而喜擊筑者矜勝於一日也。嗟呼！世無李膺，誰與林宗同舟？元〔三〕陳蕃，誰爲孺子下榻？予與先生同時，居同里，而令先生不之百世也，是予之辜。柰予力薄，不能厚資剞劂，第簡其文三十篇、詩二十首，鐫而行之。或曰「此不足以盡先生矣」。予曰：「物以少爲貴，令百世之下見此岐鳳一毛、華蓮一葩，將思維不盡；當知明之秦地苑洛、少墟而後，尚有渭埜王子仲復也，則柏林雷生竊附以不朽矣。」

柏林雷于霖拜書

〔二〕朝邑文會本「聞」作「閒」，疑形近而誤。

〔三〕「元」疑爲「无」，疑形近而誤。

復齋餘稿　卷一

文

子朱子曰：「道者，文之根；文者，道之枝葉。惟其根本乎道，所以發之文，皆道也。」余於斯道惟曰「孜孜」。愧未有得而遑事枝葉文乎！然當讀書論世之際，不無偶爾發明，隨筆記之，間亦有感於衷，廹於疇應、不容自已者，積久成袠，固不敢謂之有本，悉以載夫道也；然亦或不至如誇多鬭靡，大相背馳焉耳矣。渭埜王建常識。

復齋箴

惟天降人，五行以傳；惟人續天，五常以全。形氣之動，物欲斯誘。浸漬刻銷，乃鮮能守。大本既蠹，百行亦淪。雖曰「人爾」，實與物鄰。幸茲明命，終無滅息，感而見端，貴乎察識。是推是極，外誘必佉。點雲掃盡，依然太虛。在昔顔子，復之不遠。四勿是嚴，己去仁反。今其仰止，載念載斂。克復之要，只在厥心。

座銘

正爾襟，防爾心。心惟一，溫而栗。

盂銘

飲斯食斯，分欲分理。去爾饕心，仁在中矣。

衣銘

勿謂可裁，不衷致災；勿謂可澣，純白難反。又袗乃紿，塵是辟。

研銘

研，靜也；筆墨，動也。然靜者爲體，則筆墨之用皆在其中矣。居靜待動，有體有用。用圓而神，體則渾淪。

榻銘

思毋續，躬必曲，斂手齊足。

程高二先生贊

編修程名濟、侍御高名翔，皆吾朝邑人。程素有奇術，方北地兵起，欲以授高，高曰：「我願爲忠臣。」及金川門急，高要程死事，程曰：「我願爲智士。」既而程從帝出遊。高詈文，皇族滅諸，給高氏產者皆加税，曰：「令世世罵翔也。」至嘉靖初，邑宰鄗公乃爲建祠於孔廟西南隅，額曰「雙忠侍御」。雷先生慕菴記焉。

智士煌煌，厥術天授。預發燕謀，終全我后。雖云流落，不失君臣。後無繼者，煤山獨顰。

列列忠臣，夙夜自矢。大哭厲聲，顔舌張齒。一人死義，九族爭先。曾誰是詬，祠宇儼然。

漢壯繆關聖賢祠記

近世新生神道何多也！若夫生爲忠臣，沒爲明神者，壯繆侯一人而已。當漢末，群雄雲擾，割據僭竊，以致天下三分，而侯誓惟興漢，翊扶正統，其大節昭如日星者。在許時，達旦一聞故主河北不復，計利害，謀生死，輒千里追隨。蓋皆讀春秋而有得焉者也。迨魏晉之際，廉恥道喪，背君事讎者，比肩接跡。自壯繆視之，曾犬彘之不若矣。故後人論禀浩氣者，則曰「壯繆」；論明大義者，則曰「壯繆」；論爲賢、爲聖、爲赫赫神明者，則曰「壯繆」，所以廟貌遺容星列海內。其在朝坂者請記於余，余以爲祠惟壯繆，非他淫祠可毁者類也，乃諾焉而不敢辭。詢其創建，莫知何自。但相傳續爲葺理，凡棟、楹、梁、桷、板、閣之腐黑撓折者，蓋、瓦、級、甎之破缺者，赤白之漫漶不鮮者，恒完而新之，一如其初云。

岱嶽論

余考天下之山皆起自西北，而岱宗爲中龍之委。蓋中龍由西傾而來，蜿蜒萬餘里，首結太華，脊起嵩嶽，尾乃鐘爲岱宗。宗立海上，西顧其七十二峯，遥與華之三峯首尾相應，而東西萬山咸若蠖屈蛇騰而拱衛焉。故伏羲、文、武、周公生於西，黄帝、成湯、孔夫子、顔、曾、思、孟生於東。其間大賢、碩儒、名臣、義士接踵而出，有不勝指數者；至於球琳、瑯玕、絲枲、鉛松、怪石之產，又其餘也。易曰：「帝出乎震，説乎兑。」然則岱與華亦代天生成萬物而爲春秋官也與！

逸民録序

論語記逸民伯夷諸人，間嘗從而考之。前乎此者有人焉，後乎此者有人焉。然前乎此者，疑其誕也，誕則闕之；後乎此者，病其雜也，雜則去取之，而要必以夷、齊諸人爲斷。蓋諸人潔不亂倫，穢不敗德，求仁而得仁，求義而得義，其風聲洵足，激貪厲俗，爲百世之師也。詩不云乎「高山仰止，景行行止」，可以興矣。

少墟馮先生善利圖

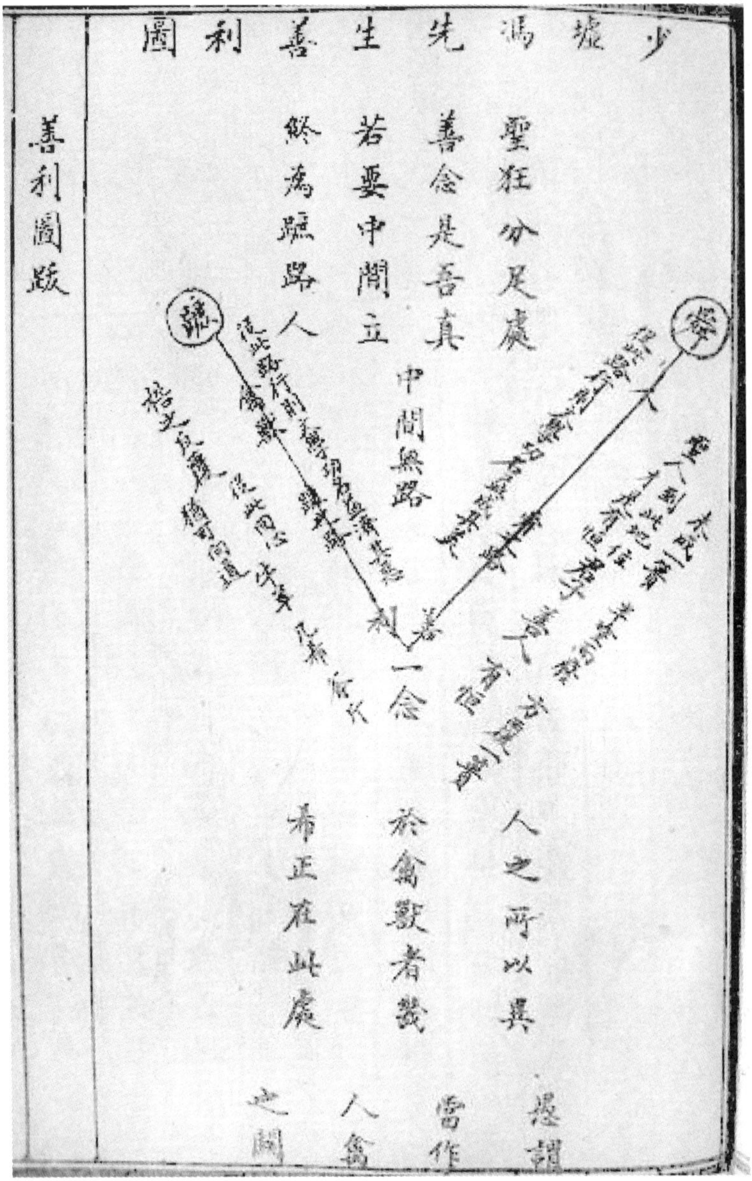
少墟馮先生善利圖
聖狂分足處
善念是吾真
若要中間立
終為驢路人
舜
蹠
中間無路
善
利
一念
人之所以異
於禽獸者幾
希正在此處
愚謂
當作
人禽
之關
善利圖跋

善利圖跋

舜、蹠分路，不啻百千萬里矣。原其初，則止在一念善利間。夫此一念，人所不及知而獨知之，濂溪謂之「幾」。易曰：「動之微，吉凶之先見者也。」可不慎與？故曾子傳大學「慎獨」之說，不憚反覆，而子思於中庸即開端及之。孟氏子得其傳於子思者也，乃發善利一章，垂訓萬世，「遏人欲，擴天理」，誠莫要於此者。關中馮先生少墟於是引申觸類而立此圖，以言乎「舜之路，則曰『有恒』、曰『善人』、曰『君子、聖人』，皆原於一念之善也，而文學功名乃益成其美」；以言乎「蹠之路，則曰『斧斤』、曰『牛羊』、曰『牿之反覆』，皆原於一念之利也，而文學功名乃益濟其惡。」故擴其善之念，則爲人、爲舜；而一簣無慮，未成遏其利之念，則不至爲蹠、爲禽獸而牿亡，猶可向道。不然，出乎善即入乎利，不爲舜即爲蹠。聖狂分於一念，人禽判於幾微。所謂「中間無路」者，此也。可不慎與？是則孔門慎獨之學，一披圖而燎然指掌矣。然學者於此圖苟不知省，則孰知先生之有功？不知兢兢善利之辨，則孰知先生之爲此圖者慮之深而示之顯也哉？

善利圖辨

或問：「善利圖下繫『人之所以異於禽獸者几希』，子謂『當作人禽之關』，何也？」曰：「人之異於禽獸者是就心之全體言，善利之分是就一念言，在孟子二章原自不同。今圖既從善利章寫出，又其下明有『一念』兩字，故不可以所言全體者系之也。」又問：「善利只爭一念，跋既析言之矣，然則全體之說亦可得而聞其詳與？」曰：「朱子小註、人物所同者理也，所不同者心也。人心虛靈，無所不明；禽獸便昏了，只有一兩路子明夫。』」曰：「虛靈心之具眾理而應萬事者，全矣。」又曰：「無所不明，非全體能如是乎？即禽獸一兩路子明，亦正對人心全體而言耳。」蓋人物之生，以言乎理，則同出一原，何異只有？以言乎氣，則人得其正而其心虛靈，故是理通而無所塞物；得其偏而其心昏鬱，故是理塞而無所通此。所以有貴有賤而不能同也。故小註又言：「如父子相愛、雌雄有別之類，人之虛靈皆推得去，禽獸便更推不去。人若以私欲蔽了這個虛靈，便是禽獸，人與禽獸只爭這些子，所以謂之『几希』。」夫此「几希」，雖云「些子」，却是指心之全體而言。若善利之初分則不過一念公私而已，乃以全體之說當之可乎？然亦不敢輒削其原所繫者，只於其下僭註，當作人禽之關，以竢正有道云。

族譜序

族譜既闕，客有問於予曰：「譜何爲而作也」？予應之曰：「厥初一人分而寖眾，自有人易世，踈茫不知所從來者；亦有貴賤殊分，貧富異處，與夫轉徙流亡，雖至親輒相視如途人者。故古有宗子法以綱之紀之。宗子法廢，乃譜以章之。蓋尊祖收族而興人孝弟之心，端有籍於譜。此譜之所以作也。」曰：「然則吾子之作譜也，柰何曰『譜』？莫重於世系，別本支，序昭穆，皆視諸此。故世系圖立而後紀之以傳，附之以詩以訓，是則吾譜之大畧也。」曰：「敢問圖何昉乎？」曰：「此歐陽氏法也。自一世序至五世，復自五世至九世，續茲以往，雖千百世而法不窮。故作譜者率因之而弗可易也。」曰：「其傳亦有說乎？」曰：「傳者，傳也，傳祖宗之德以示後人也。世系雖明而行實不紀，則前人之可傳者泯焉無聞，而子姓即善述亦孰從而述之乎？此傳之所以不容已也。」曰：「然則圖之有諱、不諱，傳之或詳、不詳，仰又何與？」曰：「『作譜者尊所自出』，蘇氏老泉言之矣。予家故無譜予，小子不自固陋，乃敢溯流於源，稽名於實，以成此編。故於吾之所自出者，獨諱焉，夫亦所以尊之也；其有不詳者，惜也，見聞弗接而莫之考也。」曰：「然則復加意司寇者，何居？」曰：「司寇公承祖宗積累之德，起爲公卿，我王氏前後光裕，實嘉賴焉。是故所當百世尸祝者，矧其捐軀報國，義存不朽，又表表人耳目間，尊而詳之，夫復何疑？且有可傳者皆傳之，亦不但司寇已也。」曰：「然則所附之詩與訓亦可得而聞其義乎？」曰：「圖、傳雖具，而猶虞我，每後之或忘也。乃爲詩咏先德，訓述聖謨。凡使之興孝興弟，而衆著於尊祖之義、收族之仁斯已矣。」客唯唯而退。予於是謹次其語題之譜端云。

世傳

我王氏家世關輔朝邑陽昌邨，東襟大河，郛雷首；南屏蓮嶽，扃以重崗，洛、渭前後如帶；西跨長沙百餘里，其形勝，蓋甲關中云。去邨西南，里有二祖塋，七祉，塚封纍纍，相傳塟自唐宋時，然不可考而原也。緊今著籍乎佑里者，諱曰進，是爲初祖，後幾傳而有泰與昇二祖，乃別門東西。西門本支昭穆，既具於圖，其行實又率莫聞，故不復述。若稽我東門之祖，則自諱昇，始配耿氏，舉子三：爲純、鵬、佐。純生繼宗，宗生登鏞，鏞生守道，至六世，功宗絕。其諱鵬者，東門翁之仲子而常之高祖父也。家業不及中人而重義好施，嘗冬夜渡渭，見溺者幾死，舁至家，飲食之數日，其人如故，方行。由是里中稱爲「陰德」。翁配趙氏，舉子三：伯、宗、道。道生登喜，喜生首高，高生建儲，至英宗絕。仲則爲曾大父，諱廷璋，字國現，以孫少司寇贈中大夫、太僕寺卿公，寬厚克讓，遊賈而行義，有先世風。故制曰：「壯懷夙嗜於詩書，智計畧施之，居積仁，能急病，豈弟蔚爾先民，量足容鄉坦曠居然長者。」又於上官淑人曰：「仰佐陔蘭，俯貽家谷。同人嗃嗃以爲愛，內政肅肅而成雍。」皆實録也。公卒萬曆乙亥十二月十八日，年八十有八。淑人卒隆慶庚午十二月二十日，年八旬有一。生子先大父，及次登瀛大父，諱登洲，字應選，文川其別號也，累贈中大夫、太僕寺卿。初補邑增廣生，童試縣郡及第一。家故貧，公守淡泊以度日，而惟知讀書教子。著過庭答問録，剖析經義，皆得之；身體力行，不與訓詁家同。其事親，色養備至。嘗沽於河東，負於西安，「以致甘膜」。素好交遊，與人無忤而端謹型俗，從容解爭。人儗之漢彥方，云：「大母趙、張兩宜人，與趙淑人皆有賢行，而淑人克慎母儀以垂裕者，尤煌煌於聖制中。」制曰：「方義已歇，慈訓乃嚴，和膽可以啟批鱗胎教，爰以振廷，直肆東朝。調護之力，皆北堂聖善之遺於乎！淑人可以不朽矣。」贈君公卒萬曆戊子四月十日，年五十有七。淑人卒戊申二月十五日，年六十有四。子六人：一之賓，張宜人出，少亡；一之寀，刑部侍郎；一之寮，耆賓；一之官，把總；一之寵，散官鎮撫；一之寯，經歷，俱趙淑人出，行二。司寇公生於嘉靖癸亥，比萬曆庚辰，年十八，以首録入庠；再試，二名，餼廩。辛卯，舉於鄉；又十年，辛丑，成進士，除令直隸真定府無極。未朞月，以惠民興士，調保定府清苑。理清苑，一如其理無極。嘗曰：「吾初仕不改未仕心，久仕不改初仕心。」蓋其自矢者然也。乙巳滿考，贈父如其官，母封「太孺人」。丁未再題卓異，且内補罷譏，移南刑部主事，以慈訃跣歸。服除，譏人復中傷，遂謫令河間府慶雲。慶雲人與清苑、無極并建祠祀之，於是擢大理寺左評，由左評遷河南刑部司主事。乙卯五月，當提牢會，貴妃鄭募死士張差梃擊東宫，乃憤然首奏發奸，又請朝審，卒得罪削籍。既歸，曰：「幽棲華夏，講明經傳以授諸子，乃四方來學者，若將終焉。」越五年，天啟辛酉詔以原官起公，陞尚寶司少卿，又爲正卿，又改中大夫太僕寺卿。恩覃三世，賜子入監，皆在太僕日也。是爲甲子，由大僕復如刑部，爲右侍郎通議大夫。明年乙丑，逆璫魏忠賢柄甚，乃與楊副都漣、左僉都光斗諸公更疏力擊，被反噬，追奪誣賍二萬八千兩，言是受皇親鄭國泰者，遂矯旨逮繫。丁卯四月十七日，卒於獄。方公逮至真定時，手書遺家人曰：「不肖拌身家保國，本自乙卯五月後，舍生日久，視死如歸，又何憾焉？惟是國讎未復，此心耿耿不忘耳。皇天后土、二祖九廟之靈必有默佑此事者，爲社稷長久計。其忠愛不責如此。」公年六十五而卒。卒百餘日，而毅宗繼統，改元崇禎。逆璫首伏誅，悉置從逆者於法。乃命還公爵秩贈，廕給勘合，舉柩歸里。於是天下翕然稱快，以爲向之逮繫死者果忠臣也。公立朝，正直不少貶，而家居接人一向坦率，故遠近、貴賤間莫不畏而愛之。爲諸生，日貧無卓錐地，授徒關門湖上以養父母，雖身極苦楚而甘旨必供；及貴仕贈君，公已即世，獨奉趙淑人就禄，公私事必諮禀焉。於諸弟，皆爲之婚娶、買田宅；於宗族母黨，數分俸入以助吉凶，其篤孝友又如此。夫道莫大於忠孝，而事君不忠非孝也。司寇捐軀報國，九死不回，固其天性之純，學術之正，而得之贈君公庭訓者爲居多。故制曰：「以爾教忠，成子砥節，忘身家以爲君父，千載猶有令名。始褫奪而究寵榮九原，亦爲生色有以也。」夫公所著疏稿猶有存者，詩文以被誣未刊，惜哉！五子：某〔一〕，庠生；某，早卒；某，庠生；某，庠生，戶部山東司主事。孫：某，庠生；某，儒士；某，庠生，行三，耆賓公，某，字心協，事親，能樂其心；親沒，哭踊欲絶；既葬，廬墓三年。邑侯旌其門曰「孝子」。後此時薦，必流涕哀慕，終身不衰。其髮鬚爪甲落，皆收之，語後人曰：「若殮我此内於棺，庶父母遺體可云全歸爾。」蓋其兢兢不敢毁傷者，非一日也。生平不爲苟得，嘗三還金於道上。有姓李者以人命累，其懷金十兩以遺公，公固却之，其人感嘆而去。至清苦自甘，雖有司寇之兄而不少滛其慮，此尤人情所難者。公失學，讀書不多而能躬行實踐，類如此。其終也，無疾而逝，年七十有四。配李氏，二子：某，庠生；某，庠生。孫：某，儒士；某，庠生，行五，先君，鎮撫。公諱某，字心惕，少而魁梧絶人，直家貧，負擔以養親，所至，人皆周之。既長，敦厚好義而治生有方，家貲累數十百金。及司寇公被誣坐以贓，乃慨然嘆曰：「吾兄不幸至是，我獨得有家乎？」遂盡捐助之。而司寇公遺屬云：「五弟納銀四千七百二十兩零，虧他甚多，應補一半。」先君兄弟如此，義無愧矣。先君雖處富盛時，垣屋什物無異中人家，燕飲不用銀器，非祀享不衣絲帛。若其睦戚族、恤孤煢，曾不少愛惜。稱貸者困不能償，輒焚其券或更周之。故自鄉邑而南華下關門，以緩急來告者踵相接然，所濟日衆而未嘗敢以此驕人。至遇士之有學行者，尤必容禮之，退則嘆羨累日，謂「兒曹讀書做人不當如是邪？」其晚年出入貧富，習知人情。於是俗塵一掃去，惟延師招友，日課諸子輩以學而已。病且革，猶諄諄曰：「學則立，不學則敗。即寒飢，學不可失也。」語已遂卒。崇禎辛未五月十四日也，年五十有八。元配趙母茹荼蓄旨，佐先君造家。生母楊端慎純明克勤，閫事皆有婦德母儀，皆先卒。子三人：長某，生員；次某，生員，爲經歷公；後次即不肖常，遯跡苟全，無足道者。孫爲方内徐氏出者，某某；爲常内孟氏出者，某某。凡七人，俱業儒。是時，諸父昆弟亦各有子有孫。但願人人孝友忠順無遺前人羞，則王之族得不昌且大乎？河山沙苑之勝，應在是矣。支孫建常曰：「吾家本寒族，世爲庶人事。大父贈君公始以儒術有聲，若河發星海；然司寇則崑崙而東，浩浩大矣；耆賓、先鎮撫以下，則支流洋溢者也。訖於今，世變事

〔一〕底本人名缺，均以「厶」占空。「厶」通「某」，指代失傳或遺忘的人名、地點等。今據文意徑改，後皆同。

殊，子姓猶知讀書厲行，不敢得罪於明教，其發祥固遠而貽謀自祖，亦孰非贈君公一人之澤哉！大雅云：『無念爾祖，聿修厥德。』尚其念之。」

續傳

冷君先生生愛書，閒散不宜俗，讀古經傳言數十百家。喜談山水，其支幹源流歷歷如指掌。至於人物性命之理，天地鬼神之情，尤能以約言提要使人直下了然。故予於連業共方中樂其愛而友者惟先生。先生弱冠鼓篋，強輒辭黌舍，蕭然渭隊、洛苑間，號曰冷君。嘗高臥自吟咏。良辰則偕予閒步，見雲物花鳥無非活潑潑地。是則讀書以明道，明道以愛身，故能逃名甘寂而風流藴藉，猶足起後人之憑弔者，先生之不可及也。且病，得書若干卷，不釋手，病轉劇，困不能視，日令子婿誦於側。其篤信好古，所謂「死而後已」非邪？憶昔從遊時，先生嘗指雷首言曰：「他日死，當瘞我二賢之次。」予曰：「所在去彼，只盈盈一水，張目即是，寧渠必爾乎？」先生大笑。及卒，年五十有七，葬於里右洛苑之南。其封從馬鬣者，蓋雷首東西相望云。先生某某，字某某，本世父耆賓公仲子，而於五門兄弟十五人中，則行七也。所著有二史集，未及刊。二子某某、孫某性敏好學，不幸短折。某某俱幼。

送張太史右訥倅臨邛序

古今登仕版者，有調有謫，謫亦何病於人哉？唐陸宣公以宰相出爲忠州別駕，其美蹟至今不泯，謫亦何病於人哉！然是時，唐雖多故，而東、西川猶稱庶富，今則大異於昔矣。兵燹之餘，極目灌莽，流亡未復，必欲招徠安集。故藉有賢刺史，而別駕與有責焉。蓋別駕古監郡之職，一州利害，全賴議論，其所係不亦重乎！

編修右訥以侍母故，出倅豫之鄭州，尋歸補梁邛州。且行矣，埜人義不出户庭，乃爲言以送之，其辭曰：「願公庶邛富邛，且教邛。誠如是也，謫不足爲宣公病，於公亦何病哉？公其行矣！」

賀簡臣舉子序 有歌有詩

予於柏林翁得子仲氏簡臣焉。其人循循雅飭，蓋傳柏林家學者，年幾强，乃始舉子爲人父。元亮聞呱而望，希述聖康節「生男而願爲大賢」。吾固知仲氏同是心，柏林翁亦同是心，爲之歌曰：「麟之定兮鳳之毛，振振公姓世爲豪。」仲氏子足矣。既而續以詩曰：「柏林有遺老，鎮日柏林中。門外無剥琢，座上滿春風。仲也時執問，欣然樂折衷。是翁有是子，是子有是翁。而况歌麟定，振振續靡窮。」

與張太史右訥論中書

日者，閣下不自枉屈雨中來，存因以論學，誠希世事也。然予所不能謙懷者，論及未發之中，閣下則專屬之聖人，而以爲吾心初未嘗有是，何自誣甚也！但看本註，此言性情之德則未發之中，即所謂「天命之性」也。閣下乃謂「無中」，是自謂無中也。天下詎有無性之人乎？即潛室言「須有戒懼工夫，方存得未發之中」，亦非謂常人本無此中也。但常人不能察識存養，未發時多只如木石，是自失其中也。惟戒慎恐懼之君子爲能存之弗失而未發常覺耳。今閣下惟不能體認乎？此所以「每事多讓古昔而未肯信仁義」「不假外求，聖人可學而至」之言爲不誣也。周子曰：「志伊尹之所志，學顔淵之所學，過則聖，及則賢，不及則亦不失於令名。」即得所謂不及者，而庸可不自勉乎？夫畏難推諉，只是志不立。故「爲學必先立志」，此志一立，又何患中之不存而去聖爲甚遠邪？弟愚不知罪，敢録所聞以商，如有未安，仍希駁示。

又與論知止書

西齊之會，論其大學「知止」一節，嘖有煩言，訖未獲信，乃敢復陳管見，仰質台前。按：「知止」云者，物格知至而於天下事事物物，皆灼然有以知其至善之所在也。朱子謂終「知止」，則「定」「靜」「安」「慮」「得」，自然相因而見。蓋「止」便是事物至善底本體，而「定」「靜」「安」「慮」則皆「知止」之效也。如把「功效」等字一齊攝入「止」中，當謂「知止」即是知此「定」「靜」「安」「慮」「得」，亦即是得此便不成説話。今須仔細思量所知、所得畢竟是甚麼物事，則功效、本體之無容混淆也，必能了然於心矣。且謂「定」「靜」「安」「慮」等名目，因「知止」而有之矣，抑因「止」而有之乎？大抵聖人下字，各有來歷。若穿鑿牽合，何由説得分明？即如定以志言，靜以心言，安以身言，慮以處事言，從此數字而細分之，亦各有攸屬而不可混也，乃欲牽扯「定」「靜」「安」「慮」混入「止」字内可乎？看來此等話説不過操觚家倒挈總挽，便於行文已耳。今乃遂以知止之功效執爲至善之全體，以是講學，寧不自娱以娱人哉！此弟愚所以不敢違心附會而使聖經之旨不復明於今日也。且此正是入門欸，此處一差，則他可知矣。故不憚反覆極言以相質證，倘肯沉思默識，則斯道幸甚！

答張讓伯書

埜人固朽木枯株也，謬蒙台下三顧之勤，乃敢以平日所誦關、閩、濂、洛之言，望君講而行之，以繼往聖，以開來學。竊喜天姿剛毅，當下輒能承認，固近世所希覯，而習俗已深，未免西河出入之失，亦誠有然者。此埜人數月來所以不憚僕僕往還，冀獲時效，一得少助高深耳。頃接手札，具述向來作輟之由，復明後此知行之正，聖學有人，吾道可傳。埜人喜且不寐矣。顧此事既重又遠，須是挺脊竦肩做去，切不可一步挪移，亦不可遽說真趣受用，「明其道不計其功」，董子固嘗言之矣。夫講學輔仁，雖籍於友朋，而尊聞行知，只在乎自奮。若云執弟子儀於長，至此則楚人之所不敢聞也，休休。

又答

省來札，言「明德」二字目，今自驗，覺我元有是言也。亦不知見得是甚麼模样，來路是如何，見定是如何，未發已發是如何。果其一一見得，方是真覺。若猶未也，仍需仔細體察，不得放過。又云：「先答硬寨，拿定此心，乃敢下脚。」夫學先存心乃爲得其本矣。然硬要拿定，恐心反燥急惶亂而不得寧貼。須「必有事焉而勿正，心勿忘，勿助長」，方可。然亦還須兩路用功：居敬以存心，窮理以致知，內外並進，本末互資，久久不已，當此會通耳。程子曰：「涵養須用敬，進學在致知。」二者固不可偏廢也。謹復。

又答

聞之朱子有言：「學者功夫，惟在居敬窮理二事。」乃爲學正路，循此而行，萬無乖錯者也。今來札云：「靜中憧憧，往來旋驅旋起。」這只是居敬不密，未能收拾得此心專一耳。夫心是箇活物，如何教他不思？思索義理，此其正也。若沒要緊事，却走向他歧去矣。須常常炤管，纔覺恁地，即截斷不續；久之，客慮漸少，便是得力時也。程子曰：「涵養須用敬。」「敬者，主一無適之謂也。」外此，豈更有方哉？又云：「聞事驚詫，不能快當發落。」此蓋窮理未精、断制不得其要也。苟能随事窮理，即久貫通，於凡天下之事皆有尺度衡量在吾胸中，則日用應接自然不忙不錯，無復窒礙而左右逢源矣。今方有志於學，安敢遽望到此！其驚擾遲滯而留繫方寸也，不已宜乎？若云他病別症，則非予之所能知，而路錯行乖又其疑慮過焉者也。易曰：「敬以直內，義以方外。」持志必須居敬，窮理方能集義。但著實做去，「勿忘、勿助」，久久自別。不然只如此商量計較，恐終不濟事。漢儒云：「爲治不在多，言顧力行何如耳。」予謂爲學亦然，惟有道裁之。

與讓伯帖

別近兩旬，不知作何功夫，亦復有得手處否？小學許久不見取讀，豈以爲不甚緊要而姑置之與？抑節事往來之煩，未遑及此與？果其迫於節事，猶有可言，如或以不緊要置之，是猶濟川而舍津梁，欲登彼岸，不亦難乎！且向之所以不即付者，正恐其輕視焉。耳視之輕，則其從事必不力；從事不力，則亦何益之有哉？許魯齋云：「小學，書吾敬之如父母，信之如神明。」今不學聖人則已，必學聖人，恐舍是別無入門處也。惟有道「敬之」「信之」。

寄張康侯書

足下眷屬平安，可無內顧，惟一心助成令弟做一箇好知縣。夫知縣者，親民之吏也。凡事便於民底，固當勸爲之。即便於民而或不便於官底，亦當力勸爲之。昔人云：「君子在救民，不能救民，算不得帳。」此格言也。願足下與讓伯同志之。

再寄讓伯書

別來幾二載，僅客冬書一往還，後此風波起落，竟無從得詳。抵今秋八月，乃獲再接瑤函，披讀數過，始慰我心。所云「招流移、開官田、創縣學、立保甲」，種種善政，庶幾几古循吏風矣。然士所當爲固不止此，而有初鮮終，亦風人所戒，不得不又爲賢者勉也。若前日風波，草埜之人知有此久矣。故方言別時，即授當官四要。而前書未復，以「五則」繼之，是皆深慮其至此而不謂不能虛心體察。果有然者，今既幸免，可不惧而深省乎？夫數年讓學，只是一箇「敬」字。豈一行作吏而遂妄之邪？朱子云：「應事才有炤管不到處，這便是惡。」古之聖賢戰兢一生，正爲此也。即邇来將領士民悉見諒，而兩道吏卒詾獨不止，亦猶是我有不到處。凡吏此土者，必使頑梗都化，方爲盡善，而要非積誠不可。故孟子推論獲上治民而終之，曰：「至誠而不動者，未之有也。」然亦未有不敬而能誠者。敬哉！敬哉！

當官四要

一曰「靜重」。持身須先靜重，即事來雜沓，只當端指麾，不可輕動從物。一曰「忠信」。與人必忠，發己自盡，出言必信，循物無違是也。一曰「慎密」。凡事皆須慎密，於細微處越發謹慎，於忙迫時益加精密。一曰「謙虛」。事上以謙，過則歸己，善則必欲歸人。受言以虛，可用即見之於行，不可用勿拒之於色。

寄王山史無異書

春莫有一函復命，想已達之記室矣。茲所瀆者，子德李先生素不識常面，而過於揄揚，得無損知人之明乎？煩先生爲我謝而止之，則愛人以德，當頌兩君子矣。臨楮馳依。

復顧寧人書 蘇州府吳縣人　時寓王無異砥齋　名炎武

讀來教，言免服之制，引經據传，明且盡矣。但以處無異之於母媵，則不可。夫媵，所謂婢子也。人之配妾，與妻不同；婢又與妾不同，無子與有子又不同。今無異以司馬公少子後於從叔父，是爲祖繼體也；且夙擅文名，晚歸理學，爲關中賢者。顧乃惓惓於父之婢子，而發乎情不能止以禮義，賢者固如此乎？若欲表其節，只可以辭，未聞以服者。此事以委曲傅會，恐爲無異累不小也。夫先王制禮，不肖者不敢不勉，賢者弗敢過也。況禮經之所無者乎？竊擬縞冠深衣，送伊歸土，爲無禮者之禮，可也。如發喪受弔，只能得市童憐耳，恐未免爲識者鄙也。不揣愚陋，敢布腹心，惟有道俯加裁奪，即以轉致無異，慎勿自輕，則吾黨幸甚，斯道幸甚！

復王山史書

辱教及無禮者之禮。弟愚，固非明於禮者。但據所聞，家禮：「父妾之有子者，正義服緦麻；若適子、衆子皆齊衰杖期」，乃皇明律文也。媵則從無聞焉。今先生欲以免爲始喪之服，得非以義起乎？至於合葬，則非埜人之所敢擬也。

然近世有於塋域後首南趾北葬者，不諗亦可踵而行之否乎？嘉貺敢南向拜登。謹復。

與党孝子两一書

足下年數八旬有奇，猶東西就正不止，即耄而好學之，武公何多讓焉。但一交臂輒去，未獲悉聞教指，抵今惘然。適辱書問，又推擬非倫，汗直溜溜下矣。竊念日月如梭，晤無期，即有所聞，亦復何緣相質。而遜伯乃爲我言「兩一蓋老於陽明學者」，如有同異，且當寄去。僕固愚，亦不知足下所得於陽明者，果何似顧由四子以上接孔孟？此吾儒正傳也，乃棄而從彼，是猶欲之楚而北其轅，與墮落坑塹何以異？猶記初面時，言曾從遊於馮少墟。少墟固與陽明如水火，而足下溺王，乃爾所謂依孔門而誦老莊之書非邪？又聞遜伯與君論辨，竟日夜而終，不見信意，謂「陽明名重一時，從之者衆，後人恐未到他地位且不可輕議耳。」獨不聞仲尼之門，五尺童羞稱五伯乎？夫童子未必遂做出桓文事業而羞稱焉者，以其非王道也。今之議陽明者，亦不須稱量地位如何，輒辭而闢之，以其非聖學也。蓋聖學入門，只在乎格物致知。陽明不信程朱之說，而以爲善去惡爲格物，這是他入門便差了，固言心、言性、言知與行直差到底。今欲學爲聖人，四子之書具在，必以是爲楷模，循而上之，庶乎其不差矣！若曰：「吾老矣，尚能易轍改塗邪？」此則大不可。夫學以求覺人，特患不能自覺耳。朱子云：「便八九十歲覺悟，亦只據見定劄住硬寨做去，否則坑塹終不能出，道岸終不能登，雖聖人且未如之何，而東西請正亦何益哉？」敢布所聞，伏惟垂鑒。

與王山史書

敬軒薛先生以四者不雜爲真儒。曰：「存諸心，見於行，措諸事業而終之以形諸文辭。」頃讀北行日札，駸駸乎幾於大醇矣，以是知先生工夫老益親切，誰謂「三十年前好用工」耶？但閒以賤名語通人，非惟草野子心有不安，且恐重傷大雅知人之明。後此幸無再誤。切切！

又書

弟鹿豕之性，見人則驚，矧冕衣裳者乎！近貴邑令公遲先生無端賜扁衡門，一時遂未敢遽却，然惶愧累日，夜殊雖寧貼。既而聞復欲枉顧，是又不安之甚者。先生知我愛我，即力止公車，俾我得安居樂業，不至於蒼黄鑿坏，則受瘉多矣。敢布腹心，仰惟崇炤。答曰：「遲明府頃仰德教，欲見顔色非一日矣。頃方謝事，倥偬之際，造廬送扁，畧失次第，然其敬賢之心，出於至誠也。承論當力言之，以成先生之義。但恐鋭往之志，未敢必其遂己耳，草書不盡！」

復遲公書

埜人碌碌苟全，無足道者，謬蒙明府齒存，重以表異，愧汗直滔滔下矣。即遣兒叩謝台前，復辱瑤函，下及益增悚惶，謹南向拜復，不盡所懷。

復顧寧人書

埜人自客冬抱病抵今，遠近交際都廢，即山史一枉顧，書問再三，亦未能報。明知先生稅駕華下，而竟無二函馳候，老病踈懶一至於此。先生乃不以爲罪，而猶手教下及，殊非常情所能測也。中間言及朱夫子建祠一事，按禮惟設木主爲宜，必欲狗俗泥塑，則「林下冠服」之說確不可易。蓋其制深衣、幅巾、方履載在家禮，詳於行狀，且年譜諸書及家廟、洞石等皆有遺像可考。此必先生所夙知也。埜人尚能贊一辭哉？但既下問，則不容不對，敢據所聞以復。臨楮無任神馳。

復雷先生書

台教云：「言敬，非獨程子，固矣。」然微程子言之，則後人亦無由知「敬」之切要。蓋經書言「敬」，多是散見。自秦以後，未曾有人識得，至程子方於千頭萬緒中特拈出一箇「敬」字，來教人從此下手做去。故今但有志於學者，皆知持敬爲要，而確然有所把捉，此實程子開示無窮之功，惡容沒哉！令嵒仲氏又言：「子靜之學在尊德性，朱子之學在道問學。」此說出於吳臨川，而議者遂以吳爲陸氏之學。今乃述爲定論可乎？竊思子靜固不肯信道問學爾，而又不喜人說性，亦恐難以尊德性稱之也。若朱子正所謂「尊德性而道問學」者，以爲偏於問學，不知朱子矣。今日只以朱子爲宗，便可直接孔孟，寧須向他處尋耶？至於付拙稿於剞劂氏，竊恐文不載道，徒貽尖木之譏耳。休！休！謹復，并謝。

三義辯

三義辯者，何辯？三義也，何辯乎？辯三義之名不正也。名之不正，何也？君臣不可以三義名也。昭烈，君也；壯繆、桓侯，臣也。而三義之正乎？不正也。知君臣之大義，則可與辯三義矣。三義何義乎？兄弟之義也。昭烈即帝，君臣也，君臣昉於此乎？前此矣。讀壯繆謝曹書，一則曰「故主」，再則曰「故主」，即未王未帝時分已定也。分定矣，謂若兄弟，何也？亦曰：「昭烈遇二人恩厚，則若是焉耳矣。」然稠人廣坐，繆、桓皆侍立終日，其義又何嚴也！世之建祠設像者乃並列之，兄弟之名曰「三義」，繆、桓之心安乎？不安也。不安何以祠爲？後世君臣之義不明也。其不明，何也？由辨之不早辨也。辯之則奈何？曰君臣，天地大義也；兄弟，庶人之義也。小加大，賤並貴，義之所爲逆也，名實之乖也，神之所不安也。不安，何以祠爲？使之異祠而專坐焉，安也；使之同祠而坐立各如其分，亦安也。今士大夫不是之辨，從而爲文以煽之，是惑也。又何恠乎？蚩蚩之愚民也。文學張經濟讀三義辯云：「三義相傳閱萬春，非翁誰識漢君臣。不因歧路才思主，還是源頭便認真。」

拙賦録

予覌古今人，拙成巧敗者亦多矣。而孟子言爲机變之巧者無所用恥焉，則巧又不惟敗事已也。乃録濂溪周子拙賦。「巧者言，拙者默；巧者勞，拙者逸；巧者賊，拙者德；巧者凶，拙者吉。嗚呼，天下拙，刑政徹。上安下順，風清弊絕。」

答問禘　人有問禘者　予爲寫圖并說示之

圖

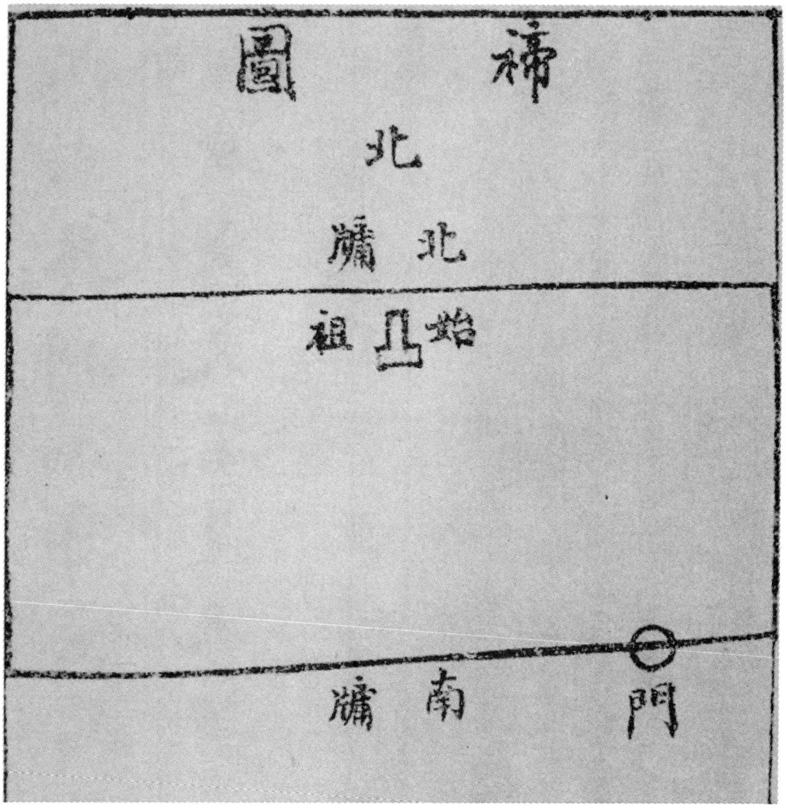

（記：祭法，周人禘嚳而郊稷。大傳：「禮，不王不禘。王者禘其祖之所自出，以其祖配之。」方氏曰：「此禘也，以其非四時之常祀，故謂『閒祀』；以其祖之所自出，故謂之『追享』；以其比常祀爲大，故謂之『大祭』；以其猶事生之有享焉，故謂之『肆獻』。祼名雖不同，通謂之『禘』也。」）

按：王者時祭之外，三年一祫，五年一禘。禘，王者之大祭也。王者既立廟以祭始祖，而猶爲未足，極其追遠報本之意，故又推始祖所自出之帝祀之。蓋禘者，得姓受命之始也。數既遠，又不可建廟立主，故但祭於始祖之廟，設虚位東向，而始祖退居南向以配之。然不及羣廟之主者，不敢褻也。

友論

修道以仁，輔仁以友。故曰：「朋友者，人倫之綱維也。」今人不知綱維所在，輕且如芥，而望其有輔仁之功，不亦難乎？張子云：「於朋友之間，主其敬者，日相親與，得效最速。」誠哉是言！

壽論

吕伯恭論壽本於敬。曰：「孔子言『仁者壽』，仁其體，敬其功也。」蓋敬則心存，心存則敬而有常，此其所以壽也。蓋敬其功，仁其體，壽則其效也。予固踈懶，願與我同人交勉也。

爭子論

孔子曰：「父有爭子，則身不陷於非義。」凡人於父母不義所在，須是反覆諫諍，使無得罪於鄉黨州閭，這才叫做箇孝子。若斤斤惟令是從，則聖人之所非者也。烏呼可！

王氏神軸重造記

夫尊祖故敬宗，敬宗故收族。我王氏族不滿百人，其先祖神像昔故從俗，寫於一絹而軸焉。每元旦則懸之中庭，合族子若孫，咸拜祭於下，以別其尊卑長幼。古所謂「燕毛序齒」，蓋雖俗而近於禮者也。迄於今，歲久絹裂，禮遂寢廢。於是聚族而謀之，得分金若干，從新造此，而易像爲主。世系既明，本支不紊。凡子姓見此者，無老少大小，必皆從其宗子行禮。如初且死，必赴；冠、取妻，必告。間有背祖忘宗、淩忽尊長、遺棄孤貧者，我族人必衆共疾之，共誚讓之。如見怪物而慄焉不寧，若老泉子云云。

附録

范文正公爲參知政事時，告諸子曰：「吾吳中宗族甚衆，於吾固有親疎。然吾祖宗視之，則均是子孫，固無親疎也。苟祖宗之意無親疎，則飢寒者吾安得不恤也！自祖宗來，積德百餘年，而始發於吾，得至大官。若獨享富貴而不恤宗族，異日何以見祖宗於地下？今何顔入家廟乎？於是恩例俸賜，常均族人，并置義田宅云。」

按：范文正公於宗族既均恩俸，又置田宅，只爲祖宗視之均是子孫，固無親疎耳。詳味斯言，最爲知本。今人往往薄宗族，是皆不顧根本者也，其得罪祖宗不已大乎？

一峯羅先生曰：「夫一族之中，尊於我者，祖父行下浪切，下同，爲伯爲叔；同於我者，爲兄爲弟，伯仲行也；卑於我者，子孫行也，爲姪，爲從姪，爲無服姪。其初，一人之氣所爲也，譬諸一身焉，爲耳、爲目、爲口、爲鼻、爲手、爲足、爲頭項背、爲五臟，内而爲筋骨，外而爲皮膚，百體具焉。一人之氣所爲也，一體有疾，手爲之擘，足爲之踊，口爲之呻吟。其自刃自戕，蹈火赴水，非病心風狂或有所憤激，誰不欲保其身乎？至於視其族則不若視其身，非惑之甚與？」夫族人支分別派，雖云甚衆，然其初則一人之身也。故先生即以一身喻之，其言最爲親切，存心於收族者，可不思思而實體乎？

祭世父少司寇公文

明通議大夫司寇公世父，卒於天啟丁卯四月。洎戊子（臘）〔躐〕[一]越二十有二年，乃涓十六日丙午，永寧幽宅前，期三日甲辰，猶子某等，謹奉剛鬛庶饈之儀，哭奠於柩前，而言曰：「嗚呼，人誰不爲臣？世父爲臣，必盡其忠。臣誰不盡忠？世父盡忠以滅其躬。躬既不閱，後又囚拘。訃聞慟絕，莫之能趋旋會。」聖明知公忠烈，舉柩還鄉，人無不悅。然猶淺寄，未獲永寧。越年廿二，乃窀乃塋。諸子雖多，沒，不及斂塟，又失宜。中心殊歉，舉觴一酹，淚下滔滔。尊靈不昧，是歆是鑒，嗚呼痛哉！

祭世父耆賓公文

嗚呼！世父而已然耶。夫人莫不然，而孰如公有德有摻可法可傳耶？方太父母之棄養，踊於寢，盧於塚，號泣於昊天。及少司寇之登朝，色不矜，氣不溢，禮義不愆。其追遠也，醴酒必薦，敬慄宛矣在前。其臨財也，莫金頻却，清白卓尔。自墜嗟鄉俗之哀狎而莫知其賢。幸邑侯之明，舉以飲諸賓，筵於斯，歌於斯。祝期順百年，胡然哭，胡然誅，旋歸九原。嗚呼！世父九原永康。其身雖沒，其德孔光。瞻之靡及，念焉則傷。哭酹以言，冀達幽房。尊靈炳炳，鑒我姪行。尚饗！

[一]「臘」，通「躐」。

祭户部主事從兄八公文

嗚呼八公，四載典倉。惟清惟寅，夙夜不遑。竊期功遂，燕語同堂。不謂天孽，殞棄殊方。晦明風雨，孤櫬誰相。茲惟諱日，魂應還鄉。男號中野，女啼在房。情痛昆弟，我獨百常。念同與難，脊令原翔。臨别執手，泣下數行。一夕隔世，悲思愴愴。式奠以告，達我肝腸。嗚呼痛哉！尚饗！

祭從兄文學箕九公文

嗚呼痛哉！王氏羣從十有五焉，亡已過半，兄胡復然？嗚呼痛哉！惟君孝行廉范，後先二千里外，負喪言還。雖貧且病，襄事卷卷，未半而革，頻以爲愆。痛哉天乎！不假君年，棠棣零落，家門之顛。且悲且哭，淚如線泉。六七之日，奠於柩前。清酒一壺，哀借以傳。從此分手，幽明絕縣。嗚呼痛哉！

祭從兄文學泠君公文

痛哉七兄君，胡忍予而棄之去耶？我與君言山言水，説古説今，以及天地混闢、陰陽鬼神之變，非一日矣。或遇良辰，共方而遊；或有清茗，相招而飲。君每發詠，我必和之；我每矢音，君必賞之。當此故老凋零、斯文頽喪之日，猶賴我兄弟兩兩相尋，晨夕談論，以消此餘年也。而君竟堂堂去矣。嗚呼！誰復與我煮茗釀酒、以遨以遊耶？誰復與我吟風弄月、汝唱予和耶？誰復與我言天地、言古今山水歷歷耶？嗚呼！君一長去，此事遂已。然我哭君、思君、念誦君，庸有已然耶？痛哉！七兄一去不歸兮，我與誰處？悲未如何兮，治此清酤。奠之殯前兮，且哭且語。靈其昭明兮，鑒予心哭。嗚呼痛哉！尚饗！

再祭冷君公文

七兄冷君先生卒於丁未三月二十五日。越歲戊申二月十五日甲申，往即幽宅。期前二日壬午，十弟處士建常，謹戒豚元庶品之奠，祖其將行。痛哉七兄，去也何之？曼曼長夜，耿耿我思。誄君有文，輓君有詩。銘君之墓，稿已具茲。痛哉此念，庸已有時。念之不已，如醉如癡。驚顧丹旐，祖以玉巵。且言且哭，知乎不知？嗚呼痛哉！

祭從弟增廣生十一文

嗚呼痛哉！十一弟。惟爾與我，恩則昆季，義則師生。何文弗訂？何禮弗明？亦步亦趨，惟予是程。胡數之促，既強而傾。訣則執手，淚眼盈盈。傷哉貧也！斂手足形。載哭載言，爾其是聽。而今而後，方得永寧。嗚呼痛哉！

祭荆人孟氏文

嗚呼，荆人孟，汝自十有七年而適予，越日而舅氏没，周歲而兄弟析，甫及三十而邦國殄瘁。予乃幡然掛冠，力耕南畝。荆人即不恤人言，偕我誅草，偕我取禾。爨以食我，織以衣我。此等事皆自奴婢。叛前日，未曾親者，去後方才如是。予閔汝勤矣勞矣，時慰爾少休矣。而汝切念兒女嗷嗷生業，寒薄甘食，糲以飼哺。忍痛疾以補綴，至於顏色焦枯，眼目昏當澀，行則俯僂，臥則呻吟。千苦萬艱，以冀諸息之成立而後已也。孰謂女即歸而旋亡，兒才有室而荆人輒入幽杳矣。嗚呼！汝何氣之薄、數之促而死之早耶？汝何忍弱兒、棄孱女而不與我偕老耶？嗚呼！荆人孟，竟爾死之早矣，不與我偕老矣。予思汝艱苦，痛汝短折，毛髮膚皮，宛其槁矣。嗚呼！時命之衰也，旻天之不弔也。去歲之冬，長女即夭；今冬之初，荆復不保。我罪伊何，莫之能禱。揮淚祖奠，瘞汝先兆。汝侍舅姑，魂其繞繞。予撫諸兒，立身行道。柩前之言，望荆尚曉。嗚呼哀哉！

祭郭穉仲文

嗚呼！穉仲胡去之早耶！我之孑立索居，尚復能自好耶？嗚呼，維天道之流行，二五合兮顥顥；嗟人生之不齊，物欲交而擾擾。矧頻經乎變革，遂胥及於幽杳，如晦如盲，載顛載倒。惟君之明，卓爾自矯。以我之愚，慨焉同抱。爰閉戶以相守，乃博觀而互討。覽古今之多變，審去就之有道。考端乎人倫之宜，究極於物理之秒。無精無粗，無大無小。論辯雖或參差，翻駁總期了了。由是尊聞行知而無問窮通，庶幾修身寡過以聽乎壽夭。故君病之且革，惟「自強以爲寶」。我曰：「君乎全矣，雖至九原而無懊。君之子也，勉旃其第一。」人之是造於訓誡之語。方識衣紳，何號泣之聲遽傳戶表？聞則驚呼以奔趋，慟則仰天而辟摽。念柏兮伊誰？傷萱堂兮既老。聽孤女兮哀哀，瞻遊魂兮杳杳。嗚呼！穉仲胡忍去早？自君之去，我心如擣。永遷之辰，爲文薦藻。嗚呼！穉仲堂堂去矣，萬事掃矣。道之哀矣，知我少矣。伏柩一慟，心灰槁矣。

祭文學郭繼之　名敬承予揔角親友

嗚呼哀哉！非龍非蛇，奪我賢友。幾欲誄之，弗忍出口。痛君多才，不遇不壽。蒲伏惟前，泣而酹酒。嗚呼哀哉！尚饗！

祭文學郭恢吾　名惟泰予内舅也

嗚呼舅氏，篤哉先覺。興起斯文，以恵後學。伊予不嚚，夙蒙玉琢。自是兢兢，罔敢齷齪。山斗既頹，典型斯杳。載哭載誄，心焉催剥。於以祖行，清酤一爵。靈其昭昭，鑒我誠確。嗚呼！尚饗。

祭别駕張公献兄文　名策以鄉舉仕廬州府通判

嗚呼！自天以二五生人，理無不一，而氣則有剛柔、清濁之分疏。惟公爲禀乎清且剛者，而學又不失其初。所以際國運之末晚，出入崎嶇，而一段磊落倜儻之氣，未嘗不時見於色笑之餘。當其在廬江也，蹇蹇乎砥節王臣，誾誾乎風高循吏。無何遭豺虎而見噬，爲南北之欷歔。嗚呼！以公之清剛、特立，不免於吏議；而罔上虐民、貪淫無恥之輩，乃崢嶸乎高車。當時用人若此，道法烏得不陵夷社稷？烏得不邱墟？此又有志之士所謂痛哭流涕而鬱鬱莫舒者也。嗚呼！國既殄瘁，公亦歸虚。雲車迫於靡挽，皇路竢乎誰除？某也念平生之夙好，悲人逝其焉如，爰設辭以侑奠，惟靈爽兮鑒諸。

祭右訥張太史文

吁嗟！太史胡爲一朝捐館，舍棄予而然也。予之見知公也，於今四十年矣。其間出處、語默雖不一也，而公不以我爲偏；可否、從違雖不齊以也，而公不以我爲矯；辭受、取予雖亦兩不相合也，而公不以我爲狂、爲顛，公知我矣！知我如公而胡爲乎然耶？嗟乎！公既然矣，不復旋矣。爰薦牲醴，淚漣漣矣。尚饗！

祭戶部主事張讓伯

嗟嗟痛哉！讓伯氏君。其得氣之精一兮，數胡不長？學顏淵之所學兮，詣几於堂？志伊尹之所志兮，位局乎郎！襁褓之兒呱呱兮，耄耋之翁如霜。吁嗟痛哉！君雖去矣，其何能忘？宗戚知友，靡不淒愴。伊予於爾，天喪之傷。既詩而哭，奠又以章。述君志行，道我肝腸。惟靈不昧，反炤煌煌。吁嗟！痛哉！

祭古湖孝廉張蓮羽 名嶽瑞

嗚呼！蓮羽君何去之早耶！前日之過，君猶飲我、食我、對我，笑言以輸抱；今日之來，我乃哭君、酹君、思君，誰昔而如擣。前日之過耶，訣耶？天假之巧；今日之哭酹，真耶，夢耶？恍惚其弗曉。嗚呼！几筵設兮，惟布縞矣。君真死矣，玉山倒矣。爰效匍匐，奠我蘋藻。載寫哀情，告君幽杳。嗚呼！尚饗。

誄吴郡徵士顧君寧人

嗟乎！江表鴻儒，朅來華下。渡渭而言，曰台「隱者」。願結德鄰，千秋之雅。胡一東遊，遂成永別。訃自沃來，驚倒欲絶。匪我情偏，痛爾孤潔。暗暗櫬側，藐兹一郎。告魂與魄，無復彷徨。朔風時起，亟返故鄉。

祭處士關遜伯

嗚呼！遜伯君胡然而然耶？孰謂君然？而君乃不少緩，須臾然耶。嗚呼，惟君之學，希聖希賢。惟君之守，至貧至堅。惟君之壽，近耋逾傳。嗚呼！壽非徒然，有守有學。學必俱成，覺彼後學。守正而終，浩浩其杳。嗚呼！天奪吾友，不復相尋。載酹載哭，淚下淋淋。惟靈不昧，鑒我同心。嗚呼哀哉！尚饗。

祭雷午天

嗚呼！先生爲世儒宗。忘年我友，韓與孟同。西銘太極，反覆折衷。孝經是註，資善無窮。遊從既久，如坐春風。山斗忽頽，使我心忡。爰奠生芻，告言一通。先生知我，昭鑒予中。嗚呼！尚饗。

祭文學韓柱石

嗚呼！柱石胡去之𣁋？念君之德，死且不朽。其德伊何？篤於孝友。同父四人，義居白首。始也無家，君開戶牖。始也無室，君爲擇偶。南北皇皇，買田餬口。德厚爾昆，庯渠多有。言念其才，才則八斗。言念其情，情則耐久。予也方與君訣，泣而執手。於今奠之，誄以告柩。心惻氣昏，芻辭類苟。君靈炳炳，然乎其否。吁嗟！尚饗。

王氏仲子墓誌銘

渭埜王仲子名某字某，復齋其別號也。少治舉子業；及壯，丁國變，掛冠杜門，讀濂、洛、關、閩書，發奮爲聖賢之學。但氣昏質弱，雖孜孜數十年，而訖無所成，臨終乃書此誌墓，系以銘曰：「存心養性，徒有志於往聖；守貧安貧，幸不辱乎吾身。」

讀斛山楊先生自造墓誌銘

先生道繼聖賢，心忠君父，直聲震乎當世，義問昭於來兹，其果泯泯同草木腐者耶！今讀其誌銘，乃愧歉簡質如是於乎此。先生之所以爲第一等人而不及也夫。

秋日即事 五言古

誰昔亂離後，僅留數畝田。
督僮勤穡事，亦幸小有年。
所入雖不多，得此良已偏
人生貴知足，何必百與千。
戶庭無塵雜，囊有新詩篇。
興來漫開尊，相對月華鮮。
最愛清秋夜，仍欣重九天。
我懷伊誰是，元亮結夙緣。

雨夜志感兼懷仲復詞丈得秋字 七言律 王于陛

風雨瀟瀟夜未休，踈燈相對廻添愁。
百年出處應無愧，一代文章會有求。
淒絕空懷浮海志，孤危難遂浣溪遊。
回環枕際渾忘寐，悵望蒹葭白露秋。

客去志感兼懷王社丈仲復　五言古　弟張表

閒中客有至，笑語多心違。
不問琴書事，并覺花鳥非。
我身宜何等，寧隨世溫肥。
先師遺明訓，學須知重威。
仰止吾舊友，言則必危微。
幸我生同里，念哉此風徽。

寄懷渭埜王先生仲復　盟心弟張衛獻　字帝臣渭南人

嶽蓮有大松，可以爲天柱。
渭埜有大儒，抱膝藏偉豎。
其氣能淩雲，潛龍人莫聞。
不讀秦以下，垂情在典墳。
憶昔華山遊，與我共芳修。
風雨十年外，蒹葭百二洲。
古道猶未夷，兩地此相思。

天湟長一線，擊楫復何疑。

懷仲復先生　弟王弘撰

茅堂渭水濱，幽棲寡世累。
潔身亮獨難，葴煇殊不易。
懷古執高節，讀書析疑義。
百家用從火，六經道未墜。
白日苦易馳，秋節颯然至。
常恐毛髮變，蒼蒼勞夢寐。
逝川只向東，空山濕晚翠。
思君步屧聲，陶然成獨醉。

註太極圖上仲復先生請正賦此　雷于霖

靜臥北窗下，遥憶洛南人。
委巷容膝地，元亭絶世塵。
禹碑蟲文古，羲畫象意新。
午夜一吟詠，藜光照帝閽。

君與聖爲伍，我與君爲鄰。
三年不一見，忽接雲外賓。
入座無雜談，共話無極真。
馬從星海至，舟問濂溪津。
空虛發萬象，變化行鬼神。
元公自光霽，爭論亦眉顰。
我行删煩事，又落一重塵。
乞君巨靈斧，斬盡荆與榛。
卑之無高論，直指在當身。
五性列成器，滿器盡凝真。
渾濛氣自厚，易簡理始存。
兩化誰知問，千秋以後人。

懷仲復先生　王鉞

大荒無處問交親，獨有先生結比鄰。
家世忠貞傳正學，柴門古道步先民。
懶伸天子榻中足，不負男兒頭上巾。
却笑南陽諸葛氏，臥龍何事又圖麟。

壽章　門人靳堯典

萬緣叢中擢玉盤，師門此日集衣冠。
降望蓮嶽人咸喜，受業河汾我倍歡。
春酒釀添桑落進，雲謠譜入爨餘彈。
年年渭埜歌眉壽，南極星明世治安。

張蓮羽私識

先生復齋，渭埜大儒也。癸巳秋端，執幣長跪請者歷七日，先生方許移教席於湖。其丰度端凝，屹屹嶽岱壁立，而時播春風，則有渾然一團和氣。瑞偕二三子瞻仰踰年，罔敢倦怠。遂浣筆識此，竊比於書紳云爾。

關逊伯啫

学道之人王仲子，玉成天意欲何止？有生其奈即屯邅，總角那堪失怙恃。君具磊落不凡之奇才，慷慨壯志自天開，八股諸生作冠軍，萬里風雲立地來。於乎戲欷，天命不可揆。秦中烽火黄塵起，楚囚摯冠惟所羞。遐舉翩翩遊，帝里河山日已斜，可惜三千桃里花。狂風落盡毀紅色，流水悠悠不見家。壯哉！仲子之志志益堅，不畏狼虎畏市塵。深山窮谷皆朝市，萍水漂泊何處旋？誰知困難之中禍相尋，舉家不免沴災侵。去年有女閉幽宫，今歲有妻復折簪。哀哉仲子情何似，手撫諸兒悲莫已。而況一女未痊安，此時哭母還血齒。吾亦爲君大揮涕，吾道艱難竟如此。珍重千秋憐子身，禍福吉凶天命爾。眼中之人誰復在，白髮蒼顔吾老矣。

張讓伯啟

某生來嗜慾稍淺，不敢爲大惡，然失足者屢矣。中無所見，但任情踈放。欲苟異時俗，而止披涉經史，只模擬榜樣、抄記成方已耳，其意量蓋有限也。庚子冬，得謁先生，敬承鐸訓，授以小學。知望某過，當重有寄託。時常勉行而中，無得趣舉大遺小、顧此忘彼、七斷八續，又或煩雜苦焦、搖移紛挐。蓋弗知其味也。今年春，丐及門，草冐不恭，未蒙俞允，退自揣，主見未定，恐中途走作，以傷敗門墻，遂不敢急求。數月承侍，覺弗當先生意旨，乃芒然無措，反覆不得於心。再授讀書録，專心致志，日夜研求，始覺氣致才魄，都無是處；舍近騖遠，總是襲取。乃提起此心，檢點日用而動靜云爲。千差萬錯於是勉持不放，即是求是，以工夫伴心志，以情性依工夫。畧有次第，五内暢快，而一切莫要緊是、莫正經書，始知與吾性全無相干。離這路，無一步走得；外這事，無一件做得矣。重取小學、大學諸書，讀之別有一番光景。而脚芒手亂、畏事厭煩諸症，已十去五六，乃敢尋前啟用，成尊師之禮。爰擬日至以執弟子之儀，伏惟不拒，日進所聞，則某之身，父母生之，先生成之，與覆載同仁矣。栴薰沐謹啟。

學臺許孫荃六子詠之一　字生洲　廬州府合淝人

仲復流英聲，韜精習便靜。
白首尚蠖屈，元霧玉豹屏。

析理忘蹄筌，傳經得要領。
馮呂亦已亡，斯人足警省。

頻陽李太史子德云：「不愧斯言，仲復先生一人而已。」後較士同州賜綾詩序，云「予作六字詠，五君俱辱醻贈。獨仲復先生金玉爾音，撫序與懷，再伸此什書請正之。」

白露儵已晚，蒼葭渺難溯。
遙憶水中央，伊人在何處。
明月楊桂叢，搖情帶芳樹。
心隨魂夢勞，夜夜逐君去。

副啟

側聞大河之濱有王隱君。其人焉，名可得聞，身不可見。齊心向慕，三年於茲矣。每思繫馬衡門，肅瞻道範，而動多拘束，弗獲自由；室邇人遐，可勝「白露蒹葭」之感，小詩一首，再奉郢揮。倘其倦於應醻，正復不須屬和；稔知名山石室，著述等身。有可以見示者，望不悋枕中鴻寶，「毋金玉爾音，而有遐心」。竊三復白駒之末章矣，臨毫馳溯。逾歲，先生駐華嶽廟西，候代乃乘間來存。明日，遣兒某叩謝，隨賫語録六卷。適值他出。既歸，復此：「長君左顧，適有少華之行。倒屣未遑，兼竦展待；辱惠尊録，冗次尚未細觀，畧閲數行，具悉先生湛於名理，身體力行，故其所得，皆所以表章洙泗，羽翼程朱。布之通都，足令學術明而人心正，有功名教非淺鮮也。虛往實歸，拜德何極，更荷珍施，并此報謝，臨楮馳依。小兒舍親亦統此致候致謝。」

書上師台王老社翁

昨同榻奉教，深愧相知之晚。歸來若有所得。及自反，惴惴焉所失者多矣。敬怠之間，理欲之勝敗攸分，大約弟之受病於怠者居多，戲渝亦參其半。老社翁師台幸有以砭我矣。歐帖一幅，并舊本呈覽。不日將絜誠立雪也。社小弟張召南頓首。

某答曰：「偶共夜語，輒吐肝脾。數日後，又示敬怠、理欲之辨，所謂『質美者一揆便轉非耶』。埜人稱吾邑有人，良不誣矣。二帖收訖。至言枉顧，蔽廬萬不敢當也。謹復。」

張太史復

憶昔十年前，仰籍高明，同事筆硯，懲弟過失，造弟學行。古稱三益，「直、諒、多聞」，咸莫兄台若者。已而世變滄桑，弟輩卑陋無守，隨風披靡，自顧面孔，不獨有愧儒林，且有愧生人也。企仰兄台，上紹洙泗之傳，下砥末流之潰；真龍翔天界，鳳棲千仞，世網莫得而及也。弟幸忝多年雅交，敢玷德教，奉誦招就數語，尤不敢重負逾寵。三日早趨文案，用抒積悰，期毋大費也。草復不次。不叓〔一〕。

〔一〕「叓」，現字庫無該字，疑爲「叏」字之誤。

再復

辱明教不棄鄙劣，諄諄悔過，修德爲念。俾弟聖狂之界不終顛倒，生平未瘏之玉成。敢復自外耶？

三復

弟狂愚，性成作爲。日乘間奉明教，轉盼牿亡，物議沸騰，已實招之人乎，何尤？奉誦台函，不乏猛省矣。掩關撥冗，敬如嚴指。竢神魄稍定時，當詣尊前，再懇司南也。方寸悚忡失措，未遑他悉。

進學儀　原本涇埜呂先生

奉讀進學儀，條理森明；甫到門牆，便有脱俗塵而入聖域之意。一生雺霧，忽得撥去，另見天日矣。快甚！慶甚！枘姪銕作脊梁，不敢自外涇埜。但主人之禮度有未嫻，先學之規并乏具人，一一倣效，臨時恐有掛漏，乃初步之憾也。相議微有損益，如不以爲大謬，枘姪當匍匐面訂矣。蓋先生弟子互爲善全，在此中也。幸毋以爲疑而披衷示之乎！望望切切。

張讓伯復

奉讀定軒説與手教，愧汗如雨，始知向來之非也。蓋靜而談，思索揣摸而得稍有頭緒；及紛絮拂逆之四面交加。初焉，强持卒之未免血氣用事而主見移易矣。又在末世，固以爲恠，況行之不純乎理，而顑顔戾色相加，遂惡之者衆矣。荆棘滿目，危疑恐懼，所不能無也。所以來教之不遑答，而取先生之深責，端由乎此。幸有一二當路察其行之不甚戾乎道，力持公論，漸以平安。其血氣之動亦漸可把持，而拂逆之來猶不無面熱心跳。守之定向，不知何日可以自信，可以對我師友也。惟先生不棄不倦而教誨焉。是祝。

同前

六載作吏，幾成白丁。雖徼出水，非萬全之道而有愧於函丈。不慊於方寸者，多矣。氣質難化，旋知其非，而事到面前，又復看不定，做不恰好。奈何？先生幸一一教之，蓋前累讀所諭，始覺不甚難行。究竟不能合拍，此性偏學淺之故，非敢不用心也。惟先生不倦不棄是懇！

柏林翁復

别去半載，光霽猶映草廬。思得巨靈手，移他石一片，日資磨礲。方擬議間而雲篆飛來，展讀二序，道：「人之文，非文人之文也。」懸之張壁，蒼山鬱鬱；弁之趙簡，風樹凄凄。是不可以振響華渭哉！刻書事，乃云：「猶須上進，再俟知音。」嘻！我知之矣。龍鱗鳳羽，時乎自秘；一吟一鳴，不欲輕落人間也。我固預知之矣。

門人靳堯典復

向登程門，侍立未久，輒以俗務怱怱而歸。抵家後，撥冗靜思，語録明快的當，發人深省，從未有如吾師者也。昔人云：「朱子晦翁集宋儒之大成。」以門典觀之，晦翁而後，集諸儒之大成者，亦惟吾師而已。但自愧半生攻苦，書債未完；名場利窟，俗念未忘。來教云：「世味深者道味淺」。兹有味乎其言之也。謹西向拜謝以書。

同州白君含章書 名焕彩

久欽道範，祇以年衰路遠，未獲趨謁。兹啟者署州篆郝廳，尊聞台丈道隆德劭，思得一晤，託弟代懇至州。蓋將禮真儒而崇正學也。乃敢遣小兒敦請，萬冀惠臨。爲發明斯道，勿使嘆府以東無人也。至禱。

時彼以白口召，某即以白口辭，而不形之筆札者，恐語或不恭，便露圭角耳。

王君公復

弟以身家爲累，與先生辟世高蹈不同，故於官師有往來之禮。敝邑因久雨，賓館傾圮，令君見客皆在後堂，其實無他也。弟嘗奉大祖之訓曰：「爲惡或免禍，然理無可爲之惡；爲善未必福，然理無不可爲之善。」先帝之訓曰：「無所爲而爲之，謂之『天理』；有所爲而爲之，謂之『人欲』。」故近來於義利之間辨之頗嚴。雖令君有格外之遇，然絕不以私意相干。如地方利弊或人有寃誣不白，亦輒言之無隱，其聽與否，則任之耳。傳聞云云，別自有人。佩服至教，敢布腹心。所不克踐斯言者，當拜叔一夜書通矣。草復不宣。

亭林先生屬致候小簡，亦一附文稿中，又白。

顧亭林復

仰止高風非一日矣。頃至砥齋，讀大著，深服先生潛心理學，根本六經，而下問虛懷，不遺凡鄙，豈非今日之古人哉？因有頻陽之約，信宿便行，未及摳衣上謁。翹首渭濱，實切溯洄之慕。茲以下學指南一册，日知録一部，中有舛漏，祈賜駁正。更期便道一望，光塵不盡。

先君鎮撫公行狀

嗟乎！先君以崇禎辛未五月十四日棄養，即以其年十二月某日葬於里右洛苑之南，於今四十九年。己未某月日，繼母劉氏將合祔。不肖常痛念，吾昆弟在而壙。石闕無辭，將揃滅前人光是懼，乃敢追述其遺行厓畧，附之代序，以請銘於有道而文者。我王氏故太原君子鄉人，後徙關中，世家朝邑陽昌里。其諱進者，是爲始祖。數傳至曾王父，諱某，贈中大夫、太僕寺卿，妣封淑人，上官氏。王父諱某，累贈中大夫、太僕寺卿，妣封宜人張氏淑人，趙氏贈君。王父有六子：一某某，張宜人出，早卒；一某，以萬曆辛丑進士，歷官刑部右侍郎；一某，耆賓；一某，把總；一大同衛經歷，某；一我先君，散官，鎮撫，於倫敘，其第五也。先君諱某，字心惕，少而魁梧絕人。直家貧，嘗負擔以養親，識者往往物色之。既長，敦厚好義而治生有方，家貲累數十百金。天啟乙丑，司寇公以與楊公漣、左公光斗更疏擊魏忠賢逆璫，被反噬，削奪誣坐贓銀二萬八千兩。下有司嚴行追比。當是時，宗黨、親知、僚友、門人、故吏或靳財，或畏禍，其不旁觀、若不相識者几何？先君慨然曰：「吾兄不幸，受誣至此，我獨得有家乎？」遂盡捐助之。已而司寇公逮至真定，手書屬家人曰：「五弟納銀四千七百二十兩有零，虧他甚多，應補一半。」於是人皆知司寇之義我先君也。而先君處富盛時，垣屋、什物無異中人家，讌飲不用銀器，非祀享不衣絲帛。若其睦戚族、恤孤煢，曾不少顧惜。至於稱貸者困不能償，輒焚其券或更周之。故自鄉邑渭南北華下關門，以緩急來告者趾相錯及。帮納誣金後，遂逆璫伏誅，詔還司寇爵秩、贈廕，而家已落於時。轉立券舉債以爲活計，未嘗見其有悔望色。先君不戚戚於貧賤，自年少已然，而亦未嘗敢以富貴加人。遇士之有學行者，尤必改容禮之；退則歡羡累日，謂「見賢思齊，兒曹讀書做人不當如是耶？」時崇禎初，弊政雖去十一二，然自天啟以來，國家多故而世道流日下。先君出入貧富，習知人情，明物之禮。於是俗塵一掃去，惟延師招友，课諸子輩以學而已。從子文學某，耆賓公兒也。追比之餘，力不能事墳典。先君爲給柴米膏火，資令與常連業於王雁峰。塋舍东去家蓋十里許。踰年，先君疾陡發，常聞馳歸。且革，猶諄諄曰：「學則立，不學則敗，即寒飢，學不可失也。」常泣而誌之。訖於今，聲未絕耳而學苦無成，負我先君臯深矣。方先君之終也，親表中孤而字之者，與遠近各色人嘗告依以生者，皆斷酒肉，籍地而哭曰：「當爲鎮撫公行喪。」先君氣仁質重，能窮物，言不苟欺，平居斂色而坐，人望之，見其巖巖，及與之接，坦然無忤也。未嘗言人過。有告者，謝曰：「吾惟喜聞善。」享年五十有八。原配趙氏母茹荼蓄旨，佐先君造家。勸其不足於兒女，憐而能教於臧獲，肅而有恩。卒天啟四年五月念五日，享年四十有六。生母楊氏先先君十二年卒，得年二十有四。常時方脫抱，音容不復記憶。稍長，侍於先君，每言及母氏端慎純明，克勤閫事，輒相對泣，數行下。於嗟！常不幸。生五歲失母，十年後又失父。首不勝冠而怙恃兩失，於人子何如也！繼母劉氏卒丁巳十二月二十四日，享年八十有七。男子三人：長某，生員；次某，庠生，爲經歷公，後趙母出；次即不肖常。自甲申掛冠，碌碌苟全，無足道者。女子三人，皆歸大家。長先卒。孫男爲方内徐氏出者：某、某、某、某；爲常内孟氏出者：某、某、某，凡七人，曾孫某、某，凡九人。其業讀與耕各半。孫女二人，既歸，卒。曾孫女十一人，三有歸，一卒，餘皆在室。嗟乎！常以身隱，無文之子而居，言不文之時，尚能搦管狀我先大人哉！然自辛未四五十年間，陵谷變遷，人物彫謝。徬徨四顧，無佗執友可屬。不得已，乃忍痛收淚，憶昔依依膝下時，所耳而目之者，随筆检牘。柬請有道先生略其固陋，次而銘焉則存。没幸甚！孤子王建常稽顙。謹狀。

贈公張先生翬宇行狀

先生諱某，字某，姓張氏。其先華陰人，唐中宗時避兵朝邑洛渭間倉西，遂家焉。入明，八世祖諱秀者，始補邑，增廣生。後五傳至解州公，諱澄源，受學大儒恭簡韓先生之門，與頻陽楊忠介公爲友。嘉靖戊子，并登賢書。恭簡語人曰：「是科得人，吾門兩鐵面也。」筮仕山右文水令，以能擢守解州，清嚴執法，不少貶，解人呼爲「强張名流」。於今有子四人，其仲諱廷，號沙溪，以子貴列儒官。配馬氏，有子六人。資縣尹孚鯨，其長也，次籍博士者三人。先生於倫敘爲叔子。孝、義、慈、諒，諄篤而好學。始爲兒時，重遲不戲，終日端坐如成人。父母有呼，輒連應，輒先諸昆至，以是甚見愛於父母。稍長就塾，知齒讓，受周易、左氏傳，即能子大義。逾冠，入庠尋補，以後每試輒詘若曹，而恂恂自將，不敢少爲華靡毫放事。故士大夫咸重其爲人，有稱舉所爲以誡弟子者。其入庠而初試於縣也，中丞郭公宰吾邑，號知人，得先生卷，即擊節首録，且曰「柱石人物也」，遂館之。當是時也，世父司寇公及李同卿季白、資縣繩一公皆爲諸生，與先生并見知於中丞。昕夕相與，講明經，籍性理，爲辭章，出入乎仁義。而先生聲遂大振，一時執贄從遊者幾四十人。每於講授之餘，從容語諸生曰：「吾家世淳謹，學貴實踐。予惟是早夜兢兢，罔敢墜，二三子其共勉哉！」由是門下興起翕然。辛卯秋試於鄉，其一場即得薦，比黜策置冠副榜。監臨御史臺執卷咨嗟，蓋不勝憐才之感焉。無何儒官公見六子夥居，食指浸繁，乃析筋命輪視飲食各一日。先生於是偕李儒人殫力營奉，務極滋味，以得兩尊人喜色爲快。時胞從輩且十五數人，有厚薄、粗細不齊而爭軋，時尋先生，一處以寬與忍，卒莫於已有怨隙者。至於兩尊人棄養，則哀毁獨甚。其喪葬悉遵朱子家禮而自虞至祥，未嘗忘憂見齒，爲晚近罕見者也。當是時，不接人事，督諸子學益密。「諄諄於儒者之道，莫要於致知力行。行之力，則知愈真；知既真，則發之文章自然切理爲有用，又何患科第不唾手得乎？若彼鬭靡兢，奇直空質耳，即獵名，奚貴？」諸子於是皆心奉嚴訓，崇時學以矯時弊。未幾，軫與策果聯翩游泮。策又天啟辛酉舉於鄉。世父司寇公賀以詥曰：「不於其身於其子，天之道猶酌哉！」仲子既得雋，而先生春秋亦冉冉莫矣，始慨然嘆曰：「吾力學，卒無以顯吾父母，兒學吾學，乃能代我顯其父母，吾亦可少休矣。」遂掃却一切往来，沙苑桑田間斷壺剝枣，閒吟詠以自娱，於聲利紛華泊如也。及病且革，正衣冠，命左右舁出寢門，仰天長吁，遂以有生不愧者歷歷告之。時子孫環泣皆失聲，先生搖掌止之，曰：「母生死，恒事耳，若只善繼述，效予行，事告天，吾瞑目矣。」復舁入。遂絕於乎一息尚存，此志不容少懈。是則先生存心、事天之實見於行而有初有終。蓋先生之學解州之學也。解州之學得自恭簡；恭簡固海內所稱爲苑洛。先生學四子以上接乎孔孟者也。然則先生之學，其源淵遠矣，存順沒寧又何疑哉？先生凡三娶：初王孺人，尋卒；繼楊孺人，舉子軫，亦卒；又繼封太孺人李，德匹君子，詳具別狀。有子四人：長即庠生軫，娶李氏。次即辛酉舉人策，官廬州府別駕，配劉孺人，先贈公若干年塟，而侍讀張公元錫爲之銘。次必顯，邑庠生，爲資縣公。後次表，以己丑會試第七，成進士，選授翰吉陛秘書院編修。贈父如其官，母封孺人，加太配魏封孺人，適華陰縣儒官楊呈芳，順慶郡守洙源公弟也。孫男五人，一英武，庠生，策出；一孔武，庠生，軫出；一祖武，拔貢生；一遵武，庠生；一宗武，業儒，三子表出，其一遵武後於策。孫女適庠生某，軫出。曾孫女適某，孔武出。先生卒於　年　月　日，距生嘉靖　年　月　日得年七十有一。卜以今歲庚子冬十一月壬申，塟於其里東北，祖塋之西仟。其季子編修善予，予雖已變名遯跡，而編修遇我固如初，不以夷險貴賤致異。但有閒則必却騶從我過，過則必爲予道其先人生平甚悉。故塟既得日，謹述其世系，撮其質行之大概及壽年塋域，以請銘於當世之有道而文者。謹狀。

從兄冷君先生墓誌銘

嗚呼！冷君先生諱建星，字拱北。世父耆賓公諱之寮，仲子也。我王氏家世關中朝坂陽昌里，祖父太僕文川之下父行者六人，耆賓公居其三。予兄弟行者十五人，冷君先生居其七。先生愛書，閒散不宜俗，讀古經傳言數十百家。喜談山水，北至崑崙而東至於渤海，勾連鴨綠醫巫閭。南自岷山而東至於五嶺九嶷，三江其幹支源流，歷歷分明如指掌。若夫人物性命之理，天地鬼神之情，尤能以約言提要使人直下了然。故吾於連業共方中，樂其愛而友者惟先生。先生幾冠鼓篋，強輒辭黌舍。蕭然渭隊洛、渭間，號曰「冷君」。嘗高臥自吟詠，良辰則偕予閒步見雲物花鳥，無非活潑潑地。此則讀書以明道，明道以愛身。故能逃名甘寂而風流蘊藉，猶足啟後人之憑弔者，蓋先生之不可及也。且病得書若干卷，困不能視，日令子婿誦於側，其篤信好古，所謂死而後已，非耶？病轉劇顧謂予曰：「吾弟學行庶無愧，若某死且不免。」予驚問其故。先生曰：「我上有老母九旬，而不能終養，聖人所慎疾而我不能至謹以至此。」遂泫然泣下。予爲言命數解之。先生輒收泣曰：「然吾亦未嘗不達，即死葬若何。」予曰：「以禮。」先生頷之。亡何，連聲叫母而絕。痛哉，天乎！何奪我仲氏之速耶？由是予飲食大損，數飲藥材。姪某告葬既有期，乃力疾敍此，固不敢誣一語以爲先生累。而先生之潛德，實不文不具，其所著又貧未及刊。痛哉！

先生卒於未三月二十五日，享年五十七。子曰：「某某孫某，於乎憶誰？」昔遊從時，先生嘗指雷首而言曰：「他日死當瘞我二賢之側。」予曰：「所在去彼只盈盈一水，張目即是，寧渠必爾乎？」先生大笑。今以戊申二月某日葬於里右洛苑之南。其封從馬鬣者，蓋與雷首東西相望云。於乎！是何可無銘，銘其墓之石曰：「生不欲，死不辱，獨頭在東，其風其風。」

岸翁李楷曰：「冷君生平畧見於此矣。讀之得其兄弟黽勉力振家聲之意，氣和平而味深厚。故是銘者，尤高古峻潔。」

張右納暨配魏孺人合葬墓誌銘

予有出處不同而心同、學同之友曰太史張公。公卒於某年月日，其配魏孺人，先公六日。卜以本年冬十二月甲申合窆於其里之北阡。前期月許，孤祖武長跪請銘，予忍搦管銘太史耶？已思太史同予學，若心乃耳，胡忍不銘！按狀，公諱表，字右納，別號果菴。其蓋華下沙渠里人，以避兵徙吾邑倉西。曾祖父源澄受業苑洛韓先生，登嘉靖戊子賢書。筮仕山右文水令，遷守解州，執法不少貶，號曰強張。祖父廷以資縣公孚鯨貴，授儒官。父贈公孚貞爲儒官。公叔子初補邑增廣生，經明行篤，顧艱一第，既沒，乃贈如官，尋又崇祀鄉賢祠。贈公凡三娶，王、楊贈孺人，李封孺人加太。有子四人：策仲，天啟辛酉舉人，通判廬州，以廉著。季則爲公，生有異質，開敏絕人。年十八爲諸生，文譽日鵲起。館於河中、鼎湖間，坐虎談經，爲弟子摹範。已而奉李太孺人，就祿盧陽。會少宰雪堂熊公爲合肥令，一見公奇之，讀其制義，亟稱爲「勃窣」。子由是益肆力著肥游草，一時紙貴。丙子舉於鄉，越十四年己丑以魁名第七成進士，授內翰林國史院庶吉士，遷秘書編修，秩授文林郎。當是時，人皆爲公榮之，而公獨若有不慊於中者。顧卷卷以斯民爲念，於凡利害所在無不力圖之，如切身然。先是邑歲協站潼津，苦不支。公乃爲之請罷，而朝人息其加意桑梓。在秘書三年，念母氏李太孺人春秋高矣，乃數乞省。既歸，戀戀膝下，不能去。遂假陳情於當事者，狀凡三上，不爲題，卒被謫倅豫鄭州。維時西眺白雲頻見，吟詠有「母舍九百里，瞻望徒悠悠」句。其吏事敏給，案河而河工敘，署許署洧而士女歌，方謂其來莫也。遭太孺人憂，輒去，自此家食凡六年。補邛州，邛控沉黎，爲西川邊徼地。兵燹後，極目灌莽，鳥道荒涼。人又爲公惜之。公正色作聲曰：「丈夫庸局局溫飽謀哉！」乃叱御疾驅，下車甫六月而邛署裁。公故肥白如匏，往返崎嶇，頓瘠甚然，猶力疾。過我言及在邛，興文教，却莫金，人士所以父母公者，遂出門平解以釋。予時且讀且嘆曰：「守義安命，公其庶乎！」曾晤語之幾何而竟死矣。死之日，遠邇親知無不唏歔垂泣者。蓋公性豁達，喜汲引人，不喜聞人過，亦不斤斤計報施。當周窮恤灾，義輒形於色，即典質所不惜，以故人多德之不能忘云。魏孺人侍姑李於奇荒，甘旨必謹；誠兒曹在既貴，謙約是嚴，若乃端一徽柔，不苟妒忌。韓氏輩爲之賦小星焉，其配於君子也固宜。

公生丙午，距卒六十有三。孺人生己酉，距卒年六十。韓氏沒先十年而祔之。子三人某某。初公約予同遯，迫於母老不如願。及自秘書假歸，却騶從我，顧無異布衣時。已又偕其姪讓伯君來，叩濂洛關閩學，欣欣乎各有所得也。朔望講六言於塊氏宮，鄉人無少長皆俛首以聽，退則惴惴不敢出惡言、爲不善事，而俗且翕然一變。未幾，讓伯君就尹巴縣，公亦調邛去。且行時，予爲詩并序送之。蓋期行吾學者，東、西川仁風競起，今乃弱一个焉奈何？夫公之逃名不果，有老母也。即一謫而鄭，再謫而邛，率以母故。嗚呼！太史之過，過於孝者也。後之論世君子，可不悲其遇而矜其志哉！

公所著古文詞有潄墨軒集、之任小詠若干卷。然其所以教子者，必重道德、希聖賢爲要。其言曰：「吾家自解州祖得洛苑傳，世世積行至此，苟有隕越，獲咎必重於他人。」然則公之心與學亦可見矣。銘曰：「史右納，詞林雄，明聖學，爲儒宗。施不恡，手常空。信與義，古人風。喜奉檄，母是從。歷坎坷，以此終。泰華南，河在東。銘其墓，與之同。」

大明光宗貞皇帝實録

先是萬曆四十三年乙卯五月，有男張差持赤梃突入東宮殿簷下，並傷門者，璫輩共執之。東宮奏聞，下法司提門御使。劉廷元疏言其跡涉風魔，貌實黠滑。刑官胡士相等及一二言官，緣此遂有風顛之說。提牢主事王之寀詳加訐問，乃有馬三道誘至龐、劉二中官處，與以枣木棍，令至東宮逢人即打，語多涉翊坤宮。之寀以聞。科臣何士晋力言當窮其事，太常少卿史孟麟亦有疏，神宗不得已，召上慰諭。因率上及皇長孫、諸王孫詣慈寧宮聖母几筵，行告慰禮，召見群臣於宮門外。神宗白衣冠立左簷前，上青袍侍於右。神宗詔羣臣：「皇太子國家根本，朕豈有不愛！皇孫振振衆多，朕喜甚，何外庭疑朕有他也。」時御使劉光復從班後抗聲稱皇上東宮慈孝，語不甚明。神宗責其恣肆，震驚几筵。令緹騎捉出，笞杖亂下，上亟止之。得旨，下法司。神宗復諄諄理前論，命決張差、龐保、劉成等，上從旁請無株連以傷天和。神宗復命上代諭羣臣，上承旨諭：「爾等毋聽流言爲不忠之臣，使本公爲不孝之子。」神宗悦，命閣臣速擬諭以進，尋誅張差於市，斃龐、劉二璫内廷。比獄，上率從寬典。方事初起，中外聞者，無不驚駭，心知其故而難於言。至風顛之説倡，則論者謂其意有所爲。而王之寀直發逆狀，刑部尚書張問達深以爲然。行跡愈露，顧必欲窮究其由來，則所傷實多。神宗默念大臣中無足於與計，不得已而自行召論，其不下二璫，於理亦有深意。又賴上孝思婉篤，曲爲周旋，法正而宫闈安，其所全者大矣。然使是時福藩尚留邸中，則事更難處，而維時主風顛者遂齮齕。王之寀罷其官，史孟麟謫，何士晋補外，人甚不平焉。

司寇公祀邑鄉賢祠履歷實録

世父司寇公，諱之寀，字心一。係明萬曆辛卯舉人、辛丑進士，歷官通議大夫、刑部右侍郎。於崇禎二年己巳，邑令丘緣儒學公舉鄉賢，呈辭申請督學道賈批准祠祀，抵今三十餘年。中遭兵燹，當時上下文移悉歸煨燼。但據紳衿故老所傳，司寇公存日，器宇宏深，學術純正，秉心期克，全乎大節，行事要不愧於古人。其事父母也，微則舌耕以悦口，貴則色養以樂心。其友諸弟也，爲之娶婦而田盧必均。其睦宗族也，爲之會食而吉凶有助，於尊長敬如嚴父，於卑幼愛若己生。朋友則無遠近而必接以誠，里黨則無老少而悉遇之以禮。士來四方乏資者給衣給食，無冊者授經授史。或爲之出聘財而求偶，或爲之具束脩以延師。書積萬卷，口則誦而手則注，會於心而體於身。或婉惻深摯時見之詩歌，或正直光明輒形乎章奏。方其爲令，造士而士多通顯，惠民而民則富饒。煮粥賑饑，老稚免填溝壑。給牛墾土，草萊盡變田疇。迄今兩地二天之語猶傳，三縣鼎足之祠不廢。及其立朝，發梃擊之奸，力護國本，聲逆璫之罪，大振朝常。卒之被反噬而稱寃，遇昭雪以見恤，此又載之青史，歷歷其可稽者。

省志録

王之寀，萬曆辛酉進士，知真定府無極縣。縣僻不置郵，後以取徑絡繹，額馬一浮至五，夫役、廩餼無算，乃以前所協鄰封鏹三千零請留用。且屏一切枉道使者，民少息。爲鄉約六十有五所，里社九十有九。設教師，教童蒙一千兩百有奇。絃歌徹於遠邇。調上谷，庚戌，蒞慶雲，邑方大祲，民不聊生。某一意撫循，鑿井種樹，採薪煎鹽，招復逃亡，給以牛種。每單騎下鄉，出入條陳荒狀，請賑濟，全活甚衆。壬子入爲刑部主事，首發張差梃擊，朝野韙之。未幾，魏璫得政，以三案殺忠削籍，下獄死。

肅菴郭先生傳

先生名肯獲，字稺仲，關中朝邑人。大父得吾公如魯，以進士歷官東昌郡丞。父纂吾公維寧，爲清白吏。子能領薦明經，學富行尊以世其家。先生承訓過庭，在髫，輒頭角嶄然。爲諸生，每試輒冠軍。崇禎己卯以書舉於鄉。自房官劉公亟稱得人，門下士皆不敢與先生齒。癸甲之際，賊闖據關横行，轢轢薦紳，以兵刦仕。先生且嘆且泣曰：「吾家世受國恩，即死，當爲厲鬼以殺賊，寧忍靦然北面耶？」乃亾匿巖穴間得脱。由是遂不復偕計去。所親有規之者，見其感慨激烈聲淚齊出，卒不敢再言。先生仁弱，語吶吶然如不出口。及大義所在，其志決，其辭氣悲壯，雖賁育弗能奪也，是豈偶然者與？

予與先生同里巷，自少以舉子業就正，既掛冠，乃相與論聖學源流，妄意必從持敬入。先生即日，自號肅菴，遂取小學、讀書録、濂、洛、關、閩諸子書，相與講明而實踐之。期續孔孟之傳於既絕，以待後之學者。惟日孜孜不休廢。亡何，先生病羸臥牖下，予朝夕往視，見其轉劇，乃舉手請曰：「君獨無以教我乎？」先生張目曰：「即今所學者，便是天下第一等事，爲天下第一等人，夫復何言！」又曰：「但恨吾志未遂耳，子其勉旃！」予唯唯致謝，且謀書其言於紳，而先生輒溘然逝矣。時戊子九月三日，年四十七，上有老母而下無男兒。故吾哭之以詩有云：「五載冰霜懷聖主，半生薪水謝慈幃。采薇有志音堪嗣，攀柏無人鵠自飛。」或者曰：「郭君，純孝人也。父沒，哀慕不衰，兢兢顯揚自厲。侍母張夫人，百計承歡。有不啻斑文弄雛者，其生女不生男，豈非其命也夫，噫達哉！」

予因是有所感矣。苟賊人害義以狥其生之欲，而至遺百世不能改者，雖有後，亦何益？夷齊固無後，而令名流於今不朽。然則爲先生者，亦可以無憾也。比葬，議取從子完奉祀，得以不絕。

弟名肯堂，字紀叔，弱冠游泮三年，後即棄青衿與先生同隱居，其學行亦大畧相類，能繼祖傳。渭埜子曰：「求忠臣於孝子之門，不其然乎？穉仲氏文學雖優籍，非篤孝純至亦安能壁立千仞，屹然執義若斯乎！卒之全節完名以顯父母，則孝又成於忠矣。然天不假年，學聖未至，惜哉！」

明文學張君徽軒暨配王碩人合葬墓誌銘以馬氏祔

公諱五典，閿鄉邪里人，年十七，補博士弟子員，乃負笈請業於世父司寇公。司寇公嘗語人曰：「鼎湖張氏子，其人生而介特寡笑，言不苟，取與尤喜潔。凡衣冠、劍佩、琴瑟、書器之類，不欲人手觸，觸必頻拭之若浼。而或詈己、侵斯己，則一切不問。讀書不事口耳，終日端坐如泥塑。其寢興、食飲、饗祀具有常度，不少變。以若所爲，其古狷者之流與。汝曹慎無以白眼視之。」由是士林競相傳述。予自成童時即得聞而識焉。比讀其孤今選所爲狀，無不符節合者。夫乃益信吾司寇之言，固君實録也。於乎！孔子思中行不得則必及狷狂，世之傝㒓輭熟輩，隨風逐流，置身污下；或所利僅如一蠅頭，輒貪昧自喪，不知名義爲何物。苟聞君子風，獨無內愧於心乎？及至明季，時賊闖猖獗，轉躪閿下；君義不受辱，厲聲罵賊，遂與碩人王氏同日死焉。以視彼隐忍求活，凡可以辟患而無不爲者，其爲人賢不肖如何也？蓋君得天之厚、氣質之貞，固然而忠義山斗。其目瞑心受於我司寇者，豈淺鮮哉？

君沒在崇禎甲戌十二月二日。越三十八年，辛亥季冬十三日庚寅，葬於里南先塋之穆位。其配王碩人與君同死義者，穴與君同。馬氏以子貴，遂祔君。先世蓋出雍延，安其家閿，來歷世次皆不可考。惟諱直者，爲君曾王父，生界；界生惟準，號三峯先生，以學行有聲鄉校間。母黑氏，生君於萬曆乙亥，距卒得壽六十三。碩人終始甲戌，多君一春秋。馬氏卒辛亥二月四日，得壽七十有九。一丈夫子，即今選爲邑庠生，娶凡四：二王氏，一馮一白；女子、子三。王出孫男二：齊周、齊程；孫女五。葬既得日，今選載弊，執狀來渭埜，丐銘於埜人予，予以誼屬世講。即身隱不文，其何辭？乃爲之銘曰：「不躁不諓，既方既堅。室中流慶，子子姓姓。」

復齋餘稿跋

復齋先生，篤行君子也。自甲申埋名後，知時不可爲，惟是閉戶潛修，明濂、洛、關、閩之學，上紹鄒魯，以昭學者。其於俗儒也，記誦、詞章之學，棄若敝帚。然於贈答吟詠、讀書論世，時復有作，不能盡廢詩與文也，久之裒集成帙，柏林先生序而存之。今柏林厭世二十餘年，先生撰著日富，其已行世者，則律呂圖說，山史先生鋟於江南；他如太極圖集解、格致録、小學讀註記、大學集說、四禮輯畧、經書要義等，皆稿藏篋笥，要以闡發正學，述而不作。其詩若文，復得若干卷，續入前帙，風水相遭，自然成文；雖曰詞章，而源流性道，讀而味之，可以識先生之品之學，可以諒先生之遇之志。

悲夫！與先生遊者，柏林、遜伯、先太史計部溘化烏有，而山史復南遊未歸。其不爲先生遐棄而歲時相存者，獨予不肖耳。四月清和佳日，先生犢車過我，授復齋餘稿，屬以較訂。不肖弇鄙，不足知先生，何能知先生之詩若文？憶先太史庭訓，謂「居敬窮理，乃聖學下手處。」今觀先生制行立言，端不踰此。固知先生篤行君子，不必以詩文見，而見詩若文，亦無不可以見先生也。敢以誌之簡末。乙亥四月小分龍日，後學張祖武謹跋

復齋餘稿　卷二

詩

書曰「詩言志」。程子乃云：「某素不作詩，但不欲爲此閒言。」詩，愚於讀書之餘，或贈答弔唁之際，間有吟咏，非故爲是閒言語也，亦藉以少見吾志云爾。渭埜仲復王建常謹識。

述懷　五言古

弱齡遭不造，壯後拙所營。
落落窮廬裏，不知時已傾。
白露中宵結，元蟬高樹鳴。
颯然南飈至，趣我思山行。
行行當長去，何事復多縈。
堂上母垂白，幼兒不任耕。
共職趋南畝，說經授西清。
苟了人間事，采芝可載賡。

王漫公評：渾然天成。

取禾篇

腰鐮趍西井，取禾三百秉。
余手雖拮據，余懷自耿耿。
耿耿不能忘，仰見鴈南翔。
願與爾同去，悠然衡山陽。
穿雲影忽沒，傾日歎不歇。
歸來無一言，兀兀待明月。

時帝正於湖南

擬古　五言古

秋樹陰嶺背，上有含風蟬。
風聲一何急，蟬號一何繁。
豈不貫人耳，但恐秋忽闌。
流响歸空宇，老殼鎖寒煙。
誰知黄鵠舉，千里獨回還。

斗室吟

作室大於斗，樓遲亦自如。
不聞今世事，但讀古人書。
有定千情約，无營一榻餘。
閒中時俯仰，天地在吾廬。

雒歸　五言古

夙懷四皓跡，尋到洛水頭。
山翁知我意，爲我說商邱。
而今非昔者，唯有一祠留。
前後開溪徑，東西制田疇。
頻經胥吏過，閒来征騎遊。
天變地亦老，紫芝何處摎。
跋涉恐徒爾，不如行且休。
聞言長歎息，仰視雲悠悠。
悠悠白雲遠，曖曖青山愁。

歸去來斗室，无事更他求。
容膝審易安，起居頗自繇。
況乃八九子，偕子學共修。
良辰會有與，步出登南樓。
襟披首陽風，帶縈渭水流。
即今堪卒歲，樂天後何憂。

吾師篇　七言律

關閩濂洛是吾師，一貫宗傳信在兹。
涵養熟來魚寄海，研窮到後月臨池。
但看外內渾無間，那是源流更有歧。
古今分明如許事，无何學者苦支離。

幽居吟

渭埜幽居二十年，何曾一日敢徒然。
苦愚不厭翻經史，違俗還欣晤聖賢。
色臭分時惟謹獨，源流合處只希天。

誰言此道於今絕，存得此心道便傳。

賀從兄冷君精舍

精舍初成喜絕塵，于焉昆弟共宵晨。
酒撩幽興籬庭遠，歌鼓清風斗帳春。
高卧北窗應斷夢，耽懷黄卷好尋真。
箇中自有情無限，何事逐人問屈伸。

夜坐有感　五言古

天地既向晦，羣動亦歸藏。
深居懷往古，忽見流螢忙。
熠熠頹壁下，乘夜肆其光。
掬之對燈火，厭然自恐惶。
爾生亦非易，冥行殊可傷。

秋日和方伯王子陛次韻

湯湯河之廣，而數變桑田。
萬事良如許，榮名幾何年。
伊余懷微尚，違俗忘其偏。
素雲間十畝，饒彼駟馬千。
同心能好我，惠以新詩篇。
清風扇逸韻，寒華吐幽鮮。
即此堪相信，何須愁各天。
商山況匪遠，應有黃綺緣。

王漫公評：最肖元亮。

次陶與郭君肯獲劉君鳴世

在昔蔣元卿，荊門書不開。
鄰比有二仲，翩翩入良懷。
抗言談逸調，自分與世乖。
高風豈遂遠，遊子胡棲棲。

棲棲欲何去，前路多塵泥。
但願夙税駕，悠然與我諧。
逐物亦徒爾，反求不後迷。
渭濱堪寄傲，靜視浮雲回。

責子

人生固不齊，品列上中下。
我有三男兒，何偏皆愚者。
安意趋污濁，聖言等土苴。
雖有夏楚存，無如策駑馬。
命也亦可知，性焉終難假。
百千能破愚，惟患工夫寡。

示諸生

驚風飄朱影，良時逝不居。
分寸信堪惜，凡百疇可紓。
況乃媚學子，云胡不渠渠。

談戲刺史誡，寧靜武侯書。
永言前賢意，光陰勿使虚。
悠悠暴棄者，空自悲窮廬。

世德　四言古五章

緜緜我族，爰自姬周。
如木別條，如水分流。
載羅載道，代有令休。
嗟云邈矣，我誰能求。
厥維烈祖，潛德發祥。
豈弟君子，懷允不忘。
曾考丕承，惟宗之光。
廼壽斯髦，廼穀斯長。
卓哉王父，慎修靡已。
爰率章縫，載明倫紀。
雖老于斯，而實介祉。
天眷後人，司寇以起。
烈烈司寇，衛儲耿耿。

擊彼閹姦，遑恤乃眚。
伊我仁考，孝義克等。
曰諒曰慈，篤矣其秉。
閔予小子，遭時已傾。
式賴先德，苟全薄生。
昆弟鼎鼎，子孫繩繩。
其何能淑，夙夜靡寧。

感興　七言絕四章

百體於身靡不具，惟心喚做立人翁。
此翁若是難成立，身似河舟叠浪中。
叠浪之中尠定舟，纜微棹短任風游。
游來游去何時住，只恐終難到岸頭。
不到岸頭最可傷，浮沉一世總茫茫。
低回欲得安身處，還向立人覓要方。
要方還覓立人翁，定得若翁百體從。
極目滔滔能砥柱，男兒到此是豪雄。

河圖吟　五言古

道源出河圖，圖義一何廣。
奇偶分陰陽，其化曰惟兩。
五行無始終，四序迭來往。
妙有太極存，不測亦不爽。
何事傳中失，泯泯入惚恍。
康節述先天，于焉復指掌。

贊乾後初爻與關遜伯　七言絶二章

遜伯偶與外事旋切，改過時余方讀易，賦此以贈。

六位時成象六龍，惟初居下與潛同。
問誰識得斯爻義，在昔遼山有管翁。
子半天心信未渝，復之不遠悔應無。
問誰識得斯爻義，顔氏當年殆庶乎。

醻太史張表屢存　五言古

束髮獲遊從，投分爲已久。
日月勤刮摩，相期并不負。
無何時一變，向背輒分剖。
良才不自逸，蹇拙閒十畝。
十畆何閒閒，薄言固吾守。
誰知長者情，仍不忘素友。
步屐啟荊扉，探蔬開笑口。
去去旋又來，頻自示虛受。
低回一言醻，堂中母白首。
養體還養志，兢兢甚勿苟。

送張讓伯巴縣令

我本幽居子，驚君命世才。
語默既殊分，往還胡爲哉。
其趨則曰一，相勗出塵埃。

居敬泰宇定，致知門洞開。
洙源惟洙泗，濂洛是泝洄。
方喜麗澤益，熟期車乘來。
巴氏如望歲，去去勿徘徊。
及人良所學，臨事但須裁。
桑麻帶雨種，桃李迎風栽。
預知士女樂，共慶登春臺。

座中答張帝臣　七言絕

二十年前華下盟，鼎湖再會議風生。
無何說向支離去，不信人心統性情。

答劉星柱次韻　七言律

不淫不屈自安舒，到此方成大丈夫。
逐物誰知忘爾室，居仁恰是愛吾廬。
危微初判天人路，善利中分舜蹠徒。
可喜君從何處得，光明表裏一冰壺。

贈媚翁韓隆裔先生　五言律

歷亂動多殆，偏宜十畝閒。
放懷黃鵠遠，遯跡白雲間。
斗酒撩吟咏，隻雞事往還。
幾番朝市改，不減海翁顔。

贈儒醫張焕業　古體三章

奕奕條山，傷傷長沙。沙臥白鷗，山飛紫霞。其間有讀書博物之君子，不誕、不誇、不徑、不邪。閒閒乎，岐黃之是嘉。
湯湯洪河，泚泚渭洛。洛與渭從，河分爲橐。其間有緣術行愛之仁人，無豊、無約、無求、無却。呴呴乎，胞與之是若。
如水之汸，如沙之龐，如山之峁，仁人君子之慶。

壽從兄冷君　四言三章

蓮嶽惟屏，金沙其肘。
湯湯洪河，東折如斗。
有美一人，仲氏孝友。

維友因心，篤于同祖。
有編我披，有酒我湑。
於病於貧，殷殷我撫。
我懷仲氏，祝之靡佗。
如河如嶽，不涸不磨。
兄弟具在，受福孔多。

讀誠意傳　五言絕

幾經夢與覺，又度一重關。
從此循循去，何須慮萬山。

報文學雷蒼伯見存　七言古

朝坂盡頭勢嵬峩，南臨華原東帶河。
嶽祠奕奕坐其上，旁有柏林先生窩。
先生晚年曾我友，他山之石謂我磨。
我後結契先生子，其人嗜古見文多。
西銘太極重來訂，語語言言敬且和。

道氣相投非一世，願言如切復如蹉。

報王弢甫社兄

老我疎慤甚，偏君道氣深。
春風飄逸韻，紈素映晴陰。
著述千秋事，省存百世心。
斯文欣有託，何日一相尋。

贈關遜伯 五言律

瑞氣出河洛，鍾生辟世賢。
雍雍安孝友，落落喜林泉。
時變心仍古，家貧志益堅。
讀書明大義，老到不知年。

送張帝臣西歸 四言四章

鳩水泚泚，右有旄邱。

我自渭埜，來寄來遊。
琴書具在，爰以消憂。
有客戾止，曰余好仇。
好雠伊何，南鄭張季。
覯之伊何，於彼華次。
越廿其年，能不予寘。
載笑載言，載析同異。
彭彭生民，受中維命。
云胡不繹，歧心歧性。
孟氏有言，四端是棅。
惻隱羞惡，仁義之証。
斯眇斯視，我誰能非。
而惟秉志，耿耿不遠。
晨風已發，海日且晞。
廼矢好音，懷爾西歸。

齊竹　七言絕

辟世墻東學種竹，幾竿菉菉幾竿枯。

非關人力分勤惰，莫是元來便自殊。

中秋待月得來字　時有遊說甘肅者

雲暗中秋撥不開，空庭無賴獨徘徊。
等閒那得西風起，推出明月昭我來。

山中答嚴廷選

爲愛深山麋鹿羣，星言夙駕遠辭君。
晴嵐曙色藤蘿裏，不是終南嶺上雲。
和曰：
神農虞夏香難羣，竟日招尋獨有君。
爲問王喬洞近遠，相隨屨杖臥巖雲。

擬古　五言

明月隱東海，列星燦且繁。
涼風何嫋嫋，長夜正曼曼。

北斗忽上下，浮雲無定端。
舊交爭遠舉，棄我河之干。
不佩芳蘭條，反息惡木根。
王貢冠何在，蕭朱綬誰牽。
金石終消毀，浮名何足攀。

示遜伯從遊諸子　七言律

群英初集喜翩翩，要向此間學聖賢。
山斗望中勤仰止，圖書窗下剩鑽研。
閒來須會明誠意，悟後自聞性道傳。
漫說前途相去遠，安詳恭敬第爲先。

答友人問坐馳　七言絶二章

方寸茫茫易外馳，外馳不知欲何之。
能於之處常防檢，便是立翁在室時。
方寸茫茫易外馳，外馳知得是誰知。
能知即是能收處，一榻清風穩坐時。

廳事左右聯

希賢希聖希天，敬內工夫通上下。
盡性盡人盡物，誠中作用貫精神。

堂門

克己無方，著力惟從偏處去。
省身有要，審端只自獨中來。

家廟

肅雝祇奔走，要自齊心，寧一處致嚴，方能我假我將我享。
黍稷詎馨香，須從明德，顯承中受福，乃獲爾康爾壽爾昌。

華下朱夫子祠

道通虞夏商周，窮數聖之精蘊。

學貫周程張邵，集群賢之大成。

座間

千慮能澄方是靜
一身自在始爲閒

南院

門迎北斗知春早
牖隱東山對日遲

北院

氣自東來，滿座春風吹我。
光從南度，可庭明月照人。

復齋詩跋

詩惟其品，不惟其辭。潯陽風雅，品高也；惠靈藻辭，弗興焉。如以辭人曰：「詩盛於唐，衰於唐，何耶？」又曰：「工部入蜀以後，詩更佳。」蓋工部詩固冠冕三唐，而入蜀以後品益卓，故詩益貴也。明興以來，聲律琤琤，竟以辭勝耳。即北地山斗，尚蒙古人影子之譏。信陽自謂：「舍筏登岸而不及北地遠甚，新都氏洎瑯琊諸王又後矣。」至歷城再闢一堂奥，亦辭家宗匠也，於風雅之道果何如哉？吾社王仲復氏則庶幾斯道矣。抗志陶公，絕不食謝家風味，且潛心理窟，學在宗儒伯仲間，故其爲詩也，寧朴而直，毋腴而媚，其沉雄似工部，雅淡如彭澤，視明詩公一別調也。俊一言以誌之曰「品高」。

社弟關中俊頓首撰

復齋餘稿　續編

弁言

按：闗學編所載，復齋餘稿凡六卷，今所獲者僅一冊，係張夢齡手抄，前有雷柏林序文，謂「第簡其文三十篇，詩二十首」。然此冊文不止三十，詩亦不止二十，又有他人贈復詩文，確然非柏林所選原本。曩者，秀於書肆斷簡殘編中購得抄本，内詠朝坂奇磧異狀，畢竟先生初年之作，晚年志在聖賢，必無此心思焉。茲并滙録，又從兩朝詩抄與縣志、山志中摘録数章，附於餘稿之末，顔曰續編，以存其餘事云爾。時在中華民國十年歲次辛酉仲春之月，後學党允秀謹識。

與關遜伯　名中俊

遜伯，余幽居友也，憤跌傷足，作此解之。

先師有格言，全歸子之道。
不辱亦不虧，跬步不忘孝。
夷險難預謀，冰淵有常操。
誰識悲歌心，咄咄輒自遶。
置之且勿陳，孝子必敬身。

賀簡臣舉子　簡臣雷柏林子

柏林有遺老，鎮日柏林中。
門外無剥琢，座上滿春風。
仲也時孰問，欣然樂折衷。
是翁有是子，是子有是翁。
而況歌麟定，振振續靡窮。

答王無異　名弘撰

蹉跎秋已半，白髮欲上顛。
勉力取書讀，兢兢嘗恐偏。
伊君能好我，寄我詩思鮮。
光風自南來，霽月偕之前。
依依吾有道，此心殊悠然
于時思就正，又懼落言詮。
六經無異指，千聖有真傳。
不知君子教，何術可及泉。

喜雨

西風昨夜度，霽色一朝鮮。
雲去千山外，日來萬樹顛。
平原飛野馬，緑草泛龍煙。
久臥重陰裏，不圖復見天。

中秋賦月序

清秋皎月，色飛萬川。頫首高暉者，幾徧天下。是夜也，峩莪髦士，操觚棘闈。仰逐冰輪以琢字，俯燒銀鐲而成章。躡雲根拾桂子，探蟾窟分天香。今古稱最，以至臺榭管絃，饌炊金玉，傳羽觴而醉之，儁極人間豊美。大丈夫揚威萬里，誇耀一時，何其盛與！若夫遊詠江湖之涘，嘯歌林石之間，依末光而發清興。大丈夫窮居自得，超然物外，亦一奇也。由二者而觀之，快哉月乎！人亦樂甚！如關塞鋏衣，深閨思婦，與夫結鶉之寒士、仰屋之餓夫，覽餘光而增感，顧清景以自憐，憂思何劇，果安所得樂乎？思秉太陰之精而爲月，鍾日月之靈而爲人，人月輝映，宜有樂無憂，胡憂樂懸絕，以至十佰千萬哉？然憂樂者，情也，人自爲之；窮通者，時也，人莫得而爲之。是以天上光輝，千秋如故；人生憂樂，一時頓殊。此時有遇不遇耳，於月乎何尤？余生多蹇，行拂所爲，安冀其有人間快事？環堵蕭然，蓬茅自守而已矣。雖然今夜月明，無纖雲之點，對此清光，雅堪玄賞，逸興遄飛，曷容自已？爰命稚子，拉一二素心人來同清翫。或笑之曰：「有客無酒，月白風清，如此良夜何？」余曰：「唯唯否否，靖節之琴無絃，文忠之杯無酒，千古之下，稱爲善得琴中趣、酒中味者，人亦自得其得，各適其適耳，豈竢酒而始樂耶？」卒之，幽人晤對，悠然神遊天際，曠乎之帝所而坐廣寒也。頓忘其身在江湖之涘與林石之間，又安知人間世有臺榭管絃之樂與高攀月桂之容乎？稱興賦詩，既醉月華於霄漢，還蘸墨瀋於江河，極人世之樂，舉不足以踰此矩。斤斤少一，麯蘗生哉！客又進而言曰：「丈夫處世上，而憂樂與世共之，下而自處，仍當脫憂危之地。今吾子處多憂之日，問閭閻有無告之窮民，問身家有鴻嗷之婦子，憂且不遑而反樂耶？」曰：「憂民之憂而非其職也，自憂其憂而無其命也，知命者樂天，樂天者任運，余已殀壽不貳者久矣，尚何身世之足憂？」已而起視明月朗朗中天，友人稚子各賦一詩，余亦繼咏，振筆立就，並以序之。

中秋賦月

爲愛中秋月，人間徧歌酒。
皓彩豈增輝，懽娛兀自有。
無酒但狂歌，新句刪老手。
素心與月通，方寸一輪走。
深明造化理，一二相知友。
天彝真樂事，勝傾千百斗。
明月照余懷，吾生得不朽。
富貴貧賤者，纖雲點未久。
浩歌發長空，人月堪作耦。

十六夜

隔夜誰云盈便虧，丰神不減覺新奇。
重來松菊氣猶爽，再到藤蘿光未移。
前夕懽娛人盡去，此宵清冷我偏宜。
月明莫道全無意，留有餘輝竢故知。

朝坂八觀

關輔聞邦故多勝，概曾否經人手墨。
余一拈出奇蹟異，狀風備輶軒之采。

三山高拱

銕鐮、紫陽、華原三山，高拱西北當邑，城負扆煙，霏霧擁霞，青紫靄舒人望眼。
層巒依倚孤城堞，疊翠高飛大華雲。
面面郊晴舒具眼，朝朝霞起焕人文。

四水環流

金水穿其北，洛渭鞏其南，黄河遶於左襟，東南注於潼關，居條華之隈，故號三河口。雲天經滎衛，地絡筋肋，爲關中名勝。
水合山廻鏁芮封，天經地絡表關中。
傑人自是千秋事，靈地還高萬古風。

五泉噴玉

太奇象底蔡莊，洎雙泉瑩潔如玉，可謂清絕，有關一邑之風氣。

湧地寒泉霅五支，方圓折處貢珍奇。
分明造化藏無盡，晝夜源流不舍時。

兩池冰清

太白、麻子二池，冰清澈底，上下天光，空明可鑑，殊爲佳況。

碧池瀲灩一西湖，萬象光涵日月都。
溟涬雖無滄海氣，老蠙也會産明珠。

大慶雄關

大慶關即古蒲津，據有黄河之險，設巡檢、税課二司。關中四塞之固，大慶其隙道也。「一方不戒，三險俱失。」有味乎！五泉先生之言也。故唐玄宗過蒲關詩有云：「鐘鼓嚴更曙，山河野望通。鳴鑾下蒲坂，飛蓋入秦中。地險關愈壯，天平鎮尚雄。春來津樹合，月落戍樓空。馬色分朝影，雞鳴逐曉風。所希常道泰，不復候繻同。」乃古今一鉅鎮云。

可壯雄藩百二間，由來天塹水潺湲。

道傍借問津頭吏，多少龍興幾度關。

沙苑畜牧

沙苑城，唐太宗兵休長春宫時，曾牧馬於此，故杜工部有詩云：「左輔銀沙白如水，繚以周垣百餘里。苑中騋牝三千匹，豐草青青寒不死。」迄今潼關將卒猶來牧馬，古蹟可踵也。

苑樹沙村煙雨迷，郊芳防紫草萋萋。

一從唐李行營後，歲歲秋風聞馬嘶。

八鎮煙雲

舊鎮惟十，今廢其二，八留：趙渡、新市、白塚、大慶關、涝浴、兩女、雙泉、白市，左輔一都會也。日中爲市，聚天下之民，交易而退，各得其所，他郡不及。

朝鎮霏霏浮曉煙，煙雲縹緲可漫天。

吏民喜説通功事，除卻長安第一廛。

藜閣尊經

文廟後，明倫堂之北，爲尊經閣。高聳雲間，表章六經，培植四民。昔劉向校書，天禄尚來，太乙燃藜。尊經如此，風化攸關，寧不仰答天心、俯與名教？郡邑之人得弗應運而起乎？是故忠孝節廉之輩，比肩接踵有由然矣。
尊經高閣倚雲立，吾道中天賴表章。
代起名賢爭接趾，斯文千古振綱常。

邑南八勝

邑之南鄙，左河右沙，面渭背洛，南北十里，東西可四十里許，蕞爾一區也。人文蔚興，明賢輩出，科第蟬聯，獨擅一邑之勝。昔文大青先生過此有咏云：「岑崟奇秀三峰面，沙汭金膏衣帶流。盤鬱鍾靈千古地，黿龍麟鳳一齊收。」可爲此地撮勝。余因拈其勝有八焉：

遠山飛翠

境接弘農，南至太華，約四十里許，遙望三峯，翠色欲滴，飛來牕户間，廼一奇也。
遙望金天砥柱伸，青巒百丈玉嶙峋。
山靈鍾注知多少，嶽降於今更有人。

大河流潤

東臨大河僅十里許，古云「河潤百里」，况其近乎孕靈毓秀，又一奇也。

碧漢分流過百川，潤通此地已多年。
誰知幾度澄清後，果是將來是目前。

首陽晚照

東眺首陽，一河之隔。夕陽晚翠，足生二聖之色，高風亮節，照人眉目，更一奇也。

兩賢千載骨猶香，垂照年年有夕陽。
假使當初歸聖主，首山終古是淒涼。

沙苑啟秀

沙苑之內，人文崛起，名世賢豪，代不乏人；而且嘉蔬珍果多出於此，利敵一邑之獲，亦一奇也。

金沙秀氣久菁葱，枯菀飛沉孕毓同。
莫笑小人爲稼圃，聖賢原不問窮通。

麻池異鳥

西北麻子池，東西約四五里，南北僅里許。池開一鑑，氣象萬千，各色異鳥飛鳴其間，會心人可狀天機。洋洋乎大觀也哉！

翩翩異鳥落雲間，野水無人好往還。
多少鳳凰池上客，如何此地任幽閒。

太白蓮塘

直西太白池，方圓數里許。池分諸渠，渠各種蓮。五月花開，清芬撲人，周元公之愛所自來矣。花之君子，有心人當自領略。

蓮花出水遠塵埃，別樣清香萬古開。
移自濂溪原有種，亭亭此地爲誰栽？

洛岸桃花

北有洛水，南岸多種桃樹，西自沙底諸村，東至金龍渡，上下約四十里許。灣灣桃花三月盛開，騷人韻士買舟遊觀，飲酒賦詩於其間；洛陽士女繽紛過橋，珠翠羅綺掩映花前，好事者比之杭州西湖云。

一度桃花一度新，年年多有看花人。
如何便作杭州景，恐是當初認未真。

附記事

洛遊盛事，未之前聞。近聞熙寰劉先生云：「余師司寇王公爲孝廉時，曾携諸友舟遊洛水，以賞桃花，有洛遊集。」厥後張雅音、郭巍然諸子亦登舟賦詩焉。杜陵韓進士文鏡北上經此，孝廉嚴隣哉，同年友也。邀餞值桃花盛開，遊人都治。韓云：「杭州西湖無以踰此。」

渭水漁舟

南有渭水，東入於河，舟楫往來，可通秦、晋、淮、徐間，固其勝也。獨有孤舟夜泊於柳岍，網罟日晒於蘆灘。漁火更深，簑笠細雨，月明垂餌，寒雪收綸，亦隱君子之所樂也。磻溪之釣，良有以哉！

渭水清清，日夜流鱗，灊徒自泛孤舟，漁童莫笑。空回首，明月更深落釣鈎。

楚客積書跋

天峩我冠，地几我舄者，恒期有所挾而行世，以自魁岍於宙，合爲古今人之共尊。夫有所挾而行世，則必溯天地從生之道，於洩天地苞符之書。收而貯諸方寸，以養吾性，以立吾命；散而彌諸九隩，以圖吾君，以覺吾民。雖飛沉異局，行藏殊軌，然道行益明。道明，即行要恃茲敬己治人之典冊，供周詢而資博稽也。蓋藏而修之一身謂之德行，舉而措之天下謂之事業。夫然後吾性吾命浹洽乎天地萬物之中，吾君吾民榮暢乎血脈筋骸之内，於太機爲忠臣，於兩儀爲孝子。甚矣！積書之不可以已也。向非壁塜留祖龍之爐，餘胡以衍圖書，靡窮揭吾道中天而至今日也哉！雖然，商積書於今日，抑又難言之矣。自一畫開天立道，祖書宗而六經於是乎大著。道統千聖之歸，治具百王之法，不舉積此乎！三五風頹，春秋世降，惜孔父不帝而師也。即未克勛業爛焉炳蔚一時，終賴夫贊之、修之、删之、定之，合道統治法積而成一家之書，并垂天壤不朽，爲六經之功臣，爲萬世之教父。帝王卿相而外，古今一大開闢也。亡何柱下、漆園輩首倡玄言，大起風波，以學術殺天下，後世釀成禍亂之源者，與孔父力爭此説經之壇宇。嗚呼！著書滋繁，吾道滋厄也。肆流而爲諸子百家之支離，鄉嬛齊諧之誕佞莫之紀，極大可詑異！孔父既沒，子與氏作，宗仁義，力詆戰國策士之非而距詖息邪，正人心以閑先聖之道。亶哉！聖人之徒也。復慨漢唐以來，天竺梵語浪譯中國，而泰山北斗空存原道一篇，異學蠭湧，而吾道沉淪日甚。數百年後，天元忽會於貞秒，道運中興，篤生無極之老，倡明教術，覓獲魯鄒心印。□是關、洛遞起，大闡宗風。至紫陽崛興，益肆表章之力，滙聖學源流，咸受如王谷之瀆，而且鞭禪笞老，砥柱中流。洵季葉斯文一大主。云獨怪高座，鵝湖欲割白鹿之席，而反操入室之戈，又何謂耶？迄明之成祖命諸儒臣纂彙五經、四子、性理大全諸書，藏之蘭臺，頒布學宮。當異學如簧，吾道榛蕪之日，忽正闢一堂奥，非煌煌乎鉅典也哉？於是理學冠冕接踵輩出，如澠池、河津、高陵、餘汗諸君子，庶幾嗣關、閩、濂、洛之嫡派，綿延魯鄒之瓜瓞焉。而奈何推經濟於姚江，仰高風於新會，猶未免拾鵝湖之瀋，爲士林憾。今商積書於上下千百億載，倘稍稍取舍去從之弗嚴，不幾碔砆我良玉而稂莠我嘉穀哉？果有辨碔砆而存良玉之真，剪稂莠而留嘉穀之種，緬懷斯人，旦莫遇之。會荊楚彭子，辱遊敝邑，或曰「老彭之苗裔夫？」老彭也，言而好古，爲孔父所竊比，厥子孫豈庸庸者流乎？頃悟其人殆非無所挾而行世者也。道體山巖，器宇淵泓，而復天資英邁，奇氣歕薄，修然高騫，有鳳翔鴻冥之慨。已而聆其緒論，益可卜胸中之藏。於書無所不窺，大要以六經爲宗旨，心濬性命，學貫天人。第不得志於時而喪家破産，終從辟漢赤松，無婦亨雌，羞過要秦舊市。方孔父而遊觀十五國風時，發姬公之夢，奈濟川乏梁，愁城難攻。斯人吾與，血海猶潮。唱絕調於高山流水，寄傲志於星曆卜醫。茲欲盡收古今之書，積而藏諸太華峰頭，嘉惠來學。俾天下後世儒者，處而頤性命之真，出而任君民之重，取給一室而有餘，布諸六合而無不足也。客果有所挾而行世矣，不亦冠天覆地爲千秋之人傑也哉？余不佞更進一辭曰：「於宇宙古今之書，檢其有大關名教，深俾治體，以發明六經之旨者，購求無遺；諸如不在六經之科者，不得褋然並進。四方有道君子，殫心著述，欲藏名山者，當盡付之楚客。」

關中三先生要語録

關中三先生要語録序[一]

予既刻四先生要語録，因輯少墟、仲復、二曲三先生語續之，與關學編、張子釋要合刻，統名關中道脈書四種。或問曰：「少墟、二曲兼講象山、陽明者也，仲復專守朱子者也，何所衷諸？」予曰：「豈惟三先生？關學編中涇野爲薛文清門人，學朱子之學，渭南二南則陽明授業弟子，各不相是，而未始不交重也。朱子爲功，令所尊講朱子者斥象山心學、陽明良知爲非。雖以涇野與陽明同時，亦持此論。予少讀程朱書，繼又由薛文清、陸當湖、涇野、仲復入，守其初見，見右象山、陽明抑朱子者，輒覺不平時，亦或著之於言。今思之，皆客氣矣。夫心學、良知皆不誤也。心學本於虞書，良知本於孟子。良知在心，即性也。主良知，似遺良能，然二曲固言之。孟子始言「知能繼」，即以知該能，可知知在能先。孔子之聖由於知。朱子註「尊德性」爲存心，註「道問學」以行并屬致知，正此意也。特學有内外本末，朱子之學自兼綜融。貫講象山、陽明者未免有置外遺末之意，此則其小失爾。少墟、二曲調停於程朱、陸王之間，而終似以陸王爲主。仲復守朱子及文清、清獻，絶無駁雜。故予嘗謂：「仲復才不及二曲，其學之醇細有主在二曲之上。如稼書直斥陸王爲異端，則過矣。要之，學聖人之學，繼聖人之後，程朱宗子也，陸王亦衆子之賢者也。久而生變，遂至兄弟操戈，各立門戶，豈所望於奕葉哉？故予録此，既擇其要，間亦微寓別裁，欲折衷以歸於一也。」問者釋然而去。因并次其語，書之卷首。雲臺山人李元春。

[一] 本文集僅收録道光十年（一八三〇）刊青照堂關中道脈四種書之關中三先生要語録中序及王建常先生要語。

桐閣關中三先生要語録　卷二

朝邑　李元春時齋甫學　受業王維戊、馬先登校録
蒙天麻蔭堂甫刊　男省三校梓

仲復王先生

自古聖賢皆以心地爲本，若心地差，便是根本不立。心爲一身之主，以提萬事之綱，故學者先須就心上爲功夫，養得此心清明專一，能主宰，以是醻酢萬變，方會不差。心學不差，患心學之非，所以爲心學也。復齋闢象山、陽明，而首言心，其旨自異。

程子説：「心要在腔子里裹，其功夫只是主敬。人纔敬時，則身在此，心便在此。」「格物致知」，此心也；「克己復禮」，此心也；「齊家」「治國」「平天下」，此心也，以致「贊化育、參天地」，亦只是此心。

「主一無適之謂敬」。「主一」便是敬心，「無適」便是「主一」。

程子言：「動容貌，整思慮，則自然生敬。」朱子言：「敬只是内無妄思，外無妄動，此表裏交致之功也。」

静中私意横生，此學者之通患。當以「敬」爲主，而深察私意之萌多爲去聲何事，就其重處痛加懲窒，久之自當見效。

此晦翁夫子喫緊爲人處。省察克治之功，莫切於此。

敬軒二十年，治一「怒」字，尚未消磨得盡，可見七情惟怒爲難制易損。象先懲忿於窒欲者，蓋爲此也。

取名者賊心，名過實者有殃。

有欲則不剛。

人須是一切世味淡薄，淡薄則心不汩於欲，可以明志，可以立行。

無欲則進退由我，人不得而制。

敬軒言：「忍所不能忍，容所不能容，惟識量過人者能之。」竊思量生於識，識生於學，惟學進，則識與量並進。

存養是調護本原，省察是消除病患，二者皆當以「敬」爲主。

不一其内，無以制其外；不齊其外，無以養其中。靜而不存，無以立其本；動而不察，無以勝其私。

懲忿如摧山，要猛；窒欲如防水，要密。

學者要變化氣質，只各察其所偏，而最重者矯之，便是下手處。

「敬以直内，義以方外」，便有「浩然之氣」。

「無極而太極」，無形而有理也；「太極本無極」，有理而無形也。此專以理言，故曰「有無爲一」。老氏謂「無能生有」，是以理爲無，以氣爲有，故曰「有無爲二」。此可以釋陸子「無極」二字之疑。

「己欲立而立人，己欲達而達人。」天下莫非己也。

無故而輒斬一木，殺一獸，便是不仁不孝。

日用工夫大要，察之念慮心術之微，驗之出入起居之際，體之應事接物之間，必一一盡合道理，不愧不怍，方是切實。

呂東萊謂：「變化氣質，方可言學。」朱子以爲學乃能變化氣質耳，若不讀書窮理，主敬存心，而徒切切計較於昨非今是之間，恐亦勞而無補也。

白鹿洞規提綱撮要，無不該貫，自古聖賢教人者，教此而已，人之學爲聖賢者，學此而已。予教學者亦到處標此。

或謂：「立言當求先儒所未言者。」敬軒曰：「孔子大聖，猶述而不作，況後學不述古聖賢之言而欲創立己說乎？」

近見好異者，往往肆其胸臆，穿穴鑿空，離經畔道。曰：「吾惡夫蹈襲前人也，而不知其見棄於孔子矣。」凡事道理前人皆已發，只在暢發其要，以救時耳。

上蔡自言病痛盡在「矜」字，學不長進多坐此。朱子謂：「知得如此是病，即便不如此是藥，更無別方。」舜稱禹不矜不伐，孔子謙而又謙，諸自高者可降心矣。

讀經須先看本註，本註有不合於經處，方可參看諸家。只要見得經文語脈是如何，指意是如何，便是讀經總門庭。五經又各自有一門庭，如易明陰陽，書道政事，詩理性情，春秋正名分，禮謹節文是也。

風俗之美惡由人心，人心之邪正由教化。宋之教化明於上者，蓋諸儒力也。只看航海時，陸秀夫猶日書大學章句，進講儼然，正笏如立治去聲朝。而張世傑與數十萬人，皆甘心溺死，不忍叛去，豈非一代儒者講學之效乎？今日人心大壞，也是無真儒講學，故至此。明亡多節義之士，亦由講學。

蔡西山言：「天先生伏羲、堯、舜、文王，後不生孔子，亦不得；後又不生孟子，亦不得；二千年後，又不生二程，亦不得。」愚竊續之曰：「後又不生朱子，亦不得。」此道得程朱發明後，如日中天，今人不肯體察而力行之，却旁走斜蹊，自投幽谷，亦獨何心？尊朱子，此復齋之學，所以爲正。

文中子言：「諸葛亮不死，禮樂可興。」此以王佐許孔明。程子言：「孔明有王佐之才，道則未盡。」以其必求有成而取劉璋，非行一不義而得天下，不爲之正也，聖人寧無成耳！」此至明至正議論，孟子後所僅見者也。

敬齋以臨川「三十年前好用功」之言爲阻學者進路，乃云：「居仁三十年後，工夫方親切」。張横渠三十後纔遇二程，
楊斛山三十歲始問業於韓先生苑洛。苑洛稱其「力行可畏，卒成純儒」。
今常亦年至三十纔遯跡爲學，寧直前此好用工夫耶？

學記云：「時過然後學，則勤苦而難成。」學固是要及時，然朱子卻說：「如二十歲覺悟，便從二十歲立定脚跟做去；如三十歲覺悟，亦然；便年八九十歲覺悟，亦只據現定劄住硬寨做去。」則人亦無不可學之時，若不能立地發憤，而

藉口時過難成，是果於自棄，其爲不仁甚矣。一日自立，一日便是聖賢，已去者，可勿論也。

既樂天理，又知天命，故不憂。惟聖人能之。

黄勉齋言：「學問須是就險難窮困處試一過，真能不動，方是學者。」因思程子亦嘗說：「善學者臨死生而色不變，疾痛慘戚而心不動，由養之有素也。」

能盡飲食言語之道，則可以盡去就之道；能盡去就之道，則可以盡死生之道。飲食言語，去就死生，小大之勢一也。

凡人爲學須是於舊習之能否、世俗之毁譽、身計之休戚，窮通一切不掛念，方能底於有成。

李延平結茅山裏水竹間，謝絶世故，餘四十年，食飲或不充，而怡然自得。朱子嘗言：「人若著些利害，便不免開口告人，卻與不學之人何異？向見李先生說：『若大段排遣不去，只思古人所遭患難，有大不堪者，特以自比，則亦可以少安矣。』始者甚卑其說，以何爲至如此。后來臨事，卻覺有得力處，不可忽也。」某方三十時，丁國變，即謝絶世故，啖齋讀書，至年近八十，又值連歲饑饉，或日不舉火，而此心泰然，未嘗敢口告人者，亦幸聞朱子述其師之說爾。

伊川歸自涪州，氣貌容色髭髮，皆勝平昔。門人問何以得此，伊川曰：「學之力也。」蓋所謂學者，學處患難貧賤也，惟其養深積學，故無入而不自得如是夫。

王道與儒道同，皆通貫天地，學純則純王純儒也。世謂儒者無用，非也，無用何以爲學？

看來先天四圖都從河圖中寫出。

後天卦位亦從河圖中寫出。坎離南北，震兑東西，即水、火、木、金之位也。

後天八卦位次，雖與先天不同，然六十四卦乾坤爲首，是取天地定位之意。蓋仍用先天也。

邵子先天圖說以坤、復之間爲「無極」，因此有云「無極而太極，亦屬陰静」者。殊不知邵子是以氣言，周子則專以理言，其所主各自不同，一牽合則兩失之矣。

「太極」本謂理之至極而無以復加，豈其上更有所謂「無極」耶？「無極」只言此理之無形象耳。纔擡高說，便入於異。

毫釐千里之謬，正在此處，不可不辯。

「太極本無極」，本猶原也，謂太極原無極也。若作根本說，是太極卻從無極中生出。

莊生侮聖人，謂「聖人不死，大盜不息」。釋子侮天地，謂「一粒粟中藏世界」，無忌憚甚矣。

敬軒云：「欲知異端得失，亦不可不觀其書。」月川云：「異典不涉獵，無以鑒其似是實非之的。」此皆爲吾學既明者言之也。苟內無定見而輒讀異端之書，其不爲所搖惑者，鮮矣。

觀秦皇漢武，則求僊之效可見矣；觀梁武宋道君，則事老佛之效可見矣。

自東漢以來，人君中能毀佛像者，惟周世宗一人；大臣中能毀淫祠者，惟狄梁公一人。至曹月川，以學官毀淫祠，是亦古今所絕無而僅有者。嘗考先生學行爲理學之冠，而未獲從祀孔庭，當事者之過也。

「不停兩鳥鳴，大法失九疇。」兩鳥指釋、老而言。今天下惟孔子闕里曲阜一縣無釋、老祠，無僧道。如有王者起，推而廣之，須是四海九州，皆「廬其居，人其人，火其書」，然後人爲善。

朱子之學，內外合一，雖道問學而亦未始不尊德性。吳臨川謂其偏於問學，是不知朱子者也。議者以吳爲陸氏之學，信然。

涵養須用敬，進學則在致知。真西山之謂：「天下義理，學者工夫無以加於此。自伊川發出，而文公又從，而闡明之中庸尊德性、道問學章，即此意也」。又曰：「操存固則知識明，知識明則操存愈固。子朱子之所以教人，大略如此。」

魏了翁曰：「帝王不作，而洙泗之教興，微孟子，吾不知大道之與異端，果孰爲勝負也？聖賢既熄，而關洛之學興。微朱子，亦不知聖傳之學與俗學，果孰爲顯晦也。」韓子謂：「孟子之功，不在禹下。」予謂：「朱子之功，不在孟子下。」孟子之功亦全在救時。

清麓精舍訓詞五則

晨興

每日雞鳴，既寤而興。斂形端坐，志肅氣清。或溫舊書，心無雜營。昧爽盥櫛，晨儀乃行。整整嚴嚴，謹爾課程。

夜寢

告爾小子，尚其敬德。日暮人倦，昏氣易乘。一番振拔，心愈惺惺。惟日不足，繼之以燈。對越聖賢，朗誦高聲。夜久斯寢，怠肆是懲。齊手斂足，慮息神凝。

每日

長幼賢萃，誨爾諄諄。小學一書，所以做人。每日讀之，是守是遵。以明吾倫，以敬吾身。不明不敬，不讀何分。爾容溫溫，爾貌彬彬。爾言恂恂，爾行馴馴。爾志純純，爾功勤勤。朝講暮貫，行思坐吟。豈徒博文，無忝爾親。豈徒誦箴，收爾放心。小學之教，爾胡不聞。

會食

毋恥惡，毋思好。毋貪味，毋求飽。節飲食以養身，勿飢渴之害心。

會講

序定齊揖，垂手正立。溫恭自虛，請業請益。不辨無用，無察不急。有疑則問，毋同毋襲。退各就案，朋友講習。

復齋書

以上諸訓，吾復齋先生朝夕提警門下小子者也。光緒己卯，岐山友人曾請先生書於其家塾。繼因付諸手民，摹印未廣，而挈版以去遠方，士友多不可得。適同鄉蔚君賈三原雅慕先生教，偶見之，欲廣其傳，求余仍請先生書之，願任剞劂費。余禀先生，先生弗許。乃曰：「吾素不喜人自刊所作，吾蹈之哉？或別書先正格言可也。吾不敢言。」頃知先生嘗爲其兄子鈊書一紙，索而應之。刻既就，竊以先生戒余之意敬書於後，並告習斯訓者，甚毋以筆劄之妙爲寶翫之資而已也。

壬午初春，馮翊門人扈森謹識。

圖書在版編目(CIP)數據

王建常集/［清］王建常著；李明點校整理．—西安：西北大學出版社，2014.12

（關學文庫/劉學智，方光華主編）

ISBN978-7-5604-3554-1

Ⅰ.①王…　Ⅱ.①王…②李…　Ⅲ.①王建常（1615～1701）—關學—文集　Ⅳ.①B249.95－53

中國版本圖書館 CIP 數據核字(2014)第 313471 號

出品人　徐　曄　馬　來

篆　刻　路毓賢

出版統籌　張　萍　何惠昂

王建常集　［清］王建常著　李明點校整理

審定專家　淡懿誠　　**責任編輯**　符　均

裝幀設計　澤　海　　**版式統籌**　劉　爭

出版發行　西北大學出版社

地　址　西安市太白北路 229 號　　**郵　編**　710069

網　址　http://nwupress.nwu.edu.cn　　**E－mail**　xdpress@nwu.edu.cn

電　話　029-88303593　88302590

經　銷　全國新華書店

印　裝　西安華新彩印有限責任公司

開　本　720 毫米×1020 毫米　1/16

印　張　30.5

字　數　470 千字

版　次　2014 年 12 月第 1 版　2014 年 12 月第 1 次印刷

書　號　ISBN 978-7-5604-3554-1

定　價　108.00 圓